DROIT MARITIME

COMMENTAIRE

THÉORIQUE ET PRATIQUE

DU

LIVRE II DU CODE DE COMMERCE

(LÉGISLATIONS COMPARÉES)

IV

IMPRIMERIE
CONTANT-LAGUERRE

LVX IN VITAM

BAR-LE-DUC

DROIT MARITIME

COMMENTAIRE

THÉORIQUE ET PRATIQUE

DU

LIVRE II DU CODE DE COMMERCE

(LÉGISLATIONS COMPARÉES)

PAR

LUCIEN DE VALROGER

DOCTEUR EN DROIT

AVOCAT AU CONSEIL D'ÉTAT ET A LA COUR DE CASSATION

TOME QUATRIÈME

Contrat d'assurance (suite), — Commentaire des polices

(Articles 349 à 396, Code de commerce)

PARIS

L. LAROSE ET FORCEL

Libraires-Éditeurs

22, RUE SOUFFLOT, 22

DROIT MARITIME

COMMENTAIRE

THÉORIQUE ET PRATIQUE

DU

LIVRE II DU CODE DE COMMERCE

(LÉGISLATIONS COMPARÉES)

PAR

LUCIEN DE VALROGER

DOCTEUR EN DROIT

AVOCAT AU CONSEIL D'ÉTAT ET A LA COUR DE CASSATION

TOME QUATRIÈME

Contrat d'assurance (suite), — Commentaire des polices

(Articles 349 à 396, Code de commerce)

PARIS

L. LAROSE ET FORCEL

Libraires-Éditeurs

22, RUE SOUFFLOT, 22

1885

ERRATA.

—

T. IV, page   14. — ligne 21 : *ont but* — lire : *ont pour but.*

— page   25. — ligne   9 : *n° 1974* — lire : *n° 1975.*

— page   34. — ligne 18 : *infrà* — lire : *suprà.*

— page   47. — ligne   9 : *1543* — lire : *1542.*

— page   62. — ligne 25 : *J. M.* — lire : *J. N.*

— page   68. — ligne 37 : *contrat* — lire : *certificat.*

— page   80. — ligne 25 : *J. M.* — lire : *J. N.*

— page 163. — ligne 31 : *de délaissement* — lire : *du délaissement.*

— page 165. — ligne 15 : *sauvée* — lire : *sauvé.*

— page 180. — ligne 37 : *bien que* — lire : *lorsque.*

— page 244. — ligne 22 : *dessaisissement* — lire : *délaissement.*

— page 253. — ligne 10 : *le cas* — lire : *les cas.*

— page 268. — ligne 23 : *279* — lire : *379.*

— page 329. — ligne 32 : *la saison propice* — lire : *la perte de la saison propice.*

— page 342. — ligne 25 : *Note* — lire : *Nolte.*

DROIT MARITIME.

CODE DE COMMERCE.

SECTION II.

Des obligations de l'assureur et de l'assuré.

Art. 349.

Si le voyage est rompu avant le départ du vaisseau, même par le fait de l'assuré, l'assurance est annulée; l'assureur reçoit, à titre d'indemnité, demi pour cent de la somme assurée (1).

SOMMAIRE.

1537° — Liberté laissée à l'assuré.
1538° — Ce qu'il faut entendre par rupture avant le départ.
1539° — En principe, la prime est due dès que les risques ont commencé à courir.
1540° — Indemnité de demi pour cent.
1541° — Due même en cas de force majeure.
1542° — Droit comparé.
1543° — Nullité de l'assurance. — Ses conséquences au point de vue de la prime et de l'indemnité.
1544° — Suite.
1545° — Droit comparé.

(1) *Ord. de* 1681 (liv. III, tit. vi). Art. 37. — Si le voyage est entièrement rompu avant le départ du vaisseau, même par le fait des assurés, l'assurance demeurera pareillement nulle, et l'assureur restituera la prime à la réserve du demi pour cent.

Projet de 1867, art. 360. — Si le voyage est rompu avant le commencement des risques, même par le fait de l'assuré, l'assurance est annulée.

1537. — L'article 349 suppose une assurance valable dans son principe, mais qui ne reçoit pas son effet, le voyage étant rompu avant le départ. Il y alors rupture du contrat ou *ristourne* de l'assurance (V. Émérigon, II, p. 184).

Les anciens jurisconsultes italiens, Roccus, Straccha, et Casaregis, soutenaient, que quand le contrat était rompu par le fait de l'assuré, l'assureur n'en avait pas moins droit à la *prime entière*, qu'il en était ainsi alors même que le contrat était rompu avant le départ, et ils n'exceptaient que le cas où l'assuré avait été dans l'impossibilité de charger ses marchandises ou de faire partir le navire (Émérigon, *Ass.*, II, p. 186). Cette doctrine pouvait se justifier par les principes du droit commun. Alors même que la prime serait considérée comme subordonnée à l'accomplissement du voyage, la condition n'est-elle pas réputée accomplie, lorsque c'est le débiteur qui en a empêché l'accomplissement (art. 1178 C. Civ.)?

Mais Émérigon constate que dans le Nord et notamment d'après l'ancien règlement d'Amsterdam, l'assuré était libre de rompre le contrat d'assurance en payant demi pour cent pourvu que les choses fussent encore entières. C'est le système qui a été consacré par l'Ordonnance et par le Code. Nous avons déjà fait remarquer que les expéditions maritimes étant toujours plus ou moins incertaines, subordonnées à des circonstances qu'on ne peut pas toujours prévoir, on laissait en général aux parties qui devaient entreprendre une expédition de cette nature, la liberté d'y renoncer. C'est ce que nous avons vu pour l'engagement des marins dans l'article 252, pour l'affrétement dans l'article 288. L'article 349 repose sur la même idée : l'assurance est annulée, alors même que le voyage est rompu *par le fait de l'assuré*.

Il faut reconnaître toutefois qu'à ce point de vue, il y a une certaine inégalité entre l'assureur et l'assuré. L'assureur est lié définitivement à partir de la signature de la police, et ne peut plus se dégager, sauf pour lui le droit de mettre l'assuré en demeure d'exécuter ou résilier le contrat (V. n° 1456).

1538. — L'assurance au reste n'est annulée et l'assuré n'est déchargé de la prime, que si le voyage est rompu alors que les choses sont encore entières. L'article 349 dit : *si le voyage est rompu avant le départ du vaisseau.* Cette expression est incorrecte : il faut lire *avant le commencement des risques.* Il résulte en effet de l'article 351, que la prime entière est acquise à l'assureur s'il a commencé à courir les risques. Les risques de l'assureur des marchandises commencent avec le chargement (V. art. 341). Le projet de 1867, aux mots avant le départ, substituait ceux-ci : *avant le commencement des risques.* C'est aussi l'expression qu'emploient la loi belge de 1879 (art. 177) et le Code italien de 1882 (art. 614).

La question de savoir s'il y a eu rupture du contrat avant le commencement des risques sera souvent très délicate. On n'exige pas que la rupture du contrat soit expressément dénoncée avant le départ. Elle peut résulter du simple fait de ne pas faire l'expédition projetée, ou de la faire dans d'autres conditions, pour une autre destination. Dans ce dernier cas, comment distinguer s'il y a eu rupture avant le départ, ou changement de voyage après le commencement des risques? Ce sera une question de fait, à résoudre d'après les circonstances. Si l'expédition a lieu dans des conditions telles que l'assuré ne pouvait évidemment songer à invoquer le bénéfice du contrat, on considérera qu'il y a eu rupture du contrat dans les termes de l'article 349. Si, au contraire, le changement de voyage, de route ou de navire ne s'est *manifesté* qu'après le commencement des risques, si l'on peut dire que l'assureur a été un moment sous le coup de la police, l'assuré, tout en étant privé du bénéfice du contrat, devra payer la prime entière (art. 351).

1539. — Ce principe, que la prime entière est due dès que les risques ont commencé à courir, est presque universellement admis. Il y a des législations cependant qui lui ont apporté quelques tempéraments. Ainsi d'après la législation suédoise, l'assureur ne reçoit qu'une partie de la prime lorsque le navire rentre au port et renonce au voyage par suite de vents contraires ou par d'autres motifs; de même si les marchandises chargées sont ensuite déchargées (Brandt, *Seeversicherung,* p. 71). — Le Code allemand (art. 899) admet la résiliation partielle du contrat. Il pose en principe que si l'assuré renonce *en partie* à l'entreprise à laquelle se réfère l'assurance, la prime est réduite en proportion. — Chez nous, il y a des cas où la loi a admis une rupture partielle du contrat. Ainsi, dans le cas d'une assurance sur marchandise, si l'assuré ne charge qu'une partie des marchandises assurées, le contrat est réduit à la valeur des effets chargés (art. 358). Si l'assurance a pour objet des marchandises pour l'aller et le retour, et qu'il ne se fasse pas de retour, l'assureur n'aura que les deux tiers de la prime (art. 356). Mais nous verrons que cette disposition n'est pas applicable aux assurances sur corps (V. art. 364).

1540. — A défaut de prime, toutes les fois que le contrat ne reçoit pas son exécution et qu'il y a lieu à la restitution de la prime, l'assureur, en principe, a droit à une indemnité, sauf les exceptions que j'indiquerai plus loin (n° 1543).

C'est ce qu'on appelle l'indemnité de *ristourne*. L'indemnité de ristourne a aussi reçu le nom *de droit de signature*. Elle représente le dérangement causé aux assureurs. C'est, dit le *Guidon* (ch. II, art. 16), *pour la peine d'avoir signé et couché la partie sur leur livre.*

Le projet de 1867 avait supprimé cette indemnité de ristourne comme étant *tombée en désuétude*. Il est très vrai que souvent en fait, elle n'est pas exigée. Mais le principe a été maintenu par toutes les législations. « Dans tous les cas, où la prime cesse d'être due en tout ou en partie, dit Arnould écrivant au point de vue du droit anglais, il est d'usage (*customary*) d'accorder à l'assureur demi pour cent à moins de disposition contraire dans la police » et il ajoute que dans la pratique il n'y a pas de disposition contraire (Arnould, édit. de 1877, p. 1077).

Le Code a formellement accordé à l'assureur l'indemnité de demi pour cent non-seulement dans l'article 349, mais dans les articles 351, 358, 359, 361.

1541. — En principe il n'est pas dû d'indemnité par celui qui ne peut exécuter son obligation pour cause de force majeure (art. 1148 C. Civ.). Aussi Pothier, partant de l'idée que le demi pour cent représente *des dommages-intérêts*, pensait qu'il n'était pas dû si le contrat avant le départ n'avait pu recevoir son exécution par suite d'un fait de pure force majeure, comme si le

feu du ciel avait détruit le navire ou les marchandises (Poth., *Ass.*, n° 178). On peut invoquer dans le même sens l'auteur du *Guidon* qui (ch. IX, art. 12) suppose une rupture volontaire : *si volontairement le voyage se rompt.* Mais Émérigon repoussait cette doctrine. « L'article 37 *des assurances,* dit-il, défère aux
« assureurs le droit de signature, quoique le voyage soit entiè-
« rement rompu avant le départ du vaisseau *même par le fait*
« *des assurés.* Ces derniers mots indiquent que le demi pour
« cent est dû, soit que la rupture du voyage procède du fait
« des assurés, soit qu'elle procède de toute autre cause, pourvu
« que l'assureur ne soit pas coupable de dol.... il suit des mêmes
« principes que dans le cas où l'assurance devient caduque par
« le défaut de la condition y attachée, le droit de demi pour
« cent n'en est pas moins dû aux assureurs. »

Quoique l'article 349 attribue expressément au demi pour cent le *titre d'indemnité,* il semble résulter des travaux préparatoires, qu'on a voulu accorder le demi pour cent même dans le cas de force majeure. La Cour d'Ajaccio avait demandé qu'une exception fût faite pour ce cas : cette exception a été repoussée. Le texte de l'article 349 reproduit d'ailleurs ces mots de l'ordonnance, (*même par le fait de l'assuré*) dont argumentait Émérigon pour soutenir que l'indemnité était due même en cas de force majeure.

De nos jours, toutefois, on s'est demandé si l'indemnité de ristourne était due même dans les cas où le contrat d'assurance serait rompu avant le départ, par suite d'ordres supérieurs, obligeant également l'assureur et l'assuré, tels que l'arrêt de prince, l'interdiction de commerce. Pour soutenir qu'il n'y a pas d'indemnité, on invoque l'article 276, qui décide, à propos de l'affrétement, qu'en cas d'interdiction de commerce les conventions sont résiliées *sans dommages-intérêts de part ni d'autre.* Locré, sur l'article 349, Bédarrides, sur le même article (n° 1224), se prononcent dans ce sens. Mais d'autres auteurs refusent d'appliquer ici l'article 276, et accordent le demi pour cent, même dans le cas d'interdiction de commerce, en se fondant sur la disposition générale de l'article 349 (Lemonnier, *Comm. des polices,* I, n° 95). Cette dernière solution est la seule qui me paraisse justifiée. Nous n'avons pas ici à nous occuper des rapports du fréteur et de l'affréteur, mais de ceux de l'assureur et de l'assuré.

1542. — L'article 349 fixe comme chiffre de l'indemnité *demi pour cent de la somme assurée.* On est parti de l'idée que la prime était toujours au minimum de 1 0/0, et on a voulu accorder la moitié de cette prime minimum. C'est également le taux admis en Angleterre. — Le Code hollandais (art. 635-636) distingue si la rupture a lieu avant le commencement des risques ou seulement avant que le navire ait levé l'ancre et largué ses amarres. Dans ce dernier cas, il accorde 1 0/0. — Le Code allemand (art. 899) et la loi belge de 1879 (art. 177) décident que si la prime n'atteint pas 1 0/0 de la somme assurée, l'indemnité sera de la moitié de la prime. — Le Code italien de 1882 (art. 664) dit dans le même sens que l'assureur reçoit la moitié de la prime, sans que cette moitié puisse dépasser le demi pour cent de la somme assurée.

Dans l'usage, les polices ont réduit généralement le taux de l'indemnité. En Allemagne, les conditions générales de 1867 (art. 154-158) l'ont fixée seulement à un quart pour cent (Lewis, *Das deutsche Seerecht,* II, p. 393).

1543. — L'article 349 suppose le *voyage rompu.* Mais que décider, soit au point de vue de la prime, soit au point de vue de l'indemnité, quand l'assurance elle-même est *annulée?* Il y a, je crois, à faire ici les distinctions suivantes.

Si la nullité n'est pas plus imputable à l'une qu'à l'autre des parties, chacune sera remise au même état que si elle n'avait pas contracté. La prime entière devra être restituée à l'assuré, et l'assureur ne pourra pas même réclamer l'indemnité de demi pour cent (comp. n° 1520). — Nous avons vu toutefois (n° 1541) qu'Émérigon accorde à l'assureur le demi, dans le cas où l'assurance *devient caduque par l'effet de la condition y attachée.*

Dans le cas où l'assurance est déclarée nulle comme illégale, les deux parties étant alors également en faute, je crois qu'il ne peut être question ni de prime ni d'indemnité, quoiqu'il n'en soit pas toujours ainsi en Angleterre (V. n° 1545). A plus forte raison l'assureur ne pourra-t-il rien réclamer, même l'indemnité de demi pour cent, si l'assurance est annulée par sa faute (V. n°⁵ 1488-1535). Émérigon, en conséquence (ch. XVI, sect. 6), refuse l'indemnité : 1° quand l'assureur a su ou dû savoir qu'il faisait un acte nul, parce que la chose n'était pas susceptible d'assurance; 2° s'il a souscrit l'assurance sachant que la chose était déjà arrivée à bon port, ou qu'elle était déjà assurée (art. 359); 3° si le contrat est résilié par suite de la faillite de l'assureur (art. 346). — Le droit de signature n'est pas dû non plus quand l'assureur reçoit une indemnité réglée par la loi (art. 356).

1544. — Si l'assurance est annulée par le fait de l'assuré, il faudra distinguer s'il y a eu ou non fraude de sa part. Dans le premier cas, la nullité ne sera prononcée qu'à l'égard de l'assuré et l'assureur gardera toujours la prime entière (V. n° 1532 et art. 357).

S'il n'y a pas eu fraude de la part de l'assuré, la nullité de l'assurance par le fait de l'assuré sera assimilée à une rupture du contrat par l'assuré, et celui-ci en conséquence, devra la prime entière ou seulement l'indemnité de demi pour cent, suivant que la nullité aura été prononcée après ou avant le commencement des risques (art. 349, 351 et n° 1492).

1545. — Des règles analogues ont été admises en Angleterre. « Si, au moment de sa souscription, dit Arnould (p. 1077), l'assureur connaissait ou devait connaître un vice radical viciant le contrat, comme s'il s'agissait d'assurer des marchandises dont il savait l'arrivée, ou d'assurer des loyers, des marchandises de contrebande, dans tous ces cas et autres semblables, l'équité veut et la règle est que l'assureur ne peut réclamer aucune indemnité. » — Mais en Angleterre, lorsque le risque a *pris fin,* ou même suivant des auteurs, par cela seul qu'il a *commencé,* la prime reste toujours acquise à l'assureur, quand même il s'agirait d'une assurance illégale. On applique alors la maxime : *In pari delicto potior est conditio possidentis* (Arnould, édit. Maclachlan de 1877, p. 1061).

Nous avons vu (n° 1532) que d'après le Code allemand, lorsque l'assurance est annulée pour déclaration inexacte, l'assureur a toujours droit à la prime entière, sans qu'on ait à distin-

guer si l'assuré a été ou non de mauvaise foi. Mais en général, quand l'assurance ne reçoit pas son effet ou que le contrat est annulé, l'assureur ne peut réclamer la prime entière que s'il y a eu mauvaise foi de la part de l'assuré ou de ses représentants. Art. 900 : « Si l'assurance est sans effet à raison du défaut d'inté-
« rêt assuré (art. 782), ou pour cause, soit de surassurance (art.
« 790), soit de double assurance (art. 792), et s'il y a eu bonne
« foi de celui qui a fait assurer au moment de la conclusion de
« l'assurance, et, en outre, dans le cas d'une assurance pour
« compte d'autrui, s'il y a eu bonne foi de l'assuré, au moment
« où le mandat a été donné, la prime peut être répétée ou rete-
« nue sous déduction de l'indemnité de ristourne (*Ristorno*
« *gebühr*), fixée par l'article 899. »

<center>~~~~~~~~~~~~~~~~~~~~~~~~~~~</center>

ART. 350.

Sont aux risques des assureurs, toutes pertes et dommages qui arrivent aux objets assurés, par tempête, naufrage, échouement, abordage fortuit, changements forcés de route, de voyage ou de vaisseau, par jet, feu, prise, pillage, arrêt par ordre de puissance, déclaration de guerre, représailles, et généralement par toutes les autres fortunes de mer (1).

(1) *Ord. de* 1681 (liv. III, tit. vi). Art. 26. — Seront aux risques des assureurs, toutes pertes et dommages qui arriveront sur mer par tempêtes, naufrages, échouements, abordages, changements de route, de voyage ou de vaisseau, jet, feu, prise, pillage, arrêt de prince, déclaration de guerre, représailles, et généralement toutes autres fortunes de mer.

Projet de 1867. Art. 361.— Sont aux risques des assureurs toutes pertes et dommages qui arrivent aux choses assurées par la tempête, naufrage, échouements, abordage, changements forcés de route, de voyage ou de navire, jet, feu, explosion, pillage, piraterie et baraterie, et généralement tous accidents et fortunes de mer. — Les risques de guerre ne sont à la charge des assureurs qu'autant qu'il y a convention expresse. Dans ce cas, les assureurs répondent de tous dommages et pertes qui arrivent aux choses assurées par hostilités, représailles, arrêts, prises et molestations de gouvernements quelconques, amis ou ennemis, reconnus ou non reconnus, et généralement de tous accidents et fortunes de guerre.

SOMMAIRE.

1546. — L'article 350 nous indique quelle est, en l'absence de convention particulière, la responsabilité de l'assureur.

Le Code allemand (art. 824) pose en principe que l'assureur, sauf exception, répond de tous les risques auxquels le navire et la cargaison sont exposés *pendant la durée de l'assurance.* Notre Code se borne à dire que l'assureur répond des *pertes et dommages qui arrivent aux objets assurés par fortunes de mer.*

Pertes et dommages. — L'assureur en principe, répond non-seulement des *pertes,* mais encore des simples dommages. Il ne répond pas seulement des dommages matériels, mais encore de *tous les dommages* qui résultent pour l'assuré de fortunes de mer à la charge des assureurs. C'est ainsi qu'il répond, à moins de convention contraire, de la nécessité où l'on a été de vendre les marchandises à un prix inférieur dans un port de relâche.

La Cour de cassation a jugé qu'on ne pouvait restreindre l'action d'avarie au cas *d'avaries matérielles* (Civ., rej., 14 mai 1844, Sirey, 44. 1. 388).

L'assureur répondant de tous dommages provenant des fortunes de mer, répond au même titre *des dépenses extraordinaires* qui sont pour le propriétaire de la chose assurée la conséquence directe d'une fortune de mer. Voici ce que disait Pothier sous l'Ordonnance (*Ass.*, n° 49) : « Ces termes, *toutes pertes et dom-*
« *mages,* doivent-ils être restreints au cas de la perte des effets
« assurés ou de leur détérioration, arrivés par une fortune de
« mer? Ou, comprennent-ils aussi tous les frais extraordinaires
« auxquels des fortunes de mer ont donné lieu, ce qui s'appelle
« des *avaries.* Par exemple, si une tempête avait fait échouer
« le navire, les frais pour rembarquer les marchandises doi-
« vent-ils être portés par les assureurs?... Il me paraît que les
« assureurs doivent être tenus de ces frais : ces frais sont pour
« le marchand qui a fait assurer, une *perte* qui lui est causée
« par une fortune de mer. Or l'Ordonnance ne dit pas toutes
« pertes et dommages *dans les choses assurées,* elle dit en gé-
« néral *toutes pertes et dommages.* »

Il est à remarquer que les rédacteurs du Code ont précisément ajouté à ces derniers mots ceux-ci : *qui arrivent aux objets assurés.* Mais il ne s'ensuit pas qu'ils aient entendu décharger les assureurs des dépenses ou frais extraordinaires qui sont la conséquence des fortunes de mer. Il y a sans doute des pertes d'argent dont l'assureur ne répond pas, quoiqu'elles puissent se rattacher à des fortunes de mer. C'est ainsi que chez nous, comme en Angleterre, l'assureur de marchandises ne répond pas envers le chargeur des pertes que celui-ci peut éprouver sur le fret (V. n° 1503). Mais l'assureur est tenu de toutes les *dépenses extraordinaires* qui sont la conséquence des fortunes de mer, ce qu'on appelle les *avaries-frais* (art. 371-397). L'assureur est tenu des frais accessoires faits pour constater ou régler les avaries dont il répond. Il est tenu des dépenses de sauvetage ainsi que de tous les frais faits pour diminuer la perte dont il aurait à répondre (art. 381-393). — D'après le Code allemand, ces dernières dépenses étant réputées faites dans l'intérêt de l'assureur, celui-ci

en est tenu, même au delà de la somme assurée (art. 838-844).
Il en serait autrement chez nous (V. n° 1357).

L'assureur répond même des recours que les tiers peuvent
avoir contre l'assuré, si ces recours ont leur principe dans
une fortune de mer, ou dans un fait dont l'assureur a pris la
charge. — C'est ainsi que l'assureur répond de la contribution
mise à la charge de la chose assurée pour avaries-grosses (V. n°
1552) — que l'assureur du navire répond envers les propriétaires
des recours que peuvent exercer contre le navire les chargeurs
dont les marchandises ont été vendues ou affectées pour les
besoins du navire à la suite de fortunes de mer (art. 234, 298).
— C'est ainsi enfin que, comme nous le verrons, l'assureur du
navire répond envers le propriétaire, même du recours de tiers
lésés par le fait du capitaine ou de l'équipage, si l'assureur a
garanti la baraterie de patron (V. n°ˢ 1549, 1620).

L'assureur ne répond que des *fortunes de mer* (V. n° 1561).

Les dommages qui peuvent se produire dans le cours de la
navigation proviennent : 1° des éléments ou de purs accidents
fortuits ; 2° du fait d'un tiers, comme en cas d'abordage, de
pillage ou piraterie ; 3° du fait de l'assuré ou d'un vice propre
de la chose ; 4° d'une faute du capitaine ou de l'équipage (baraterie) ; 5° de faits de guerre ou d'ordres d'une puissance.

Toutes les législations sont d'accord pour reconnaître que
l'assureur n'a jamais à répondre des dommages provenant uniquement du fait de l'assuré ou d'un vice propre de la chose (art.
351, 352).

Mais en ce qui concerne la *baraterie de patron* et les *risques
de guerre*, il n'y a pas accord entre les diverses législations.
— Le Code met les risques de guerre à la charge des assureurs
tandis que, d'après d'autres législations au contraire, les assureurs n'ont à en répondre qu'en cas de convention formelle. —
A l'inverse, le Code, à moins de convention contraire, décharge
l'assureur de la baraterie de patron qui, d'après d'autres législations, reste en principe à la charge de l'assureur (V. art.
353).

1547. — Après ces observations générales, examinons en
détail l'énumération faite par l'article 350.

L'assureur répond en premier lieu de tous les accidents dus à la *tempête*, c'est-à-dire à la violence du vent ou des flots.

Le seul fait que le départ a été retardé, ou le voyage prolongé par des *vents contraires*, par de mauvais temps, ne constituent pas une fortune de mer. Dans les Conférences de Hambourg qui ont élaboré le Code allemand, il a été formellement reconnu que l'arrêt du navire par les glaces (*Einfrieren*) ne constitue pas plus que des vents contraires un risque à la charge des assureurs, parce que ce n'est pas là un *accident extraordinaire* de la navigation (Lewis, *Das deutsche Seerecht*, II, p. 278).

1548. — *Naufrage. Échouement.* — Le naufrage est une cause de délaissement (V. art. 369). Il en est de même de l'échouement avec bris. Mais l'assureur ne répond que de l'échouement *fortuit*, c'est-à-dire accidentel, et non de celui qui est une des conditions normales du voyage. Ainsi un navire se rend dans un port où il n'y a pas de bassin, la marée se retirant, il reste à sec, et le navire n'étant pas construit pour échouer, il en résulte de graves avaries. L'assureur n'en sera pas responsable, parce qu'il ne s'agit pas d'un échouement accidentel (Arnould, *Insur.*, p. 735).

1549. — *Abordage fortuit.* — L'article 407 distingue trois sortes d'abordages : 1° l'abordage qui est le résultat d'une force majeure ou abordage *purement fortuit*; 2° l'abordage qui est imputable à l'un des deux navires; 3° celui dont on ne peut pas déterminer les causes. A ces trois hypothèses on peut ajouter enfin celle où il y a faute réciproque.

Quelle est dans ces divers cas la responsabilité de l'assureur?

Lorsque l'abordage est purement fortuit, que les deux navires ont été, par exemple, poussés l'un contre l'autre par la tempête, chacun supporte ses dommages, mais chacun a recours contre son assureur respectif.

Quid si l'abordage a été causé par la faute d'un seul des capitaines? L'assureur du navire *abordé*, ou des marchandises chargées à bord de ce navire, répondra-t-il du dommage éprouvé par le navire ou les marchandises? Pour le contester, on pourrait dire qu'il ne s'agit pas ici d'*abordage fortuit*. Mais telle n'est pas certainement la pensée de la loi. L'abordage est réputé fortuit pour le navire qui n'est pas en faute.

Quelles sont d'autre part les obligations de l'assureur du navire *abordeur*, celui qui, nous le supposons, a été la cause de l'abordage ?

Le navire qui a été la cause de l'abordage peut avoir éprouvé des dommages : il est en outre soumis à un recours du navire abordé. L'assureur du navire auquel est imputé l'abordage répondra-t-il de ces divers dommages ?

Il faut chez nous distinguer si l'assureur a ou non garanti la baraterie de patron (art. 353). L'assureur ne sera pas responsable de l'abordage causé par la faute du navire ou de l'équipage s'il n'a pas garanti la baraterie de patron (Émérigon, ch. XII, sect. xiv). Mais il le sera dans le cas contraire, et dans ce cas, il sera responsable même des recours formés contre le navire à raison de l'abordage (V. n° 1620).

Ce dernier point cependant est chez nous contesté. Il ne l'était pas du temps de Valin qui dit expressément que si, pour se soustraire aux recours, le propriétaire assuré faisait abandon du navire, l'assureur qui a garanti la baraterie de patron serait envers lui responsable (*Comm. de l'Ord.*, liv. III, tit. vii, art. 4).

Notre police de 1876 a mis expressément à la charge des assureurs *les recours de tiers pour abordage*, en faisant, toutefois, certaines réserves, comme nous le verrons plus loin (n° 1564). Mais des auteurs soutiennent que l'assureur, en dehors de toute clause particulière, ne répondant que des dommages qui arrivent *aux objets assurés*, n'a pas à répondre envers l'assuré du recours de tiers, et spécialement du recours pour abordage, alors même que l'assureur aurait garanti la baraterie de patron, l'assurance de la baraterie ne pouvant pas étendre la responsabilité de l'assureur à des dommages qui ne concernent pas *la chose assurée* (V. de Courcy, quest. II, p. 17 et suiv. Lyon-Caen, *Obs.* Sirey, 1883. 2. 1). — Je ne puis partager ce système qui, chez nous, est en contradiction avec une jurisprudence constante. Je m'expliquerai à cet égard en commentant l'article 353 (n° 1620).

Lorsqu'un navire est saisi à l'étranger pour dommages causés par un abordage ou autre accident, l'assureur est tenu non-seulement du montant des condamnations, mais encore accessoirement du dommage qui en est résulté pour le navire (Tribunal de la Seine, 26 août 1878, *Gazette des trib.*, 30 août 1878).

Le Code allemand qui déclare en principe l'assureur responsable des dommages causés par la faute de l'équipage, met expressément les risques d'abordage à la charge des assureurs, « sans distinction entre le cas où l'assuré éprouve un préjudice « direct par suite de l'abordage et le cas où il subit un préjudice « indirect à raison de son obligation de réparer le dommage « causé à un tiers (art. 828). » Makower, dans son Commentaire du Code allemand, fait remarquer que la condamnation prononcée contre un capitaine pour abordage, condamnation prononcée souvent à l'étranger peut être considérée elle-même comme une fortune de mer.

En Angleterre, les recours pour abordage ne sont couverts par l'assureur qu'en vertu d'une clause spéciale, mais il est d'usage de l'insérer. Un act de 1862 qui a limité la responsabilité des propriétaires de navires par rapport aux abordages (V. n° 277), a pris soin de déclarer valables les assurances qui ont but de couvrir les propriétaires contre ces risques (act de 1862, art. 55).

La même règle a prévalu aux États-Unis quoiqu'elle y ait été contestée. Dans son traité des assurances, Philipps avait d'abord soutenu que dans le cas d'un abordage causé par la faute de l'équipage, l'assureur responsable des dommages éprouvés par le navire n'avait pas à répondre des recours auxquels pouvait donner lieu l'abordage de la part des tiers (3ᵉ édit., p. 178). Mais ce dernier passage a été supprimé dans la 4ᵉ et 5ᵉ édition.

Quand les causes de l'abordage restent douteuses, chacun supporte ses dommages et la responsabilité de l'assureur sera réglée comme en cas d'abordage fortuit.

Reste à régler le cas de faute commune. Notre jurisprudence fait masse des dommages et les répartit entre les deux navires en proportion de leur faute (Req., 20 juillet 1880, Dall., 81. 1. 458). Je suppose que le navire assuré ait éprouvé 1,000 fr. de dommages, l'autre navire 2,000 fr. Les fautes étant égales, on répartit les dommages par moitié. La contribution mise à la charge du navire assuré sera de 1,500 fr. et supérieure de 500 fr. à ses avaries matérielles. — En Allemagne, l'assureur paie toute la contribution mise à la charge du navire assuré (Brandt, *Seeversich*, p. 36). — En Angleterre et aux États-Unis, au contraire, ce qui excède le montant du dommage réel n'est pas à la charge de l'assureur à moins de convention particulière (Arnould, édit. de 1877, II, p. 746). C'est cette dernière solution qu'a proposée chez nous M. Émile Cauvet (*Ass.*, II, n° 116) : suivant lui, l'assureur ne doit payer que le montant des avaries de l'objet assuré, qu'il soit inférieur ou supérieur au montant de la contribution. — J'admets bien que si le montant des avaries matérielles du navire assuré dépasse la contribution qui doit rester à sa charge, l'assureur n'en devra pas moins payer toutes les avaries, sauf recours contre l'autre navire. Mais quand les avaries matérielles sont inférieures au montant de la contribution, l'assureur sera-t-il toujours quitte pour payer ces avaries matérielles ? Il faut, à mon avis, distinguer si l'assureur a ou non garanti la baraterie de patron. S'il a garanti la baraterie, comme la part de la contribution dépassant les avaries matérielles représente la faute du capitaine, l'assureur en sera responsable en vertu de ce principe que l'assureur garant de la baraterie de patron répond du recours des tiers pour abordage.

1550. — *Les changements forcés de route, de voyage ou de vaisseau.*

L'article 351 porte que la responsabilité de l'assureur cesse dès qu'il y a changement *par le fait de l'assuré*. L'assureur reste au contraire responsable si le changement a été *forcé*. Non-seulement il ne pourra pas opposer qu'il y a déroutement, mais encore il aura à répondre des dommages que ce changement peut occasionner à l'assuré. Si, par exemple, la relâche donne lieu à des droits de port, de douanes ou autres, ces frais extraordinaires retomberont sur l'assureur comme une conséquence directe de la fortune de mer (art. 397).

Il y a *changement de voyage forcé*, si par exemple le navire trouve le port de destination fermé (art. 279), *déroutement forcé* si le navire est obligé par une force majeure de faire un détour pour se rendre au lieu de destination, ou de relâcher. On a assimilé aux cas de force majeure celui par exemple où le capitaine se détournerait de sa route pour conduire des naufragés dans un port de refuge (V. n° 1579).

1551. — L'assureur toutefois ne me paraît avoir en général à répondre des changements ou déroutements causés par une force majeure, que si le cas de force majeure qui a été la cause du déroutement, rentrait dans les risques dont l'assureur avait pris la charge. C'est ce que dit expressément le Code allemand (art. 818). — En Angleterre, au contraire, l'assureur reste responsable de tous les changements de route, résultant d'une force majeure immédiate et irrésistible, quand même cette force majeure n'aurait pas été comprise dans les risques de l'assureur ou qu'elle aurait été exclue par la police. Ainsi, dit Arnould (p. 502), un navire assuré seulement contre les risques de mer et le feu, est pris par un croiseur, détourné de sa route et détenu pendant six semaines. L'assureur ne pourra pas opposer à l'assuré qu'il y a eu déroutement, du moment que le déroutement a été le résultat d'une force majeure. La doctrine du Code allemand me paraît plus juridique (V. n° 1568).

1552. — *Jet.* — Ce que la loi dit du jet s'applique à tous les cas d'avaries communes. Si c'est la chose assurée qui a été jetée à la mer ou sacrifiée pour le salut commun, l'assureur sera tenu de la perte, sauf à faire contribuer les effets sauvés (art. 410 et s.). — D'autre part, dans le cas de jet comme dans les autres cas d'avaries communes, la contribution afférente aux effets sauvés sera en principe à la charge de leurs assureurs.

La *contribution* aux avaries, comme *les avaries-frais* se rembourse sans *retenue* à la différence des avaries matérielles, qui, nous le verrons, ont été soumises à diverses franchises (V. n° 1593). C'est ce que porte expressément la *Police de Paris sur facultés* (art. 9). Dans les assurances sur corps, il y a toutefois pour les avaries communes une retenue de 1 0/0 sur la somme assurée (art. 19).

La contribution ne se paie d'ailleurs que eu égard *à la somme assurée*. Remarquons, en ce qui concerne les marchandises, qu'elles contribuent d'après leur valeur au lieu de destination (art. 417). Mais, pour l'assureur, la valeur des marchandises est *la valeur assurée* et à défaut de convention particulière la valeur au départ (art. 339). L'assureur n'aura donc à payer la contribution que sur le pied de cette valeur. Si la contribution est de 10 0/0, on appliquera ces 10 0/0 à la valeur assurée. « Les avaries communes, dit la police sur facultés, sont rem- « boursées intégralement et sans retenue... Néanmoins, si les « contributions proportionnelles ont été payées sur une somme « supérieure à la somme assurée, les assureurs ne doivent que « la proportion de la somme assurée. »

Pour le navire, l'armateur contribue aux avaries communes en proportion de la moitié du *navire et du fret* (art. 417). Dans la contribution du fret, on n'a vu qu'un mode indirect de la contribution du navire, et on en a conclu qu'elle est, sauf convention contraire, à la charge des assureurs du navire, mais c'est à la condition que la valeur attribuée dans la contribution à la moitié du navire et du fret ne dépasse pas le montant de l'assurance, car c'est toujours d'après cette dernière base que se fait le règlement entre l'assureur et l'assuré (Lemonnier, *Comm. des polices*, II, p. 139, 140; Cauvet, *Ass.*, II, n° 440) (1).

En général, l'assureur n'est pas admis, sauf convention contraire, à critiquer le règlement d'avaries et la contribution quand il n'y a eu ni collusion ni fraude. Mais en est-il de même lorsque le règlement a été fait à l'étranger d'après des principes contraires à la loi française? La question s'est présentée à propos d'un règlement fait en Angleterre, conformément à la loi anglaise qui, admettant l'assurance du fret, fait contribuer le navire pour le tout et le fret également pour le tout. Les assureurs prétendaient repousser ce règlement comme mettant à la charge de l'armateur une contribution supérieure à celle qui eût été fixée

____

(1) D'après la police française de 1873, la contribution du fret à l'avarie grosse n'est à la charge de l'assureur sur corps que si les assurés ont pris l'engagement de ne pas assurer le fret (art. 20).

en France. Leur prétention a été repoussée par un jugement du tribunal du Hâvre en date du 29 août 1864 (J. M., 64. 2. 146). Le règlement fait à l'étranger, dit le jugement, n'est lui-même que la continuation des risques à la charge des assureurs. Le jugement ajoute « que les assureurs qui, sous le prétexte qu'ils « n'ont pas assuré le fret, se refusent à payer la perte résultant « pour les assurés de ce que la totalité de sa valeur a été ap- « pelée selon la loi anglaise à contribuer aux avaries, devraient, « pour être conséquents avec le nouveau principe qu'ils invo- « quent, se refuser aussi au paiement de la contribution qui « s'établit en France sur la moitié de ce même fret, conformé- « ment à l'article 401 du Code de commerce. »

Le raisonnement du tribunal du Hâvre ne me paraît pas con-cluant : car chez nous comme je l'ai dit ci-dessus, la contribu-tion de la moitié du fret n'est mise à la charge des assureurs du navire que parce qu'on la considère comme un mode indirect de la contribution du navire lui-même. En Angleterre, au con-traire, où le fret peut être assuré à part, la contribution du fret est complètement distincte de celle du navire. Mais il faut, je crois, maintenir le principe que l'assuré a le droit de se faire indemniser de toute contribution mise à la charge *de la chose assurée* par le règlement des avaries, alors même qu'il aurait eu lieu à l'étranger d'après les principes d'une loi étrangère, car ce règlement quel qu'il soit est lui-même la conséquence d'une fortune de mer.

C'est le principe reconnu en Angleterre et en Allemagne. En Angleterre, d'après Arnould (p. 879), le courtier qui a reçu la police se borne à mentionner au dos le montant de la contribu-tion ; et l'assureur rembourse la contribution en proportion de la valeur assurée. Le Code allemand (art. 839) dit également que la contribution se détermine d'après le règlement d'avaries fait, en lieu convenable, en Allemagne ou en pays étranger, conformément au droit en vigueur dans le lieu où le règlement a été fait. Le Code allemand (art. 840) fait toutefois cette restric-tion que l'assureur n'a pas à payer les contributions qui sont le résultat de risques dont il n'a pas à répondre. Ainsi dans le cas où l'assureur ne répond pas des risques de guerre, il ne peut être tenu à titre d'avaries grosses de la relâche faite dans un port pour éviter la poursuite de l'ennemi. — La même décision devrait être admise chez nous (V. n° 1568).

Lorsque c'est la chose assurée qui a été sacrifiée et que l'assuré est créancier pour avaries, l'assureur ne sera tenu du dommage que sous déduction de ce qui sera dû à l'assuré, à moins que celui-ci n'ait pu se faire indemniser. Le Code allemand n'oblige l'assureur à payer le dommage entier que si l'assuré n'a pu obtenir son paiement *par les voies légales,* ou s'il n'y a pas eu de règlement *sans qu'il y ait faute de l'assuré* (C. all., art. 842-843).

1553. — *Feu.* — Nulle difficulté, si l'incendie a été allumé par le feu du ciel — ou par le feu de l'ennemi, si les assureurs répondent des risques de guerre. Il est même reconnu que les assureurs répondent, dans ce cas, du feu mis volontairement au navire pour le soustraire à l'ennemi (Émérigon, ch. XII, sect. xvii, § 5).

Mais quelquefois c'est la cargaison qui prend feu sous l'influence de combinaisons chimiques. Émérigon (ch. XII, sect. xvii) cite l'exemple d'un chargement de laines qui avait ainsi pris feu. Le même fait s'est produit de nos jours assez fréquemment pour des chargements de charbon. L'assureur, dans ce cas, sera-t-il responsable? Il faut distinguer si la combustion ne s'est produite qu'à la suite de fortunes de mer qui, en mouillant la marchandise, l'avaient rendue sujette à s'échauffer : l'assureur alors sera responsable. Il ne le sera pas, au contraire, si l'incendie a éclaté indépendamment de toute fortune de mer, par suite d'un vice inhérent à la nature de la cargaison, ou du mauvais état dans lequel elle avait été embarquée (Marseille, 8 mars 1875, J. M., 75. 1. 163). Mais, dans tous les cas, si l'incendie gagne d'autres marchandises ou le navire, l'assureur de ces marchandises ou du navire sera responsable, car alors la perte provient de fortunes de mer (Arnould, *Insur.,* II, p. 747).

Quand l'incendie est le fait d'un passager sans qu'il y ait eu faute du capitaine, l'assureur est toujours responsable, car les chargeurs ni même les propriétaires du navire n'ont à répondre des passagers (V. n°ˢ 241, 1582 et 1614).

Mais que décider quand l'incendie provient d'une faute ou négligence, soit du capitaine, soit de l'équipage?

En Allemagne l'assureur répond en principe de la faute du capitaine et de l'équipage *quand il en résulte un dommage pour l'objet assuré* (art. 824). Il est donc tout simple qu'il réponde de l'incendie même imputable à l'équipage. La même décision est aujourd'hui admise en Angleterre et paraît l'être aux États-Unis (Arnould, édit. de 1877, p. 747). — Chez nous, l'assureur ne garantissant pas en principe la baraterie de patron, pourrait décliner toute responsabilité. Cela cependant me paraîtrait excessif s'il n'y avait pas eu de faute bien caractérisée, mais une simple négligence ou imprudence (V. n° 1613).

Lorsque la cause de l'incendie est inconnue, l'incendie est-il dans le doute considéré comme une fortune de mer à la charge des assureurs? On trouve dans la jurisprudence des décisions portant qu'à défaut d'autre cause connue, l'incendie du navire assuré est réputé provenir *de la faute ou négligence du capitaine.* C'est ce que la Cour de cassation a décidé elle-même par un arrêt du 4 janvier 1832 (Dall., 32. 1. 25). La même décision a été appliquée à l'incendie du chargement par un jugement du tribunal de Marseille du 8 novembre 1859 (J. M., 37. 1. 329). D'autres décisions ont jugé que l'incendie qui se produit dans un chargement sans qu'on puisse l'expliquer par aucune autre cause qu'une combustion spontanée doit être présumé provenir du *vice propre* (Rouen, 30 déc. 1872, J. M., 1873. 2. 44 ; Marseille, 8 mars 1875, J. M., 1875. 1. 163).

Nous croyons qu'il est plus rationnel de ne présumer en cas d'incendie *ni faute*, *ni vice propre,* et qu'en l'absence d'une preuve contraire faite par l'assureur, on doit voir dans l'incendie une fortune de mer tombant de droit à la charge de l'assureur. Si dans les rapports du locataire et du propriétaire, l'incendie a été présumé provenir de la faute du locataire (art. 1733 C. Civ.), c'est là une présomption qu'on ne saurait étendre aux rapports entre l'assureur et l'assuré. L'article 350 met *le feu* au nombre des fortunes de mer. Donc le feu est en principe et à défaut de preuve contraire, présumé être une fortune de mer. C'est aussi ce qu'a jugé la Cour d'Aix par un arrêt du 2 juin 1871 (J. H., 1872. 2. 174), à propos de l'incendie d'une cargaison, dont on ne pouvait déterminer la cause.

1554. — A côté du *feu*, le projet de 1867 mentionnait parmi les fortunes de mer à la charge des assureurs *l'explosion*, expression que nous trouvons dans plusieurs législations récentes, notamment la loi belge de 1879 (art. 178) et le nouveau Code italien de 1882 (art. 605).

Une explosion peut se produire soit par la machine d'un bateau à vapeur, soit par la cargaison.

Souvent les machines à vapeur sont assurées à part. Quelquefois aussi les assureurs d'un navire à vapeur se déchargent des risques d'explosion.

Mais à moins de convention contraire, je crois que l'assureur aurait à répondre de l'explosion comme de l'incendie pourvu que l'explosion ne provînt ni d'une faute ni d'un mauvais état de la machine. — Par la même raison, l'assureur de la cargaison répondra de son explosion, s'il n'y a ni faute ni vice propre.

Dans tous les cas, ainsi que je l'ai fait remarquer plus haut à propos de l'incendie, l'assureur des autres marchandises ou du navire endommagé par l'explosion aura à en supporter les suites comme dérivant d'une fortune de mer.

1555. — *Prise, pillage*. — La *prise* qui est un risque de guerre est aussi un cas de délaissement (art. 369). J'en parlerai plus loin à propos des risques de guerre (n° 1558), et du délaissment (n° 1720).

Alors même que l'assureur ne répond pas des *risques de guerre*, il peut avoir à répondre du fait de *piraterie*, de *pillage* (V. n° 1564). Toutefois, si les faits de piraterie ou pillage sont imputables au capitaine et à l'équipage, l'assureur n'en répondra que s'il a garanti l'assuré contre la baraterie (art. 353). — Mais voici qu'à bord d'un navire transportant des émigrants chinois, ceux-ci se révoltent, tuent le capitaine et une partie de l'équipage, s'emparent du navire et de la cargaison : il y a là certainement un fait de pillage et piraterie qui, à moins de convention contraire, sera toujours à la charge des assureurs (Arnould, *Insur.*, II, p. 756). — Le pillage des marchandises débarquées momentanément à terre, dans un port de relâche ou à la suite d'un naufrage, est également considéré comme une fortune de mer dont répondent les assureurs.

1556. — Mais les assureurs ne répondent pas du simple *vol*. Quand le vol est le fait du capitaine ou de l'équipage, il est évident qu'ils n'ont pas à en répondre, s'ils n'ont pas garanti la baraterie (art. 353), mais alors même que le vol serait le fait d'un tiers, il ne rentre pas dans *les fortunes de mer* dont répondent en principe les assureurs. « On distingue, dit Éméri- « gon (ch. XII, sect. xxix), deux sortes de vols, le vol simple, « appelé *furtum;* et le vol accompagné de violence appelé *la-* « *trocinium*. Le premier n'est pas mis au rang des cas fortuits. « La loi présume qu'on aurait pu le prévenir par la vigilance. » Le Code paraît avoir voulu maintenir cette distinction en ne parlant que du *pillage*.

Les polices anglaises déclarent les assureurs responsables des *pirates, forbans et voleurs* (*pirates rovers and thieves*). Mais la jurisprudence anglaise n'a appliqué ce dernier mot qu'aux voleurs à main armée. Pour prévenir toute difficulté, la police de Boston dit simplement *pirates and assailing thieves* (Arnould, *Insur.*, p. 757).

D'après le Code allemand, au contraire (art. 824), l'assureur supporte *les risques de vol (Diesbstalh) comme les risques de piraterie, de pillages et autres actes de violences*. Cela tient à ce que, comme nous l'avons déjà dit, dans le système du Code allemand, l'assureur répond, en principe, de tous les risques auxquels la chose est exposée pendant la durée de l'assurance (V. n° 1546).

Rien ne s'oppose, au reste, chez nous, à ce que l'assureur se charge des risques de vol. On a interprété en ce sens la clause par laquelle l'assureur est tenu de *tous risques, généralement quelconques, de terre, d'escale et de transbordement* (Paris, 6 août 1868, J. H., 1868. 2. 249).

Mais l'assureur répond-il des vols, quel qu'en soit l'auteur, par cela seul qu'il a garanti la *baraterie?* Pour le soutenir, on peut dire que les vols sont toujours réputés provenir d'un défaut de surveillance du capitaine et de l'équipage et rentrent, sous ce rapport, dans les faits de baraterie. Nous aurons à examiner si toutes les négligences rentrent nécessairement dans ce que la loi a désigné sous le nom de *baraterie*. Dans tous les cas, nous croyons que ce serait bien étendre le mot *baraterie* que de l'appliquer à de simples fautes présumées. C'est aussi en ce sens que se prononce M. Émile Cauvet (*Ass.*, II, n° 105).

1557. — *Arrêt par ordre de puissance*. — Je me suis déjà expliqué sur ce qu'il faut entendre par *arrêt* à propos des articles 253, 276 et 277. J'aurai encore à en parler à propos du délaissement (n° 1723). L'*arrêt* differt de la *prise* en ce qu'il n'a, en général, qu'un caractère temporaire. L'arrêt peut être mis sur le navire ou les marchandises même par un gouvernement ami, le gouvernement national (V. tom. II, n° 550). D'après l'article 369, l'arrêt *de la part du gouvernement* n'est une cause de délaissement que s'il a lieu *après le voyage commencé*.

Mais l'assureur doit supporter les conséquences de l'arrêt, alors même que l'arrêt n'est pas spécialement dirigé contre la chose assurée, si le sort de cette chose est lié à celle qui fait l'objet de l'arrêt. Ainsi l'assureur des marchandises est responsable des conséquences que peut avoir pour les marchandises l'arrêt du navire (Lewis, *Das deutsche Seerecht*, II, 278).

Les salaires et gages de l'équipage pendant l'arrêt constituent des *avaries particulières du navire*, et sont, par conséquent, à la charge des assureurs du navire, si le navire a été affrété *au voyage*. Ces dépenses sont, au contraire, avaries communes si le navire a été affrété *au mois* (V. art. 400, § 6; 403, § 4).

Par dérogation à l'article 350, la police française sur corps (art. 2) ne met les risques de l'arrêt comme les risques de guerre à la charge des assureurs qu'autant qu'il y a à cet égard une convention expresse (V. n° 1564). Telle était aussi la disposition de notre projet de 1867, laquelle a passé dans la loi belge de 1879 (art. 178) et dans le nouveau Code italien de 1882 (art. 616).

Les polices anglaises mettent à la charge des assureurs toutes pertes occasionnées par arrêt, empêchement ou détention de tous rois, princes ou peuple de quelque nation, condition ou espèce que ce soit : « *arrests, restraints and detainments of all*

*kings, princes and people of what nation, condition, or qua-
lity soever.* » En Angleterre, l'arrêt ou la détention sont donc
à la charge des assureurs. Mais les vivres et gages de l'équipage
pendant la détention ne donnent pas lieu à un recours contre
l'assureur du navire, le navire continuant toujours à gagner
son fret, alors même qu'il a été affrété au mois (Arnould,
Insur., p. 755. V. *suprà*, n° 716).

A côté des *décisions d'autorités souveraines,* le Code allemand
(art. 824) mentionne comme étant également à la charge des
assureurs *toute saisie faite à la demande d'un particulier,
quand il n'y a pas faute de l'assuré.* Ainsi un navire est saisi en
cours de voyage dans un port par un tiers qui prétend avoir
des droits à faire valoir contre le navire pour abordage ou autre
cause : s'il en résulte un dommage pour le navire ou la cargaison, l'assureur en sera responsable. — Il conviendrait toutefois, ce me semble, de distinguer si la saisie a ou non pour
cause une fortune de mer qui était aux risques des assureurs
(V. n°ˢ 1565-1568).

1558. — *Déclaration de guerre.* — Après avoir mis à la
charge des assureurs la *prise* qui n'est en réalité qu'un risque
de guerre (V. n° 1555), l'article 350 met expressément aux
risques des assureurs *la déclaration de guerre,* d'où il suit non-
seulement que les assureurs répondent des risques de guerre,
mais qu'ils en répondent alors même que la guerre n'a été déclarée que postérieurement au contrat, sauf aux assureurs à
demander une augmentation de prime si elle a été stipulée (art.
343).

Il faut reconnaître cependant que les risques de guerre ont
un caractère tellement distinct et exceptionnel, qu'on peut présumer qu'ils ont été en dehors des prévisions des parties, alors
surtout que l'assurance a été faite en temps de paix.

Notre projet de 1867 ne mettait les risques de guerre à la
charge des assureurs qu'autant qu'il y avait à cet égard, une convention expresse. C'est ce que porte expressément la loi belge de
1879 (art. 178) et le nouveau Code italien de 1882 (art. 636) (1).

(1) La loi belge de 1879 (art. 179) ajoute : « Dans le cas où l'assurance ne

En Angleterre, les risques de guerre et la prise sont considérés comme étant en principe à la charge des assureurs. Mais 1° l'assureur n'est pas responsable si l'assurance a été faite avant le commencement des hostilités; 2° on ne peut s'assurer contre *la capture anglaise (Britisch capture)*; 3° un act de 1781 (*ramson act*) ayant interdit aux capitaines anglais de payer une rançon, la rançon d'un navire anglais ne peut être mise à la charge d'un assureur anglais (Arnould, *Insur.*, édit. de 1877, p. 750, 751. Comp. n° 1974).

D'après le Code allemand (art. 824), les risques de guerre sont en principe à la charge des assureurs comme les décisions d'autorités souveraines. Mais le Code allemand s'occupe des dérogations qui peuvent être apportées à ce principe, et (art. 852-853) il distingue les deux clauses suivantes : 1° *La clause franc de risques de guerre (frei von Kriegsmolest)* qui fait cesser tous les risques pour l'assureur, au moment où les risques de guerre commencent à exercer leur influence sur le voyage, en enlevant au capitaine la liberté de sa route; à partir de ce moment, l'assureur ne répond plus même des risques de mer (Comp. n° 1564). 2° Il peut être convenu simplement que l'assureur ne supportera pas les dommages causés directement par les risques de guerre, mais supportera tous les autres risques, même après la survenance d'un fait de guerre (*nur für Seegefahr*). Dans le doute, on présume, en ce cas, que le dommage n'a pas été causé par un risque de guerre. — Cette présomption se retrouve dans la loi belge de 1879 (V. n° 1475).

Nous verrons plus loin quelle est la disposition de notre police française relativement aux risques de guerre (n° 1564).

1559. — *Représailles.* — Le mot *représailles*, dans un sens général, s'entend de toute mesure prise pour tirer satisfaction d'un dommage, d'une injure.

On appelait autrefois *lettres de représailles* l'autorisation qu'accordait le souverain à l'un de ses sujets lésés par des étran-

« comprend pas les risques de guerre, le contrat est résilié lorsqu'un fait de
« guerre *modifie les conditions du voyage*. Toutefois, si ce fait survient en
« mer, la résiliation n'a lieu que du moment où le navire sera ancré ou
« amarré au premier port qu'il atteindra. »

gers de reprendre sur les sujets du pays étranger l'équivalent de ce qui lui avait été pris. Cette voie de fait commise avec l'autorisation du souverain était réputée ne pas rompre la paix entre les deux états. L'usage des lettres de représailles, qui paraît se rattacher au système des guerres privées, disparut grâce aux progrès du droit des gens. Il n'y a plus aujourd'hui de représailles que d'État à État, et c'est d'elles seules que répondent les assureurs. Or, les représailles d'État à État ont le plus souvent le caractère d'hostilités. Il peut cependant y avoir des représailles sans déclaration de guerre (V. n° 1472).

1560. — L'article 350 qui parle d'arrêt, représailles, risques de guerre, ne parle pas du *blocus*. Mais je crois que là où l'assureur est responsable de *l'arrêt de prince*, il doit être responsable du *blocus* soit au port de départ, si les risques avaient déjà commencé, soit au port de destination. L'article 279 porte qu'en cas de blocus du port de destination, le capitaine doit se rendre dans un port voisin. Le trajet sera aux risques des assureurs. Les polices toutefois stipulent souvent pour ce cas une prime proportionnelle calculée d'après la distance entre le port bloqué et le port de refuge. Elles déclinent de plus quelquefois toute responsabilité pour le blocus du port de départ.

En cas de blocus du port de destination, les marchandises au port de refuge pourront se vendre moins cher qu'au port de destination. L'assureur sera-t-il aussi responsable de cette perte? On ne l'admet pas en Angleterre par le motif qu'il n'y a ici qu'une perte indirecte et qu'en principe l'assureur ne répond que des dommages provenant directement des risques dont il a pris la charge : *causa proxima non remota spectatur* (V. n° 1568). La Cour de Bordeaux (arrêt du 6 janvier 1840) a jugé en ce sens que l'assureur responsable du blocus ne devait supporter que la détérioration *matérielle*, non la simple dépréciation. Mais le contraire a été décidé par une sentence arbitrale d'Anvers, du 27 mai 1881 (Fauchille, *Du blocus maritime*, p. 317).

En cas de violation de blocus, les dommages ou confiscations qui peuvent en résulter sont-ils des risques à la charge des assureurs?

Si la violation du blocus n'a pas été prévue et n'est qu'un pur fait du capitaine, les assureurs n'en pourraient être responsables qu'à titre de baraterie (art. 353). Mais les polices, nous le verrons, tout en mettant *la baraterie* aux risques des assureurs, excluent expressément les violations de blocus (V. n°s 1564-1621).

Quand la violation du blocus ayant été prévue, les assureurs en ont pris les risques, une pareille assurance est-elle valable? S'il s'agissait de forcer un blocus mis par le gouvernement de l'assuré, je crois que l'assurance ne serait pas plus licite que celle de la propriété ennemie (V. n° 1389). — La question serait plus délicate s'il s'agissait de forcer le blocus mis par un gouvernement étranger. Toutefois même, dans ce cas, je serais disposé à interdire l'assurance, le blocus, quand il est effectif, étant d'après le droit des gens, obligatoire même pour les neutres (V. n° 723).

Une question analogue s'élève pour la contrebande (V. n° 1390).

1561. — Afin de bien démontrer au surplus que l'énumération de l'article 350 n'est pas limitative, le législateur la termine par cette formule générale : *Et généralement par toutes autres fortunes de mer.*

Que faut-il entendre *par fortunes de mer?* Pothier (*Ass.,* n° 64) dit que « les risques dont les assureurs se chargent par » la nature du contrat d'assurance sont les pertes et dommages » qui arrivent par quelque cas de force majeure à laquelle on » ne peut résister, *vis divina.* — Émérigon allant beaucoup plus loin, prétend que par *fortunes de mer* il faut entendre tout dommage qui arrive *sur mer* à la chose assurée, sauf les modifications que la loi ou les pactes des parties apportent à cette règle (*Ass.,* ch. XII, sect. i).

C'est le cas de dire : *Omnis definitio periculosa.* La définition de Pothier est peut-être trop étroite, mais celle d'Émérigon me paraît aussi sujette à critique.

D'une part, il y a des dommages dont peuvent répondre les assureurs quoiqu'ils ne se produisent pas *sur mer*. Un auteur allemand fait très bien remarquer qu'il faut assimiler aux fortunes de mer la perte qui en est la suite directe, alors même qu'elle ne se produirait qu'à terre, par exemple, la détérioration des marchandises pendant la relâche (Brandt, *Seeversicherung,* p. 33) (V. n° 1555). D'autre part, les assureurs ne répondent pas de tous les dommages qui arrivent *sur mer.* Le législateur a formellement exclu de la responsabilité de l'assureur : 1° le vice propre de la chose, 2° les dommages provenant du fait de l'assuré (art. 351, 352), 3° les dommages provenant d'une faute du capitaine ou de l'équipage, sauf convention contraire (art. 353).

Par l'énumération de l'article 350 le législateur nous a très bien indiqué sa pensée. Tous les exemples qu'il donne sont des *accidents* de la navigation. De là, il suit que les dommages qui ne sont qu'une suite normale, ordinaire du voyage ne peuvent être considérés comme des fortunes de mer à la charge des assureurs. Ainsi, comme je l'ai déjà fait remarquer (n° 1547), un navire est retenu en mer par des vents contraires, par des calmes, par des glaces : il peut résulter de la prolongation du voyage un grave dommage pour l'assuré. Mais l'assureur ne sera pas ici responsable parce qu'il n'y a pas d'accident. — Au contraire, l'assureur sera responsable si le navire est frappé par la foudre, brisé par la tempête.

Il est quelquefois assez difficile de distinguer la fortune de mer du vice propre. Je m'expliquerai à cet égard en commentant l'article 352.

1562. — En cas de relâche, il faut distinguer si la relâche est ou non forcée. Quand elle n'est pas forcée, chacun supporte les dommages qui en résultent, sauf recours s'il y a lieu contre son assureur. — Lorsque la relâche est forcée et a lieu pour réparer d'urgence des avaries qui mettent en péril le navire et la cargaison, les *frais de relâche* se répartissent en général comme avaries grosses, entre les assureurs du navire et ceux du chargement (V. expl. des art. 400 et 403);

Quant aux frais de réparation du navire, ils restent à la charge des assureurs du navire, en tant qu'il s'agit de réparer des avaries particulières.

Pendant la relâche, les marchandises sont sujettes à se détériorer. Cette détérioration sera-t-elle à la charge des assureurs des marchandises? Incontestablement oui, si les marchandises ne se détériorent que parce qu'elles ont été mouillées ou atteintes par une fortune de mer. — La question est plus délicate, lorsque la détérioration se produit par le vice propre, aggravé seulement à raison de la prolongation du voyage. Des décisions ont, en ce cas, écarté la responsabilité de l'assureur (Bordeaux, 10 janvier 1842, J. M., 21. 2. 69). D'autres décisions ont au contraire, déclaré l'assureur responsable de l'aggravation du vice propre par suite du séjour au port de relâche (Aix; 16 juin 1840, J. M., 19. 1. 295). Le Code allemand, après avoir dit que l'assureur ne répond pas du vice propre, ajoute (art. 825) : « cependant si le voyage est retardé extraordinairement par un événement dont l'assureur est responsable, l'assureur doit réparer les dommages dans la mesure dans laquelle le retard l'a causé. » La même règle doit être suivie chez nous. Mais comme l'a décidé la Chambre civile dans un arrêt du 27 janvier 1875 (Dall., 75. 1. 448), le point de savoir si la marchandise assurée a péri ou a été détériorée au cours du voyage, soit par un vice propre, soit par la fortune de mer et dans quelle proportion chacune de ces causes a pu contribuer à l'avarie est une question de fait entièrement laissée à l'appréciation du juge.

1563. — Lorsque les marchandises sont vendues pour les besoins du navire, les propriétaires des marchandises ont un recours contre le navire (art. 234-298). Les propriétaires du navire sauf le cas de naufrage subséquent, sont tenus de rembourser les marchandises d'après le prix du lieu de destination. Mais ils peuvent se libérer de cette obligation par l'abandon du navire, et le chargeur est alors réduit à exercer son recours contre les autres chargeurs dans les termes de l'article 298. Quelle sera alors la responsabilité des assureurs? — En Angleterre, le propriétaire des marchandises peut toujours demander au navire soit le prix de vente, soit celui qu'auraient produit les marchandises au lieu de destination, mais en aucun cas, il n'a de recours contre son assureur, la perte n'étant pas considérée comme provenant directement d'une fortune de mer (Arnould, édit. de 1877, p. 351-784. Comp. n° 1568). — Cette solution n'a pas prévalu chez nous et les assureurs ont été déclarés responsables des conséquences de la vente. Si le propriétaire du navire, pour se libérer du remboursement des marchandises, fait abandon du navire, les assureurs des marchandises seront responsables envers l'assuré de la perte par lui éprouvée, cette perte est considérée comme résultant d'une fortune de mer (V. n⁰ˢ 842, 845).

Il en sera de même lorsque des marchandises ont été affectées à un emprunt à la grosse pour les besoins du navire. Les assureurs des marchandises répondent encore ici des conséquences de l'emprunt, sauf recours contre les assureurs du navire, ou à leur défaut les propriétaires du navire (V. n° 1565).

Le Code allemand (art. 824) mentionne expressément comme étant à la charge des assureurs « les risques d'affectation des « marchandises assurées à des prêts à la grosse pour la conti- « nuation du voyage ou d'actes de disposition de ces marchan- « dises par vente ou emploi fait dans la même intention. »

1564. — L'article 350, ainsi que nous l'avons déjà dit, ne détermine la responsabilité des assureurs qu'à défaut de convention particulière. Pour apprécier la responsabilité de l'assureur, on doit donc, avant tout, se reporter à la police.

A cet égard, il faut distinguer les clauses générales qui figurent dans la formule-imprimée et les clauses ou réserves qui ont été insérées exceptionnellement en vertu d'une convention spéciale.

Occupons-nous d'abord des conditions générales de nos polices françaises. Nous avons déjà indiqué quelques-unes des modifications apportées par la police à l'article 350. Il faut y revenir.

La police de Paris sur corps distingue, les risques de mer proprement dits des risques de guerre ou faits de prince.

« Art. 1ᵉʳ. — Sont aux risques des assureurs les dommages et pertes qui arrivent aux navires assurés par tempête, naufrage, échouement, abordage, changement forcé de route ou de voyage, jet, feu, pillage, piraterie et baraterie, et généralement tous accidents et fortunes de mer.

« Art. 2. — Les risques de guerre ne sont à la charge des assureurs qu'autant qu'il y a convention expresse. Dans ce cas, les assureurs répondent des dommages et pertes provenant de guerre, hostilités, représailles, arrêts, captures et molestations de gouvernements quelconques, amis ou ennemis, reconnus ou non reconnus, et généralement de tous accidents et fortunes de guerre. »

On remarquera : 1° que la *piraterie* est assimilée aux fortunes de mer; 2° que l'assureur répond de l'abordage, qu'il soit ou non fortuit, et par conséquent, qu'il est tenu même du recours de tiers pour abordage, ce que dit au reste expressément l'art. 4.

Toutefois, la police de Paris sur corps en déclarant les assureurs responsables du *recours de tiers pour abordage :* 1° a limité cette responsabilité, aux neuf dixièmes de la somme assurée sous déduction d'une franchise de 1 0/0 (V. art. 4 et 19); 2° l'assureur ne répond pas des recours pour mort ou blessures. Il en est de même en Angleterre (Arnould, édit. de 1877, p. 24, note 2).

En ce qui concerne la *baraterie,* l'assureur sur corps est responsable *sauf les faits de dol et faute du capitaine,* les *violations de blocus,* les faits *de contrebande* et *de commerce clandestin* et encore diverses autres exceptions que nous indiquerons plus loin (V. n° 1621).

D'après la police, l'assureur ne répond des *risques de guerre* qu'en cas de convention expresse, et c'est aussi seulement dans ce cas qu'il répond des faits d'arrêts, molestations ou autres faits de puissance.

Quelle est au juste la portée de la clause qui exclut les risques de guerre?

On a vu plus haut (n° 1558) que d'après le Code allemand en vertu de la clause *franc des risques de guerre (frei von Kriegsmolest),* tous les risques cessent pour l'assureur au moment où les risques de guerre commencent à exercer leur influence sur le voyage.

La Cour de Paris dans un arrêt du 22 février 1881 (Journal *La loi* du 27 février 1881), a donné la même portée à la clause de notre police qui exclut les risques de guerre. Un bâtiment à vapeur assuré pour 365,000 fr. était dans un port de l'Amérique du Sud lorsqu'un gouvernement insurrectionnel ordonna au capitaine de se rendre dans un autre port, où il reçut par ordre un chargement de fusils pour une autre destination. En se rendant à cette dernière destination, le navire périt *par fortune de mer*. Le tribunal de la Seine et la Cour de Paris ont jugé que, dans ces circonstances, le navire se trouvant au moment du sinistre *sous l'étreinte de faits de guerre*; les assureurs n'étaient pas responsables, « que la saine interprétation de la police « conduit à décider que tout sinistre se rattachant par un lien « intime au cas réservé (risques de guerre), doit être exclu de « la garantie » (V. n° 1568).

Quelquefois les assureurs, tout en restant chargés des risques de guerre, stipulent qu'ils seront exempts de tous dommages et pertes provenant de *capture et confiscation pour contrebande et commerce clandestins*. Il a été jugé qu'en pareil cas les assureurs, quoique responsables des risques de guerre, n'ont pas à répondre de la saisie et confiscation faite par un belligérant pour *contrebande de guerre* (Rejet, 12 mai 1868, Sirey, 68. 1. 385).

1565. — Enfin, la police française sur corps (art. 12) déclare les assureurs exempts des emprunts à la grosse *contractés dans un port d'expédition ou de destination*, elle les déclare étrangers à la saisie et vente du navire faite dans un des ports susdits à la requête des prêteurs ou autres créanciers, ainsi qu'à toutes les conséquences du droit d'abandon exercé par l'armateur en vertu de l'article 216. On a considéré que si dans les ports de relâche l'armateur n'est pas tenu d'avoir les fonds nécessaires pour subvenir aux réparations ou dégager le navire, il n'en est plus de même lorsque le navire se trouve dans un port où l'armateur doit avoir nécessairement des représentants.

« Dans *les risques de pêche*, porte l'article 21, les assureurs « sont exempts de toutes pertes et avaries sur les embarcations, « ustensiles de pêche, ancres, chaînes, câbles et dépendances « pendant la pêche et pendant le mouillage. Ils sont pareille-« ment exempts des pertes d'ancres, chaînes, câbles et dépen-« dances dans les divers mouillages de l'Ile de la Réunion. »

1566. — La police française sur facultés s'exprime ainsi (art. 1, 2, 3) :

« Art. 1ᵉʳ. — Sont aux risques des assureurs tous dommages

« et pertes qui arrivent aux choses assurées par tempête, nau-
« frage, échouement, abordage, relâches forcées, changements
« forcés de route, de voyage et de navire, jet, feu, pillage,
« piraterie et baraterie, et généralement par tous accidents et
« fortunes de mer. »

« Art. 2. — Les risques de guerre civile ou étrangère ne sont
« à la charge des assureurs qu'autant qu'il y a convention ex-
« presse. Dans ce cas, il est entendu qu'ils répondent de tous
« dommages et pertes qui arrivent aux choses assurées par
« guerre, hostilités, représailles, arrêts, captures et molesta-
« tion de gouvernement quelconque, amis et ennemis, reconnus
« et non reconnus, et généralement de tous accidents et fortunes
« de guerre. »

« Art. 3. — Les assureurs sont exempts de tous dommages
« et pertes provenant du vice propre de la chose ; de captures,
« confiscations et événements quelconques provenant de contre-
« bande ou de commerce prohibé ou clandestin ; enfin de tous
« frais quelconques de quarantaine, d'hivernage et de jours de
« planche. »

On voit que dans l'assurance *sur facultés*, l'assureur accepte
des risques dont il n'a pas à répondre dans l'assurance sur
corps. C'est ainsi que l'assureur répond de tous les faits de
baraterie sans excepter les faits de dol et fraude du capitaine,
parce que le capitaine n'est pas l'homme du chargeur.

Sur certaines marchandises sujettes à détérioration, les assureurs ne garantissent pas les avaries, à moins que le navire
n'ait été *abordé, coulé* ou *incendié*, et dans ces cas même, les
assureurs ne paient les avaries que sous certaines déductions
qui varient de trois à quinze 0/0 (V. n° 1593).

1567. — Indépendamment des clauses générales des polices, il y a des clauses particulières destinées à limiter suivant
les cas la responsabilité des assureurs.

Telle est la clause *franc d'avaries*, ou celle-ci : *franc d'avaries,
sauf en cas d'abordage, d'incendie ou d'échouement* (V. expl.
de l'art. 409).

Quelquefois, lorsqu'il s'agit de marchandises qui doivent être
transportées en partie par terre, les assureurs au lieu de limiter

leur responsabilité aux risques de mer, l'étendent même aux risques de terre, d'escale (V. n° 1407).

1568. — C'est à l'assuré demandeur en indemnité à prouver le sinistre qui sert de base à sa demande sauf à réserver à l'assureur la preuve contraire (V. art. 383-384). Mais le sinistre étant prouvé, il s'élèvera souvent des difficultés pour en déterminer la cause. Lorsque le sinistre a été précédé d'un fait dont les assureurs n'avaient pas à répondre, ceux-ci seront-ils responsables par cela seul que la *cause dernière* rentre dans les risques mis à leur charge?

En Angleterre, la clause qui affranchit les assureurs des risques de guerre, les affranchit aussi de leurs *conséquences*. La jurisprudence anglaise a diversement apprécié la portée de ce mot (V. Arnould, édit. de 1877, p. 809). Mais en général, il est de règle en Angleterre et aux États-Unis que pour déterminer la responsabilité d'un sinistre, il faut uniquement avoir égard à la cause dernière : *causa proxima non remota spectatur* (Arnould, p. 815) (V. *infrà*, n°ˢ 1560-1563).

En Allemagne, au contraire, pour déterminer la nature d'une avarie on s'attache moins à la cause dernière qu'à la *cause originaire, die ursprüngliche Entstehung* (Brandt, *Seeversicherung*, p. 14).

La règle anglaise a l'avantage d'être simple. Mais la doctrine des jurisconsultes allemands est plus juridique. Qu'il s'agisse de distinguer entre le navire et le chargement les avaries grosses et les avaries particulières, ou de déterminer les obligations de l'assureur vis-à-vis de l'assuré, il faut toujours, en principe, remonter à la cause originaire du dommage. C'est par elle que se détermine le caractère de toutes les dépenses et dommages qui en ont été la suite nécessaire. Telle est la doctrine qui a été expressément consacrée par notre Cour de cassation (V. Dall., 80. 1. 448).

Toutes les pertes et dommages qui peuvent être considérés comme les suites nécessaires d'un accident de mer à la charge des assureurs doivent donc être réputés provenir de cet accident. L'assureur, au contraire, ne répondra pas des pertes qui ont eu surtout pour cause déterminante, un vice propre, une faute ou un accident dont il n'avait pas pris la charge. Ainsi des marchandises sont débarquées la nuit sur des allèges. Une tempête s'élève et fait sombrer les allèges. L'assureur qui ne répond pas de la contrebande sera-t-il responsable parce que la cause dernière du sinistre (*causa proxima*) a été une fortune de mer? La Cour de Rouen, par un arrêt du 14 janvier 1878 (Dall., 78. 2. 176), a jugé avec raison qu'en pareil cas l'assureur n'était pas responsable, *culpa præcessit casum* : si on n'avait pas voulu faire de la contrebande, on n'aurait pas chargé les marchandises la nuit, sur des allèges.

La même règle paraît applicable lorsqu'il y a eu deux accidents successifs dont l'un n'était pas à la charge des assureurs. Il faudra toujours rechercher quelle a été la cause déterminante, nécessaire du dommage. Ainsi un bâtiment pour échapper à la poursuite de l'ennemi se jette à la côte. L'assureur qui ne répond pas des risques de guerre ne sera pas responsable.

La Cour de Rouen cependant, par un arrêt du 1er mai 1872 (Dall., 79. 5. 33), a jugé qu'un déroutement occasionné par la crainte de l'ennemi restait à la charge de l'assureur, quoiqu'il se fût exempté des risques de guerre, l'article 350 le déclarant responsable de tous *changements forcés de route* sans distinction.

C'est au surplus au juge du fait à déterminer la *cause du sinistre,* et son appréciation à cet égard est souveraine (Civ., 27 janv. 1875, Dall., 1875. 1. 448).

Je reviendrai sur la question à propos du déroutement (art. 351), du vice propre et de la baraterie de patron (art. 351-353) et de la distinction des avaries (art. 400-403).

<hr>

ART. 351.

Tout changement de route, de voyage ou de vaisseau, et toutes pertes et dommages provenant du fait de l'assuré, ne sont point à la charge de l'assureur; et même la prime lui est acquise, s'il a commencé à courir les risques (1).

(1) *Ord. de* 1681 (liv. III, tit. vi). Art. 27. — Si toutefois le changement de route, de voyage ou de vaisseau arrive par l'ordre de l'assuré, sans le

SOMMAIRE.

1569. — L'article 351 contient trois propositions :

1° L'assureur ne répond pas des dommages provenant du fait de l'assuré ;

2° La responsabilité de l'assureur est dégagée dès qu'il y a changement de voyage, de route ou de vaisseau par le fait de l'assuré ;

3° Dans tous les cas, la prime est acquise à l'assureur si les risques ont commencé à courir.

La première de ces dispositions ne peut pas souffrir de difficulté. Si l'assuré n'a pas de recours pour les dommages qui proviennent du *vice propre* (art. 352), à plus forte raison doit-il en être ainsi pour ceux provenant *du fait de l'assuré.* Il est clair, par exemple, qu'un capitaine qui, après avoir fait assurer

consentement des assureurs, ils seront déchargés des risques; ce qui aura pareillement lieu en toutes autres pertes et dommages qui arriveront par le fait ou la faute des assurés; sans que les assureurs soient tenus de restituer la prime, s'ils ont commencé à courir les risques.

Projet de 1867. Art. 362. — Tout changement de route, de voyage ou de navire, provenant du fait de l'assuré, fait cesser les effets de l'assurance et même la prime est acquise à l'assureur, s'il a commencé à courir les risques. Il est fait exception au présent article pour le cas où le changement de route a lieu dans un but d'humanité.

sa part dans le navire, jetterait involontairement le navire à la
côte, n'aurait pas de recours contre ses assureurs.

L'assureur n'est pas responsable, quoique le sinistre soit de
la nature de ceux dont il a à répondre si la cause originaire est
due au fait de l'assuré. Ainsi l'assureur responsable des fortunes
de mer ne sera pas cependant responsable si l'accident ne s'est
produit que par suite d'une faute de l'assuré, *si culpa præcessit casum.* C'est ce que j'ai déjà expliqué (n° 1568). Nous
reviendrons sur ce point en expliquant l'article 352 (n°ˢ 1582
et suiv.).

Alors même que *le dommage ne provient pas du fait de l'assuré,* la responsabilité de l'assureur est dégagée s'il y a *eu changement de voyage, de route ou de vaisseau* par le fait de
l'assuré. Nous avons vu (n° 1550) que l'assureur est tenu de
supporter les changements *forcés.* Les changements par le fait
de l'assuré libèrent, au contraire, l'assureur, à partir du moment où ils se sont produits.

1570. — *Changement de voyage.* — Le voyage assuré se
détermine par le point de départ et d'arrivée. Quand l'un des
deux termes est changé, il y a changement de voyage (V. Cass.,
25 août 1874, Dall., 75. 1. 161).

Il arrive souvent qu'au moment de l'assurance, l'assuré ne
sait pas quel sera le port de destination. On envoie le navire aux
ordres à l'entrée de la Manche pour le diriger ensuite sur le
Hâvre, Londres, Hambourg, suivant l'état du marché. Le Code
allemand (art. 835) porte que quand l'assurance est ainsi faite
pour l'un ou l'autre de plusieurs ports désignés, il est permis à
l'assuré de choisir entre ces ports. Mais, une fois l'ordre donné
pour un port, l'assuré est considéré comme lié et ne peut plus
changer (Lewis, *Das deutsche Seerecht,* II, p. 304).

Alors même que l'assurance est faite à temps, sans indication
de voyage, l'assuré s'interdit de naviguer dans certaines mers
ou dans certains parages (V. n° 1403). S'il viole cette interdiction, il y a changement de voyage.

1571. — Lorsqu'il y a eu changement de voyage, l'assuré
ne peut, en cas de perte, réclamer d'indemnité, alors même
que le changement de voyage n'a pas aggravé les risques et

que le voyage a été *raccourci*. L'article 364, il est vrai, paraît décider qu'en pareil cas, l'assurance reçoit son effet. Mais nous verrons que l'article 364 se réfère à une hypothèse spéciale, celle d'un navire s'arrêtant sur sa route dans un port d'échelle.

Quand il y a eu changement de voyage, l'assureur est libéré alors même que la perte a eu lieu, la chose assurée se trouvant encore sur la ligne du voyage convenu. Cette doctrine admise en Angleterre (V. Arnould, édit. de 1877, p. 449), contestée aux États-Unis (Philipps, I, p. 564), a été formellement consacrée par le Code allemand : « Le voyage est changé, dit « l'article 817, dès l'instant où la résolution de diriger le navire « sur un autre port de destination est mise à exécution, quand « même le navire ne serait pas encore sorti de la route com- « mune aux deux ports de destination. »

C'est aussi ce qu'a jugé chez nous la Cour de cassation par interprétation tant de l'article 351 que de l'article 364. Nous citerons à cet égard deux arrêts : l'un du 25 août 1874 (Dall., 75. 1. 164), l'autre du 8 août 1876 (Dall., 77. 1. 109). Dans la première affaire, une assurance avait été faite pour un voyage de *Marseille à Maroni* (Cayenne) *et retour à Marseille;* le navire, après avoir pris à Maroni un chargement *pour le Hâvre* s'était perdu dans la rivière de Maroni. Le tribunal de Marseille avait déclaré l'assureur responsable par le motif qu'au moment de la perte le navire était encore sur la route du voyage assuré. La Cour de cassation a cassé, en disant que le voyage est réputé changé dès que le navire *a pris charge et fait voile* pour une autre destination que celle du voyage assuré. — Dans la seconde affaire, il s'agissait d'une assurance à terme, assurance de douze mois, pour navigation *dans l'Océan et la Méditerranée*. Le navire était parti de Cardif pour *Aden* (mer Rouge) et s'était perdu dans le golfe de Gascogne. Le tribunal de Marseille déclara l'assureur responsable, en se fondant ici sur ce qu'il s'agissait d'une assurance *à temps*. La Cour de cassation a cassé encore la décision du tribunal de Marseille, sans faire aucune distinction entre les assurances à temps et les assurances au voyage.

L'article 351 me paraît formellement trancher la question au profit de l'assureur. Cet article, en effet, distinguant le *changement de voyage* du *changement de route*, déclare l'assureur libéré par le seul fait du changement de voyage.

Ne perdons pas de vue, toutefois, que l'assureur n'est libéré qu'à partir du jour où la résolution de changer le voyage s'est manifestée et a été mise à exécution, le navire ayant pris charge, établi ses expéditions et fait voile pour une autre destination. Dans la première des deux espèces rapportée ci-dessus, le voyage n'ayant été changé qu'à Maroni, l'assureur aurait donc eu à supporter les avaries qui se seraient produites dans la traversée de Marseille à Maroni.

1572. — *Changement de route.* — Le changement de route ou *déroutement* est ce que les Anglais appellent *deviation* par opposition au changement de voyage (*change of voyage*). Il y a simple changement de route quand l'assuré sans renoncer à la destination indiquée s'y rend par une autre route, fait des escales non permises par la convention ou l'usage (Émérigon, *Ass.*, ch. XIII, § 15, v. aussi n° 1573).

Les Anglais voient également un cas de *deviation* dans le fait de retarder le départ (V. n° 1456). En Angleterre, au reste, on attache à la simple *deviation* les mêmes effets qu'au changement de voyage. L'assureur est libéré à partir du moment où la déviation s'est manifestée, sans qu'on ait à examiner si le sinistre se rattache ou non à la déviation (Arnould, p. 447-449).

Il en est autrement en Allemagne. Après avoir parlé du changement de voyage proprement dit (art. 817), le Code allemand (art. 818), s'occupe du cas « où le voyage aurait été indûment retardé, de celui où le navire se serait écarté de la route convenue, aurait relâché dans un port qui ne pouvait être considéré comme compris dans l'assurance, et où enfin l'assuré aurait d'une autre manière, changé ou aggravé les risques convenus. » Dans tous ces cas, la responsabilité de l'assureur n'en subsiste pas moins, s'il appert que l'aggravation ou le changement des risques *n'a pas pu exercer d'influence sur l'événement postérieur,* cause du sinistre. Il résulte de ce système, comme le fait remarquer Makower (édit. de 1880, p. 756), que d'après le Code allemand l'assuré qui a fait une déclaration inexacte, même par erreur (n° 1532), est moins bien traité que celui qui, après coup, ne remplit pas les conditions du contrat.

Une pareille doctrine ne pourrait être soutenue chez nous. L'article 351 mettant le *changement de route* sur la même ligne que le changement de voyage, il est clair que chez nous, comme en Angleterre, le changement de route, à partir du moment où il a lieu, libère complètement l'assureur.

1573. — L'assuré se réserve quelquefois la faculté de faire échelle (V. art. 362). En général, les escales entraînent une *surprime*, et à moins de convention contraire, ce droit ne peut s'exercer que dans l'ordre suivi par la police ou si les ports d'échelle n'ont pas été expressément désignés par la police, dans l'ordre de la route géographique. « Quand l'assurance est « conclue pour plusieurs ports de destination ou que le droit est « réservé à l'assuré d'aborder dans plusieurs ports, dit l'article « 837 du Code allemand, l'assuré n'a le droit d'entrer dans les « ports que dans l'ordre fixé par la convention, ou à défaut de « convention dans l'ordre correspondant aux circonstances de « la navigation, sans pourtant qu'il soit tenu d'entrer dans tous « les ports. L'ordre indiqué dans la police doit être considéré « comme l'ordre convenu, à moins que le contraire ne soit « prouvé. » La même règle est suivie en Angleterre (V. Arnould, édit. de 1877, p. 461 et s.) et a été consacrée par notre jurisprudence (Req., 9 janvier 1872, Dall., 72. 1. 299).

Souvent l'assuré se réserve en termes généraux la liberté de *faire échelle, dérouter et rétrograder*. C'est là une clause fort ancienne (V. Valin, II, p. 79). Cette clause entraîne la faculté de décharger entièrement le navire dans un lieu quelconque de la route, de revenir sur un lieu déjà franchi et d'y prendre un nouveau chargement (Marseille, 24 juillet 1827, J. M., 9. 1. 41). Toutefois, cette clause comporte deux restrictions :

1° On ne peut faire échelle que dans les ports qui sont dans la ligne du voyage désigné (V. Arnould, p. 467) ;

2° Quand le navire a touché au port de destination et fait son déchargement, le voyage étant terminé, tout voyage rétrograde constituerait un nouveau voyage et ne serait plus aux risques des assureurs (Marseille, 23 mai 1878, J. M., 1878. 1. 175).

La liberté réservée de *toucher* à un port implique-t-elle celle
d'y séjourner, d'y prendre un chargement, ce sera une question de fait à résoudre d'après les circonstances, l'intention présumée des parties (V. n° 1363). Le tribunal de Marseille a jugé
que la clause de *faire échelle* insérée dans la police, autorise
le capitaine à débarquer ou vendre des marchandises, d'y faire
quarantaine. En Angleterre, pour lever toute difficulté, la police
réserve souvent expressément à l'assuré le droit de *toucher,
séjourner et commercer* (*to touche, stay, and trade*). Mais on
admet aujourd'hui que la faculté de *toucher* peut être interprétée
comme comprenant celle de *séjourner,* même de *commercer* (Arnould, p. 466).

Ajoutons que la faculté de s'arrêter en route doit être sous-
entendue lorsqu'elle est conforme à l'usage. C'est ce qu'admettait Émérigon (V. n° 1572) et, quoi qu'en dise M. Émile Cauvet
(II, n° 30), il n'y a aucune raison pour ne pas interpréter
encore ici la police par l'usage (art. 1159, 1160 C. Civ.). C'est
ce qui est admis en Angleterre et en Allemagne. Arnould (I, p.
458), dit expressément qu'il n'y a pas *deviation* quand le navire
s'arrête dans un port intermédiaire, *suivant l'usage de la navigation, pour le voyage assuré.* — Les *conditions générales*
adoptées pour l'Allemagne en 1867, portent que les navires *pour
recevoir des ordres* (V. n° 1399) peuvent s'arrêter — ceux venant de l'Atlantique ou y allant, en Manche ou au Sud de l'Ir-
lande — ceux allant dans la Méditerranée ou en venant, à
Gibraltar — ceux allant en Baltique ou en venant, à Elseneur
ou Copenhague.

1574. — A côté du changement de route ou de voyage la
loi mentionne *le changement de vaisseau.* Cela va de soi dans les
assurances sur corps, le navire étant alors l'objet même de l'assurance. Dans les assurances sur marchandises, le navire n'est
pas l'objet de l'assurance : il n'est que le lieu du risque, mais
lorsqu'il a été désigné, il ne peut pas davantage, en principe,
être changé.

Ainsi je fais assurer par la police 15,000 fr. sur le navire le
Saint-Joseph — 10,000 fr. sur le *Jules* — 20,000 fr. sur le
Jacques, et je charge le tout sur le premier de ces navires, soit

45,000 fr. L'assureur ne répondra que de 15,000 fr., et pour le surplus l'assurance sera ristournée avec le demi pour cent pour l'assureur (art. 349).

Mais tout ceci ne s'applique que sauf convention contraire. L'assuré peut se réserver la liberté de répartir à sa guise les marchandises assurées (V. art. 337). — Il peut au cours du voyage se réserver la faculté de transbordement. Il a été jugé que cette clause insérée dans un contrat d'assurance que *tous transbordements et escales seraient gratuits,* a pu autoriser l'assuré à débarquer la marchandise pendant quelque temps dans un port d'escale et à la recharger ensuite sur un autre navire, alors même qu'on aurait substitué un navire à voiles à un navire à vapeur (Req., 11 mars 1873, Sirey, 73. 1. 204).

1575. — La loi qui parle du changement de vaisseau ne parle pas du changement *de capitaine*. D'après le Code italien de 1882 (art. 617), le changement du capitaine, même par le fait de l'assuré, ne libère l'assureur qu'au point de vue de la baraterie de patron, et dans le cas seulement où le capitaine avait été nominativement désigné.

Chez nous, en principe, le capitaine désigné dans la police par l'assuré ne peut être remplacé sans le consentement exprès ou tacite de l'assureur (V. n° 1352).

Alors même que, suivant l'usage, la police a ajouté à l'indication du capitaine la clause *ou autre pour lui,* on ne pourrait choisir qu'un capitaine de la même catégorie et il ne serait pas permis de substituer à un capitaine au long cours, un capitaine au cabotage (V. n° 1352). — En Angleterre, il est également de règle qu'on ne peut remplacer un maître breveté par quelqu'un qui ne l'est pas (V. Arnould, édit. de 1877, I, p. 534).

1576. — Le contrat sera-t-il rompu quand il y a changement dans le propriétaire? L'assurance ne visant que des rapports contractuels, on pourrait en conclure que le contrat est rompu quand l'assuré n'a plus de risques. Mais nous avons vu que la police, alors même qu'elle n'a pas été faite à ordre ou au porteur (n° 1345) contient le plus souvent, notamment lorsqu'il s'agit d'assurances sur marchandises, la clause *pour compte de qui il appartiendra,* clause qui a l'avantage de réserver le bénéfice de l'assurance aux propriétaires futurs (V. n° 1345).

Le bénéfice de l'assurance toutefois ne se transmet pas de droit à tout nouveau propriétaire. 1° Il faut que la police lui ait été cédée, 2° que la situation de l'assureur ne soit pas aggravée par le changement du propriétaire.

Le Code allemand qui s'occupe des effets de la vente sur l'assurance contient à cet égard les dispositions suivantes : — Article 904. « Si l'objet assuré est aliéné, les droits appartenant « à l'assuré en vertu du contrat d'assurance peuvent être trans- « mis à l'acquéreur, même en ce qui concerne les accidents « futurs, de manière que l'acquéreur puisse agir contre l'assu- « reur comme l'assuré aurait pu le faire lui-même si l'aliénation « n'avait pas eu lieu. — L'assureur ne répond pas des risques « qui ne se seraient pas produits si l'aliénation n'avait pas été « faite. — L'assureur peut opposer non-seulement les exceptions « et demandes reconventionnelles qui lui appartiennent directe- « ment contre l'acquéreur, mais celles aussi qu'il aurait pu op- « poser à l'assuré; toutefois il ne peut se prévaloir de celles qui « n'ont pas leur source dans le contrat d'assurance, que si elles « avaient pris naissance dès avant la notification de l'aliénation. « — La disposition précédente ne modifie pas les effets juri- « diques de la transmission par voie d'endossement d'une po- « lice à ordre. » — Art. 905. « Les dispositions de l'article 904 « s'appliquent aussi dans le cas d'assurance d'une part de pro- « priété dans un navire. — Si le navire lui-même est assuré, « elles ne sont applicables qu'en cas d'aliénation du navire « durant un voyage. Le commencement et la fin d'un voyage « se déterminent d'après l'article 827. Si le navire est assuré à « temps ou pour plusieurs voyages (art. 760), l'assurance, en « cas d'aliénation pendant un voyage, ne dure que jusqu'au « déchargement du navire au plus prochain port de destination « (art. 827). »

Notre police française *sur corps* paraît s'être inspirée de l'article 905 mais elle va un peu plus loin. D'après l'article 28, la *vente publique* du navire fait cesser de plein droit l'assurance au jour de la vente. Il en est de même en cas de vente privée s'appliquant à plus de moitié de l'intérêt assuré. Enfin même en cas de vente de moins de moitié, l'agrément des assureurs doit être obtenu (V. n° 1341).

1577. — Les changements de voyage ou autres ne sont opposables à l'assuré que s'ils proviennent *de son fait,* c'est ce qu'exprimait clairement l'Ordonnance : *par l'ordre de l'assuré.* L'article 351 doit être interprété dans le même sens. Le projet de 1867 dissipait à cet égard toute équivoque.

Le changement provenant du fait d'un agent de l'assuré est assimilé à son propre fait, car on répond de ses préposés (art. 1384 C. Civ.).

1578. — Le changement qui est le fait du capitaine sera évidemment opposable aux propriétaires du navire dans l'assurance sur corps ou sur fret, à moins que les assureurs n'aient pris à leur charge la baraterie de patron (V. art. 353); — mais le changement de route ou de voyage par le capitaine sera-t-il également opposable aux chargeurs dans l'assurance sur facultés? Le Code allemand ne décharge l'assureur vis-à-vis des chargeurs que si le changement a eu lieu par leur propre fait, sur leur ordre ou avec leur approbation (C. all., art. 817). L'assuré n'est réputé avoir approuvé le fait du capitaine que quand il ne s'y est pas opposé pouvant le faire (Lewis, II, p. 263).

En Angleterre, au contraire, le changement de route ou de voyage dégage la responsabilité des assureurs par cela seul qu'il n'est pas le résultat de la force majeure, l'assureur ne pouvant être engagé au delà des termes du contrat (V. Arnould, p. 445).

Que décider chez nous? Si le changement est le fait propre du capitaine, l'assureur pourra évidemment s'en prévaloir même vis-à-vis des chargeurs, puisque dans notre droit les chargeurs eux-mêmes répondent des fautes du capitaine sauf convention contraire (V. art. 353 et n° 1616).

Mais la question est plus délicate lorsque le capitaine n'a fait qu'obéir à des ordres de l'armateur, les chargeurs ne répondant pas, en principe, des faits de l'armateur (V. n° 1582 et art. 352, 353). Le Tribunal de Marseille et la Cour d'Aix ont jugé cependant qu'en pareil cas l'assureur n'était pas non plus responsable vis-à-vis des chargeurs, et qu'il ne l'était pas alors même qu'il

aurait expressément garanti la baraterie de patron (J. M., 1880,
1. 56). La police de Paris sur facultés paraît rédigée en ce sens,
car elle ne met à la charge des assurés que *les changements
forcés* de voyage, de route ou de navire.

Il y a, au reste, bien des cas où aucune difficulté ne pourra
s'élever entre les chargeurs et leur assureur. 1° Le chargeur
est évidemment responsable du changement de route lorsque
c'est lui-même qui en a *donné l'ordre,* et il l'est alors, quand
même l'assureur aurait garanti vis-à-vis de lui la baraterie de patron (Req., 9 janv. 1872, Dall., 72. 1. 199).

2° Le chargeur, au contraire, ne sera pas responsable si l'assureur a pris à sa charge tous les risques, d'escales, transbordements et déviations (V. n° 1574) — ou même si la police se réfé-
rant aux clauses et conditions du connaissement, le connaissement réservait la faculté de faire échelle. Ainsi des marchandises
avaient été assurées sur vapeurs indéterminés (art. 337), de Gênes
à Masatlan *via Liverpool, Colon et Panama.* Les marchandises
furent chargées à Gênes sur un paquebot qui se rendit d'abord
à l'île de Crète où il échoua. Les assureurs des marchandises
opposèrent qu'il y avait eu déroutement. Le Tribunal de Bordeaux, par jugement du 26 août 1878, a rejeté ce moyen par ce
motif notamment que la police se référait au connaissement, et
que d'après le connaissement le navire avait la faculté de toucher à *tout port ou ports de la Méditerranée* (*Mémorial de Bordeaux,* 1878, p. 315).

1579. — On s'est demandé si l'assureur pouvait dégager
sa responsabilité quand le capitaine ne s'est détourné de sa
route que dans un but d'humanité pour secourir des naufragés.
Je crois que c'est là un *changement forcé de route* dans le sens
de l'article 350, et un cas de force majeure que l'assureur ne
peut jamais méconnaître. L'Ordonnance de 1681 (liv. IV, tit.
IX, art. 2) dit expressément : « Enjoignons à nos sujets de faire
« tout devoir pour secourir les personnes qu'ils verront dans le
« danger du naufrage. » Le capitaine qui se détourne de sa
route pour secourir des naufragés, les conduire à un port de refuge, ne fait donc qu'obéir à un devoir impérieux.

Mais des abus peuvent se produire. Un capitaine pourra agir

quelquefois moins dans un but d'humanité que de spéculation pour remorquer dans un port un navire abandonné et réclamer sa part de sauvetage (V. n° 86). De là vient qu'en Angleterre et aux États-Unis on a quelquefois refusé de reconnaître ce cas de force majeure. Mais aujourd'hui, des deux côtés de l'Atlantique, on est d'accord pour reconnaître qu'il n'y a pas déroutement, quand le capitaine a agi *dans un intérêt d'humanité* (Arnould, p. 502). Le Code allemand avait formellement consacré ce principe (art. 818) et notre projet de 1867 contenait une disposition analogue.

1580. — L'article 351 dans sa dernière partie rappelle une règle dont nous avons déjà parlé en expliquant l'article 349 (n° 1538).

Si le voyage a été changé avant que le navire eût fait voile, l'assureur sur corps n'ayant à aucun moment couru de risques n'aura droit qu'à l'indemnité de demi pour cent. Il en sera de même vis-à-vis de l'assureur des marchandises si leur destination a été changée avant le chargement. Mais quand les risques ont commencé à courir, il suffit qu'un sinistre ait pu se produire à un moment donné pour justifier le droit à la prime entière.

Il faudra toutefois examiner si les risques n'ont pas été divisés.

Ainsi une assurance a été faite pour plusieurs traversées pour des primes distinctes; chaque traversée devra être réglée à part. Mais si l'assurance a été faite pour un voyage d'aller et retour moyennant une prime fixe de dix pour cent, l'assuré devra la prime entière, alors même que la déviation aurait eu lieu dans le voyage d'aller. Il n'y aura lieu à réduction de la prime que dans le cas prévu par l'article 356.

Dans le cas d'une assurance faite à terme pour une certaine période, la prime serait due pour toute cette période, l'assureur n'eût-il couru de risques que pendant un jour (Civ., 28 fév. 1865, Sirey, 65. 1. 192). Lorsqu'on s'occupa, sous l'Empire, de la révision du livre II du Code de commerce, on demanda que dans le cas d'assurance *à l'année* ou *au mois*, l'assureur n'eût droit qu'à une prime proportionnelle aux risques courus. L'avant-projet de 1865 ajoutait à l'article 351 la disposition suivante : « Toutefois, si l'assurance est faite à l'année ou au « mois, la prime sera proportionnélle aux risques courus, le « mois commencé comptant comme fini. » Cette disposition ne fut pas maintenue par le projet de 1867. On considéra que c'était aux parties à préciser à cet égard leurs conventions si elles le jugeaient à propos.

En somme, la prime entière ne peut être divisée, à moins que les parties n'aient manifesté une intention contraire (V. n° 1543).

1581. — L'article 351 suppose un contrat rompu après le commencement des risques *par le fait de l'assuré*. Mais comme l'a fait remarquer Valin (t. II, p. 78), la prime entière serait due alors même que le contrat aurait été rompu par toute autre cause (V. n°ˢ 1538-1541). Ainsi que l'a dit la Cour de cassation dans son arrêt du 28 février 1865 (Sirey, 65. 1. 192), la prime entière est due à l'assureur *s'il a commencé à courir les risques et si la résolution de l'assurance ne lui est point imputable*.

Ce principe que la prime entière est due dès que les risques ont commencé à courir est à peu près généralement admis (V. cependant n° 1539).

<center>~~~~~~~~~~~~~~~~~~~~~~~~~~~~~</center>

ART. 352.

Les déchets, diminutions et pertes qui arrivent par le vice propre de la chose, et les dommages causés par le fait et faute des propriétaires, affréteurs ou chargeurs, ne sont point à la charge des assureurs (1).

SOMMAIRE.

(1) *Ord. de 1681* (liv. III, tit. vi). Art. 29. — Les déchets, diminutions et pertes qui arriveront par le vice propre de la chose, ne tomberont point sur les assureurs.

Projet de 1867. Art. 363. — Les déchets, diminutions et pertes |qui arrivent par le vice propre de la chose, et les dommages causés par la faute des assurés, ne sont point à la charge des assureurs.

1582. — L'article 352 édicte au profit de l'assureur une disposition analogue à celle édictée par l'article 326 au profit du prêteur à la grosse.

Mais la rédaction de l'article 352 est un peu plus embarrassée.

L'Ordonnance contenait deux dispositions distinctes. Dans l'article 27, qui correspond à notre article 351, elle parlait des dommages provenant *du fait et faute de l'assuré,* et dans l'article 29 elle ne parlait que du *vice propre.* Le Code a procédé autrement. L'article 351 parle du dommage provenant *du fait de l'assuré,* et l'article 352, en même temps qu'il parle du *vice propre,* s'occupe des dommages causés *par le fait et faute des propriétaires affréteurs ou chargeurs*. L'article 352 veut-il dire à cet égard autre chose que ce que dit l'article 351?

Si l'on devait s'attacher étroitement aux termes de l'article 352, on pourrait en conclure que vis-à-vis de l'assureur, propriétaires, affréteurs et chargeurs répondent tous du fait des uns des autres. C'est aussi ce que soutient M. Boistel, pour donner, dit-il, un sens à l'article 352 (*Droit comm.*, n° 1376). Suivant M. Boistel, les chargeurs répondent envers leur assureur du fait du propriétaire du navire, et réciproquement le propriétaire répond envers son assureur du fait du chargeur. M. Boistel admet toutefois que les chargeurs ne répondent pas envers leur assureur les uns des autres.

Je ne puis admettre ce système. C'est une question de savoir si les chargeurs répondent du vice propre du navire (V. *infrà*, n° 1608). Mais comme je l'ai fait remarquer (n° 1578) les chargeurs ne peuvent certainement répondre vis-à-vis de l'assureur de tous les faits du propriétaire. La loi ne les a déclarés responsables que des faits du capitaine (art. 353) et dans l'usage ils sont même toujours déchargés de cette responsabilité.

A plus forte raison, je n'admettrais pas qu'un chargeur fût responsable envers l'assureur du fait d'un co-chargeur. Ainsi dans le cours du voyage, des marchandises ont été détériorées par le voisinage d'une autre marchandise qui avait été mal emballée. L'assureur sera responsable sauf recours contre qui de droit.

Réciproquement le propriétaire du navire ne répondra pas envers l'assureur du fait des chargeurs, ou des passagers (V. n°ˢ 1584-1614).

1583. — Mais l'article 352 dégage l'assureur des dommages causés *par le fait et faute* de l'assuré. Le projet de 1867 ne parlait que des dommages causés *par la faute* de l'assuré. C'est aussi l'expression dont se sert le Code allemand (art. 825) : *in einem Verschulden*.

En Angleterre, on fait les distinctions suivantes : L'assureur n'est pas responsable des pertes provenant de négligence, faute, manquement à un devoir imposé, mais l'assureur reste responsable, s'il y a eu une simple erreur excusable (Arnould, *Insurance*, p. 718-720).

Notre article 352 nous paraît plus sévère pour l'assuré. Il met sur la même ligne le *fait* et la *faute*. On n'a donc pas à rechercher si le fait est plus ou moins excusable. C'est ce qu'exprimait encore plus clairement l'Ordonnance (art. 27), en disant : *par le fait ou la faute des assurés.*

En matière d'assurances terrestres, on suit d'autres principes. On admet généralement, par exemple dans l'assurance contre l'incendie, que l'assuré est réputé s'assurer même contre ses propres faits, ses propres négligences, et que l'assureur doit payer le sinistre *s'il ne prouve le dol et la fraude* (V. Douai, 5 août 1867, Dall., 68. 5. 29 ; Poitiers, 12 mai 1875, Dall., 76. 2. 239).

1584. — Au fait de l'assuré, il faut assimiler celui de ses préposés, de ses agents (art. 1384 C. Civ.). Le propriétaire du navire répondra donc envers l'assureur non-seulement du capitaine et de l'équipage (art. 353), mais encore de ses correspondants, de ses consignataires.

De même dans l'assurance des facultés, l'assuré répondra du fait des chargeurs, du réceptionnaire ou du subrécargue (C. all., art. 825).

En Angleterre cependant, on fait la distinction suivante : L'assureur ne répond pas en général des pertes qui sont le fait direct d'un agent de l'assuré ; mais si la chose a péri par suite d'un sinistre couvert par la police, l'assureur en répond, encore que ce sinistre ait été causé par une faute d'un agent de l'assuré. C'est ainsi, dit Arnould (p. 758), que l'assureur répond de l'incendie comme rentrant dans les risques de la police, quoique l'incendie ait été allumé par un agent de l'assuré. On le décide ainsi par application de la maxime *causa proxima non remota spectatur* (V. n° 1568). C'est là un cas où, suivant la remarque d'Arnould (p. 715), la maxime *causa proxima* élargit la responsabilité de l'assureur, tandis que dans d'autres elle la restreint.

1585. — Valin qui n'admettait pas que l'assuré pût se faire garantir contre ses propres fautes, disait aussi « qu'aucune

« clause ne peut valablement charger les assureurs des domma-
« ges qui arrivent par le fait ou la faute des préposés, agents
« ou facteurs de l'assuré » (*Comm. de l'Ord.*, art. 27). Il était
cependant bien forcé de reconnaître que le propriétaire pouvait s'affranchir des faits et fautes du capitaine et de l'équipage,
puisque l'Ordonnance le disait expressément ainsi que l'a répété
notre article 353. Mais Valin prétendait qu'il en était autrement
pour la garantie des faits de l'agent ou du facteur de l'assuré,
parce que le facteur représente *essentiellement* l'assuré. Émérigon faisait remarquer avec raison que du moment qu'on peut
s'affranchir de la baraterie de patron, on ne voit pas pourquoi
l'assuré ne pourrait pas s'affranchir des faits des autres préposés (Émérigon, ch. XII, sect. ii).

1586. — Faut-il aller plus loin et dire que l'assuré dans
l'assurance maritime peut se faire garantir, sinon contre son
dol, au moins contre ses propres fautes ou négligences? Valin,
comme nous l'avons vu, ne l'admettait pas. Une telle clause
serait, dit-il, absurde, illusoire et frauduleuse. De nos jours, des
auteurs ont également soutenu que dans les assurances maritimes l'assuré doit toujours répondre de ses simples négligences,
que c'est là une règle essentielle, indispensable pour la sécurité
de la navigation (J. Cauvet, *Ass.*, I, n° 142). — Je crois que
c'est là un système excessif. J'admets bien que dans les assurances maritimes, à la différence des assurances terrestres, l'assuré ne sera pas *présumé* avoir voulu s'affranchir même de ses
propres négligences (V. n° 1583). Mais je ne vois pas pourquoi
un chargeur ne pourrait pas, par une clause expresse, se dégager vis-à-vis de l'assureur de simples fautes ou négligences,
par exemple pour l'emballage, le chargement de la marchandise?

La question est plus délicate vis-à-vis du propriétaire du
navire : je ne crois pas qu'un propriétaire de navire qui se fait
assurer puisse ainsi se dispenser de mettre le navire en état de
navigabilité. Une pareille convention serait contraire à l'ordre
pubic (V. n° 1608).

Si le propriétaire est en même temps le capitaine, chargé de
la conduite du navire, il me paraît encore plus dangereux qu'il
puisse s'affranchir de ses fautes ou négligences. La loi qui dé-

clare le capitaine responsable de ses fautes même légères (art. 221), me semble avoir voulu toujours lui imposer une responsabilité rigoureuse. Je constate cependant que d'après la police de Paris sur corps (art. 24), lorsque le capitaine a assuré sa part dans le navire, les assureurs en cas de perte du navire s'obligent à lui payer une indemnité, même lorsqu'à la suite du sinistre on lui a retiré son brevet, pourvu qu'on n'ait relevé à sa charge *ni fraude ni dol.*

1587. — L'article 352 met sur la même ligne que les dommages provenant du fait de l'assuré, ceux provenant du *vice propre de la chose.*

Le vice de la chose peut être, en certains cas, lui-même imputé à *la faute de l'assuré.* C'est ce qui a lieu quand la chose assurée est défectueuse, de mauvaise qualité, hors d'état de supporter le voyage. Mais la loi en déclarant les assureurs exempts du *vice propre* a voulu dire autre chose. L'assureur qui ne répond que des fortunes de mer, des accidents de mer, ne répond pas en principe (V. n° 1610) des déchets, pertes et diminutions résultant, soit de la *mauvaise qualité* de la chose, soit même de *sa nature.* C'est ce qu'on va mieux comprendre par les explications qui suivent.

Nous parlerons d'abord du vice propre des marchandises, puis de celui du navire.

1588. — *Vice propre des marchandises.*

Presque toutes les marchandises, même de la meilleure qualité, sont exposées par le seul fait du transport par mer à certains déchets, à certaines détériorations : des graines sont sujettes à s'échauffer, des fruits à fermenter, des soieries à se piquer, des vins à s'aigrir, tous les liquides en futailles sont sujets à un certain coulage. L'assureur ne répondra pas de pareils dommages lorsqu'ils seront constatés.

Il n'en répondra pas, alors même qu'ils pourraient être imputés aux climats brûlants traversés par le navire ou à la prolongation du voyage, s'il n'y a eu d'ailleurs dans le voyage aucun accident de mer extraordinaire de nature à engager la responsabilité de l'assureur (V. n° 1561).

A plus forte raison l'assureur ne sera-t-il pas, en ce cas,

responsable, s'il est démontré que les marchandises au moment du chargement étaient déjà avariées ou avaient été mal emballées.

Mais s'il est prouvé que le navire a été battu par la tempête, que l'eau en pénétrant dans la cale a causé ou aggravé la fermentation des marchandises, que les secousses du navire ont causé ou aggravé le coulage des futailles, ou que la principale cause de détérioration a été une relâche forcée à la suite de fortunes de mer, les assureurs devront être déclarés responsables, sauf au juge à faire, suivant les cas, la part du vice propre et de la fortune de mer (Civ., 27 janvier 1875, Dall., 75. 1. 448). — Il y a des cas où toutes les avaries devront être mises à la charge des assureurs, il y en aura d'autres où elles devront être partagées.

Tel est aussi le principe posé par le Code allemand (art. 825) : « N'est pas à la charge de l'assureur — dans l'assurance « des marchandises et du fret — le dommage causé par le vice « propre, notamment par la détérioration intérieure, déchet, « coulage ordinaire etc., ou par l'emballage défectueux ou par les « rats et les souris : cependant si le voyage est retardé extraor-« dinairement *par un événement dont l'assureur est responsa-*« *ble,* l'assureur doit réparer les dommages qui viennent d'être « mentionnés, dans la mesure imputable au retard. »

1589. — Reprenons en détail quelques cas qui peuvent faire difficulté. Nous venons de voir que le Code allemand (art. 825) considère en principe comme vice propre *des marchandises* les dommages causés par les rats et les souris (*durch Ratten oder Mäuse*). Il y a en effet des marchandises qui sont plus que d'autres sujettes aux ravages des rats, qui les attirent particulièrement. — Cependant chez nous il a été jugé qu'il y avait là une fortune de mer à la charge des assureurs (Paris, 21 déc. 1843, J. M., 23. 2. 9). Je crois qu'il faudrait faire à cet égard la distinction indiquée par le Code allemand. L'assureur des marchandises ne pourrait avoir à répondre que des dommages exceptionnels, causés par une prolongation extraordinaire du voyage à la suite de relâche forcée. Encore n'aurait-il pas à en répondre si les dommages provenaient d'un mauvais emballage ou si le

capitaine n'avait pas pris contre les rats les précautions nécessaires (V. t. I, n° 338). Dans ce dernier cas, l'assureur ne serait
responsable que s'il avait garanti la baraterie de patron (art.
353).

1590. — Dans les cas où l'assurance porte sur une cargaison d'animaux vivants, la mortalité qui se produit pendant le
voyage n'est pas à la charge des assureurs si elle n'est pas le
résultat d'une fortune de mer (comp. n° 879). L'assureur ne serait pas responsable alors même que les animaux seraient morts
faute de nourriture par suite de la prolongation du voyage due
à de mauvais temps ou des vents contraires. La responsabilité
de l'assureur ne serait engagée que si les animaux avaient eux-
mêmes été atteints par une fortune de mer, jetés les uns contre
les autres par le roulis, ou enlevés par les vagues. Ces principes
consacrés par la jurisprudence anglaise (V. Arnould, p. 742) le
sont également en France. Pour éviter toute difficulté, nos assureurs, au surplus, sont dans l'usage de s'affranchir expressément de la mortalité des animaux (Rennes, 9 fév. 1876, J.
N., 77. 1. 33).

1591. — Si l'assureur ne répond pas du vice propre, il
répond de toutes les conséquences des fortunes de mer, alors
même qu'elles ont été *aggravées* par *la nature* de la marchandise. Ainsi, à la suite de gros temps, une voie d'eau s'est déclarée, si le chargement se composait de bois ou de charbon,
il pourrait en résulter peu de dommages; mais, il se compose
de sucres ou de soieries, et le dommage est considérable. L'assureur ne pourra se refuser à payer une partie du dommage sous
prétexte qu'il a été aggravé par la nature de la chose : il suffit
que la cause première et déterminante de l'avarie ait été une
fortune de mer. L'assureur répondra de l'échauffement des
graines provoqué par une voie d'eau. C'est précisément parce
que la responsabilité de l'assureur peut être plus ou moins grave,
suivant la nature de la chose assurée, que le Code a exigé qu'il
soit fait désignation dans la police des marchandises sujettes à
détérioration (V. n° 1593 et art. 355).

Un navire chargé de morues est, à la suite de fortunes de
mer, obligé de relâcher dans un port où règne le choléra. Le

chargement est en bon état. Mais l'autorité, à raison de l'odeur que répandent les morues, croit devoir, par mesure sanitaire, en ordonner l'enlèvement. On a jugé, avec raison, qu'en pareil cas, les assureurs ne pourront exciper du vice propre et qu'ils répondent en totalité de la mesure ordonnée au port de relâche, comme étant une suite des fortunes de mer qui ont forcé à y relâcher (Rennes, 18 janv. 1869, J. N., 69. 1. 97).

1592. — Nous avons vu plus haut (n° 1588) que d'après le Code allemand, le *coulage* est réputé en principe un vice propre. Il en est de même en Angleterre, du *bris ordinaire*. « L'assureur, dit Arnould (p. 710) n'est pas responsable du coulage ou bris *ordinaire, inévitable*, auxquels sont exposés des vins, spiritueux, mélasses, huiles, porcelaines, verres, et autres marchandises fragiles. » — La même règle doit être admise chez nous. L'assureur ne répondra pas du coulage ou bris ordinaire; mais le coulage ou le bris a pu être augmenté par suite de la tempête qu'a éprouvée le navire. On fera alors la part du vice propre et de la fortune de mer : on laissera le coulage ordinaire à la charge de l'assuré, et on mettra le coulage extraordinaire à la charge de l'assureur, à moins qu'il ne s'en soit affranchi par une clause particulière. On se référera à cet égard aux dispositions des polices.

1593. — Dans l'usage, les polices sur facultés en même temps qu'elles déclarent expressément les assureurs exempts de tous dommages et pertes provenant du vice propre de la chose, contiennent diverses dispositions qui ont pour but de mettre les assureurs à l'abri des risques auxquels peut les exposer la nature plus ou moins délicate de telle marchandise.

Il y a une première catégorie de marchandises qui est particulièrement suspecte aux assureurs, soit à raison de leur nature, soit à raison de leur mode d'expédition souvent défectueux. A l'égard de cette première classe de marchandises, les assureurs déclarent ne pas garantir la *détérioration matérielle*, a moins qu'il n'y ait des accidents bien caractérisés. 1° Quand lesdits dommages proviennent d'un incendie. 2° Quand le navire a été coulé ou brisé. 3° Quand, à la suite d'une voie d'eau, d'un échouement ou d'un abordage, le navire a été obligé d'entrer dans un port de relâche et d'y décharger les trois quarts au moins de sa cargaison (1).

Dans ces cas même, les avaries matérielles ne sont remboursées que sous une franchise de dix pour cent de la somme assurée.

Il y a une seconde catégorie de marchandises moins suspecte pour lesquelles les assureurs garantissent toujours les avaries matérielles, mais en ne s'engageant à payer que l'excédant de trois-cinq-dix ou quinze pour cent de la somme assurée suivant la nature de la marchandise ou son mode d'expédition.

Les polices toutefois distinguent des détériorations matérielles les *pertes de quantité*. Il y a des marchandises pour lesquelles les pertes de quantité sont remboursées intégralement, par exemple, les métaux précieux, les lingots de plomb ou zinc.

A l'égard même des marchandises pour lesquelles les assureurs ne garantissent pas les avaries matérielles, les assureurs garantissent les pertes de quantité sous la déduction de dix pour cent de la somme assurée.

Aux pertes de quantité, les polices n'assimilent pas |le *coulage*, les liquides sont en outre soumis à des règles particulières, si ce n'est dans les cas d'accidents caractérisés (V. *suprà*). D'après les polices, les assureurs ne garantissent pas les avaries ou le coulage des liquides en futailles pour le long cours, sauf pour les eaux-de-vie. — A l'égard des liquides dont les assureurs garantissent les avaries, les assureurs ne les paient que sous une retenue de dix pour cent de la somme assurée, franchise à laquelle ils en ajoutent une autre pour coulage *ordinaire*, laquelle est fixée à 2 0/0 pour le petit cabotage, 4 0/0 pour le grand cabotage et 10 0/0 pour le long cours (art. 10 et 11 *de la police sur facultés*).

1594. — En Angleterre, l'assureur des marchandises stipule aussi des franchises, mais ces franchises ne donnent à l'assureur que le droit d'écarter les avaries qui ne dépassent pas la franchise : elles ne fournissent qu'une fin de non-recevoir

---

(1) Dans l'usage, par addition à la police, les assureurs admettent leur responsabilité en cas d'abordage, quand même il n'y aurait pas eu déchargement des marchandises.

comme celle de notre article 408. Si l'avarie dépasse la franchise, elle est remboursée intégralement. Chez nous, au contraire, les franchises ont le caractère de *retenues* qui sont toujours opérées par l'assureur.

Il est à remarquer d'ailleurs que les franchises sont elles-mêmes indépendantes des exceptions que peut faire valoir l'assuré pour vice propre. Les polices, en effet, par cela même qu'elles ont pris soin de stipuler en outre que les assureurs ne garantissaient pas les *pertes provenant du vice propre de la chose* (art. 3), montrent que les assureurs, tout en stipulant les franchises, n'ont pas renoncé à l'exception du vice propre (Paris, 15 nov. 1872; Dall., 72. 2. 240; Civ., rej., 27 janvier 1875, Dall., 75. 1. 448).

Les franchises ainsi interprétées ont, il faut le reconnaître, quelque chose d'excessif, surtout quand on se trouve en présence d'accidents de mer caractérisés. Aussi dans l'usage, comme le constate M. de Courcy, les assureurs de Paris, dans leurs relations avec le commerce d'exportation, renoncent aux franchises, pour s'engager au remboursement intégral des avaries.

1595. — Dans le doute, que doit-on présumer par rapport aux marchandises, le vice propre ou la fortune de mer?

D'après l'article 383, l'assuré n'est tenu de justifier que du *chargement et de la perte*. Quant à la *cause* de la perte, il n'a pas en principe à la prouver, elle est en général réputée fatale. Émérigon toutefois apportait à cette règle une exception pour le cas où on se trouvait en présence d'une détérioration dont la marchandise était susceptible par sa nature : « Le vice, dit-il, est présumé provenir de la chose même, lorsqu'elle est de nature à se gâter et à dépérir. Il faut alors que l'assuré prouve le cas fortuit » (ch. XII, sect. IX). Je trouve cette doctrine formellement consacrée dans un arrêt de la Cour de Rouen du 9 février 1847 (Dall., 48. 2. 151). Dans l'espèce de cet arrêt il s'agissait d'un chargement de morues qui, après une relâche à Maurice, était arrivé à Bourbon dans un tel état de pourriture qu'il avait fallu le jeter à la mer. La Cour de Rouen a refusé de mettre la responsabilité à la charge des assureurs par les motifs suivants : « Qu'en principe général, le

« mal doit être présumé venir de la chose même, lorsqu'elle est
« de nature à se gâter et à périr ; que cette présomption doit
« subsister tant qu'une autre cause de destruction n'est pas
« légalement constatée, tant qu'il n'est pas démontré jusqu'à
« l'évidence, et par des documents à l'abri de toute contestation,
« que la marchandise assurée s'était maintenue en état sain et
« de bonne conservation jusqu'au moment où a eu lieu l'événe-
« ment sur lequel les assurés basent leur action ; — que la tem-
« pête du 22 décembre 1844 ne constitue pas, par elle-même,
« preuve suffisante contre les assureurs, lorsque la perte peut
« être également attribuée au vice intrinsèque de la chose as-
« surée ; qu'il faut que l'avarie ou détérioration provienne uni-
« quement d'événements de mer et non d'aucune autre cause ;
« que la seule possibilité que la mer n'a pu occasionner le
« sinistre, suffit pour jeter au moins du doute et de l'incertitude
« sur la cause réelle de la perte de la chose assurée ; que, dans
« cet état de doute et d'incertitude, c'est à l'assuré qu'il incombe
« d'apporter la preuve irrévocable que c'est une autre cause
« que celle résultant de la nature de la marchandise qui a dé-
« terminé la perte des morues ; que tant que ces preuves ne sont
« pas produites, et elles n'existent dans aucun des documents
« du procès, la responsabilité des assureurs ne saurait être
« atteinte ; que si, en l'absence de ces preuves, on est réduit à
« juger sur des présomptions, ces présomptions, basées sur la
« nature même de la chose assurée, doivent l'emporter ; — que
« cette doctrine est celle de tous les auteurs et commentateurs
« qui ont écrit sous l'ancienne aussi bien que sous la nouvelle
« législation. »

La doctrine que la Cour de Rouen présentait comme unani-
mement admise n'a pas été cependant suivie d'une manière
absolue. Ainsi la Cour de Paris, dans un arrêt du 13 avril 1874
(Dall., 76. 2. 215), a jugé que des sacs de café avariés, quoique
ne portant pas trace extérieure de mouille, doivent profiter du
contrat d'assurance, alors qu'ils étaient dans le voisinage de
sacs mouillés d'eau de mer, *qu'en pareil cas l'allégation du
vice propre doit être justifiée par l'assureur.* — Le Tribunal
de commerce de la Seine, dans un jugement du 17 juillet 1879,

est allé plus loin. Il pose en principe que tout déchet ou coulage qui dépasse la franchise fixée par la police doit être présumé provenir de fortune de mer, et qu'en pareil cas c'est aux assureurs qu'il appartient de faire la preuve du vice propre. Le jugement déféré à la Cour de cassation a été maintenu comme reposant sur une interprétation souveraine de la convention des parties (Dall., 81. 1. 432).

_ Il y a des cas au reste où les assureurs eux-mêmes reconnaissent que c'est à eux à faire la preuve du vice propre des marchandises. M. de Courcy, dans son *Commentaire des polices* (p. 223), dit qu'en cas d'inflammation du chargement, les assureurs sont responsables par cela seul qu'on ne peut indiquer la cause de l'incendie (V. n° 1553). C'est aussi ce qu'a décidé la Cour d'Aix par un arrêt du 2 juin 1871 (J. M., 1871. 1. 261.)

1596. — Au surplus, comme nous l'avons déjà dit, la question de savoir, quelle est dans la détérioration des marchandises chargées la part du vice propre et des fortunes de mer, est une question de fait que le juge résoudra d'après le registre du bord (V. nᵒˢ 353 et s.), d'après des rapports d'experts ou tous autres documents. L'appréciation du juge à cet égard ne peut être déférée à la Cour de cassation (V. Civ., 27 janvier 1875, Sirey, 75. 1. 160).

1597. — *Vice propre du navire.* — Je n'ai parlé jusqu'ici du vice propre que relativement aux marchandises. A l'égard des navires, le vice propre c'est la mauvaise construction, l'usure des parties qui les composent. S'agit-il, par exemple, de remplacer un doublage usé par le seul effet de la navigation, il est certain que cette dépense restera entièrement à la charge de l'assuré. Si, au contraire, c'est un mât qui a été brisé par la tempête, l'avarie devra être payée par l'assureur.

1598. — Mais tous les cas ne sont pas aussi simples. Un rapport de mer constate que le navire a essuyé des mauvais temps, que la mer était *démontée*, et que le navire, suivant une expression qu'on retrouve trop souvent dans les rapports de capitaines, a éprouvé de *grandes fatigues*. En fait, le navire est ébranlé, disjoint dans ses parties principales, et il est déclaré innavigable. Que présumera-t-on, le vice propre du navire ou la fortune de mer? De quel côté fera-t-on pencher la balance?

Casaregis était d'avis qu'on devait présumer le vice propre. « *Deferendum sit potius causæ naturali vicium navis quam* « *causæ accidentali* » (Disc. 142, n° 23).

En Angleterre, la navigabilité du navire *au départ*, est une condition implicite du contrat d'assurance, et c'est par suite à l'assuré à prouver que le navire est *parti* en bon état de navigabilité (V. n° 1608). Mais il suffit, dit Arnould (p. 640), que le navire ait été en état de navigabilité *lorsqu'il a fait voile*. L'assuré ne garantit pas le bon état de navigabilité pendant tout le voyage. — Aux États-Unis, au contraire, on considère que l'assuré est tenu d'entretenir le navire en bon état autant que cela dépend de lui, de sorte que l'assureur cesse d'être responsable s'il prouve qu'au moment où s'est produite la fortune de mer, le navire n'avait pas été entretenu en bon état de navigabilité (Philipps, *Insur.*, 5° édit., I, n° 728. Parsons, *On insur.*, 1868, I, p. 360).

La doctrine suivie en Allemagne se rapproche de ce dernier système. Le Code allemand (art. 825) affranchit l'assureur « dans l'assurance du navire et du fret — du dommage résultant de ce que le navire a pris la mer en état d'innavigabilité ou sans être convenablement armé ou équipé, ou sans les papiers de bord nécessaires — dans l'assurance du navire — du dommage résultant de l'usure ordinaire du navire et de ses agrès, ainsi que du dommage causé au navire et aux agrès par l'âge, la pourriture ou les vers. »

Les jurisconsultes allemands commentant ces dispositions font remarquer que la responsabilité de l'assureur n'est dégagée que si entre l'innavigabilité et le dommage il y a un lien de cause à effet (*ein Kausalnexus*), mais il suffit à l'assureur, pour dégager sa responsabilité, de prouver qu'au moment où est survenue la fortune de mer, le navire avait cessé d'être en état de navigabilité; il a été jugé en conséquence que la responsabilité de l'assureur est dégagée quand il prouve qu'avec un équipage mieux approvisionné, plus complet, le navire eût pu résister à la fortune mer (Lewis, *Das deutsche Seerecht*, II, p. 284).

Dans notre droit français, il est hors de toute contestation que l'assureur ne peut dégager sa responsabilité que si le vice propre a été la cause réelle de la perte. Mais au point de vue de la preuve du vice propre, la question se réduit à des termes assez simples.

Valin fit remarquer que la question revenait à savoir si le navire était en état de faire le voyage ou non, parce que, dans ce dernier cas, les assureurs n'en doivent pas répondre, s'agissant d'un vice de la chose (*Comm. de l'Ord.*, liv. III, tit. VI, art. 29).

La déclaration du 17 août 1779, qui eut pour but de trancher diverses difficultés soulevées depuis l'Ordonnance entre les assurés et les assureurs, décida notamment que les navires seraient soumis à une visite avant le départ, et que les assurés ne seraient admis à faire *le délaissement pour innavigabilité* qu'en représentant les procès-verbaux de visite du navire.

La visite est restée chez nous une obligation pour les navires, quoiqu'elle ne soit pas toujours exigée avant le départ (V. expl. de l'art. 225).

La jurisprudence appliquant l'idée de Valin et de la déclaration de 1779, en a conclu vis-à-vis des assureurs que le navire, muni de certificats de visite réguliers, devait être présumé en bon état de navigabilité, que dans le cas contraire la présomption était contre lui.

La déclaration de 1779, il est vrai, n'exigeait la production des certificats de visite qu'au point de vue du délaissement à faire pour innavigabilité mais l'exigeait dans ce cas d'une manière absolue. « Cette nouvelle loi, dit Émérigon (I, p. 564) a établi deux présomptions, l'une contre les assurés, lorsque les procès-verbaux ont été omis : elle est *juris et de jure :* l'autre contre les assureurs, lorsque les rapports de visite ont été faits, elle est *simplement légale,* c'est-à-dire que les assureurs peuvent la débattre par la preuve du contraire. »

Il n'y a plus à parler de présomption *juris et de jure ;* la fin de non-recevoir tirée par la déclaration de 1779 du défaut de visite n'ayant pas été reproduite, il faut revenir à la règle que toute présomption peut être détruite par une preuve contraire. Mais d'autre part, il est aujourd'hui admis que la production ou l'absence de certificat de visite fournit au moins une présomption pour ou contre l'assuré, non-seulement lorsqu'il s'agit de délaissement, mais encore lorsqu'il s'agit de simples avaries (V. n° 367.

A l'égard des sinistres qui se révèlent d'eux-mêmes comme fortunes de mer, et ne peuvent être attribués au vice propre, comme les prises, la submersion à la suite d'abordage, il est bien clair que l'assureur ne pourra pas opposer le défaut de certificat de visite. Mais toutes les fois qu'un accident pourra, par sa nature, être également attribué au vice propre et à la force majeure, le doute profitera — à l'assuré, si le certificat est produit, — à l'assureur si la visite n'a pas eu lieu.

1599. — Cette règle comporte toutefois les restrictions suivantes : 1° l'assureur ne peut se prévaloir du défaut de certificat de visite, si le navire était étranger et n'était pas soumis à la visite par sa loi personnelle (V. n° 370); 2° la preuve contraire est toujours réservée suivant les cas à l'assureur ou à l'assuré. Malgré le défaut de certificat de visite, l'assuré pourra établir que le dommage dont il se plaint provient de fortune de mer (Paris, 22 déc. 1865, J. M., 66. 2. 69). Réciproquement, l'assureur pourra, malgré le certificat de visite, établir que l'avarie est due au vice propre. Il pourra notamment, par une expertise, faire constater que la voie d'eau provenait d'un défaut de calfatage (Rennes, 24 janvier 1863, J. M., 63. 1. 80).

Le certificat de visite perd surtout de sa force quand il s'agit d'un vice caché, qui devait échapper à l'examen des visiteurs comme la pourriture de la membrure.

Le juge aura dans tous les cas à examiner dans quelles circonstances s'est produite l'avarie.

1600. — Aussi la question de savoir s'il y a vice propre ou fortune de mer est elle une question de fait qui échappe au contrôle de la Cour de cassation. Cela est vrai pour les navires comme pour les marchandises (V. n° 1596).

Nous nous bornerons donc à citer ici quelques hypothèses sur lesquelles des doutes ont pu s'élever et sur lesquelles la jurisprudence a eu souvent à se prononcer.

1601. — *Voie d'eau.* — La voie d'eau, lorsqu'il n'y a pas eu choc, de grandes secousses par suite de mauvais temps, semble provenir de vice propre. La jurisprudence cependant considère, en général, l'assuré comme couvert à cet égard par le certificat de visite jusqu'à preuve contraire (Aix, 10 fév. 1864; J. M., 64. 1. 66).

1602. — *Accidents de machines.* — Un accident assez fréquent est la rupture de l'arbre de couche. — Il peut se produire par suite des secousses qu'éprouve le navire, mais il vient souvent d'un vice de construction, d'une mauvaise qualité du fer. On décide assez généralement que la rupture doit être attribuée au vice propre, lorsqu'elle se produit par un temps calme, en dehors d'accidents de mer (Marseille, 11 mars 1873, J. M., 1874. 1. 217, Rouen, 6 fév. 1878, J. M., 1878. 2. 160).

Mais les accidents de machines ont donné lieu à une question plus délicate. Étant admis que l'avarie de la machine provenait d'un vice propre, l'assureur ne sera-t-il pas responsable de la perte du navire, si celui-ci privé de sa machine n'a pu ensuite résister à la tempête? Les assureurs pourront-ils prétendre que le navire privé de sa machine par un vice propre n'était plus à leurs risques parce qu'ils avaient assuré un navire à vapeur et non un navire à voiles. M. de Courcy condamne avec raison une pareille prétention (*Quest.*, I, p. 331). Outre, dit-il, que dans les assurances de bateaux à vapeur la police réserve à l'assuré la faculté de naviguer à la voile, cette faculté doit toujours être considérée comme sous-entendue, et, si en cet état le navire est surpris par un ouragan, une fortune de mer, il y a là évidemment un accident à la charge de l'assureur. L'assureur est responsable du moment que l'accident n'est pas la conséquence *directe* du vice propre et qu'il n'y a pas entre la fortune de mer et le vice propre le lien de *cause à effet*. On ne peut pas même dire ici que le vice propre a été la *cause originaire* de l'accident, car si le navire n'avait pas rencontré un ouragan, il eût pu continuer à naviguer, même privé de sa machine (V. n° 1568).

1603. — *Ravages des rats.* — Les navires sont, en général, infestés de rats. Nous avons constaté que chez nous les ravages des rats ne sont pas, en principe, imputés aux marchandises comme vice propre (V. n° 1589). Il en est autrement en ce qui concerne les navires. C'est au capitaine à prendre ses précautions contre les rats (V. tom. I, n° 338), et l'assureur n'aurait à répondre de sa négligence que s'il avait garanti la baraterie (art. 353). — En Angleterre, les dommages causés par les rats à la coque, *dans les fonds* du navire, (*to the ship's bottom*) ne sont jamais à la charge des assureurs (Arnould, II, p. 743).

1604. — *Piqûres des vers.* — Il y a des mers où les navires sont particulièrement exposés à être attaqués par des vers qui pénètrent dans la coque. C'est en partie pour se protéger contre ce danger que les navires sont munis d'un doublage métallique. Ces piqûres de vers pourront-elles être considérées comme une fortune de mer? En Angleterre, tous les dommages causés par les vers, sans distinction, sont comme ceux causés par les rats, imputés au vice propre (Arnould, p. 743). Il en est de même d'après le Code allemand (art. 825).— Notre Cour de Bordeaux, dans un arrêt du 18 août 1862 (J. M., 1862, 2. 130), a vu là, au contraire, une fortune de mer. Cet arrêt se fonde sur ce qu'il faut considérer comme *fortunes de mer,* tous accidents ordinairement désignés sous le nom de *cas fortuit ou force majeure.*

La police de Paris sur corps a tranché la question par une distinction. Elle déclare l'assureur *exempt* de la piqûre des vers *sur les parties du navire non protégées par un doublage métallique* (V. n° 1621). Comment doit s'entendre cette disposition? — Un navire non muni d'un doublage entreprend un voyage dans les mers de l'Inde où pullulent les vers. Le dommage qui pourra en résulter ne sera pas à la charge des assureurs. — Il en sera de même pour les navires munis d'un doublage, s'ils ont été attaqués au-dessus du doublage, parce qu'alors on doit considérer le doublage comme insuffisant. — Mais l'assureur sera responsable si des feuilles de doublage ayant été arrachées par un échouement ou la violence des vagues, les vers ont pu pénétrer dans la coque. Il y a alors, en effet, un accident, une fortune de mer (de Courcy, *Comm. des polices,* p. 47).

1605. — *Vétusté.* — La vétusté d'un navire doit-elle être considérée comme un vice propre? Il faut distinguer. Les assureurs qui assurent un vieux navire savent qu'il pourra moins facilement qu'un autre résister à la mer, ils savent aussi que si des réparations deviennent nécessaires, on pourra se trouver entraîné à des dépenses plus considérables, et qu'il y a par suite plus de chances de délaissement pour perte des trois-quarts (art. 369). Ces risques, les assureurs les ont acceptés en assurant un navire qu'ils savaient déjà vieux, et il est à présumer qu'ils ont fixé la prime en conséquence (Req., 15 mars 1869, Dall., 70. 1. 122).

1606. — Mais s'agit-il de réparer des avaries à la suite de fortunes de mer, on constatera souvent à côté des dommages provenant directement de la fortune de mer d'autres avaries provenant du vice propre. En voulant réparer une voie d'eau on mettra, par exemple, à découvert des membrures pourries qu'il faudra remplacer. Il y aura en pareil cas à faire exactement la part de la fortune de mer et du vice propre pour laisser les conséquences de celui-ci au compte de l'assuré (Bordeaux, 26 juin 1860, J. M., 38. 2. 105). Toutefois si la fortune de mer avait forcé le navire à relâcher dans un lieu où les dépenses sont excessives, l'assuré aurait le droit, sauf convention contraire, de ne payer les objets remplacés pour cause de vice propre, que sur le pied du port de destination ou d'armement, l'aggravation de la dépense devant elle-même être considérée comme une conséquence de la fortune de mer.

1607. — Alors même qu'il s'agit de remplacer des parties détruites ou avariées par fortune de mer, des mâts brisés, des voiles déchirées par la tempête, comme l'usure doit rester à la charge de l'assuré et que l'assurance ne doit pas être pour lui une cause de bénéfice, l'assuré tiendra compte à l'assureur de la différence du neuf au vieux.

L'usage de faire une déduction pour *différence du neuf au vieux* ne paraît pas cependant remonter au delà de 1824, d'après ce que nous apprend Lemonnier dans son *Commentaire des polices* (II, n° 333). Dans le système du Code, le navire en cas de sinistre étant remboursé d'après son estimation *au départ,* l'assuré qui reçoit cette valeur se trouve déchargé de l'usure naturelle produite par le voyage. Il a paru juste, toutefois, que quand il a été procédé à des réparations, l'assuré ne pût en profiter pour avoir *gratis* du neuf au lieu de vieux. A l'origine, on faisait une distinction entre les navires neufs et les navires vieux. Mais bientôt, pour plus de simplification, on abandonna cette distinction et l'usage s'établit de déduire toujours le *tiers* sur le coût des réparations pour différence du neuf au vieux.

La nouvelle police française sur corps revenant à un principe plus juste gradue la réduction suivant l'âge du navire et son genre de construction (art. 20). Pendant la première année de la construction, il n'est pas opéré de déduction sur les dépenses pour différence du neuf au vieux. — Pendant la seconde année, il est opéré une déduction d'un cinquième, et si le navire a plus de deux ans, une déduction du tiers sur toutes dépenses autres que celles qui sont spéciales à la carêne et au doublage. Dans ce dernier cas, la déduction est d'un 48°, par mois, depuis que la dernière carêne a été faite ou le dernier doublage appliqué. — Sur les ancres et les chaînes-câbles, la déduction n'est jamais supérieure à 15 0/0. — Si le navire est construit en fer, il n'y a pas de déduction pendant les deux premières années. La déduction est de 10 0/0 pendant la troisième année, de 15 0/0 pendant la quatrième, de 20 0/0 de 4 à 10 ans, et de 25 0/0 au delà de 10 ans.

Dans les cas où il y a lieu à déduction pour différence du neuf au vieux, cette déduction s'opère non-seulement sur le prix des matériaux mais sur celui de la main-d'œuvre, puisque le prix des réparations se compose nécessairement de ces deux éléments. Il faudra même y ajouter toutes les dépenses accessoires, comme location d'apparaux, frais de bassins et chantiers, etc. Mais la déduction ne s'opère pas sur les frais de pilotage ou d'expertise, ni sur les dépenses provisoires faites pour conduire le navire au port de réparation, ces dépenses ne profitant pas réellement au navire.

Si l'on retire un prix des débris, les assureurs ne pourront s'approprier ces débris et opérer la déduction sur les dépenses brutes sans tenir compte de la valeur des débris. C'est ce que porte expressément la nouvelle police française (art. 20), et c'est ce qu'a jugé la Chambre des requêtes par arrêt du 15 mai 1876 (Dall., 76. 1. 502).

L'assuré ne devant tenir compte à l'assureur que de ce dont il a réellement profité, on a prétendu en conclure que lorsque les réparations ont eu lieu en cours de voyage, dans un pays où le prix des matériaux et de la main-d'œuvre était très élevé, la déduction pour différence du neuf au vieux devrait s'opérer non sur le coût réel des réparations, mais sur le prix qu'elles auraient coûté au port d'armement, l'excédant ne pouvant être attribué qu'à une fortune de mer dont l'assureur est responsable (Aix, 28 juin 1831; Dall., *Rép.*, v° *Droit marit.*, n° 2241. Mais le même arrêt reconnaît qu'il faut avant tout se référer à la convention des parties et que si les parties étaient convenues d'opérer la déduction sur le *coût justifié*, cela devrait s'entendre du coût réel. Aujourd'hui, les polices pour trancher toute difficulté stipulent expressément que la déduction du tiers s'opérera sur le *coût justifié au lieu des réparations* (Comp. n° 1606).

La déduction pour différence du neuf au vieux ne doit, au surplus, s'opérer que sur le prix des réparations *réellement faites*. Un navire assuré 40,000 fr. est, à la suite de fortune de mer, vendu comme innavigable 10,000 fr. L'assuré réclame de ses assureurs la différence, soit 30,000 fr. Les assureurs ne seront pas fondés à retenir le tiers de la somme réclamée, car les réparations n'ayant pas eu lieu, l'assuré ne bénéficie pas de la différence du neuf au vieux, et la somme réclamée représente exactement la perte réelle par lui éprouvée (Aix, 21 janvier et 10 mars 1857, Dall., 58. 2. 62).

En Angleterre, en cas de réparations, l'assureur, comme chez nous, ne les paie en général qu'avec une déduction pour différence du neuf au vieux. Cette déduction est aussi en principe *du tiers*. Mais cette règle ne s'applique pas : 1° aux navires en fer; 2° aux navires neufs qui font leur premier voyage. Il n'y a pas de déduction pour les ancres, — la déduction n'est que du sixième pour les chaînes. — En ce qui concerne les doublages, on suit la règle suivante : les doublages en cuivre sont réputés ne rien perdre dans la première année, au bout d'un an, ils perdent un cinquième par an (V. Arnould, p. 900 et s.).

D'après la police de Brême de 1875 (art. 59), la déduction du tiers pour différence du neuf au vieux ne s'applique que sous les réserves suivantes :

Il n'est fait aucune déduction : 1° pour les réparations provisoires faites pour mettre le navire en état de se rendre au port des réparations définitives ;

2° Pour les pertes d'ancres ;

3° Pour les réparations du navire s'il n'a pas encore un an ;

4° Pour les avaries de voiles, câbles et chaînes d'un navire neuf, employés pour le premier voyage ; — les chaînes d'ancres déjà employées sont remboursées sous la déduction d'un sixième.

Pour les doublages en cuivre ou métal, il n'est fait aucune déduction pour le premier voyage.

Pour les voyages suivants, la déduction dans la première année est de 1/5, — dans la seconde année de 2/5, — dans la troisième de 3/5, — dans la quatrième de 4/5. Après la quatrième année, les doublages ne sont plus payés.

La police de Brême porte en outre, qu'on déduit d'abord du prix des réparations la valeur des débris et que cette déduction s'opère avant celle stipulée pour différence du neuf au vieux, laquelle s'applique ensuite au prix des réparations, déduction faite de la valeur des débris.

1608. — Le vice propre du navire peut-il être opposé aux chargeurs?

D'après le Code allemand (art. 825), la navigabilité du navire au départ n'est une condition du contrat que dans l'assurance *du navire* ou *du fret* (V. n° 1598 et Lewis *das deutsche Seerecht*, II, p. 282). En Angleterre, au contraire, dans toute espèce d'assurance *au voyage*, qu'il s'agisse d'assurances sur corps ou d'assurances sur facultés, l'assuré garantit implicitement à l'assureur que le navire est en état de faire le voyage (Arnould, édit. de 1877, p. 638). Il n'y a d'exception que pour les assurances à temps. Dans ce cas, on n'est pas tenu de garantir que le navire sera en état au moment où les risques commenceront à courir. A défaut du certificat de visite qui n'existe pas en Angleterre, on admet que l'état de navigabilité du navire au départ peut être établi par un contrat en bonne forme du *registre du Lloyd,* qui correspond à notre registre du *Veritas* (Rennes, 11 février 1867, J. N., 67. 1. 112).

Notre article 352 parle du vice propre *de la chose*. On est tenté d'en conclure qu'il ne s'agit que du vice propre *de la chose assurée* et que par conséquent, en France, les chargeurs assurés ne sont pas garants vis-à-vis de l'assureur du vice propre du navire. C'est ce que soutient en effet M. Droz, *Ass.,* I, n° 231, et c'est aussi ce qu'a jugé la Cour de Bordeaux le 11 mai 1868 (J. M., 1869. 2. 89). Mais le système contraire est soutenu par M. Émile Cauvet. Suivant lui, le vice propre du navire est opposable au chargeur à moins que l'assureur n'ait écarté expressément que le *vice propre de la marchandise.* Enfin, suivant M. Lemonnier (*Comm. des polices,* I, n° 219), le chargeur est au moins responsable envers l'assureur du défaut de certificat de visite parce qu'il est en faute de ne l'avoir pas exigé du capitaine.

Émérigon touche ce dernier point à propos de la déclaration de 1779, qui n'admettait pas le délaissement *du navire* pour cause d'innavigabilité, quand il n'y avait pas de certificat de visite (V. n° 1598). Émérigon (ch. XII, sect. XXXVIII) se demande si la fin de non-recevoir est opposable aux assurés simples chargeurs. C'est ici, dit-il, une loi pénale qui ne peut pas être étendue. L'article ne parle pas des assurances sur les facultés. Les chargeurs particulieurs sont fondés à croire que le capitaine d'un navire chargé à cueillette a rempli les formalités légales. Emérigon ajoute que ce point est cependant susceptible de quelque doute, attendu que l'assuré, quoique simple chargeur, répond de la faute du maître.

J'ai tenu à rappeler ce passage d'Émérigon, parce qu'il touche à la question que j'examine. Mais je m'empresse d'ajouter que la question de savoir si le chargeur répond du vice propre du navire ne se présente pas dans les mêmes termes que celle examinée par Émérigon, en présence de la déclaration de 1779.

En somme, je ne crois pas qu'on puisse déclarer les chargeurs responsables du vice propre du navire, par application de l'article 352. L'assuré ne répond que du vice propre *de la chose,* c'est-à-dire de la *chose assurée* comme le disent les polices. Par la même raison, on ne peut se prévaloir contre les chargeurs du défaut de certificat de visite. Le défaut de certificat ne peut provenir que du fait de l'armateur ou du capitaine. Le chargeur, nous l'avons vu, ne répond pas du fait de l'armateur (V. n° 1582). Il répond à la vérité, du fait du maître d'après l'article 353, mais dans l'usage il y a toujours assurance de la baraterie vis-à-vis des chargeurs (V. n° 1622).

1609. — Mais le prêteur à la grosse répond vis-à-vis de son assureur du vice propre de la chose affectée au prêt. Une pareille assurance, en effet, ne couvre que la perte ou diminution du gage provenant de fortunes de mer. Elle ne garantit pas plus les pertes provenant du vice propre que celles provenant de l'insolvabilité de l'emprunteur. C'est donc avec raison qu'il a été jugé que l'assureur d'un prêt à la grosse sur navire ne répond pas de la perte provenant du vice propre du navire (Paris, 29 nov. 1864, J. M., 64. 2. 193). — Et il n'y a pas à cet égard à distinguer s'il s'agit d'un emprunt fait par le propriétaire ou par le capitaine (V. *suprà*, n° 1382).

1610. — Les assureurs pourraient-ils prendre à leur charge le vice propre? Nous avons vu que le prêteur à la grosse peut prendre à sa charge le vice propre (n° 1113). — Il en est de même de l'assureur. — Toutefois, il faut faire ici certaines réserves. Quand un assureur sur corps a pris à sa charge le vice propre du navire, l'assuré ne sera pas pour cela autorisé à livrer à la navigation un navire hors d'état de naviguer, non muni d'un certificat de visite. La convention ne peut pas être interprétée en ce sens, car elle serait contraire à l'ordre public. Mais rien ne s'oppose à ce que le propriétaire d'un navire se fasse ainsi garantir contre les vices cachés, tels que la pourriture de la membrure ou autres.

Dans l'assurance sur facultés, la garantie du vice propre doit également être interprétée de bonne foi. Elle ne pourrait autoriser l'assuré à charger des marchandises complètement détériorées alors qu'il n'a pas indiqué cette détérioration. L'assurance, en pareil cas, ne serait pas seulement réduite pour surévaluation (art. 357). Elle serait annulée pour mauvaise foi et réticence (art. 348-358). Mais quand on charge une marchandise fragile, susceptible de se détériorer en dehors de toute fortune de mer uniquement par le fait du transport, par la longueur du voyage, rien ne s'oppose à ce qu'on se fasse garantir de ces risques par l'assureur. De même que l'assureur peut restreindre les risques de l'article 350, il peut les élargir. Il peut par exemple, prendre à sa charge les risques de la mortalité des animaux. Dans ce dernier cas sans doute, il est vrai de dire avec M. de Courcy (*Comm. des polices*, p. 265), qu'il y a alors plus qu'une *assurance maritime* proprement dite, puisqu'on garantit autre chose que des fortunes de mer, mais quel que soit le nom qu'on puisse donner à l'assurance, elle n'en est pas moins licite.

<hr>

ART. 353.

L'assureur n'est point tenu des prévarications et fautes du capitaine et de l'équipage, connues sous le nom de baraterie de patron, s'il n'y a convention contraire (1).

SOMMAIRE.

1611° — Origine du mot *baraterie*.
1612° — Distinction entre la baraterie et les fortunes de mer.
1613° — Suite.
1614° — L'assureur répond des faits du pilote et des passagers.
1615° — Usages anciens par rapport à la baraterie.
1616° — L'assureur, en principe, ne répond pas de la baraterie, même envers les chargeurs.
1617° — Convention contraire permise.
1618° — Comment elle doit être interprétée.
1619° — Elle ne s'applique qu'aux faits du capitaine agissant comme tel.
1620° — L'assureur de la baraterie répond du recours des tiers lésés.
1621° — Dispositions des polices. — Police sur corps.
1622° — Police sur facultés.
1623° — La responsabilité de l'assureur n'est pas subsidiaire.
1624° — Droit comparé.

(1) *Ord. de* 1681 (liv. III, tit. vi). Art. 28. — Ne seront aussi tenus les assureurs de porter les pertes et dommages arrivés aux vaisseaux et marchandises par la faute des maîtres et mariniers, si par la police ils ne sont chargés de la baraterie de patron.

Le projet de 1867 mettait de droit la baraterie de patron à la charge des assureurs (V. disposition du projet citée sous l'article 350).

1611. — L'assureur répond des fortunes de mer (art. 350), mais, en principe, et à moins de convention contraire, il ne répond pas des faits de *baraterie*. Il importe donc tout d'abord de bien s'entendre sur cette expression.

Le mot *baraterie* vient d'un vieux mot, *barat*, qui signifiait *tromperie, mensonge*. Casaregis dit que toute faute dans laquelle tombe un capitaine n'est pas *baraterie* si elle n'est accompagnée de dol et de fraude. « *Non omnis navarci culpa est barataria* « *sed solum tunc ea dicitur quando committitur cum præexis-* « *tente ejus machinatione, et dolo præordinato ad casum* » (*Disc.*, I, n° 77). En Angleterre, comme nous le verrons (n° 1624), c'est encore dans ce sens qu'on interprète le mot *barra-try*. Mais chez nous cette expression a reçu depuis longtemps une acception plus large.

Le *Guidon de la mer* rédigé à Rouen au XVIᵉ siècle comprend sous le nom de baraterie tout fait du capitaine qui a causé un dommage aux chargeurs (*Guidon*, ch. V et IX). — « *Baraterie de patron*, termes énergiques, dit Valin, qui com- « prennent absolument tout le dommage qui peut résulter du « fait du maître et des gens de son équipage, soit par impéritie, « imprudence, malice, changement de route, larcin ou autre- « ment » (*Comm. de l'Ord.*, liv. III, t. VI, art. 28). Émérigon dit dans le même sens que chez nous le mot *baraterie* comprend le cas de simple faute, comme celui de dol (*Ass.*, I, p. 365).

Le Code est resté fidèle à cette tradition. On remarquera que l'article 353 comprend sous le nom de baraterie de patron non-seulement les *prévarications*, mais encore les *fautes* du capitaine ou de l'équipage.

1612. — Toute faute cependant n'est pas nécessairement un cas de baraterie, car l'article 353 se borne à dire que l'assu-reur ne répond pas des fautes du capitaine et de l'équipage *connues sous le nom de baraterie de patron.*

« Jamais, dit M. de Courcy, dans son *Commentaire des po-* « *lices*, page 64, la langue usuelle n'accusera de baraterie un « capitaine qui, se trompant dans ses calculs astronomiques ou « sur ses sondages, ou qui, prenant un phare pour un autre, « se trouvera égaré de sa route et viendra s'échouer loin du lieu

« où il croyait être. Elle ne l'accusera pas davantage de bara-
« terie pour une manœuvre que des juges compétents déclare-
« ront maladroite. Jamais des assureurs, exempts de la barate-
« rie, ne seraient admis à opposer de telles fautes : autrement
« l'assurance serait illusoire, la plupart des sinistres pouvant
« toujours être attribués à une faute de manœuvre. Toutes les
« fautes, même du marin, ne sont donc pas des barateries, et
« la baraterie n'est que le manquement à un devoir précis, tel
« que celui d'allumer ses feux la nuit, de prendre un pilote,
« d'être personnellement à son bord à l'entrée et à la sortie des
« ports. »

On voit également dans un arrêt de la Chambre des Requêtes
du 21 décembre 1869, qu'une simple manœuvre imprudente
peut être assimilée aux risques de mer garantis par l'assurance
(Dall., 70. 1. 305).

Il y a baraterie, au contraire, et l'assureur, en principe, n'est
pas responsable, quand le capitaine manque à un devoir prescrit
par la loi ou cause un dommage par une faute caractérisée (V.
art. 227, 241, 405).

Il ne faut pas d'ailleurs perdre de vue que le seul fait de
baraterie ne suffit pas pour dégager la responsabilité de l'assureur si la perte ne provient pas directement et nécessairement
du fait de baraterie, et si le cas fortuit ou la fortune de mer sont
indépendants de la faute commise (V. n° 1568). — Ainsi un capitaine a commis la faute de ne pas prendre un pilote. Il est
surpris par une tempête de neige telle que le pilote n'aurait pu
lui-même diriger le navire qui s'est échoué. Il n'y aura là encore
qu'un dommage provenant de fortune de mer (Rouen, 19 janv.
1882, J. H., 1882. 1. 52).

1613. — Sous le nom de baraterie, la loi comprend non-
seulement les fautes du capitaine, mais aussi *celles de l'équipage*.
Mais ici encore nous ferons remarquer que toute imprudence ou
maladresse d'un homme de l'équipage ne constitue pas un fait
de baraterie. Il faut qu'il y ait faute caractérisée. Ainsi un mate-
lot jette par mégarde une allumette qui met le feu au navire. Je
ne verrais pas là un fait de baraterie, mais un de ces mille
faits accidentels inhérents à toute navigation, qui constituent,

en réalité, des *fortunes de mer* dont l'assureur répond de droit.

Il en serait de même si le marin préposé au gouvernail faisait une manœuvre imprudente et maladroite.

1614. — Nous avons vu (tom. II, p. 1) qu'il y a deux sortes de pilotes, le pilote qui fait partie de l'équipage, et celui qu'on prend accidentellement pour guider le navire à l'approche des côtes ou l'entrée des rivières. Le fait du pilote côtier est le fait d'un tiers, il est assimilé à une fortune de mer, et retombe par conséquent de droit à la charge de l'assureur, alors même que celui-ci n'a pas garanti la baraterie de patron (Comp. n° 239).

Les dommages causés par de simples passagers sont aussi considérés comme des fortunes de mer dont répondent toujours les assureurs (Bordeaux, 15 nov. 1831, Dall., 31. 2. 7).

1615. — La question de savoir si l'assureur doit répondre des fautes du capitaine et de l'équipage a, comme nous le verrons (n° 1624), donné lieu à bien des divergences entre les diverses législations.

Valin dit qu'anciennement, en France, les assureurs étaient tenus de plein droit, de la baraterie de patron (*sur l'Ord.*, liv. III, t. VI, art. 28). Le *Guidon de la mer* ne fait, en effet, aucune difficulté pour déclarer les assureurs responsables de la baraterie, au moins envers le chargeur assuré. Nous voyons que les formules de Rouen, de Hambourg, de Londres, de Nantes et de Bordeaux citées par Émérigon, mettaient également la baraterie à la charge des assureurs (Émérigon, I, p. 366).

Mais Émérigon constate qu'il en était autrement à Anvers, et dans le statut de Gênes qui excluait au moins les cas de vraie baraterie et de contrebande : *excluso solo baraterie o contrabandi.* « Dans la formule de Marseille, ajoute-t-il, il n'est pas parlé de la baraterie de patron, et il n'est pas d'usage que nos assureurs s'en rendent responsables, mais rien n'empêche qu'ils s'y soumettent par un acte écrit à la main. »

Les rédacteurs de l'Ordonnance se sont donc trouvés en présence de deux systèmes d'assurances, l'un qui mettait en principe la baraterie à la charge des assureurs ; l'autre, au contraire, qui l'excluait à moins de convention formelle.

1616. — Peut-être eût-on dû distinguer entre les assurances sur corps et les assurances sur facultés. Que l'assureur ne soit pas responsable envers le propriétaire du navire des délits ou des fautes du capitaine et des gens de l'équipage, c'est ce qui se comprend, le capitaine répondant en principe de leur fait (art. 216-217). Mais il en est autrement vis-à-vis des chargeurs. Le capitaine et les gens de l'équipage ne sont pas les préposés des chargeurs. Ceux-ci ne les ont pas choisis et sont forcés de les subir. Les fautes, les malversations du capitaine et des gens de l'équipage auxquelles sont nécessairement soumis les chargeurs pourraient donc par rapport à eux n'être considérés que comme des risques forcés du voyage, des accidents de la navigation.

Cette distinction, nous la retrouvons dans le *Guidon de la mer :* Le *Guidon,* en effet, soumettait l'assureur au risque de la baraterie vis-à-vis du *chargeur :* tandis qu'il en exemptait l'assureur sur corps. « Si l'assurance est faite sur corps de nef, « l'assureur n'est astreint à la malversation, dol ou fraude de « maistre de navire, parce que le bourgeois qui se fait assurer « l'a élu et choisi, et choisi pour agréable la prud'homie et suf- « fisance d'icelui : en sorte que s'il n'est fidelle, ou tel qu'il doit « être, il le doit déposer de sa maîtrise » (Chap. XV, art. 4).

Roccus, n° 44 (cité par Émérigon, I, 367), fait la même distinction. Il dit que les assureurs ne répondent pas de la baraterie du capitaine, si l'assuré est armateur du navire, tandis qu'ils en répondent si l'assuré est un simple chargeur.

Mais cette distinction dont nous retrouvons la trace dans nos polices (V. n°⁵ 1621-1622) n'a pas été faite par la loi. L'Ordonnance qui excluait la baraterie des risques des assureurs, ne faisait aucune distinction entre les propriétaires du navire et les chargeurs. Valin (II, p. 79) explique pourquoi les assureurs ne sont pas tenus, en principe, des fautes du capitaine et de l'équipage. Ce n'est pas, dit-il, parce que ce sont les gens de l'assuré, car la raison ne serait applicable qu'au propriétaire du navire et non aux marchands chargeurs, mais c'est que par la nature du contrat d'assurance l'assureur n'est chargé de droit de répondre que des pertes qui arrivent par cas fortuit, par fortune de mer.

L'article 353, pas plus que l'Ordonnance, ne fait aucune distinction entre les divers genres d'assurances, et exclut en principe la baraterie de patron des risques des assureurs, aussi bien vis-à-vis des chargeurs que vis-à-vis des propriétaires de navires.

1617. — Mais le Code comme l'Ordonnance, réserve la convention contraire.

Émérigon (ch. XII, sect. III) fait remarquer que si le dommage qui provient de la faute du capitaine ou de l'équipage « ne procède pas *ex tempestatis discrimine,* il n'y en a pas moins « là un risque et un très grand risque maritime, puisqu'on est « obligé de confier son bien aux gens de mer qui peuvent oublier « quelquefois les devoirs de leur état, ou qui par imprudence « occasionnent des pertes. »

L'assurance de la baraterie a l'avantage de couper court à bien des difficultés. En cas de pertes ou avaries, on n'a pas à rechercher s'il y a eu pur cas fortuit, ou s'il s'y est mêlé une faute du capitaine ou de l'équipage, puisqu'à tous égards l'assureur sera responsable.

L'assurance de la baraterie n'a, remarquons-le bien, rien d'immoral. Ce n'est pas un encouragement donné aux fautes du capitaine ou de l'équipage qui auront toujours à en répondre vis-à-vis de qui de droit. Pourquoi l'assureur ne se rendrait-il pas garant de ces fautes vis-à-vis de l'assuré quand celui-ci n'y a pas participé? Il n'y a là rien d'illicite.

La police française soit sur corps, soit sur facultés, met la baraterie à la charge des assureurs (V. n°s 1564-1565, 1621-1622).

Nous devons toutefois préciser les limites que comporte l'assurance de la baraterie. Les unes dérivent des principes généraux de la matière — les autres des dispositions particulières des polices.

1618. — Parlons d'abord des premières.

L'assurance de la baraterie peut être générale, ou n'avoir en vue que tel capitaine désigné. Dans ce dernier cas, il semble que la convention devrait cesser d'avoir effet quand le capitaine désigné dans la police est remplacé sans le consentement de l'assureur (V. n° 1352). C'est aussi, comme nous le verrons, ce que décide le nouveau Code italien (V. n° 1624).

Mais recherchons quelle est en principe la portée de l'assurance de la baraterie.

1° L'assuré ne peut se plaindre des dommages qui proviennent de son fait (art. 351). Donc l'assuré ne pourrait se prévaloir de l'assurance de la baraterie lorsque la faute du capitaine n'est que la conséquence des ordres ou instructions de l'assuré.

Par la même raison, il est évident que le capitaine ne pourrait s'assurer lui-même contre sa propre baraterie « si c'est le « maître qui s'asseure, dit le *Guidon*, les assureurs ne cou- « vrent sa négligence ou malversation » (chap. XV, art. 4). Le même principe est aujourd'hui applicable, puisqu'on ne peut s'assurer contre son dol, ou des fautes caractérisées (Hâvre, 7 février 1882, J. H., 1882. 1. 58). C'est ce que porte expressément le Code hollandais (art. 640). Il importerait peu que la police eût été souscrite par un tiers, si elle l'avait été dans l'intérêt du capitaine. *Quid* si le capitaine est fils de l'assuré? Valin décide que quoiqu'en droit *Pater et filius una eademque persona censentur,* il ne serait pas juste de rendre l'assuré responsable des fautes du capitaine qui serait le fils de l'assuré, à moins qu'il n'y eût preuve de collusion.

Le capitaine peut d'ailleurs se faire assurer contre les faits de l'équipage dont il pourrait avoir à souffrir, si ces faits se produisaient en dehors de lui, sans qu'on eût à lui reprocher aucune négligence (Marseille, 4 janvier 1850, J. M., 29. 1. 3. 58). Le capitaine a d'autant plus lieu de se faire assurer contre de pareils risques qu'on lui a quelquefois refusé un recours contre l'auteur du dommage (V. n° 332).

1619. — 2° La responsabilité des assureurs qui ont pris à leur charge la baraterie de patron doit être restreinte aux fautes commises par le capitaine dans l'exercice de ses fonctions de capitaine. Montrons l'application de ce principe, d'abord vis-à-vis des chargeurs, puis vis-à-vis de l'armateur.

Vis-à-vis des chargeurs. — Lorsque le capitaine agit non en sa qualité de capitaine, *de patron,* mais en qualité de mandataire spécial des chargeurs, soit pour acheter, soit pour vendre des marchandises, il est évident que les fautes qu'il peut commettre dans l'accomplissement de ce mandat ne sont pas couvertes par l'assureur de la baraterie de patron et que ces fautes restent aux risques des chargeurs, conformément aux principes du droit commun.

Mais remarquons que le capitaine a, en sa seule qualité de capitaine, vis-à-vis des chargeurs, des obligations fort étendues.

Le capitaine n'est pas seulement responsable de la bonne conduite du navire. A partir du moment où il a reçu la marchandise et pendant tout le cours du voyage, il est tenu de prendre toutes les mesures qui peuvent être nécessaires dans l'intérêt des chargeurs en conséquence du voyage ou des fortunes de mer éprouvées dans ce voyage (art. 222, 405). On a jugé, par exemple, que le fait de la part du capitaine de n'avoir pas pris des précautions suffisantes pour mettre la marchandise à l'abri de l'atteinte des rats, est une faute à la charge de l'assureur qui a garanti la baraterie de patron (Paris, 21 décemb. 1843, J. M., 23. 2. 9). — Aux termes de l'article 234, lorsqu'il y a lieu de réparer le navire en cours de voyage, le capitaine peut, en cas de nécessité, et après s'y être fait autoriser, vendre les marchandises pour les besoins du navire. Si le capitaine ne remplit pas les formalités prescrites, s'il vend les marchandises sans nécessité, l'assureur qui aura garanti la baraterie de patron ne pourra pas exciper de la faute du capitaine contre les chargeurs; il y aura bien là un fait de baraterie dont ils seront garants (Req., 18 fév. 1863, Dall., 63. 1. 372). — La jurisprudence est allée jusqu'à voir un fait de baraterie dans l'espèce suivante : Un capitaine qui avait un chargement de Jaffa pour Livourne échoue près de Terracine et débarque sa cargaison. Le navire est conduit à Gaëte pour y être réparé, et les marchandises y sont transportées par les soins des assureurs; puis le navire reprend la mer et arrive à Livourne avec le chargement. Mais pour le trajet de Terracine à Gaëte le capitaine avait pris un acquit-à-caution, de sorte qu'à son arrivée à Livourne, la marchandise est privée de la franchise dont elle aurait joui comme importée directement d'un pays étranger. Le tribunal de Marseille, par un jugement du

4 novembre 1869, a décidé que le capitaine était en faute de s'être fait délivrer un acquit-à-caution, et que l'augmentation de droits qui en résultait était à la charge des assureurs, qui avaient garanti la baraterie de patron, parce qu'il s'agissait d'une faute du capitaine *relative aux mesures à prendre à la suite d'une avarie* (J. M., 1870. 1. 24).

Vis-à-vis de l'armateur. — La distinction entre les actes que le capitaine fait en cette qualité et ceux qu'il fait comme mandataire de l'armateur sera quelquefois délicate.

Émérigon cite l'exemple d'un capitaine, qui, parvenu à sa destination, dissipe la pacotille qui lui est confiée. C'est alors, dit-il, un risque de terre dont les assureurs, quoique garants de la baraterie, ne sont point responsables. — La jurisprudence nous fournit encore cet autre exemple : Un capitaine avait été chargé par son armateur d'acheter un chargement de mules à Montevidéo. Le capitaine ayant mal calculé l'emploi des fonds mis à sa disposition, avait été obligé, après être resté longtemps en rade de Montevidéo, de rompre le voyage et de vendre les mules à vil prix. Le tribunal du Hâvre, par un jugement du 12 novembre 1860 (J. N., 1861. 2. 9), a jugé, avec raison, qu'il n'y avait pas ici baraterie de patron, puisque ce n'était pas comme capitaine mais comme *subrécargue* que le capitaine avait agi. Toutefois, il y aurait à voir si, d'après le genre de navigation, la vente ou l'achat des marchandises ne constituait pas un *fait relatif à l'expédition* (V. Dall., 45. 1. 280 et *suprà,* n⁰ˢ 225-226).

Alors même qu'il ne s'agit que d'un *fait relatif au navire,* des questions délicates peuvent surgir à raison de la mission complexe du capitaine qui n'est pas seulement chargé du commandement du navire, et l'est encore de son administration, qui est le préposé, le gérant de l'opération commerciale de l'armement (V. n⁰ˢ 235-236). Si l'assureur de la baraterie ne couvre les fautes du capitaine que lorsqu'il agit en cette qualité, où s'arrêtent au juste les fonctions du capitaine? Examinons à cet égard quelques décisions récentes de la jurisprudence. — Un capitaine, au lieu de relâcher dans le port le plus voisin pour réparer ses avaries, se rend dans un port plus éloigné afin de gagner pour l'armateur un fret plus considérable. Il en résulte une aggravation des avaries. Les assureurs seront-ils responsables du déroutement ou de l'aggravation des avaries comme répondant de la baraterie de patron? Le tribunal de commerce de la Seine, par un jugement du 14 juin 1852, cité par M. J.-V. Cauvet (I, n° 144, *Traité sur les assurances*), s'est prononcé pour la négative, par le motif que le capitaine, en se rendant dans le port le plus éloigné, n'avait eu *qu'un but commercial.* Par un arrêt du 13 novembre 1851 (J. M., 30. 2. 109), la Cour de Bordeaux, au contraire, dans une espèce analogue a jugé que l'assureur qui avait garanti la baraterie de patron devait être ici déclaré responsable du fait du capitaine, alors surtout que le capitaine avait agi, non d'après des instructions spéciales de son armateur et comme gérant de l'armement, mais comme capitaine, *maître de la conduite du navire.*

Lorsque le capitaine fait vendre comme innavigable un navire dont l'innavigabilité n'est pas constatée (art. 237), l'assureur de la baraterie est-il responsable du fait du capitaine? On a jugé, avec raison, qu'en pareil cas, il ne pouvait pas être question de délaissement à l'assureur, s'il n'y avait pas preuve de l'innavigabilité (V. art. 389, n° 1941). Mais l'armateur ne pourra-t-il pas au moins dans le règlement d'avaries se faire tenir compte par l'assureur à titre de baraterie de la perte qui est résultée pour lui de la faute du capitaine? Le tribunal de Nantes, dans un jugement du 23 décembre 1868 (J. M., 1869. 1. 27), a refusé de voir dans la vente faite à tort par le capitaine un cas de baraterie. « Attendu que dans les faits relatifs à la *conduite* « *de son navire et aux choses qui concernent son pouvoir à bord,* « le capitaine possède une autorité absolue dont il est investi « par la loi elle-même et qu'il exerce sous sa responsabilité per- « sonnelle ; — que si, dans l'exercice de ses fonctions, il com- « met des fautes ou des prévarications entraînant la perte de son « navire, ces faits, d'une nature toute particulière, accomplis « dans des circonstances spéciales, constituent le cas désigné « sous le nom de baraterie de patron à l'article 353 du Code de « commerce ; — Attendu que si, au contraire, il s'agit *de l'ad-* « *ministration du navire,* considéré comme propriété privée, de

« le fréter, de le mettre en état de recevoir des frets, de faire
« des réparations quand il y a lieu, de faire prononcer l'innavi-
« gabilité quand il le croit nécessaire, le capitaine exerce les
« fonctions jadis confiées à un personnage distinct, le subré-
« cargue; il n'est plus que le mandataire des propriétaires du
« navire dont il a habituellement les instructions; ses actes sont
« régis par le droit commun et opposables à son mandant. »

Cette thèse me paraît beaucoup trop absolue. La distinction
faite par le tribunal entre la *conduite* du navire et son *administration,* est en dehors de la loi; le capitaine, en effet, hors le
cas où il est dans le lieu de la demeure du propriétaire, tient de la
loi, en sa qualité de capitaine, le droit de faire les réparations,
acheter les choses nécessaires au bâtiment et même de fréter le
navire (art. 232). C'est en qualité de capitaine qu'il peut faire
vendre le navire pour cause d'innavigabilité (art. 237). La vraie
distinction paraît être celle-ci : toutes les fois que le capitaine
agit dans le cercle des attributions qui lui sont reconnues par la
loi, s'il commet une faute, cette faute sera couverte par l'assureur de la baraterie. Toutes les fois, au contraire, que le capitaine agit en vertu, soit d'instructions spéciales, soit d'un
mandat particulier, qui pourrait être aussi bien confié à un
tiers, le capitaine n'agissant plus en sa seule qualité de capitaine, les assureurs de la baraterie n'auront pas à en répondre.
S'inspirant de cette distinction, la Cour de Rennes, par un
arrêt du 25 février 1879 (Dall., 80. 2. 132), a décidé contrairement au jugement cité ci-dessus que des assureurs qui ont
garanti la baraterie de patron sont responsables de la faute
qu'aurait pu commettre le capitaine en laissant prononcer à tort
l'innavigabilité du navire.

1620. — L'assureur d'un navire qui a garanti la baraterie
de patron est-il, en principe, tenu de garantir le propriétaire
assuré contre les recours auxquels il pourrait être exposé par
suite des faits du capitaine ou de l'équipage, en vertu de l'article
216, soit de la part du chargeur, soit de la part des tiers lésés?

J'ai déjà touché cette question à propos de l'article 350 (n^{os}
1546-1549). — Le Code allemand (art. 824) ne met à la charge
de l'assureur, les risques résultant de la fraude ou de la faute

d'une personne de l'équipage que *s'il en résulte un dommage pour l'objet assuré,* et il ajoute expressément (art. 825) que l'assureur ne répond pas des dommages qui, *hors le cas d'abordage,* résulte de la *responsabilité de l'armateur envers un tiers pour le préjudice causé par une personne de l'équipage.*

Notre Police française sur corps est conforme au système du Code allemand. Après avoir déclaré les assureurs responsables en principe de *la baraterie de patron,* elle dit expressément que l'assureur est exempt « de tout recours de tiers, chargeurs ou « autres, notamment pour vice d'arrimage, chargement sur le « pont, excès de charge, infraction de charte-partie, ou pour « dommages ou empêchements causés dans les ports, rivières « ou bassins, sauf ce qui est dit à l'article 4 quant à l'abordage. » — L'article 4 déclare que les risques de recours de tiers contre le navire assuré pour faits d'abordage avec un autre navire ou corps flottant, sont à la charge des assureurs, sauf certaines réserves que nous avons déjà indiquées (V. n° 1564). Enfin l'article 12 porte formellement que les assureurs sont et demeurent étrangers aux effets de toutes déterminations des armateurs à l'égard des créanciers, prises en vertu de l'article 216.

Ces dispositions de la police écarteront dans la plupart des cas toute difficulté. Mais on peut se demander si, en l'absence de toute convention particulière, l'assureur qui a garanti la baraterie ne doit pas couvrir l'assuré, jusqu'à concurrence de la somme assurée, des recours auxquels peut être exposé l'assuré par suite des fautes du capitaine et de l'équipage soit en cas d'abordage, soit dans tous les cas où la faute du capitaine et de l'équipage peut donner lieu à un recours contre la chose assurée (art. 216-405)?

Des auteurs soutiennent énergiquement la négative (de Courcy, *Quest.,* II, p. 18 et s. — Lyon-Caen, *Obs.;* Sirey, 83. 2. 1). Ces auteurs raisonnent ainsi : en principe, dit-on, l'assureur ne répond que des dommages *qui arrivent aux objets assurés* et il n'a pas à répondre même de ces dommages, quand ils ont été causés par une faute du capitaine ou de l'équipage. Si l'assureur garantit la baraterie de patron, il renonce à cette dernière exception. Mais l'assurance de la baraterie ne peut rendre l'assureur responsable de dommages subis par une chose qu'il n'a pas assurée. L'assureur du navire ne peut, sous prétexte qu'il a garanti la baraterie, être responsable du dommage éprouvé par les marchandises ou par un autre navire.

Cette thèse nous paraît trop absolue. Quoique l'article 350 ne parle que des dommages *qui arrivent aux objets assurés,* nous avons déjà vu que ces mots ne doivent pas s'interpréter *stricto sensu* et que de l'aveu de tous, l'assureur peut avoir, en certains cas, à supporter des dépenses faites ou des recours formés contre l'assuré *à l'occasion des objets assurés* (V. n° 1546). Quand le propriétaire d'un navire a pris soin de s'affranchir expressément de la baraterie de patron, il ne s'agit en définitive que d'interpréter la convention. Nous avons constaté (tome I, n° 246) que le propriétaire peut s'affranchir de la responsabilité de l'article 216 vis-à-vis des chargeurs. Lorsque par une convention spéciale il se fait assurer contre la baraterie, n'est-il pas à supposer qu'il a voulu s'exonérer de toute la responsabilité qui peut lui incomber du chef du capitaine ou de l'équipage en vertu de l'article 216, soit vis-à-vis des chargeurs, soit vis-à-vis des tiers lésés ? Telle était, en effet, l'interprétation qu'avait déjà donnée Valin à l'assurance de la baraterie. « Quant au « propriétaire du navire assuré, qui a été obligé d'abandonner le « navire et le fret pour se dispenser de répondre en plein des « faits du maître, quoique dans l'hypothèse son assureur ne « profite pas du navire, il n'est pas moins en droit de lui de- « mander le paiement de la somme assurée sur le navire. C'est « la suite de l'engagement qu'a contracté l'assureur en prenant « pour son compte la baraterie de patron » (*Comm. de l'Ord.,* liv. III, tit. VII, art. 4).

M. Lyon-Caen, qui refuse d'étendre en principe l'assurance de la baraterie aux recours des tiers objecte que l'assurance doit être toujours limitée à la valeur du navire. — Sans doute, mais personne n'a jamais songé à soutenir que l'assurance de la baraterie fût une assurance indéfinie.

Le savant professeur de la Faculté de Paris objecte encore que dans les assurances terrestres on distingue l'assurance de la chose de celle faite contre le recours des voisins, qui a lieu moyennant une prime spéciale. — Mais l'assurance contre la barateríe n'est-elle pas aussi, dans le système de notre Code français, une assurance spéciale qui s'ajoute à celle de la chose?

La jurisprudence paraît aujourd'hui unanime pour reconnaître que l'assureur d'un navire qui a garanti la baraterie de patron doit en principe couvrir le propriétaire assuré contre les recours des tiers lésés, sauf les exceptions qui pourraient être faites par la police (Cass., 23 déc. 1857, Dall., 58. 1. 61. — Paris, 30 juil. 1873, Dall., 76. 2. 164. —Rouen, 17 janvier 1881). Ce dernier arrêt, attaqué par M. Lyon-Caen (Sirey, 83. 2. 1), défendu par M. Levillain (Dall., 82. 2. 73), pose en règle que quand l'assureur d'un navire a garanti la baraterie de patron, « l'assu-« rance s'applique à toutes les pertes ou dommages quelcon-« ques, directs ou indirects qui peuvent atteindre le navire « dans sa valeur, engager sa responsabilité, et à l'indemnité « desquels il est affecté comme gage par l'article 216. »

Mais l'assureur de la baraterie ne couvre l'assuré que contre les fautes commises par le capitaine *à l'occasion des objets mis en risques* et formant l'aliment du contrat. Ainsi un capitaine est condamné pour coups et blessures, et l'armateur déclaré civilement responsable (art. 1384 C. Civ.). Cette condamnation s'adressant *à la personne de l'armateur*, l'assureur n'aura pas à en répondre (Civ., rej., 22 nov. 1876, Dall., 77. 1. 88).

1621. — J'ai, jusqu'ici, indiqué les conséquences, qui, d'après la jurisprudence, résultent en principe de l'assurance de la baraterie de patron. Les assureurs toutefois, en général, se sont efforcés de restreindre autant que possible dans ses effets l'assurance de la baraterie.

La police de Paris *sur corps* ne garantit la baraterie que sous les réserves suivantes. L'article 3 est ainsi conçu :

« Les assureurs sont exempts, par exception et dérogation « en tant que de besoin, à ce qui a été dit à l'article 1er quant à « la garantie de la baraterie :

« 1° Des faits de *dol et de fraude* du capitaine ;

« De tous événements quelconques résultant de violation de « blocus, de contrebande ou de commerce prohibé ou clan-« destin ;

« Le tout à moins que le capitaine n'ait été changé sans l'a-
« grément de l'armateur ou de son représentant et remplacé par
« un autre que par le second ;

« 2° Des dommages et pertes provenant du vice propre ;

« 3° De la piqûre des vers sur les parties du navire non pro-
« tégées par un doublage métallique (V. n° 1604) ;

« 4° De tous frais d'hivernage, de quarantaine et de jours de
« planche ;

« 5° De toutes les conséquences qu'entraînent pour le navire
« les faits quelconques du capitaine ou de l'équipage *à terre ;*

« 6° De tous recours de tiers, chargeurs ou autres, notam-
« ment pour vices d'arrimage, chargement sur le pont, excès
« de charge, infraction de chartes-parties, ou pour dommages
« ou empêchements causés dans les ports, rivières ou bassins,
« sauf ce qui va être dit à l'article 4 quant à l'abordage. »

Ainsi dans les assurances sur corps, l'assureur quoique responsable de la baraterie ne répond pas des faits *de dol et fraude*
du capitaine, à moins qu'il n'ait été changé sans l'agrément de
l'armateur. Celui-ci est réputé en faute quand il a choisi un
capitaine capable de se rendre coupable de faits de dol ou fraude.
— C'est précisément le contraire de l'assurance de la baraterie
en Angleterre (V. n° 1624).

De ce que la police exempte l'assureur des faits de dol et
fraude, on a prétendu conclure que dans le cas de révolte de
l'équipage, il n'y avait pas de responsabilité pour l'assureur.
Mais cette interprétation des polices n'a pas prévalu : il a été
reconnu que ce que les polices excluent de la responsabilité de
l'assureur, lorsque le capitaine est du choix de l'armateur, ce
sont seulement les faits de dol et fraude de la part *du capitaine*
lui-même, les assureurs ayant voulu par là surtout se soustraire
au concert frauduleux qui peut s'établir entre l'armateur et le
capitaine (Paris, 11 avril 1865, J. M., 1865, II, p. 131).

Remarquons les deux dernières dispositions de la police sur
corps.

Les assureurs écartent la responsabilité des faits quelconques
du capitaine ou de l'équipage, *à terre.* M. de Courcy, dans
son *Commentaire,* explique qu'il s'agit ici des risques, des

violences, des désertions, des participations à des émeutes, des préparatifs de contrebande, etc. Le texte est bien général, mais il ne faudrait pas en abuser et aller jusqu'à dire, par exemple, que l'assureur ne répondant pas *des faits quelconques* du capitaine *à terre*, il ne répondrait pas de la vente du navire par le capitaine au détriment de l'armateur (V. n° 1619).

La clause relative *aux recours des tiers* peut donner lieu également à des difficultés. Suivant le système consacré par le Code allemand (V. n° 1624), les assureurs ne sont responsables que des recours *pour abordage*. Ils le sont sauf une franchise de 1 0/0 de la somme assurée (art. 19). Mais la police exclut : 1° les recours des chargeurs pour vice d'arrimage et infraction à la charte-partie ; 2° les dommages causés à des tiers dans les *ports, rivières et bassins.*

La première disposition, suivant M. de Courcy (*Comm. des polices*, p. 51), est fondée sur ce que le capitaine, par rapport à l'exécution de la charte-partie, agit moins comme capitaine que comme représentant et mandataire de l'armateur. Cela est contestable (V. n° 1619). La vérité est que les assureurs ont voulu restreindre leur responsabilité.

Quant à l'exception faite pour les dommages causés à des tiers *dans les ports, rivières ou bassins,* elle ne se réfère qu'aux dommages causés en dehors de tout fait de navigation à proprement parler. C'est ce qu'a jugé la Cour de Rouen, le 17 janvier 1881 (Dall., 82. 2. 73). Le capitaine d'un remorqueur en remorquant un navire dans l'avant-port du Hâvre pour sa sortie, avait lâché la remorque et celle-ci ayant éprouvé des avaries, le remorqueur avait été déclaré responsable. Le propriétaire du remorqueur s'étant retourné contre ses assureurs garants de la baraterie, ceux-ci opposèrent que d'après la police ils n'étaient pas responsables des dommages causés à des tiers *dans les ports.* La Cour de Rouen repoussa l'exception par le motif qu'il s'agissait d'*un fait de navigation,* qu'au surplus ce n'était pas *dans le port* qu'étaient arrivées les avaries, qu'on avait parcouru *l'avant-port,* et qu'on était déjà parvenu à l'extrémité de la jetée Sud-Est.

1622. — La police sur *facultés* se borne à dire que les assureurs répondent de la *baraterie*. Ainsi, à l'égard des chargeurs, toute baraterie même frauduleuse est garantie (V. n° 1616). Toutefois les assurés ne pourraient bien entendu invoquer l'assurance de la baraterie, pour se prémunir d'événements auxquels ils auraient eux-mêmes participé, tels que des faits de contrebande commis par le capitaine d'après leurs instructions.

1623. — Dans le cas de baraterie, l'assuré peut agir directement contre l'assureur qui lui a garanti la baraterie.

Il n'en était pas ainsi autrefois. D'après le *Guidon,* l'assureur répondait toujours de la baraterie envers le chargeur qui avait éprouvé un dommage, mais c'était à condition que l'assuré eût auparavant fait ses diligences contre le capitaine.

« ..... Et généralement le maître porte tout ce qui advient
« par sa faute ou de son navire, quand il a de quoi payer, ou
« que l'avarie n'excède son fret : si elle excède et qu'il n'y ait
« moyen de rester, l'asseuré est tenu de faire ses diligences, et
« faire apparoir d'icelles faites en première instance, avant que
« de se pouvoir adresser sur les asseureurs par droit de bara-
« terie de patron (chap. V, art. 6).

L'assureur ne pouvait donc être actionné que subsidiairement, comme le dit avec beaucoup de justesse M. Pardessus (*Lois marit.,* II, p. 406) [1].

Valin (*Comm. de l'Ord.,* art. 28), fait remarquer que depuis l'ordonnance, du moment que l'assureur s'est chargé de la baraterie de patron, il peut être directement actionné, sauf à lui, comme subrogé aux droits des assurés, à se pourvoir en garantie contre le maître, dans tous les cas où les propriétaires ou les chargeurs auraient action contre lui pour la réparation du dommage. Valin rapporte que dès avant l'Ordonnance cela avait été jugé par arrêt du 26 mars 1662.

Les mêmes principes doivent aujourd'hui être admis. Un arrêt de la Cour d'Aix du 29 janvier 1866 fait très bien remar_ quer que s'il n'y a pas, à proprement parler, au profit des as-

---

(1) C'est, comme on le verra plus loin (n° 1624), le procédé qui est encore suivi en Allemagne.

sureurs une subrogation de plein droit, ils peuvent toujours agir contre le capitaine en vertu des articles 1382 et 1383 (J. M., 1866. 2. 127).

En cas de dommage arrivé aux marchandises par la faute du capitaine, le chargeur a une action non-seulement contre le capitaine, mais aussi contre l'armateur civilement responsable du capitaine (art. 216-191, n° 11). Il semble résulter de là que le chargeur pourrait lui-même actionner directement l'assureur sur corps qui aurait garanti la baraterie de patron envers le capitaine. Le chargeur, en effet, peut exercer les droits de l'armateur, son débiteur, aux termes de l'article 1166. D'un autre côté, si le chargeur s'était lui-même fait garantir par son assureur pour la baraterie de patron, cet assureur, après avoir payé le chargeur, aurait lui-même action comme subrogé aux droits du chargeur, contre le propriétaire ou son assureur. On voit par là que c'est en définitive l'assureur sur corps qui supportera le plus souvent les conséquences de la baraterie de patron. Mais il ne faut pas oublier que l'armateur peut toujours se libérer vis-à-vis des chargeurs en faisant l'abandon (art. 216). Les assureurs sur corps qui ont garanti la baraterie vis-à-vis de l'armateur, ne peuvent pas eux-mêmes être tenus au delà. Si le chargeur ne se trouvait pas ainsi complètement indemnisé, la perte resterait définitivement à la charge de l'assureur sur facultés qui a garanti la baraterie de patron. Ajoutons que l'assureur sur facultés est toujours obligé d'avancer aux chargeurs le paiement de l'indemnité. On voit ainsi que, dans le cas de dommage causé aux marchandises par le capitaine ou l'équipage, s'il y a eu à la fois assurance de la baraterie de la part de l'assureur sur corps et de la part de l'assureur des marchandises, chacune de ces assurances recevra son effet.

1624. — Sur la question de savoir si et dans quelle mesure l'assureur répond des fautes du capitaine et de l'équipage il y a de grandes divergences entre les diverses législations.

D'après le Code allemand (art. 824-825), la règle est que l'assureur répond soit envers l'armement, soit envers les chargeurs de la fraude ou de la faute du capitaine et de l'équipage. Mais cette règle reçoit diverses exceptions :

Dans l'assurance sur corps l'assureur ne répond pas : 1° du dommage provenant de ce que le navire a pris la mer en état d'innavigabilité, sans être convenablement armé ou équipé, ou sans les papiers de bord nécessaires, l'armement étant dans ce cas lui-même réputé en faute.

2° L'assureur sur corps ne répondant en principe que des dommages causés *à la chose assurée*, ne prend pas à sa charge la responsabilité que l'armateur peut encourir envers les tiers par suite d'une faute du capitaine ou de l'équipage *à moins qu'il ne s'agisse d'abordage*.

3° L'assureur ne répond pas non plus envers l'armement des dilapidations du capitaine qui aurait diverti des deniers destinés à des réparations du navire, le capitaine étant alors réputé avoir agi moins comme capitaine que comme agent de l'armement.

Vis-à-vis des chargeurs, le Code allemand n'apporte aucune restriction à la responsabilité de l'assureur par rapport aux fautes du capitaine et de l'équipage. Toutefois, il est admis par la jurisprudence allemande que l'assureur des marchandises ne répond pas envers les chargeurs des faits du capitaine qui changent les conditions du contrat, si, par exemple, le capitaine change le voyage qui a fait l'objet de l'assurance (Brandt, *Ueber Seerversicherung*, p. 35).

Enfin, d'après la police de Brême de 1875 (art. 57), dans tous les cas où une perte est imputable au capitaine, l'assuré, avant de recourir contre l'assureur, doit d'abord actionner le capitaine (Comp. n° 1623).

Les mêmes règles sont suivies en Suède.

En Norvège, d'après le Plan de 1871, il est également de principe que l'assureur répond, soit envers les chargeurs, soit envers l'armateur des fautes du capitaine et de l'équipage. Mais vis-à-vis de l'armateur on fait exception à cette règle pour tous les cas où le capitaine est réputé avoir agi moins comme capitaine que comme préposé de l'armement, et cette idée on l'applique non-seulement au cas où le navire n'a pas été mis en état d'innavigabilité, mais au cas où, par exemple, le capitaine a cherché à forcer un blocus, où il a fait de la contrebande. — Une disposition spéciale autorise l'assureur à retenir un cinquième de l'indemnité, si le capitaine avait omis de prendre un pilote, quand même ce fait n'aurait pas été la cause de la perte.

On retrouve des dispositions analogues dans la Convention danoise de 1850. L'assureur qui répond envers l'armement des fautes et négligences du capitaine et de l'équipage ne répond pas des infractions du capitaine à des prescriptions légales, comme le fait de ne pas prendre un pilote, de faire un déroutement non permis, de forcer un blocus. Dans tous ces cas, l'assureur n'est pas responsable envers l'armement, mais il l'est envers les chargeurs.

En Angleterre et aux États-Unis, l'assureur, d'après les polices en usage, répond de la baraterie du capitaine et de l'équipage (*barratry of the master and of the mariners*). Mais dans la langue anglaise le mot *barratry* a conservé son sens originaire, il implique l'idée de fraude, de malversation. Il y eut même un temps où comme nous l'avons dit (n° 1611) on ne considérait comme *baraterie* que les actes frauduleux faits par le capitaine *avec l'intention de s'enrichir aux dépens des propriétaires*. Aujourd'hui cette intention, dit Arnould (p. 764), n'est plus considérée comme essentielle, mais la baraterie suppose toujours *un acte évidemment illégal, une malversation, une négligence criminelle*, un manquement formel par le capitaine ou l'équipage à leurs devoirs vis-à-vis des propriétaires du navire, ou de ceux qui en ont l'administration comme un affréteur principal (*charterer*). Il s'ensuit qu'il ne peut être question de baraterie, même vis-à-vis des chargeurs, quand le capitaine n'a fait qu'obéir aux ordres du propriétaire (Arnould, II, p. 769).

Notre projet de révision de 1867, renversant la disposition de notre article 353, se bornait à mettre la baraterie de patron à la charge des assureurs, à moins de convention contraire.

C'est aussi ce que porte la loi belge du 21 août 1879. — Mais elle ajoute que l'assureur n'est pas tenu des prévarications du capitaine *choisi par l'assuré*.

Le nouveau Code italien de 1882 (art. 618), se conformant à notre Code de commerce, ne déclare pas l'assureur responsable de la baraterie de patron, à moins de convention contraire. Il est dit en outre que cette convention elle-même cesse d'avoir effet si le capitaine ayant été désigné au contrat, l'assuré le congédie, ou lui en substitue un autre sans le consentement de l'assureur (V. n° 1352).

ART. 354.

L'assureur n'est point tenu du pilotage, touage et lamanage, ni d'aucune espèce de droits imposés sur le navire et les marchandises (1).

SOMMAIRE.

1625° — Origine de cette disposition.
1626° — Elle est devenue à peu près inutile. — Droit comparé.
1627° — Dispositions des polices.

1625. — *Pilotage, touage et lamanage.*

On trouve la définition de ces expressions dans le *Guidon de la mer*, ch. V, art. 13, 14 et 16 :

« Art. 13. *Pilotages* sont derivez des pilotes qui se prennent par les maistres de navire, entrant ou sortant des havres, repassant par des costes et passages dangereux. »

« Art. 14. *Lamanage* est pris pour les barques ou petits bateaux qui vont au devant des navires quand ils entrent au port pour leur aider, et il est dit lamanage, comme laborisant et travaillant à mener les navires avec cordes, crocs, harpons, avirons et autres instruments du navire dont s'aident les barqueroles. »

« Art. 16. *Touage* est proprement ce qui est payé dans les rivières pour haler les navires et les conduire toujours au fil de l'eau qui se change toutes les marées de Rouen au Hâvre..... »

On voit dans les anciens monuments du droit maritime qu'aux xii° et xiii° siècles la coutume admettait que certains frais et droits que le capitaine était obligé de payer pour sortir du port

______

(1) *Ord. de* 1681 (liv. III, tit. vi). Art. 30. — Ne seront aussi tenus des pilotages, touages, lamanages, des droits de congé, visite, rapports et d'ancrage, ni de tous autres impôts sur les navires et marchandises.

où il avait pris charge ou pour entrer dans le port de destination devaient être supportés par les propriétaires du chargement. *Thouage et petit ladmanage sont sur les marchants* »
(*Jugements d'Oléron,* art. 13).

En général, cependant, ces frais ne pesaient pas exclusivement sur les chargeurs. Ils se répartissaient sous le nom de
menues avaries entre le navire et la cargaison (art. 12, ch. V
du *Guidon.* V. égal. lois de Wisby, art. 46, 60, 61).

Mais ces frais n'ont jamais été considérés comme des *avaries*
à l'égard des assureurs. Le *Guidon* est formel à cet égard : *de
toutes les choses susdites l'assureur est exempt* (art. 17, ch. V).

L'Ordonnance consacra le droit antérieur, en décidant d'une
part, que les pilotages, touages et lamanages seraient répartis
entre le navire et la cargaison d'après une proportion qu'elle
fixa elle-même (liv. III, tit. VII, art. 8), et d'autre part, que les
assureurs n'en seraient pas tenus (liv. III, tit. VI, art. 30).

C'est à cette dernière disposition que correspond l'article 354.
Il ne mentionne expressément que les *pilotage, touage et lamanage,* sans parler, comme le faisait l'Ordonnance, des *droits
de congé, visite, rapports et d'ancrage,* et s'est borné à une
formule générale : *droits imposés sur le navire et les marchandises.*

1626. — La pensée de la loi est claire : on a voulu exemp-
ter les assureurs de tous les frais et droits qui sont une charge
ordinaire de la navigation.

L'usage, de considérer les frais et autres droits de navigation comme de *menues avaries* et de les répartir à ce titre entre
le navire et la cargaison tend de plus en plus à disparaître. A
mesure que la navigation s'est développée, que l'armateur a pu
d'avance mieux apprécier les frais et les charges du voyage,
le fret a dû être considéré comme comprenant tous ces frais.
Les *menues avaries* qu'on appelle en Angleterre *petty averages,
accustomed averages,* restent aujourd'hui presque toujours à la
charge du navire (V. art. 406). Dans tous les cas, il est évident
que ces frais ordinaires de la navigation ne pouvaient être mis
à la charge des assureurs (V. n° 1561).

L'article 354, sous ce rapport paraît inutile.

D'un autre côté, on peut lui reprocher d'être trop absolu.
Valin, en effet, faisait déjà remarquer avec raison que l'assureur ne saurait s'affranchir des frais et droits de la navigation,
lorsqu'il s'agit *de frais extraordinaires,* conséquence d'une
fortune de mer, comme dans le cas où le navire a été obligé de
relâcher, d'entrer dans un port ou dans un hâvre. Tous les
droits de pilotage, d'entrée, ou autres qui résulteraient de la
relâche seraient, à n'en pas douter, à la charge des assureurs
(art. 397, 406).

L'article 354 n'est donc pas seulement inutile : il est en même
temps trop absolu. Aussi a-t-il été supprimé par le projet de
1867. — Cette disposition a également disparu dans la loi belge
de 1879, mais on la retrouve dans le nouveau Code italien de
1882 (art. 619).

1627. — L'article 3 de la police française *sur facultés*
exempte les assureurs de *tous frais quelconques de quarantaine, d'hivernage et de jours de planche.* Mais comme le constate M. de Courcy dans son *Commentaire de la police* (p. 225),
il ne s'agit ici que des frais faits au cours normal de l'opération, aux ports de chargement et de destination. Lorsqu'il y a
relâche forcée, pour fortunes de mer, les frais de quarantaine
et d'hivernage au port de relâche, deviennent des conséquences
de la fortune de mer, et sont comme telles à la charge des
assurés.

<hr>

Art. 355.

**Il sera fait désignation dans la police, des marchandises su-
jettes, par leur nature, à détérioration particulière ou diminution, comme blés ou sels, ou marchandises susceptibles de coulage; sinon les assureurs ne répondront point des dommages ou
pertes qui pourraient arriver à ces mêmes denrées, si ce n'est
toutefois que l'assuré eût ignoré la nature du chargement lors
de la signature de la police (1).**

(1) *Ord. de* 1681 (liv. III, tit. vi). Art. 31. — Il sera fait désignation dans
la police des marchandises sujettes à coulage; sinon les assureurs ne répondront point des dommages qui leur pourront arriver par tempête, si ce n'est
que l'assurance soit faite sur retour des pays étrangers.

Projet de 1867. Art. 364. — Il sera fait désignation, dans la police, des

SOMMAIRE.

1628. — La *nature* des marchandises assurées est une des énonciations de la police mentionnées par l'article 332 (V. n° 1354); mais on sait que toutes les énonciations de l'article 332 ne sont pas également essentielles. L'article 337 indique expressément que dans le cas qu'il prévoit, on peut se dispenser de désigner la nature de la marchandise assurée. Notre article 355, en n'exigeant spécialement cette désignation, que lorsqu'il s'agit de marchandises sujettes par leur nature à une détérioration particulière, implique lui-même que dans tous les autres cas, on peut se dispenser d'énoncer dans la police la nature des marchandises assurées. Mais lorsque d'une part il s'agit de marchandises sujettes à détérioration, et que d'autre part l'assuré connaît la nature des marchandises, l'assuré ne peut plus se borner à une indication vague comme celle-ci : *sur marchandises, sur facultés.* Il doit indiquer la nature des marchandises à moins qu'il n'en ait été expressément dispensé par la police (V. n° 1634).

L'assureur ne répond pas du vice propre (art. 352), il ne répond que des fortunes de mer (art. 350); mais il répond de

marchandises sujettes par leur nature à détérioration particulière ou diminution; sinon les assureurs ne répondent point des dommages ou pertes qui pourraient arriver à ces marchandises, à moins, toutefois, que l'assuré n'eût ignoré la nature du chargement lors de la signature de la police. *Dans ce dernier cas, l'assureur pourra avoir droit à une augmentation de la prime.*

toutes leurs conséquences, or ces conséquences peuvent se trouver singulièrement aggravées suivant la nature de la marchandise. Une voie d'eau qui se déclare à la suite de fortunes de mer causera peu de dommages à un chargement de bois ; elle en causera de très-graves à un chargement de sel ou de sucre. De là l'obligation imposée à l'assuré par l'article 355, lequel n'est qu'un développement du principe posé dans l'article 348.

1629. — Dans quels cas une déclaration spéciale est-elle nécessaire? L'Ordonnance n'exigeait de déclaration que pour les marchandises *sujettes à coulage*. Ne sont à proprement parler susceptibles de coulage que les liquides, ou les choses susceptibles de se fondre. Le Code parle en outre des marchandises sujettes *à détérioration particulière* ou *diminution* comme *blés ou sels*. Mais on n'a pu citer ici que des exemples. La règle la plus sûre est de déclarer les marchandises toutes les fois qu'on le peut, sauf les exceptions que j'indiquerai plus loin (n°ˢ 1633 et s.).

Il n'est pas d'ailleurs nécessaire que la police contienne absolument toutes les indications propres à constater l'identité des marchandises, comme les numéros des caisses, etc. Il résulte clairement de l'article 355, que ce qu'il a entendu exiger c'est seulement la *nature* des marchandises. Une désignation générique peut même suffire : ainsi on a admis que des seigles avaient pu être désignés sous le nom générique de *blés* (Aix, 24 juillet 1857, cité par J.-V. Cauvet, I, p. 354).

1630. — Mais la disposition de l'article 355 doit d'ailleurs être complétée par la disposition générale de l'article 348 qui oblige l'assuré à faire connaître toutes les circonstances de nature à influer sur *l'opinion du risque*. A ce titre, l'assuré pourrait, suivant les cas, être tenu de faire connaître le conditionnement, le mode d'emballage, ou les avaries antérieures éprouvées par la marchandise.

1631. — Aux termes de l'article 348, la réticence annule l'assurance alors même qu'elle n'aurait pas influé sur le dommage. Il faut en dire autant dans le cas de l'article 355, et l'assureur sera déchargé alors même que l'accident serait indépendant de la nature même de la chose, et que toute autre chose aurait été également atteinte. L'article 355 décharge l'assureur non-seulement des *dommages* mais des *pertes*. Le contrat, en effet, est vicié à l'origine (V. n° 1528).

1632. — Mais l'article 355 n'annule l'assurance pour défaut de déclaration qu'au profit de l'assureur : il se borne à dire que les assureurs *ne répondront point des dommages* ou *pertes*. Les assureurs n'en auront donc pas moins le droit de réclamer la prime entière. Le défaut de déclaration dans le cas prévu par l'article 355, fait présumer la fraude de l'assuré (V. n° 1532). Cette présomption, il ne peut la faire tomber que par la preuve contraire, à moins qu'il ne prouve avoir *ignoré la nature du chargement lors de la signature de la police.*

C'est en effet *au moment du contrat* qu'il faut se placer pour apprécier s'il y a eu ou non réticence. Nous avons vu toutefois (n° 1522), que la Cour de cassation a décidé que des faits de réticence même postérieurs au contrat pourraient en entraîner la nullité à l'égard de l'assuré. Dans ce système, il semble que l'assuré qui postérieurement au contrat aurait omis, pouvant le faire, de déclarer la nature du chargement, tomberait sous l'application, sinon de l'article 355, au moins de l'article 348.

1633. — L'Ordonnance faisait exception pour les assurances faites *sur retour des pays étrangers.* Cette disposition était fort sujette à critique, car d'une part l'assuré, en pareil cas, pourra souvent connaître la nature des marchandises, et d'autre part, il est bien d'autres circonstances où il ne pourra pas au contraire être au courant de la nature du chargement. Il était donc plus simple de faire seulement exception pour tous les cas où en fait l'assuré a réellement ignoré la nature du chargement.

1634. — L'article 355 n'est pas, au reste, une disposition d'ordre public à laquelle on ne puisse déroger. L'assuré peut être dispensé de déclarer la nature des marchandises, alors même qu'elles seraient périssables, et qu'il les connaîtrait au moment de la signature de la police.

Dans l'usage, les polices employées pour l'assurance des marchandises contiennent un tableau des principales marchandises, de celles qui sont sujettes à détérioration, et les assu-

reurs en même temps qu'ils s'affranchissent du vice propre ne
s'obligent à payer pour avaries que l'excédant de 3, 5, 10 ou
15 0/0 de la somme assurée suivant la nature des marchandises (V. n° 1593). Doit-on conclure de là que l'assureur qui
accepte une assurance *sur marchandises*, consent par là même
à assurer au moins toutes les marchandises énoncées dans la
police, aux conditions de cette police? Je ne crois pas que cela
suffise pour dispenser l'assuré de la déclaration prescrite par
l'article 355, car nonobstant les franchises stipulées, l'assureur
a intérêt à connaître la nature des marchandises assurées : il
peut lui convenir de ne pas assurer telle marchandise, ou de
se faire réassurer.

Pour que l'assureur puisse être réputé avoir renoncé à l'application de l'article 355, il faudrait donc une disposition formelle. Le tribunal de Marseille a interprété en ce sens l'assurance faite sur facultés avec cette clause : « *en quoi que le tout
puisse consister.* » M. Bédarride (n° 1312) ne trouve pas cette
clause suffisamment explicite.

1635. — A l'inverse, l'assuré qui, au moment de la signature de la police, ignore la nature du chargement, pourra être
tenu de la déclarer postérieurement, si la validité de l'assurance a été subordonnée à cette déclaration. L'assurance étant
faite en termes généraux, *sur marchandises* (art. 337), il est
souvent stipulé que les marchandises seront détaillées dans un
avenant, lequel est visé des assureurs et annexé à la police.
Dans ce cas, la déclaration peut être une condition même de
l'assurance, et à défaut de déclaration l'assurance peut être
annulée vis-à-vis de toutes les parties (V. n° 1425).

1636. — La règle édictée par l'article 355 a été un peu
étendue par quelques législations étrangères. Le Code finlandais
de 1874 porte : Art. 177. « Les marchandises peuvent en gé_
« néral être assurées sans désignation de leur nature et espèce ;
« mais celui qui fait assurer de l'argent, des bijoux, des papiers,
« des valeurs, des objets d'art, des choses sujettes à détériora-
« tion ou de la contrebande de guerre, sera tenu de faire dési-
« gner dans la police les choses assurées sous leur vrai nom, et
« d'en indiquer exactement l'espèce et la nature. » — La police

de Brême de 1875 (art. 25 et 26) n'exige une désignation spéciale que pour les objets qui peuvent être considérés comme contrebande de guerre, pour les métaux précieux, l'or, l'argent, le platine, pour les bijoux et objets d'art. Faute de déclaration, l'assurance est nulle, et la prime reste acquise à l'assureur.

En Angleterre, les marchandises sujettes à coulage sont aussi de droit comprises sous l'expression générique : *on goods* (sur marchandises). On n'exige pas même de déclaration spéciale, pour l'argent ni les bijoux, s'ils sont transportés comme marchandises. Mais les mots *on goods*, à moins de déclaration spéciale, ne sont pas réputés comprendre les choses chargées sur le pont en dehors des usages, le bétail, les chevaux et les bêtes de somme, ni les fourrages qui leur sont destinés (Arnould, p. 27-29).

1637. — Le projet de 1867 ajoutait à l'article 355, que dans le cas où il n'y aurait pas eu déclaration des marchandises, parce que l'assuré ignorait leur nature au moment de la signature de la police, l'assureur *pourrait avoir droit à une augmentation de prime*. On sait que dans les polices en usage, l'augmentation de prime a été remplacée par les *franchises* qui ont le caractère de retenues (V. n°ˢ 1593-1634).

<hr>

Art. 356.

Si l'assurance a pour objet des marchandises pour l'aller et le retour, et si, le vaisseau étant parvenu à sa première destination, il ne se fait point de chargement en retour, ou si le chargement en retour n'est pas complet, l'assureur reçoit seulement les deux tiers proportionnels de la prime convenue, s'il n'y a stipulation contraire (1).

(1) *Ord. de* 1681 (liv. III, tit. vi). Art. 6. — La prime, ou coût de l'assurance, sera payée en son entier lors de la signature de la police ; mais si l'assurance est faite sur marchandises à l'aller et le retour, et que le vaisseau étant parvenu au lieu de sa destination, il ne se fasse point de retour, l'assureur sera tenu de rendre le tiers de la prime, s'il n'y a stipulation contraire.

L'article 356 avait été supprimé par le projet de 1867.

SOMMAIRE.

1638. — En principe, si le contrat d'assurance est rompu avant le départ, l'assureur n'a droit qu'à une indemnité de demi pour cent (art. 349). — Il en est de même quand on fait assurer une somme de..... sur marchandises, et que par une raison ou une autre on n'expédie des marchandises que pour une somme inférieure, l'assurance est réduite en proportion, et pour la partie de l'assurance ristournée, l'assureur ne reçoit encore que demi pour cent (art. 358).

Mais si l'on charge des marchandises pour une valeur égale à la somme assurée, l'assurance reçoit son effet, et il ne peut être question de ristourne, alors même que le voyage serait abrégé et que les marchandises seraient débarquées dans un port plus voisin que celui premièrement indiqué. La prime entière est due dès que les risques ont commencé à courir (art. 351).

Notre article 356 se réfère à une hypothèse particulière, celle d'une assurance portant sur des marchandises *pour l'aller et le retour*. On suppose un négociant expédiant des marchandises à telle destination avec l'intention de se procurer avec le prix de ces marchandises un chargement de retour, et faisant d'avance assurer les deux chargements, l'aller et le retour ont été assurés conjointement pour une seule et même prime qui devient alors le prix indivisible des risques du retour aussi bien que des risques de l'aller, prime qu'on appelle *prime-liée* précisément parce qu'elle réunit et lie l'aller et le retour pour n'en faire qu'un seul voyage.

Que décider lorsque, l'assurance ayant été faite sur des marchandises pour l'aller et le retour conjointement, il n'y a pas de chargement au retour, ou seulement un chargement incomplet? — Dira-t-on en vertu de l'article 351 que la prime entière est due aux assureurs parce que les risques ont commencé à courir?

1639. — L'Ordonnance et le Code après elle ont consacré un système mixte en réduisant l'assureur aux deux tiers proportionnels de la prime. S'il n'y a pas de marchandises de retour il recevra les deux tiers de la prime totale : s'il y a eu un chargement de retour, mais incomplet, il ne touchera la prime que dans la proportion du retour, et subira pour le surplus une réduction d'un tiers.

Soit un chargement de 100,000 fr. assuré pour l'aller et le retour à 12 0/0.

1° Il n'y a pas de chargement au retour. L'assureur aura droit aux 2/3 de la prime entière, soit 8,000 fr.

2° Il y a chargement mais seulement de 50,000 fr. L'assurance s'étant réalisée en entier par un voyage d'aller et retour pour la moitié de la chose assurée, l'assureur aura d'abord droit à la moitié de la prime soit 6,000 fr.; on applique ici la règle de l'article 358. En outre, pour l'autre moitié qui n'a pas fait de retour, l'assureur aura droit aux 2/3 de la prime sur cette moitié, soit 4,000 fr. — En tout, 10,000 fr.

Valin considère la disposition de l'Ordonnance comme une faveur faite à l'assureur. « Il semblerait, dit-il, que les risques « du retour étant les mêmes que ceux de l'aller, l'assureur ne « devrait en ce cas gagner que la moitié de la prime, avec le « demi pour cent, pour sa signature, à l'égard de l'autre moitié, « cependant notre article lui attribue les deux tiers de la prime. » Émérigon, au contraire, partant de l'idée qu'en principe la prime est acquise dès que les risques ont commencé à courir, voit dans la disposition de l'Ordonnance une *grâce faite à l'assuré* (ch. III, sect. II, § 4).

L'idée d'Émérigon est évidemment la plus juste. Quand l'assurance a été faite conjointement pour l'aller et le retour, il n'y a en réalité qu'une seule assurance (V. art. 335), et dès lors, si l'on avait rigoureusement appliqué les principes, on aurait pu dire que les risques ayant commencé à courir, l'assureur avait droit dans tous les cas à la prime entière.

1640. — Malgré la disposition de l'article 356, l'assureur et l'assuré ont également intérêt à faire l'assurance pour l'aller et le retour à *prime-liée*. — 1° L'aller et le retour ne faisant qu'un seul voyage, il n'y a pas pour l'assuré de risques à courir dans l'intervalle (V. n° 1401). 2° Les risques continuent de plein droit sur les nouvelles marchandises substituées aux premières, et provenant de leur vente ou de leur échange (Comp. n° 1655). — D'autre part, cette stipulation, comme le fait remarquer Locré, conserve à l'assureur ces deux effets principaux : celui de faire gagner à l'assureur la totalité de la prime, si la chose périt pendant l'aller (V. n° 1642), celui encore de lui procurer une indemnité plus forte que le demi pour cent de l'article 349 pour le cas où le retour ne s'effectue pas ou ne s'effectue qu'en partie.

1641. — Notre article 356 n'est pas applicable au cas où l'on fait assurer des marchandises pour *un simple voyage d'aller* avec faculté de décharger et renouveler tout ou partie du chargement le long de la route, dans des ports d'escale. Ainsi on fait assurer à Marseille 50,000 fr. sur marchandises à destination de Constantinople avec faculté de débarquer et remplacer les marchandises à Gênes ou Naples. Toutes les marchandises sont débarquées à Naples, et il ne se fait pas de nouveau chargement pour le compte de l'assuré. L'assureur n'en aura pas moins droit à sa prime entière comme dans tous les cas où le voyage est simplement raccourci (art. 351-364).

Il peut se faire qu'une assurance contractée conjointement pour un *chargement d'aller et retour* se combine avec la faculté de faire escale et de renouveler le chargement le long de la route. Ainsi, soit une assurance sur marchandises de Marseille à Constantinople et retour, avec faculté de renouveler le chargement à Gênes ou Naples. Si l'assuré débarque toutes ses marchandises à Constantinople, sans en charger d'autres, il pourra invoquer l'article 356. Mais si l'assuré charge des marchandises de retour à Constantinople jusqu'à concurrence de la somme assurée, l'assureur pourra réclamer la prime entière, quand même au retour l'assuré débarquerait les marchandises à Naples, car ainsi que nous l'avons déjà dit, la question n'est pas de savoir le trajet que font les marchandises, mais s'il y a un chargement de retour et dans quelle proportion.

1642. — L'article 356 est, en principe, applicable toutes les fois qu'il n'y a pas de retour sans qu'on ait à distinguer par quelle cause.

Toutefois ceci comporte quelques réserves.

1° L'article 356 suppose le *vaisseau parvenu à sa première destination*. Les rédacteurs n'ont donc pas entendu parler du cas où il y aurait eu perte dans le voyage d'aller. Émérigon cependant distingue si la perte qui a eu lieu dans le voyage d'aller est ou non à la charge des assureurs et entraîne ou non pour eux l'obligation de payer une indemnité. Si le chargement par exemple a été pris, et que les assureurs ne répondissent pas de la prise, les assureurs qui n'ont alors rien à payer, ne pouvaient, suivant Émérigon, réclamer que les deux tiers de la prime. « Dès que le navire ne fait point de retour, dit-il, et que ce défaut de retour n'est point à la charge des assureurs, on se trouve au cas de l'article 6 : peu importe que le navire ne soit pas arrivé au lieu de sa destination. » — Au contraire, si la perte a été à la charge des assureurs, Émérigon trouve tout simple que l'assureur qui paie une indemnité à l'assuré retienne sur l'indemnité la prime entière. Émérigon constate que tel était déjà de son temps l'usage de Marseille (Émérigon, I, p. 64).

1643. — 2° Quand le chargement de retour est empêché par suite de déclaration de guerre, par un blocus, il faut distinguer si d'après la police, cet événement est ou non à la charge de l'assureur. Si l'assureur doit en répondre, il ne pourra réclamer aucune indemnité. Mais si l'événement n'est pas aux risques de l'assureur, celui-ci pourra toujours réclamer les deux tiers de la prime en vertu de l'article 356 (V. n° 1541).

1644. — L'article 356, ainsi que la disposition de l'Ordonnance, ne s'applique qu'à l'assurance *sur marchandises*. Si un navire a été assuré conjointement pour l'aller et le retour, et qu'il ne fasse pas de retour, l'assuré aura droit non-seulement aux deux tiers, mais à la prime entière, conformément au principe que la prime entière est due dès que les risques ont commencé à courir (349-351).

Ce point, cependant, paraît avoir échappé à Émérigon. — « Si l'assurance est faite sur le corps, dit-il, et que le voyage soit rompu sans que le navire ait commencé son voyage de retour, le tiers de la prime sera restitué. Le tiers sera également restitué si de retour on n'a point chargé les retraits des marchandises assurées » (ch. III, sect. II, § 4).

Il y a là évidemment une inadvertance.

On pourrait peut-être reprocher à Valin d'être tombé dans le même oubli. Sur l'article 6 (liv. III, tit. 6) qui correspond à l'article 356, Valin fait très bien remarquer que la disposition ne s'applique qu'à l'assurance *sur marchandises*. Mais plus loin, commentant l'article 27, il semble perdre de vue cette distinction (*Comm. de l'Ord.*, II, p. 78).

Pourquoi la loi a-t-elle fait cette différence entre l'assurance *sur marchandises* et l'assurance *sur corps?*

On a sans doute considéré que le chargeur ne pourrait pas toujours trouver un chargement, tandis que l'armateur assuré peut toujours faire revenir son navire, à moins que le navire périsse dans le voyage d'aller auquel cas l'assureur payant le montant de l'assurance a droit au montant de la prime entière. On peut ajouter que le chargement est divisible, et que le navire ne l'est pas. Dans le premier cas, le contrat renferme, pour ainsi dire, deux assurances, puisque les marchandises qui en font l'objet ne sont pas les mêmes, tandis que dans la seconde hypothèse, il n'y a qu'une seule assurance ayant pour objet unique le navire. Si le navire fait son retour, l'assuré ni l'assureur n'ont rien à dire, s'il ne le fait pas, c'est comme s'il y avait déroutement et on applique l'article 351 (V. n° 1580).

1645. — Dans le cas d'une assurance à prime-liée pour aller et retour sur *victuailles,* on a soutenu au nom des assureurs que si le navire était déclaré innavigable après le voyage d'aller, l'assuré qui touchait le fret du voyage d'aller n'avait droit qu'à la moitié de la somme assurée sur victuailles, parce qu'au moyen du fret il était rentré dans la moitié de ses déboursés. Mais on devra à cet égard consulter les dispositions de la police (V. n° 1376).

1646. — L'article 356, comme l'Ordonnance, ne dispose qu'à défaut de convention contraire.

Valin ne fait aucune difficulté de reconnaître qu'on pourrait, dans l'intérêt de l'assuré, ne réserver à l'assureur que la moitié de la prime au lieu des deux tiers, s'il n'y avait pas de retour. Une pareille stipulation, dit Valin, a pour base les principes du droit et de l'équité naturelle.

Mais, à l'inverse, l'assureur pourrait-il stipuler à son profit, pour le cas où il n'y aurait pas de retour, plus des deux tiers de la prime? Pourrait-il se réserver la prime entière? Valin dit qu'une pareille convention est injuste au fond, parce que la prime doit toujours représenter des risques courus. Elle ne pourrait être légitime, en tout cas, dit Valin, qu'autant que dans la réalité, la prime serait fixée à un moindre taux que celui qui serait stipulé naturellement pour l'aller et le retour si l'assurance était faite séparément pour l'un et pour l'autre.

Le Code, comme l'Ordonnance, ne fait aucune restriction et il faut reconnaître, avec Émérigon (ch. III, sect. II), que toute liberté a été laissée ici aux parties. Je ne vois pas, quant à moi, comment il pourrait être interdit aux parties de revenir ici simplement à la règle de l'article 351 qui accorde à l'assureur la prime entière, dès que les risques ont commencé à courir (V. n° 1638).

1647. — L'article 356 avait été supprimé par le projet de 1867 comme tombé en désuétude et réglant d'ailleurs un point qui est du domaine de la convention.

Mais la disposition de l'article 356 a été maintenue par la loi belge du 21 août 1879, et par le nouveau Code italien de 1882 (art. 620).

En Angleterre, il est de règle qu'à défaut d'usage contraire, la prime entière est toujours due dès que les risques ont commencé à courir, à moins que les risques n'aient été divisés dans la police de manière à montrer que les parties ont eu en vue des risques distincts. La même règle est suivie aux États-Unis (Arnould, édit. de 1877, p. 1061).

ART. 357.

Un contrat d'assurance ou de réassurance consenti pour une somme excédant la valeur des effets chargés est nul à l'égard de l'assuré seulement, s'il est prouvé qu'il y a dol ou fraude de sa part (1).

ART. 358.

S'il n'y a ni dol ni fraude, le contrat est valable jusqu'à concurrence de la valeur des effets chargés, d'après l'estimation qui en est faite ou convenue (2).

En cas de pertes, les assureurs sont tenus d'y contribuer chacun à proportion des sommes par eux assurées. — Ils ne reçoivent pas la prime de cet excédant de valeur, mais seulement l'indemnité de demi pour cent.

SOMMAIRE.

1648° — Valeur agréée. — L'assureur doit alors, mais peut toujours, prouver l'exagération.

1649° — S'il n'y a pas fraude de l'assuré, l'assurance est réduite à proportion.

(1) *Ord. de* 1681 (liv. III, tit. vi). Art. 22. — Défendons de faire assurer ou réassurer des effets au delà de leur valeur, par une ou plusieurs polices, à peine de nullité de l'assurance et de confiscation des marchandises.

Projet de 1867. Art. 365. — Un contrat d'assurance ou de réassurance consenti pour une somme excédant la valeur des *choses assurées* est nul, à l'égard de l'assuré seulement, s'il est prouvé qu'il y a eu fraude ou dol de sa part.

(2) *Ord. de* 1681 (liv. III, tit. vi). Art. 23. — Si toutefois il se trouve une police faite sans fraude, qui excède la valeur des effets chargés, elle subsistera jusqu'à concurrence de leur estimation; et en cas de perte, les assureurs en seront tenus, chacun à proportion des sommes par eux assurées, comme aussi de rendre la prime du surplus, à la réserve du demi pour cent.

Projet de 1867. Art. 366. — S'il n'y a eu ni dol ni fraude, le contrat est valable jusqu'à concurrence de la valeur des choses assurées, d'après l'estimation qui en est faite ou convenue. En cas de perte, les assureurs sont tenus d'y contribuer, chacun à proportion des sommes par eux assurées. La prime est réduite porportionnellement.

1650° — Avec indemnité de demi pour cent.

1651° — Fraude de l'assuré. — L'assuré perd entièrement le bénéfice de l'assurance.

1652° — Mais l'assureur a la prime entière.

1653° — La preuve est à la charge de l'assureur.

1654° — L'assurance exagérée faite, même de l'accord des deux parties, est nulle pour l'excédant.

1655° — Les dispositions des articles 357 et 358 sont applicables aux chargements d'échelle.

1656° — Elles peuvent être invoquées par le réassureur.

1657° — Elles s'appliquent aux assurances sur corps comme sur marchandises.

1648. — L'assurance ne peut être pour l'assuré une spéculation, une source de gain (V. n° 1343), et l'assureur ne peut avoir à payer au delà de la valeur perdue par l'assuré ou de son intérêt dans la chose assurée. Ainsi le propriétaire qui a déjà contracté un emprunt à la grosse sur la chose, ne peut plus la faire assurer que pour son découvert (V. n° 1497, Lewis, *Das deutsche Seerecht,* II, p. 205). Si la valeur de la chose n'a pas été fixée dans la police, c'est à l'assuré à prouver qu'il avait mis réellement en risque une valeur égale au montant de l'assurance (art. 339-383).

Mais le plus souvent il y a dans la police une estimation convenue et agréée par l'assureur, comme l'expriment ces clauses en usage *valeur agréée, vaille plus vaille moins.* Dans ce cas l'estimation fait-elle nécessairement règle contre l'assureur? Assurément non, s'il est prouvé qu'il y a eu dol ou fraude de la part de l'assuré. L'article 357 en effet est absolu. Mais l'article 358 paraît décider que *s'il n'y a ni dol ni fraude* la valeur des effets chargés sera fixée *d'après l'estimation convenue.* Est-ce à dire que s'il n'y a pas fraude, l'assureur ne sera jamais recevable à prouver l'exagération de la valeur agréée? C'est ce qui est admis en Angleterre (V. n° 1417). Mais notre jurisprudence, ainsi qu'on l'a vu (n° 1410), ne paraît pas aller jusquelà. On ne veut pas que l'assurance puisse jamais donner à l'assuré au delà de ce qu'il perd, et on admet toujours l'assureur à critiquer l'estimation même convenue si elle est notablement exagérée. Seulement dans le cas de *valeur agréée,* c'est à l'assureur à prouver l'exagération (V. Req., 20 février 1872, Dall., 72. 1. 250). La nouvelle police française réserve expressément ce droit à l'assureur en admettant seulement pour les marchandises une surévaluation de 10 0/0 au delà du prix coûtant.

1649. — Une fois qu'il est établi que la chose a été assurée au delà de sa valeur, qu'en résulte-t-il? Le législateur distingue s'il y a eu ou non fraude de la part de l'assuré.

L'assuré a pu s'exagérer à lui-même la valeur de la chose assurée, il a pu, par exemple, après avoir espéré porter le chargement à une valeur égale à la somme assurée, se trouver dans l'impossibilité de le compléter. L'article 358 dispose que lorsqu'il n'y aura ainsi ni dol ni fraude à reprocher à l'assuré, le contrat recevra son exécution; mais seulement jusqu'à concurrence de la valeur vraie reconnue par voie d'expertise ou d'un commun accord. La responsabilité des assureurs, en cas de perte, étant réduite dans cette mesure, il est juste que la prime subisse une réduction pareille. La loi ici ne distingue pas si les risques ont ou non commencé (Comp. art. 349-351).

L'article 358 prévoit le cas où il y aurait plusieurs assureurs. S'il s'agissait d'assurances souscrites successivement et à des dates différentes, les assureurs derniers en date seraient nécessairement appelés à profiter les premiers de la réduction, ainsi que cela sera expliqué sur l'article 359. Mais si les assurances ont été simultanées, la réduction sera proportionnelle à la somme assurée. L'article 358 porte qu'en cas de perte les assureurs sont tenus d'y contribuer *à proportion des sommes par eux assurées,* c'est-à-dire que si le montant total des assurances dépasse d'un cinquième la valeur réelle de la chose, chaque assurance sera réduite d'un cinquième. C'est ce que le Code allemand (art. 791) exprime d'une autre manière en disant que « chaque assureur ne paie la valeur d'assurance ou valeur assurable (*Versicherungswerth*) que *proportionnellement au rapport existant entre la somme assurée et le montant total des assurances.* » Supposons, dit Lewis, une valeur assurable de 80,000 marks et trois assurances montant ensemble à 100,000 marks, A pour 50,000, B pour 30,000, C pour 20,000. — A paiera moitié ou 50 0/0 de 80,000 marks valeur assurable (40,000 marks) — B trois dixièmes ou 30 0/0 (24,000 marks)

— C deux dixièmes ou 20 0/0 (16,000 marks) (Lewis, *Das deutsche Seerecht*, II, p. 206).

1650. — Lorsque dans le cas prévu par l'article 358 l'assurance est réduite, la prime l'est dans la première proportion.

Mais on a vu dans l'article 349 que quand l'assurance est annulée par la rupture du voyage, l'assureur reçoit à titre d'indemnité demi pour cent de la somme assurée. La loi a trouvé juste d'accorder la même indemnité à l'assureur trompé par l'estimation erronée de l'assuré. La considération du gros risque qu'il courait a pu l'empêcher de s'engager dans quelqu'autre affaire. Il recevra donc demi pour cent sur tout ce qui dépasse son risque réel. C'est aussi ce que décide le Code allemand (V. n° 1545).

Le projet de 1867 supprimait encore ici l'indemnité de demi pour cent, et se bornait à dire que la prime serait réduite proportionnellement (V. n° 1540).

1651. — Nous avons jusqu'ici supposé que l'assuré était de bonne foi. L'article 357 prévoit une autre hypothèse, celle où l'assuré a exagéré la valeur de la chose assurée non plus par erreur et de bonne foi, mais sciemment et de mauvaise foi, afin de se procurer un bénéfice le cas échéant.

L'Ordonnance prononçait en ce cas *la confiscation des marchandises.*

Le Code s'est borné à déclarer l'assurance nulle à l'égard de l'assuré. — D'après le Code allemand, l'assureur reste toujours obligé jusqu'à concurrence de la valeur de la chose; la mauvaise foi de l'assuré autorise seulement l'assureur à garder la prime entière (art. 790-900, Lewis, *Das deutsche Seerecht*, II, p. 205). En France, au contraire comme en Angleterre (Arnould, p. 331), l'assurance est nulle pour le tout vis-à-vis de l'assuré, même pour la valeur mise en risque (Paris, 22 février 1884, *J. de droit maritime*, 1884, p. 92).

Lorsqu'il y a plusieurs contrats faits *successivement* pour une même chose, peut-on aussi les annuler tous pour cause de fraude, même ceux ne dépassant pas la valeur de la chose? C'est une question que j'examinerai en commentant l'article 359 (V. n° 1660).

1652. — L'assurance n'est nulle qu'à l'égard de l'assuré,

à l'égard de l'assuré seulement, de telle sorte que sans en profiter il est obligé de payer la prime.

La Cour de cassation voulait que même dans le cas de fraude
l'assureur fût obligé de rendre la prime en retenant seulement
demi pour cent comme dans le cas des articles 349 et 358. Elle
se fondait sur ce principe qu'il n'est pas dû de prime là où il
n'y a pas de risques. Mais les rédacteurs ont pensé avec raison
qu'il convenait au moins d'indemniser plus largement l'assureur
lorsqu'il y a eu dol et fraude, et on lui a accordé comme *indemnité* la prime convenue. Mais l'assureur ne peut réclamer une
double prime que dans le cas prévu par l'article 368 (Comp.
n° 1532).

1653. — La fraude ne se présume pas. Valin en concluait
qu'elle devait être *exactement prouvée* par l'assureur. Le texte
du Code révèle la même pensée : *lorsqu'il sera prouvé* qu'il y a
eu dol ou fraude (Paris, 18 fév. 1865, J. N., 65. 2. 38).

Il en est ainsi à plus forte raison si la police contient la clause
vaille plus vaille moins (Nantes, 23 août 1865, J. N., 65.
1. 303).

Qu'est-ce qui constitue en pareille matière *le dol et la
fraude?* Il y a fraude quand l'assuré n'a pu se tromper dans l'é-
valuation et a voulu par l'assurance se procurer un bénéfice aux
dépens de l'assureur. La Cour d'Aix cependant, a jugé le 26
décembre 1876 (Dall., 78. 5. 45), qu'alors même que l'assurance
a été exagérée au point de dégénérer en *assurance de bénéfices*
par la perte du navire, si la perte est arrivée dans des circonstances *qui n'ont pas fait naître de soupçons sur les causes de
l'événement,* il y a lieu seulement de réduire l'assurance.

Le dol et la fraude de l'assuré affectant la validité du contrat
sont opposables au tiers porteur de la police comme à l'assuré
lui-même (Marseille, 1er août 1882, J. M., 82. 1. 180).

1654. — Il est une troisième hypothèse dont le Code ne
parle pas. C'est celle où une estimation excessive aurait été
convenue en connaissance de cause des deux côtés. Il y a des
tolérances d'usage. Ainsi pour les marchandises, on admet une
surévaluation de 10 0/0. Mais une assurance réellement exagérée est nécessairement nulle au moins pour l'excédant (V. n°

1499). L'assureur qui est en faute aussi bien que l'assuré ne pourra sur cet excédant réclamer le demi pour cent (V. n° 1543). Mais il n'y a aucune raison pour que le contrat ne produise pas son effet dans la mesure du risque réel.

1655. — Lorsque l'assuré s'est réservé le droit de *faire échelle*, de changer ou renouveler le chargement, il y a toujours lieu d'examiner, conformément à l'article 358, si au moment de la perte il y avait à bord des effets chargés jusqu'à concurrence de la somme assurée (art. 383). Les marchandises chargées dans un port d'escale sont subrogées à celles qu'elles remplacent, et l'assureur ne peut se plaindre de ce qu'une partie des marchandises a été déchargée, pourvu que l'assuré ait toujours à bord une valeur égale à la somme assurée (Valin, II, p. 9 et s.; Émérigon, II, p. 73 et s.).

1656. — L'article 357 étend sa disposition à la réassurance. Il est sans difficulté que la réassurance ne peut dépasser l'assurance primitive (V. n° 1465). La réassurance faite pour un chiffre supérieur serait nulle ou réductible d'après les distinctions qui viennent d'être exposées. Mais alors même que la réassurance ne dépasse point l'assurance primitive, si celle-ci était nulle ou réductible d'après les articles 357 et 358, cette nullité, cette réduction profiteraient nécessairement au réassureur qui ne peut être obligé quand l'assureur principal ne l'est pas (n° 1467). Cela conduit à dire qu'il pourra lui-même relever les vices de l'assurance principale pour montrer que la réassurance a manqué de la base nécessaire pour la soutenir.

1657. — Les articles 357 et 358 s'appliquent-ils à toutes assurances ou réassurances? De ce que le texte ne parle que de la valeur *des effets chargés,* on a prétendu conclure que ces dispositions sont uniquement applicables aux assurances sur facultés, non aux assurances sur navires (Locré, *Esprit du Code de comm.,* art. 358). Cela est évidemment inadmissible. Tout ce qu'on peut dire, c'est que les navires étant en évidence et ayant un prix connu, les évaluations exagérées seront surtout à craindre dans les assurances sur facultés. Voilà pourquoi la loi a naturellement supposé une assurance de cette nature. Mais il est clair que les dispositions des articles 357 et 358 seront applicables aux assurances sur navires, lorsqu'il y aura eu exagération de leur valeur. La doctrine et la jurisprudence sont en ce sens (V. J. N., 1865. 1. 303; Dall., 78. 5. 45). Le projet de 1867 écartait toute difficulté en remplaçant les mots *effets chargés* par ceux-ci : *choses assurées.*

ART. 359.

S'il existe plusieurs contrats d'assurance faits sans fraude sur le même chargement, et que le premier contrat assure l'entière valeur des effets chargés, il subsistera seul. — Les assureurs qui ont signé les contrats subséquents sont libérés; ils ne reçoivent que demi pour cent de la somme assurée. — Si l'entière valeur des effets chargés n'est pas assurée par le premier contrat, les assureurs qui ont signé les contrats subséquents répondent de l'excédant en suivant l'ordre de la date des contrats (1).

SOMMAIRE.

1658° — L'article 359 suppose des assurances successives.
1659° — On suit l'ordre des dates. — Comment il se détermine.
1660° — En cas de fraude, toutes les assurances peuvent être annulées.
1661° — Hors le cas de fraude, l'assureur libéré reçoit une indemnité de demi pour cent.
1662° — Quand il y a cumul d'assurances. — Il faut que les assurances portent sur le même objet.
1663° — Pour une valeur déjà assurée.

(1) *Ord. de* 1681 (liv. III, tit. vi). Art. 24. — Et s'il y a plusieurs polices aussi faites sans fraude, et que la première monte à la valeur des effets chargés, elle subsistera seule; et les autres assureurs sortiront de l'assurance, et rendront aussi la prime, à la réserve du demi pour cent. = Art. 25. — En cas que la première police ne monte pas à la valeur des effets chargés, les assureurs de la seconde répondront du surplus; et s'il y a des effets chargés pour le contenu aux assurances, en cas de perte d'une partie, elle sera payée par les assureurs y dénommés, au marc la livre de leur intérêt.

Projet de 1867. Art. 367. — S'il existe deux ou plusieurs contrats d'assurance faits sans fraude sur les mêmes choses, par l'ordre des mêmes intéressés, et que le premier contrat assure l'entière valeur des choses assurées, il subsiste seul. Les assureurs qui ont signé les contrats subséquents sont libérés. Si l'entière valeur des choses assurées n'est pas couverte par le premier contrat, les assureurs qui ont signé les contrats subséquents répon-

1658. — On vient de voir (art. 357-358) qu'une chose ne
peut être assurée pour plus de sa valeur par un même assureur ou par plusieurs assureurs contractant en même temps.
Notre article pourvoit à ce qu'on ne puisse atteindre le même
résultat par plusieurs assurances successives.

Quand on a fait assurer une chose, on peut, si l'on craint pour
la solvabilité de l'assureur, faire résilier la police, assurer la
solvabilité de l'assureur (art. 346), ou stipuler une assurance
subsidiaire pour le cas où on ne pourrait profiter de la première
assurance, ou enfin *faire reprendre l'assurance*, le nouvel assu-

dent de l'excédant, en suivant l'ordre de la date des contrats. = Art. 368.
— S'il existe deux ou plusieurs contrats d'assurance faits sans fraude sur
les mêmes choses, soit par des intéressés différents, soit par divers représentants du même intérêt qui n'auraient pas agi en vertu d'un mandat
spécial, ils subsistent tous, à moins que la convention n'ait exprimé le
contraire, sans que, dans aucun cas, les intéressés puissent recevoir plus que
l'indemnité complète du dommage. Les intéressés peuvent discuter successivement les souscripteurs des diverses polices, ou s'adresser directement aux
souscripteurs de la police dont ils préfèrent réclamer le bénéfice, quelle
qu'en soit la date. — Les assureurs qui ont remboursé le dommage sont
subrogés de plein droit aux recours qui peuvent exister contre d'autres
assureurs de date antérieure. Ils n'ont aucun recours contre des assureurs
de date postérieure. S'il existe des assureurs de même date, ils n'ont de
recours contre eux que pour une répartition proportionnelle du dommage.

reur s'engageant à payer l'indemnité en cas de sinistre, sauf recours contre le premier assureur comme subrogé aux droits de l'assuré.

Toutes ces combinaisons sont permises, mais on ne peut par une double assurance se procurer une double indemnité.

Un négociant qui attend des marchandises ne connaît pas toujours leur valeur, l'importance des chargements qui lui seront expédiés : il les fait assurer pour une somme de........, puis plus tard, sur de nouveaux renseignements, il croit que le chargement aura une valeur supérieure, il fait assurer une nouvelle somme sur ce chargement. Rien de plus licite, pourvu que ces assurances successives ne dépassent pas la valeur de la chose assurée. Les derniers contrats ne sont pas nuls de droit ; mais ils ne recevront leur effet qu'à défaut des premiers.

Telle est l'économie de l'article 359.

L'article 359 suppose plusieurs *contrats d'assurance*. L'Ordonnance disait : « *S'il y a plusieurs polices.* » Nous préférons la rédaction du Code. L'article 359 ne serait pas applicable, alors même qu'il y aurait eu plusieurs polices, si elles avaient été souscrites à la même date ; toutes les assurances recevraient alors leur effet, sauf réduction conformément à l'article 358 (V. n° 1649). A l'inverse, quoiqu'il n'y ait qu'une seule police, on devra appliquer l'article 359 si les assureurs ont signé la même police à des dates différentes (V. n° 1340).

1659. — Afin qu'on puisse mieux déterminer l'ordre des assurances, la loi ne se borne pas à exiger que le contrat soit daté du jour auquel il est souscrit, elle exige encore qu'il y soit énoncé si c'est *avant* ou *après midi* (art. 332). Il suit de là que quand une police reçoit successivement la signature de plusieurs assureurs, chaque assureur devrait accompagner sa signature de la date exacte de sa souscription ; mais, le plus souvent, suivant une pratique depuis longtemps établie, la première assurance qui ouvre la police est seule régulièrement datée. Les autres souscriptions qui sont reçues le même jour ou les jours suivants ne sont point datées, et sont, par conséquent, réputées, jusqu'à preuve contraire, avoir la même date que la première (V. n° 1340). Le courtier qui clôt la police indique la date de la clôture; mais la clôture de la police par le courtier ne fixe pas la date des soucriptions qui la précèdent, ainsi que l'a jugé la Cour de cassation par son arrêt du 24 décembre 1873 (Sirey, 74. 1. 161).

Lorsqu'il y a conflit entre une police portant qu'elle a été signée *avant midi* et une autre ne contenant pas cette énonciation, Pardessus décide que l'assureur qui a souscrit la première mériterait la faveur de la loi, à laquelle il s'est conformé, et qu'il devrait, en conséquence, primer l'autre assureur. Il faudrait au moins, dans ce système, laisser à l'assureur dont la police est régulière un droit d'option; car, en cas de perte, il n'aura pas intérêt à primer l'autre assureur. Mais je crois qu'en pareil cas on ne peut pas poser de règle fixe : ce sera aux juges à apprécier, suivant les circonstances, si la police qui porte simplement la date du jour sans indication de l'heure, doit ou non concourir avec la première. C'est encore ce que paraît avoir jugé la Cour de cassation par son arrêt du 24 décembre 1873 (Sirey, 74. 1. 161).

Pour éviter ces difficultés le Code allemand considère comme simultanées les assurances constatées par une police unique — ou celles qui sont conclues le même jour (art. 791). « Ce n'est pas une simple présomption, dit Lewis, mais une fiction légale. On a voulu écarter des discussions et des recherches qui, le plus souvent, ne conduiraient à aucun résultat » (*Das deutsche Seerecht,* II, p. 207).

1660. — L'article 359 parle de contrats *faits sans fraude.* S'il y avait eu fraude, on appliquerait l'article 357. Le contrat serait nul à l'égard de l'assuré seulement, et l'assureur aurait droit non-seulement à l'indemnité de demi pour cent, mais à la prime entière (V. n° 1651).

Cela est tout simple en ce qui concerne les contrats subséquents souscrits alors que la chose avait déjà été assurée pour sa valeur. Mais pourrait-on, pour cause de fraude, annuler à l'égard de l'assuré, même le premier contrat, s'il était prouvé que tous les contrats avaient été combinés par l'assuré dans une pensée de fraude? On peut soutenir que le premier assureur n'a rien à dire du moment que l'assurance ne dépassait pas la valeur de la chose, et que le sinistre n'est pas d'ailleurs imputable à l'assuré. Mais il ne faut pas oublier que l'assurance est un contrat de bonne foi, dans lequel on punit même les simples réticences (art. 348). Je suis donc porté à penser avec M. Bédarride (n° 1352), que le juge aurait le droit d'annuler indistinctement tous les contrats, s'il lui paraissait qu'ils ont été combinés dans une pensée de fraude. C'est ce que la Chambre des Requêtes semble également avoir admis par un arrêt du 4 août 1829 (Dall., v° *Droit maritime*, n° 1761).

1661. — L'article 359, § 2, porte que les assureurs subséquents, qui sont libérés, reçoivent demi pour cent de la somme assurée. C'est le droit de signature dont parle l'article 349. Les assureurs ne reçoivent que demi pour cent parce qu'on suppose qu'il n'y a pas fraude, autrement ils recevraient la prime entière (art. 357). Les assureurs, au reste, pourraient stipuler que, dans tous les cas, ils auraient droit à la prime entière. Ainsi la Compagnie des messageries maritimes, qui assure les marchandises par elle transportées, ne restitue jamais les primes perçues.

1662. — Il n'y a cumul d'assurances que si les assurances ont été faites sur le même objet — pour une valeur déjà assurée — pour les mêmes risques — pour les mêmes intéressés.

Reprenons ces divers points.

Des assurances en apparence différentes portent quelquefois en réalité sur le même objet. Ainsi nous avons vu que si l'on admet l'assurance du fret, on ne pourra en même temps assurer les frais d'armement (Comp. n°ˢ 1511, 1914).

Il n'y aura pas, au contraire, double assurance, si les assurances quoique se rattachant à la même chose portent sur une quotité différente. Ainsi j'attends un chargement que je crois valoir 100,000 fr. Je fais assurer *la moitié* de ce chargement par une compagnie pour 50,000 fr., et le lendemain je fais assurer l'autre *moitié* par une autre compagnie. Il se trouve qu'on ne m'a expédié que pour 50,000 fr. de marchandises. Dira-t-on dans ce cas que le premier assureur est seul tenu? Non, car il n'a entendu assurer que la *moitié* du chargement. Il y a ici deux assurances proportionnelles qui devront être réduites en proportion. Chaque assurance se trouve réduite de moitié, et en cas de perte chaque assureur paiera 25,000 fr. (V. n° 1356).

1663. — Il n'y a pas non plus cumul d'assurances quand la seconde assurance n'est que le complément de l'autre et a pour but de couvrir une valeur qui n'est pas encore assurée.

La valeur des effets chargés se détermine par l'estimation portée dans la police, ou à défaut d'estimation, par les factures, ou à défaut de factures par le prix-courant au temps du chargement (art. 336-339). Il n'y aura cumul d'assurances que si les diverses sommes assurées sur la chose dépassent cette valeur.

Il se peut qu'il y ait à la fois des polices faites sans estimation et d'autres faites avec estimation, ou que l'estimation d'une police diffère de celle contenue dans une autre. De là naît une question assez délicate. Ainsi supposons une assurance faite pour 120,000 fr. sur un chargement, sans estimation de ce chargement. Le chargement doit alors être estimé d'après le *prix de facture* (art. 339). Si le prix de facture ne représente que 120,000 fr., le chargement est réputé vis-à-vis de l'assureur avoir été assuré pour toute sa valeur. Mais l'assuré mieux renseigné apprend que le chargement vaut en réalité au départ, d'après le *prix courant,* 200,000 fr., et en conséquence, il fait assurer une somme supplémentaire de 80,000 fr. sur une valeur agréée de 200,000 fr. Le second assureur pourra-t-il demander la ristourne de son contrat? On l'a soutenu en disant que l'estimation supérieure donnée au chargement par le second contrat ne devait pas nuire au premier assureur qui, ayant assuré la chose pour toute sa valeur (prix de facture) devait seul avoir part au délaissement (V. n° 1896) et que le second assureur ne pouvant être privé de tout droit sur le délaissement, son assurance devait dès lors être considérée comme nulle. C'est en effet ce qu'a jugé la Cour de Paris par un arrêt du 9 avril 1835. Mais cet arrêt a été cassé par un arrêt de cassation du 8 mai 1839 (V. Dall., *Rép.,* v° *Droit marit.,* n° 1671). La Cour de cassation a décidé que du moment que le second assureur avait agréé une valeur de 200,000 fr., et que les sommes assurées ne dépassaient pas en réalité cette somme, la seconde assurance devait être maintenue, sans qu'on eût au point de vue de l'article 359 à s'occuper du délaissement : « que les principes rela-« tifs au délaissement et les dispositions du Code de commerce « sur cette matière étaient sans influence dans la cause » (V. n° 1415). — On peut se demander toutefois si en pareil cas le second assureur auquel on a laissé ignorer la première assurance n'aurait pas le droit de demander la nullité de son contrat pour cause de réticence (art. 348). La Chambre des Requêtes a décidé sans doute qu'on ne doit pas déclarer nulle pour cause de réticence une police d'assurance consentie dans l'ignorance d'une première (Req., 22 déc. 1874, Dall., 76. 1. 65), mais cette règle ne peut être absolue.

1664. — Le cumul peut résulter de deux assurances spéciales, séparées, pour la même chose, il peut aussi résulter d'une assurance générale en concours avec une assurance spéciale.

Nous avons vu (n°ˢ 1424-1425) que l'assurance *in quo vis* s'applique de droit à toutes les marchandises chargées pour le compte de l'assuré. S'il a été stipulé que l'assurance ne s'appliquerait qu'aux marchandises détaillées dans un avenant, et que l'avenant n'ait pas été signifié avant le sinistre, l'assurance sera caduque (Bordeaux, 25 février 1873, Dall., 74. 2. 72). Mais en dehors de toute clause particulière, l'assurance *in quo vis* s'applique de droit à tous les chargements rentrant dans les conditions de la police (Rej., 2 février 1857, Dall., 57. 1. 69). De là il suit : 1° qu'on appliquera la police en suivant *l'ordre des chargements*. 2° Que tant que l'assurance *in quo vis* n'est pas épuisée, on ne peut valablement faire assurer à part des marchandises qui rentreraient dans les conditions de la police *in quo vis*. Ainsi le 1ᵉʳ janvier 1880, je fais assurer 100,000 francs sur marchandises à charger pour mon compte, le 10 mars, alors que je n'ai pas épuisé la première assurance, je fais assurer à part un chargement de sucres : cette dernière assurance se cumulant avec l'assurance générale devra être ristournée à moins que la première assurance ne puisse s'appliquer aux marchandises faute d'une déclaration d'aliment dans les délais (Cass., 2 février 1857, Dall., 57. 1. 67; — Marseille, 12 mai 1876, J. M., 1876. 1. 169).

1665. — Une observation analogue s'applique aux polices d'abonnement que se font souscrire des compagnies de transport pour les appliquer ensuite aux marchandises par elles transportées. Dans l'usage, l'assurance n'est appliquée aux marchandises chargées que par suite de la déclaration faite par le chargeur *sur le connaissement* qu'il entend profiter du bénéfice de l'assurance. C'est donc à la date du connaissement qu'il faut se reporter pour savoir si l'assurance a été ou non primée par une autre qu'aurait fait faire au lieu d'arrivée le destinataire (Marseille, 17 juillet 1877, J. M., 1877. 1. 301).

1666. — Y a-t-il cumul d'assurances lorsque les assurances, quoique portant sur le même objet, sur la même valeur, s'appliquent à des risques différents?

Des auteurs ont soutenu que même dans ce cas, la seconde assurance ne peut recevoir effet en même temps que la première : c'était à l'assuré, dit-on, à prendre ses précautions. On argumente en ce sens du texte de l'article 359, qui déclare les seconds assureurs libérés toutes les fois que le premier contrat assure *l'entière valeur* des effets chargés. Donc, dit-on, il suffit que toute la valeur de la chose ait été assurée, encore qu'elle ne l'ait pas été contre certains risques (Weil, *Des ass. marit.*, n° 205). Je crois que raisonner ainsi c'est abuser de l'article 359. Cet article suppose évidemment des assurances s'appliquant non-seulement à la même chose, mais aux mêmes risques (Cass., 18 février 1868, Dall., 68. 1. 499). Casaregis avait déjà fait remarquer (*Disc.*, I, n° 191), que la double assurance est permise, quand il y a diversité de risques : « *Item adverte quod* « *prohibita non est pro eisdem mercibus eodemque valore vere* « *duplicatio assecurationis, quoties accedat diversitas itineris* « *vel periculi.* » « Ainsi, dit M. Émile Cauvet (t. I, p. 415), lorsque les risques de guerre, la baraterie, le vice propre sont exceptés de la première assurance, l'assuré peut se faire garantir par un second assureur contre ces risques. — Même solution pour le cas où le premier assureur est franc d'avaries particulières. Dans ce cas, on a deux assurances distinctes, dont l'objet est différent, qui dès lors ne tombent pas sous le coup de l'article 359.

Le Code allemand (art. 792) ne prononce la nullité de la seconde assurance qu'autant qu'elle a été faite non-seulement
pour la même chose, mais encore *pour le même temps et contre
les mêmes risques.*

1667. — Une même chose peut se trouver assurée pour
divers intéressés ou pour *divers représentants d'un même intérêt.* Ainsi un commissionnaire d'assurance a pu stipuler une
assurance applicable à tous les ordres qu'il recevra. Une maison
de banque qui fait des avances sur connaissements fait assurer
pour une certaine période toutes les marchandises sur lesquelles
elle aura à faire des avances. Un consignataire fait assurer
toutes les marchandises qui seront envoyées à sa consignation
(Dall., 57. 1. 69), un exportateur toutes celles qui seront par
lui expédiées. Or, il est possible que de son côté le propriétaire
des marchandises les ait lui-même fait assurer, soit en France
soit à l'étranger. Les diverses assurances faites ainsi par diverses personnes pourront-elles coexister? Ou ne devra-t-on
donner effet qu'à la plus ancienne conformément à l'article 359?

Il faut tout d'abord distinguer si l'assurance qui a été faite en
dehors du propriétaire l'a été pour son compte, ou dans un
intérêt distinct.

Au premier cas, l'assurance faite avant celle du propriétaire
ne pourra prévaloir que s'il y avait eu à cet effet, de la part du
propriétaire, mandat ou ratification en temps utile (V. n° 1346).
Le tribunal de la Seine, par un jugement du 25 septembre
1843 (J. M., 23. 2. 1), a jugé qu'un expéditeur avait qualité
pour faire assurer la chose, bien qu'il n'eût reçu aucun mandat
spécial. Mais un jugement de Marseille du 26 juin 1850 (J. M.,
30. 1. 1), décide que l'assurance faite par un courtier ne peut
être opposée au propriétaire quand il ne l'a ni ordonnée ni
ratifiée. L'ordre d'assurance peut n'être que conditionnel, subordonné par exemple au non-paiement des traites tirées par
l'expéditeur (V. Dall., 80. 1. 193 et n° 1346).

La question change de face quand l'assurance faite en dehors
du propriétaire l'a été dans un intérêt distinct, comme l'assurance faite par un créancier gagiste, un bailleur de fonds, les
deux assurances peuvent-elles alors coexister?

Suivant M. Bédarride (n° 1342), la règle de l'article 359 étant générale doit être appliquée dès qu'il existe plusieurs assurances sur le même chargement sans qu'on ait à s'occuper de la qualité des parties qui ont fait assurer. — Suivant d'autres auteurs, au contraire, l'article 359 n'est pas applicable lorsque des assurances multiples sont consenties au profit de divers assurés ayant un *intérêt différent* (Émile Cauvet, I, n° 355; Droz, I, *Ass.*, n° 352). La seule règle à observer, dit ce dernier auteur, est qu'en aucun cas l'assurance ne puisse être pour le propriétaire d'un objet assuré l'occasion d'un enrichissement. — Dans un arrêt du 25 avril 1865 (Dall., 65. 1. 415) là Chambre civile a bien reconnu au créancier gagiste le droit de faire assurer la chose après le propriétaire, mais elle a paru considérer que la seconde assurance ne pouvait, en ce cas, valoir, qu'à défaut de la première. « Attendu que si la loi ne permet pas que par des « assurances multiples on puisse obtenir au-delà de la valeur « assurée, elle n'interdit point à celui qui, comme le créancier « gagiste, a un intérêt personnel à la conservation de son gage, « de stipuler même après une première assurance faite, dans un « autre intérêt que le sien, une seconde assurance dans laquelle « il trouvera une garantie éventuelle, *pour le cas où la pre-* « *mière serait caduque et sans effet.* »

Nous croyons qu'il faut aller plus loin. Les règles à suivre relativement aux assurances multiples stipulées par divers intéressés me paraissent devoir être les suivantes :

Quiconque a intérêt à la conservation d'une chose a le droit de la faire assurer au moins dans la limite de son intérêt (V. n° 1344). L'assurance faite par un intéressé tel qu'un créancier gagiste, un créancier hypothécaire *au delà de son intérêt* ne peut-être réputée faite que pour le compte du propriétaire, et, par conséquent, elle devrait pour cet excédant être primée par l'assurance antérieure du propriétaire. Mais l'assurance faite par un intéressé dans son propre intérêt, comme celle faite par un commissionnaire pour ses avances, ne peut être atteinte par l'assurance qu'aurait stipulée même antérieurement le propriétaire. De même qu'on doit considérer comme distinctes des assurances faites pour des risques différents (n° 1666), il faut aussi considérer comme distinctes et indépendantes les assurances faites pour des intérêts différents. Seulement comme une même chose ne peut pas être payée deux fois, l'assureur du créancier qui l'aura désintéressé sera subrogé dans tous ses droits contre le propriétaire (V. n° 1678).

1668. — Nous devons faire ici une mention particulière des créanciers hypothécaires. La loi du 10 décembre 1874 en même temps qu'elle subroge les créanciers hypothécaires en cas de sinistre dans l'indemnité d'assurance leur reconnaît expressément le droit de faire assurer *le navire hypothéqué* (art. 17. V. n° 1255). Il a été formellement reconnu que cette assurance pourrait coexister avec celle du propriétaire. Le rapporteur de la loi de 1874, devant le Sénat, s'est exprimé ainsi : « Grâce à « cette disposition, il pourra se former entre les assureurs et le « créancier un contrat personnel, indépendant du débiteur, qui « ne subira pas l'influence des actes de celui-ci, et dont la « convention pourra librement étendre ou resserrer la portée. »

1669. — Alors même que deux assurances font double emploi, les contrats subséquents donnent lieu à l'indemnité de demi pour cent (V. n° 1540). Ces contrats d'ailleurs ne sont pas nuls *ab initio*. C'est au moment où les risques prennent fin qu'on voit en définitive les contrats qui doivent recevoir leur exécution (art. 379). Le Code allemand (art. 793) ne déclare le second assureur tenu que quand on lui a fait connaître la première assurance et qu'il a consenti à prendre éventuellement la place du premier assureur (V. n° 1677). Mais chez nous cette condition n'est pas exigée. Si le premier contrat ne reçoit pas d'effet, les assureurs subséquents sont tenus de droit ; la seconde assurance est réputée avoir été contractée pour suppléer à la première (Req., 22 déc. 1874, Dall., 76. 1. 65).

Quand le premier contrat a été soumis à une condition, cette condition a un effet rétroactif pourvu qu'elle s'accomplisse alors que les choses sont entières, c'est-à-dire avant le sinistre ou l'arrivée (art. 1179 C. Civ.). Mais si la condition ne s'est pas alors accomplie, c'est le second contrat qui devra avoir son effet (Rej., 18 fév. 1868, Dall., 68. 1. 499).

Par suite de la même idée, nous dirons que, lorsque le premier contrat était soumis à une ratification, il ne pourra recevoir effet que si la ratification est intervenue avant la fin des risques ou le règlement du sinistre. Il y a eu cependant des difficultés sur ce point. L'agent d'une compagnie d'assurances souscrit une assurance sous la condition qu'elle sera ratifiée par sa compagnie. Quelques jours après, une assurance est contractée avec une autre compagnie. Puis intervient avant la fin des risques, la ratification de la première. Le tribunal de la Seine a jugé qu'en pareil cas c'est la seconde assurance qui doit recevoir effet et répondre du sinistre, parce que le premier contrat n'était devenu parfait entre l'assuré et l'assureur qu'à une date postérieure à la seconde assurance (Dall., 47. 4. 25). — M. Bédarride (n° 1340) objecte avec raison que la ratification a un effet rétroactif (art. 1179). C'est au reste ce qu'a jugé la Cour de cassation par son arrêt du 2 février 1857 (Dall., 57. 1. 69). — Par la même raison, le premier assureur serait en droit de faire maintenir son contrat, s'il y avait heureuse arrivée.

Mais la partie qui ratifie ne peut pas se prévaloir de la ratification pour faire tomber des contrats qu'elle a elle-même consentis, la ratification ne pouvant produire effet au préjudice du droit des tiers (art. 1338 C. Civ.). Ainsi un courtier fait assurer une chose sous la condition que l'assurance sera ratifiée par le propriétaire. Celui-ci postérieurement fait lui-même assurer sa chose, puis ratifie l'assurance du courtier. La ratification ne pourra pas produire d'effet au préjudice du second assureur, et c'est la seconde assurance qui devra prévaloir.

1670. — En cas de double assurance, quand l'assuré a résilié la première police sans en informer les assureurs subséquents, la résiliation est-elle opposable à ces derniers? — D'après le Code allemand (art. 793), le second assureur n'est tenu que s'il a été informé au moment de son engagement de la résiliation de la première assurance (V. n° 1677). L'article 795 ajoute que la renonciation aux droits existant contre un assureur n'a pas d'influence sur les obligations des autres assureurs. — Chez nous, on n'a pas les mêmes ménagements pour les assureurs subséquents. Un arrêt de la Chambre des Requêtes du 22 décembre 1874 (Dall., 76. 1. 65) a jugé que la seconde assurance devait recevoir son effet, par cela seul que la première assurance avait été volontairement résiliée, bien que cette résiliation fût restée inconnue aux derniers assureurs et fût même postérieure au sinistre. « Jusqu'au règlement du sinistre, dit la Chambre des Requêtes, les assureurs restent libres, avec le concours de leurs assurés d'apporter aux polices d'assurances tels changements qu'ils jugent utiles à leurs intérêts, et même de ristourner complètement l'assurance sans que les assurés souscripteurs des polices ristournées soient tenus d'en informer les contractants des autres polices. »

Que décider dans le cas où la nullité de la première assurance n'est prononcée que contre l'assuré, qui n'ayant pas rempli ses obligations vis-à-vis du premier assureur ne peut profiter du contrat quoiqu'il doive la prime (V. n⁰ˢ 1532, 1632)? La seconde assurance reçoit-elle alors son effet? La Cour de Paris, dans un arrêt du 19 janvier 1847 (J. M., 26. 2. 76) a décidé que la première assurance recevant elle-même en partie son effet, puisque l'assuré restait tenu de la prime, le second assureur était libéré. La Cour d'Orléans s'était prononcée en sens contraire, le 7 janvier 1845 (Dall., 48. 2. 34). Les auteurs sont également divisés sur la question. M. Bédarride (n° 1346) approuve l'arrêt de Paris. M. Émile Cauvet, au contraire, s'attache à justifier l'arrêt de la Cour d'Orléans (V. Cauvet, t. I, n° 353). — C'est dans ce dernier sens que je crois devoir aussi me prononcer. Il faut toujours revenir au principe que nous avons posé (n° 1669). C'est au moment du règlement qu'on voit en définitive si les contrats subséquents doivent être annulés. Ce que la loi a voulu empêcher, c'est que l'assuré pût se procurer une double indemnité. Peu importe que l'assuré doive la prime au premier assureur, s'il ne peut profiter du contrat. Il serait vraiment bien dur de priver l'assuré de toute indemnité, parce qu'il a deux primes à payer.

La Cour de cassation me paraît avoir implicitement tranché la question en ce sens dans son arrêt du 26 avril 1865 (Dall., 65. 1. 415).

1671. — A qui incombe la preuve du cumul d'assurances?

L'assuré doit déclarer toutes les assurances qu'il a faites ou ordonnées (art. 379). Ce sera au juge à voir s'il y a cumul d'assurances. La preuve du cumul d'assurances incombe à celui qui en excipe (art. 1315 C. Civ.). Si l'assuré excipe du cumul pour se dispenser de la prime et ne payer que le demi pour cent, ce sera à lui à prouver le cumul. La preuve incombera, au contraire, à l'assureur, s'il excipe du cumul pour se dispenser de payer l'indemnité en cas de sinistre. Si l'assureur ne justifie pas son exception, on fera droit à la demande de l'assuré, sauf à réserver les droits du second assureur contre le premier, dans le cas où il serait ultérieurement démontré que les deux assurances s'appliquent au même objet (Rejet, 25 avril 1865, Dall., 65. 1. 414). Lorsque les assurances faites successivement sont des assurances *in quovis* d'une somme de. . . sur marchandises chargées ou à charger, l'identité des risques ne résultera pas en général, du seul rapprochement des polices. Il faudra vérifier en fait la valeur et la nature des chargements. On aura aussi à rechercher si la première assurance avait reçu effet par une déclaration d'aliment dans les délais prescrits (V. n° 1425).

1672. — L'article 359 est-il applicable aux assurances sur corps? M. de Courcy (*Questions de droit marit.*, I, p. 395) a fait remarquer que le texte de l'article 359 parle uniquement des contrats faits *sur le chargement,* qu'il n'est question que *d'effets chargés.*

C'est surtout pour les marchandises que les assurances multiples se produisent, à raison des intérêts divers qui s'y rattachent. Voilà sans doute pourquoi les rédacteurs du Code, comme ceux de l'Ordonnance, ont eu principalement en vue les assurances sur le chargement. Mais il n'y a aucune raison pour ne pas appliquer l'article 359 aux assurances sur corps lorsqu'elles font vraiment double emploi. L'ancien règlement d'Anvers cité par Émérigon (II, p. 194) portait : Art. 15. « Si l'on trouve « que les *navires* ont été assurés en plusieurs lieux sans fraude « du propriétaire qui fait assurer, la *préassurance* tiendra et « sera bonne. »

L'article 359 sera donc applicable toutes les fois qu'il y aura eu une double assurance sur corps. Mais il faudra pour cela qu'il y ait vraiment double assurance.

Il est tout d'abord évident que l'assurance faite par un copropriétaire pour sa part est complètement distincte de celle faite par un autre copropriétaire pour la part qui lui appartient dans le navire.

Alors même que l'assurance porte sur le navire entier, il y aura à voir si l'assureur a entendu s'obliger pour toute la valeur du navire, ou seulement en proportion de la somme assurée. Si on assure, par exemple, 50,000 fr. sur un navire évalué 100,000 fr., l'intention commune des parties est certainement que l'assureur ne soit obligé que pour une moitié (V. n° 1356). Dès lors la réduction, au lieu de s'opérer dans l'ordre des dates, est toujours proportionnelle (V. n° 1662). Si, en fait, le navire ne vaut que 50,000 fr. et qu'il y ait eu deux assurances de 50,000 fr., peu importera l'ordre des dates : chaque assurance sera réduite de moitié.

Mais supposons qu'un armateur ou consignataire fasse assurer pour 50,000 fr. un navire déclaré valoir cette somme, puis qu'un des propriétaires fasse assurer sa part, il y a alors double assurance. La première assurance devra prévaloir conformément à l'article 359, à moins qu'on ne prouve que l'armateur ou le consignataire n'avait pas mandat de faire assurer la part du copropriétaire (comp. n°ˢ 312, 1667).

Il y aura également double assurance si, après avoir assuré le navire y compris tous les frais d'armement, on assure à part les *victuailles*. La seconde assurance devra être ristournée conformément à l'article 359. L'article 5 de la police de Paris *sur corps* porte que la valeur agréée du navire est réputée comprendre tous ses accessoires, notamment les victuailles, à moins qu'il ne puisse être justifié que certaines de ces dépenses concernent un intérêt distinct de celui de la propriété du navire. « A « défaut de cette justification, dit l'article 5, les assureurs du « navire seront en droit, en cas de délaissement, de réduire sa « valeur agréée du montant de toutes assurances faites séparé- « ment sur armement, victuailles ou mises dehors, *avant ou* « *après* l'assurance du navire. » — D'après l'article 359, il semble que les assurances sur armement et victuailles faites *après* celle du navire auraient dû simplement être ristournées.

1673. — Ce que l'article 359 décide pour les assurances doit s'appliquer aux réassurances. Quand l'assurance principale est ristournée comme dépassant la valeur de la chose, cette ristourne rejaillit sur les réassurances (V. n° 1462) : les premières réassurances seules subsistent jusqu'à concurrence du risque, les dernières en date ne reçoivent pas d'effet : les réassureurs libérés reçoivent seulement demi pour cent (art. 349).

1674. — Au lieu d'un concours entre assureurs, il pourra se produire un concours entre prêteurs à la grosse et assureurs. Comment devra-t-il être réglé?

Le prêt à la grosse équivaut pour l'emprunteur à une assurance; il diminue sa mise en risque. Quand une chose a été affectée à un emprunt à la grosse, elle ne peut donc plus être assurée ou du moins ne peut l'être que pour le découvert (V. n°ˢ 1030, 1497). — Cette règle paraît universellement admise. Un projet de Code civil rédigé pour l'État de New-York et déposé au Sénat le 9 janvier 1884, dit expressément (art. 2232) : « L'intérêt assurable du propriétaire d'un navire grevé d'un « prêt à la grosse est seulement l'excédant de la valeur du na- « vire sur le montant du prêt. »

Mais la chose ayant été assurée pour toute sa valeur, on admet qu'elle peut ensuite être grevée d'un emprunt à la grosse. 1° Si l'emprunt a été contracté pour réparer des avaries à la charge des assureurs, l'emprunt est réputé fait pour le compte des assureurs. 2° Si l'emprunt n'a pas été employé dans l'intérêt de l'assureur, l'emprunt n'est pas non plus ristourné, quoique postérieur à l'assurance. Le prêteur n'est pas en effet dans la situation d'un simple assureur : la ristourne aurait pour le prêteur des conséquences bien plus graves puisqu'elle l'exposerait, en le privant de son privilège, à perdre le capital dont il a fait l'avance. On a donc préféré faire porter la ristourne sur l'assurance. Dans l'usage, celui qui se fait assurer est réputé se réserver la liberté d'emprunter à la grosse sous la condition que l'assurance sera ristournée jusqu'à concurrence de l'emprunt (n°ˢ 1030, 1149 et s.).

1675. — La Cour de cassation a décidé qu'à moins de convention contraire, l'article 359 est applicable aux assurances terrestres comme aux assurances maritimes (Rej., 8 janvier 1878, Dall., 78. 1. 224).

1676. — Dans quelle mesure peut-on déroger aux dispositions de l'article 359? L'assuré ne peut évidemment se faire payer deux fois la chose assurée. Mais il peut se réserver la faculté de contracter d'autres assurances. Le second assureur peut s'obliger, en cas d'assurance antérieure, à payer proportionnellement sa part du sinistre, et dans ce cas le premier assureur aurait le droit d'invoquer contre le second assureur la stipulation faite à son profit (art. 1121 C. Civ.). C'est ce qu'a jugé la Cour de Colmar à propos d'une assurance terrestre le 14 décembre 1849 (Dall., 52. 2. 21). — La même décision serait évidemment applicable aux assurances maritimes.

1677. — Le principe consacré par l'article 359, à savoir qu'en cas de plusieurs assurances, les assurances reçoivent leur effet dans l'ordre des dates, est consacré par presque toutes les législations.

Il l'a été, nous l'avons vu, par le Code allemand (n° 1669). Mais le Code allemand a apporté à ce principe certaines restrictions que nous avons déjà indiquées. Il nous paraît utile de reproduire ici en leur entier les articles 792, 793, 794 et 795.

« Art. 792. Si un objet déjà assuré pour son entière valeur
« est assuré de nouveau, la seconde assurance est dépourvue
« d'effet, en tant qu'elle est faite pour le même temps et contre
« les mêmes risques (double assurance) (V. n° |1666).

« Si la première assurance ne couvre pas la valeur entière
« de l'objet assuré, la seconde assurance, en tant qu'elle a été
« faite pour le même temps et contre les mêmes risques, n'est
« valable que pour la portion non couverte par la première
« assurance. »

« Art. 793. L'assurance postérieure produit néanmoins ses
« effets, nonobstant l'assurance antérieure :

« 1° Quand, lors de la conclusion de la seconde assurance, il
« a été stipulé que les droits dérivant de la première seraient
« cédés au second assureur (V. n° 1658);

« 2° Quand la seconde assurance a été faite sous la condition
« que l'assureur ne serait obligé que dans la mesure de la
« somme que l'assuré ne pourrait pas obtenir du premier assu-
« reur, à raison de son insolvabilité, ou dans la mesure où la
« première assurance serait frappée de nullité (V. n° 1658);

« 3° Quand le premier assureur a été libéré de ses obligations
« par une renonciation de l'assuré à ses droits dans la mesure
« où cela était nécessaire pour éviter une double assurance, et
« que le second assureur en a été prévenu lors de la seconde
« assurance. Le premier assureur a droit, dans ce cas, malgré
« sa libération, à la prime entière » (V. n° 1670).

« Art. 794. Dans le cas où il y a double assurance, c'est la
« seconde et non la première qui est valable, quand la première
« a été conclue sans mandat pour compte d'autrui et que la
« seconde assurance a été conclue par l'assuré lui-même, pourvu
« que, dans ce cas, lors de la conclusion de la seconde assu-
« rance, l'assuré eût déclaré, à l'assureur qu'il repoussait la
« première assurance (V. n°⁵ 1667-1669).

« Les droits du premier assureur, quant à la prime, se déter-
« minent, dans ces cas, d'après les articles 900 et 901. »

« Art. 795. Lorsque plusieurs assurances ont été faites simul-
« tanément ou successivement, la renonciation postérieure aux
« droits existant contre un assureur n'a pas d'influence sur les
« droits et les obligations des autres assureurs » (V. n° 1356).

En Angleterre, en cas de double assurance, on ne s'attache
plus à l'ordre des dates. Arnould (édit. de 1877, p. 330)
constate que l'ancienne coutume donnait effet à la police la plus
ancienne, mais depuis longtemps déjà un autre usage s'est établi. Toute police faite de bonne foi est considérée comme valable. L'assuré ne peut jamais recevoir plus que la valeur de la
chose, mais il peut poursuivre l'un quelconque des assureurs
et lui demander la valeur entière s'il l'a assurée. Celui-ci a
ensuite son recours contre les autres assureurs, la perte devant
être répartie entre tous par voie de contribution. En fait, le règlement se fait le plus souvent à Londres, en présence de tous
les assureurs, et la perte est répartie entre eux au *prorata*.
Ainsi un négociant qui a un intérêt en risque de 2,200 l., fait

d'abord assurer son intérêt à Liverpool pour 1,700 l., et ensuite, sans aucune pensée de fraude, il se fait souscrire une
autre police à Londres sur le même intérêt pour 2,200 l., il
pourra, en cas de perte, demander à l'assureur de Londres tout
le montant de son assurance, sauf à l'assureur de Londres à
recourir comme subrogé aux droits de l'assuré contre l'assureur
de Liverpool par voie de contribution, les diverses assurances
devant se régler entre les assureurs comme si elles avaient été
simultanées (V. n° 1649).

Telle est aussi, aux États-Unis, la règle du droit commun,
mais, dans la pratique, le commerce américain trouve plus simple de s'attacher, suivant le système français, à l'ordre des
dates, et, à cet effet, des clauses spéciales sont insérées dans les
polices. Pour le cas où il y aurait eu des assurances antérieures, il est formellement stipulé dans la police que si l'assuré
a fait d'autres assurances premières en date, l'assureur subséquent ne sera responsable que pour le découvert (Kent, *Comm.*,
III, 280, 281).

Lorsque deux assurances ont été souscrites pour la même
chose, l'une en France, l'autre en Angleterre, comment règlera-
t-on la position des assureurs en présence des principes diver-
gents qui régissent la double assurance en France et en Angleterre?

Il faut distinguer si la police souscrite en Angleterre est
antérieure ou postérieure à celle souscrite en France. Si la police
anglaise est première en date et couvre toute la valeur de la
chose, l'assureur anglais sera seul tenu envers l'assuré, sans
pouvoir exercer aucun recours contre l'assureur français qui est
déchargé par l'article 359. La police française est-elle au contraire antérieure, l'assuré pourra actionner soit l'assureur français, soit l'assureur anglais en vertu des règles de la coutume
anglaise, et si c'est l'assureur anglais qui a payé, celui-ci pourra
comme subrogé aux droits de l'assuré exercer pour le tout son
recours contre l'assureur français.

1678. — Dans ses questions de droit maritime (I, p. 353),
M. de Courcy a beaucoup critiqué l'article 359, et lorsqu'on
s'occupa de la révision de notre Code de commerce en 1865 et

1867, il contribua à faire adopter un système intermédiaire
entre le système du Code et celui pratiqué aujourd'hui en Angleterre.

Le projet — dit la note explicative, p. 112 — « distingue si
« les deux contrats ont été faits par l'ordre des mêmes intéres-
« sés, ou, au contraire, s'ils ont été faits soit par des intéressés
« différents, soit par divers représentants du même intérêt qui
« n'auraient pas agi en vertu d'un mandat spécial. — Dans le
« premier cas, celui d'un contrat fait par l'ordre des mêmes
« intéressés, le projet maintient encore la règle actuelle, c'est-
« à-dire que les divers contrats répondent successivement, sui-
« vant l'ordre de leur date, jusqu'à l'entier paiement de la
« valeur réelle de la chose. On supprime seulement, ici comme
« partout, le droit de ristourne de demi p. 0/0 que le Code
« accorde aux contrats qui demeurent sans effet. — Mais, dans
« le second cas, celui de plusieurs contrats faits par des inté-
« ressés différents, ou des représentants du même intérêt agis-
« sant sans ordre spécial, le projet propose de décider que les
« deux contrats seraient valables à l'égard de l'assuré, non pas
« pour lui permettre de recevoir deux fois le prix de sa chose,
« ni même rien au delà de ce prix, mais pour lui donner le
« droit de s'adresser à celui des assureurs qu'il lui conviendra
« de poursuivre pour obtenir son paiement. — C'est là que
« réside le changement notable introduit par le projet, et il
« importe d'en bien faire ressortir l'utilité, un exemple nous
« y aidera. — Un négociant de la Nouvelle-Orléans envoie cent
« balles de coton à la consignation d'un négociant du Hâvre,
« et tire sur lui des traites qui seront présentées à son accepta-
« tion en même temps que les connaissements. Mais, en même
« temps, l'expéditeur, qui ignore si sa commission et ses traites
« seront acceptées, commence par faire assurer ses cotons à la
« Nouvelle-Orléans. Les connaissements et les traites arrivent
« au Hâvre. Celui à qui la commission est donnée accepte cette
« consignation et donne acceptation aux traites; mais comme
« garantie de cet engagement, il a bien soin lui-même de faire
« assurer les cotons au Hâvre, soit parce qu'il ignore la pre-
« mière assurance, soit parce que, en cas de perte, il ne veut

« pas être obligé d'aller courir après des assurances améri-
« caines. Voilà donc deux assurances successives, faites sur la
« même marchandise et inspirées toutes deux par un intérêt
« différent et fort légitime. — Pendant tous ces préliminaires,
« le coton se perd : c'est le moment pour le négociant français
« de recueillir le fruit de l'assurance qui doit l'indemniser du
« montant des traites qu'il a acceptées et payées. Mais que fe-
« ra-t-il? S'il s'adresse aux assureurs français, ils lui diront :
« Cette marchandise était déjà assurée par un contrat antérieur
« en date qui la couvre tout entière; nous, contrats subsé-
« quents, nous sommes libérés. C'est, en effet, ce qu'ils ont le
« droit de dire aujourd'hui. — D'un autre côté, lorsque le né-
« gociant français s'adressera aux assureurs de la Nouvelle-
« Orléans, il aura à subir un nouveau désagrément. Ceux-ci ne
« lui diront pas, comme les premiers, nous sommes complète-
« ment libérés, mais ils lui diront : Nous ne vous devons que
« la moitié de la somme assurée. En effet, dans le cas de plu-
« sieurs contrats successifs sur la même valeur, la loi améri-
« caine ne fait pas, comme la nôtre, épuiser chacun des contrats
« suivant l'ordre de leurs dates; elle les fait tous contribuer
« proportionnellement, comme s'il n'y avait qu'un seul contrat
« assurant le double de la valeur. C'est pourquoi les assureurs
« américains, invoquant la loi de leur contrat, seront fondés
« chez eux à se prévaloir d'un contrat dont les souscripteurs
« seront également fondés à invoquer la nullité. Le plus clair
« de l'affaire, c'est que le chargeur, après avoir fait assurer
« deux fois et payé deux primes, ne pourra pas même être
« payé une fois. — Cet inconvénient n'existait guère en 1807,
« ce qui explique que le Code actuel ne semble pas l'avoir soup-
« çonné. A cette époque, en effet, il n'existait guère d'assureurs
« dans les pays d'outre-mer, et la double assurance ne pouvait
« être faite que par erreur. Mais aujourd'hui l'établissement des
« assureurs sur tous les points du globe a rendu ce danger fré-
« quent pour notre commerce et appelle la modification que
« propose le projet. — Cette modification est formulée par l'ar-
« ticle 368; elle n'a pas pour but, on le répète, de permettre
« aux intéressés de s'adresser directement aux souscripteurs de

« la police dont ils préfèrent réclamer le bénéfice, quelle qu'en
« soit la date. Seulement, ces souscripteurs, s'il existe des as-
« sureurs antérieurs, sont subrogés au recours qui existe contre
« eux, parce que, dans les rapports des divers assureurs entre
« eux, c'est toujours par la date respective des contrats que
« doit se mesurer l'obligation définitive. Ainsi, dans l'espèce
« que nous avons posée, le négociant français pourra s'adresser
« à ses assureurs français, qui ne pourront exciper de l'exis-
« tence du contrat américain; mais, après avoir payé l'assuré,
« les assureurs français pourront se retourner contre ceux d'A-
« mérique et exercer leur recours d'après la date des contrats
« respectifs. »

Ce passage suggère plusieurs réflexions.

1° Remarquons d'abord qu'au lieu de prendre l'exemple d'une
assurance faite aux États-Unis on eût mieux fait de supposer
une assurance faite en Angleterre, car aux États-Unis, nous
avons vu (n° 1677) que dans l'usage, d'après les dispositions des
polices, les premiers assureurs sont tenus pour le tout sans
recours contre les assureurs subséquents. 2° D'après la coutume
anglaise, en cas d'assurances multiples pour le même intérêt,
l'assuré peut actionner l'un quelconque des assureurs pour tout
le montant de sa souscription : ce n'est qu'entre les assureurs
que la division se fait par contribution (V. n° 1677). L'hypothèse a donc été mal posée. Mais ce n'est là qu'une critique de
détail.

C'est au fond qu'il faut examiner le système proposé. Le projet maintient le principe de l'ordre des dates lorsqu'il s'agit
d'assurances faites sur l'ordre des mêmes intéressés, mais il
le repousse dans deux cas : 1° pour les contrats faits par des
intéressés différents; 2° pour ceux faits par des représentants
du même intérêt agissant sans mandat spécial. Or, dans le premier cas, l'article 359 ne paraît pas applicable (V. n° 1667).
Dans le second cas, le véritable intéressé peut repousser les
assurances qui ont été faites pour son compte, sans mandat, s'il
ne les a pas ratifiées (V. n° 1346). — Ainsi interprétée et ren-
fermée dans ces termes, la disposition de l'article 359 ne peut
pas soulever de critiques sérieuses.

Le principe de l'ordre des dates a l'avantage de simplifier beaucoup les rapports des assureurs entre eux et de supprimer des recours souvent difficiles. Le règlement des assurances anglaises, en quelque partie du monde qu'elles aient été contractées, se fait presque toujours à Londres, et dès lors on comprend que les assurances, pouvant être facilement rapprochées, puissent être réduites proportionnellement. Mais chez nous les assurances ne sont pas aussi centralisées. Les assureurs n'ont pas les mêmes rapports entre eux. C'est par le même motif qu'aux États-Unis les polices ont supprimé les recours entre assureurs pour revenir au principe de l'ordre des dates.

<hr>

ART. 360.

S'il y a des effets chargés pour le montant des sommes assurées, en cas de perte d'une partie, elle sera payée par tous les assureurs de ces effets, au marc le franc de leur intérêt (1).

SOMMAIRE.

1679º — Assurances partielles.
1680º — Assurances séparées.

1679. — L'article 360 suppose plusieurs assurances faites, soit à la même date, soit à des dates différentes, mais ces assurances réunies n'excèdent pas le montant des effets chargés.

On se trouve alors en dehors des cas prévus par les articles 357 à 359.

S'il y a perte totale, il est clair que toutes les sommes assurées devront être payées. Mais s'il n'y a qu'une perte partielle, comment se fera le règlement? La loi répond que la perte sera payée par les assureurs *au marc le franc de leur intérêt*. L'intérêt se détermine par la proportion qui existe entre la somme assurée et la valeur de l'objet assuré. L'assureur qui s'est engagé pour 10,000 fr. sur une chose qui en vaut 20,000, supportera la moitié de la perte (V. nº 1356).

(1) Cet article avait été maintenu sans changement par le *Projet de* 1867.

S'il n'y avait qu'une assurance de 10,000 fr. sur une chose estimée 20,000 fr., l'assuré serait considéré comme étant resté *son propre assureur* pour le surplus et l'assureur n'aurait encore à payer que la moitié de la perte (V. nᵒˢ 1356-1392). C'est la règle généralement admise (V. C. all., art. 796). Elle est aussi suivie en Angleterre (Arnould, I, p. 292 et s.).

1680. — Mais il ne faut pas perdre de vue qu'il y a autant d'assurances distinctes que d'évaluations séparées. Ainsi quand dans un chargement de sucres et de cafés, les sucres ont été évalués pour une somme et les cafés pour une autre, il y a alors deux assurances qui doivent être réglées à part (V. nᵒˢ 1355 et 1396).

<hr>

Art. 361.

Si l'assurance a lieu divisément pour des marchandises qui doivent être chargées sur plusieurs vaisseaux désignés, avec énonciation de la somme assurée sur chacun, et si le chargement entier est mis sur un seul vaisseau, ou sur un moindre nombre qu'il n'en est désigné dans le contrat, l'assureur n'est tenu que de la somme qu'il a assurée sur les vaisseaux qui ont reçu le chargement, nonobstant la perte de tous les vaisseaux désignés; et il recevra néanmoins demi pour cent des sommes dont les assurances se trouvent annulées (1).

SOMMAIRE.

1681. — Quand on fait assurer des marchandises, on désigne souvent le navire sur lequel elles devront être chargées

(1) *Ord. de* 1681 (liv. III, tit. vi). Art. 32. — Si l'assurance est faite divisément sur plusieurs vaisseaux désignés, et que la charge entière soit mise sur un seul, l'assureur ne courra risque que de la somme qu'il aura assurée sur le bâtiment qui aura reçu le chargement, quand même tous les vaisseaux désignés viendraient à périr; et il rendra la prime du surplus, à la réserve du demi pour cent.

Le projet de 1867 avait supprimé l'article 361 comme inutile.

(V. n° 1351). L'assureur ne répond alors des marchandises qu'à bord du navire désigné, à moins qu'il n'ait été changé par force majeure (art. 350-351-392).

Mais des marchandises peuvent être assurées sans désignation de navire (art. 337).

Il peut se faire aussi qu'on indique plusieurs navires (V. n° 1395). Dans ce cas, il faut distinguer si le contrat laisse l'assuré libre de répartir, comme il lui plaît, son chargement, ou si, au contraire, l'assurance est faite *divisément,* l'assureur ne garantissant que telle somme sur tel navire. — C'est à cette dernière hypothèse que se réfère notre article 361.

Supposons, par exemple, que des marchandises ont été assurées pour 75,000 fr., savoir, 25,000 fr. sur le navire A, autant sur le navire B et autant sur le navire C. Au lieu d'opérer ainsi le chargement, on a tout chargé sur le navire A.

Si le navire vient à périr, les assureurs ne répondront que pour 25,000 fr. Pour le surplus, l'assurance est réputée avoir été annulée dès le départ (art. 349), et les assureurs auront droit à l'indemnité de demi pour cent, sur 50,000 fr., soit 250 fr.

Il en sera ainsi quand même tous les navires auraient également péri, car les assureurs n'ont pas à répondre d'une perte qui s'est produite en dehors des conditions de l'assurance.

1682. — Mais la division du chargement doit-elle être observée, jusque sur les allèges?

Le *Guidon* prévoit le cas où l'assurance étant faite divisément sur plusieurs navires, toutes les marchandises sont chargées sur la même *barque ou allège* pour descendre de Rouen au Hâvre et viennent à périr. L'auteur du *Guidon* décide que dans ce cas les assureurs ne seront responsables que jusqu'à concurrence *de la plus haute somme sur l'un des navires que chacun d'eux aura signée* (ch. XIII).

La même difficulté se présenterait si la réunion avait lieu lors du déchargement, si les marchandises des divers navires étaient placées dans la même allège.

Valin fait remarquer, avec raison, que lorsque dans la police on a distribué les marchandises sur divers navires, on ne saurait en conclure qu'il faille autant d'*allèges* que de navires (liv. III, tit. vi, art. 32). Émérigon (ch. VI, sect. vi, § 3) examine avec soin la question, mais il termine en disant : « Si le cas se présentait jamais, je crois qu'on devrait embrasser l'avis de M. Valin. » — Les rédacteurs du Code, en ne parlant pas des allèges, paraissent avoir laissé sous ce rapport toute liberté à l'assuré.

1683. — L'article 361 qui suppose une assurance faite *divisément* sur plusieurs navires avec désignation de la somme assurée sur chacun, n'est pas applicable lorsque l'assurance porte sur des navires désignés sans indication de la part réservée à chacun, et il importe peu que les navires aient été désignés conjointement A *et* B, ou d'une manière alternative A *ou* B. Dans les deux cas, l'assuré est libre de répartir, comme il lui plaît, son chargement (V. n° 1395).

Mais par cela même qu'il n'y a en pareil cas au regard de l'assureur qu'une masse unique et indivisible, on en a conclu qu'elle seule doit servir de base pour les franchises que l'assureur a le droit d'exercer, en cas d'avarie, sur la *somme assurée* (V. n° 1593). Si donc la franchise stipulée est de dix pour cent, l'assureur ne paiera les avaries que si elles dépassent dix pour cent de la *somme totale assurée* à moins qu'il n'y ait eu division par séries (V. n° 1394). C'est en ce sens que s'est prononcé un jugement du tribunal de Marseille du 18 mars 1825 (J. M., 6. 1. 106). Le même principe, en ce qui concerne les franchises, est applicable au cas où un chargement assuré pour une somme unique est réparti sur diverses allèges dont l'une d'elles vient à périr. C'est ce qu'a jugé la Cour de Bruxelles, le 8 juillet 1861 (Anvers, 61. 1. 234). Dans l'espèce, au reste, la police contenait une stipulation formelle à cet égard. Il y était dit : « qu'en cas d'éventualité d'un sinistre aux allèges, il serait réglé sur la quantité totale expédiée pour les navires compris dans l'assurance. »

Art. 362.

Si le capitaine a la liberté d'entrer dans différents ports pour compléter ou échanger son chargement, l'assureur ne court les risques des effets assurés que lorsqu'ils sont à bord, s'il n'y a convention contraire (1).

SOMMAIRE.

1684° — Faculté d'échelle.
1685° — Disposition de l'Ordonnance.
1686° — Rédaction différente du Code.
1687° — Droit comparé.

1684. — Notre article suppose un capitaine qui a la liberté d'entrer dans différents ports pour compléter ou échanger son chargement. — C'est ce qu'on appelle la faculté de faire échelle. Cette faculté doit être expressément stipulée. (V. n°s 1353-1573).

1685. — L'Ordonnance avait pris soin de dire que dans le cas où l'assuré doit ainsi renouveler son chargement, l'assureur ne répond pas des *effets qui seront à terre quoique destinés pour le chargement*. Cela allait de soi puisque les assureurs ne répondent que des risques maritimes. Mais Valin constate que néanmoins, dans l'usage, les assureurs prenaient les risques de terre à leur charge. Nous trouvons une disposition en ce sens dans le Code hollandais (V. n° 1453). — L'ordonnance, tout en réservant la liberté des parties pour de pareilles conventions, a voulu indiquer qu'elles étaient dérogatoires au droit commun.

1686. — Le Code ne s'exprime pas dans les mêmes termes que l'Ordonnance. Il ne dit pas seulement que l'assureur ne répond pas des marchandises *à terre* : il dit : *L'assureur ne court les risques des effets assurés que lorsqu'ils sont à bord.* Le Code n'a-t-il voulu que reproduire la disposition de l'Or-

---

(1) *Ord. de* 1861 (liv. III, tit. vi). Art. 33. — Lorsque les maistres et patrons auront la liberté de toucher en différents ports ou échelles, les assureurs ne courront point les risques des effets qui seront à terre, quoique destinés pour le chargement qu'ils auront assuré, et que le vaisseau soit au port pour le prendre, s'il n'y a convention expresse par la police.

Le projet de 1867 avait supprimé l'article 362 comme inutile.

donnance, a-t-il voulu dire davantage? Deux interprétations ont été proposées.

Premier système. — L'article 362 qui ne met les risques à la charge de l'assureur que lorsque les effets sont *à bord*, a voulu, dans l'hypothèse qu'il prévoit (voyage avec faculté de faire échelle) décharger l'assureur des risques à bord des gabares et allèges (V. n° 1452). Les chargements et déchargements pouvant se renouveler à diverses reprises, on n'a pas voulu, à moins de convention contraire, multiplier les risques que l'assureur pourrait courir à bord des gabares ou allèges, l'assureur, dans le cas prévu, ne répond des marchandises que lorsqu'elles sont *à bord du navire* (Bédarride, n° 1365; Borsari, *Comm. du C. italien*, II, p. 483).

Deuxième système. — L'interprétation qui précède serait formellement contraire à ce que décidait Valin sur l'ordonnance. « Dans le cas — dit-il — où par l'assurance il est permis à l'as-« suré de faire différentes escales, les risques des marchandises « à prendre dans les escales, se règlent de droit sur ceux que « l'assureur a pris sur lui pour le chargement des marchandises « dans le lieu du départ du navire; c'est-à-dire, que s'il a pris « les risques des barques ou allèges destinées à porter les mar-« chandises au navire, il en sera de même dans les escales.... » On ajoute que dans la discussion de l'article 362 on ne trouve rien qui indique que les rédacteurs aient voulu déroger aux règles des articles 328 et 341. Locré en conclut que l'article 362 n'a pas cette portée et qu'il a simplement voulu dire comme l'Ordonnance que l'assurance ne répond pas des marchandises *à terre*, mais seulement lorsqu'elles sont *chargées*.

Cette dernière interprétation n'a pas prévalu. Il a paru que l'article 362 ainsi entendu serait complètement inutile.

1687. — Lorsqu'en 1865 et 1867 on s'occupa de la révision du livre II de notre Code de commerce, la commission proposa la suppression de l'article 362. Dans ses observations sur le projet, la Chambre de commerce de Marseille en demanda au contraire le maintien. « Ces dispositions, disait-elle, sont « sages, elles ont pour but de ne pas laisser à la charge des « assureurs les risques résultant de faits exceptionnels s'accom-

« plissant en cours de voyage, en dehors des risques ordinaires
« de la navigation, et pouvant facilement amener la perte des
« effets assurés, si ces faits s'accomplissent avec négligence ou
« même avec intention de mauvaise foi. » — Dans la discussion
qui a précédé la loi belge de 1879 on a fait remarquer aussi, en
faveur du maintien de l'article 362, que beaucoup de capitaines
pour aller plus vite, s'épargner des frais, n'entrent pas dans
les ports d'échelle, et se contentent, restant en rade, de faire les
chargements et déchargements au moyen d'allèges, ce qui augmente les risques. — Mais à ces objections, on peut, ce semble,
répondre que les risques d'allèges ne sont à la charge des assureurs qu'autant qu'ils ont pu être prévus par les parties et que
l'emploi des allèges a été fait suivant l'usage du port (V. n°
1452). — La disposition de l'article 362 supprimée par notre
projet de 1867, a également disparu dans la loi belge de 1879. —
Le Code allemand ne contient pas de disposition semblable à
notre article 362 (V. n° 1453). Mais nous retrouvons cette disposition dans le nouveau Code italien de 1882 (art. 611).

ART. 363.

**Si l'assurance est faite pour un temps limité, l'assureur est
libre après l'expiration du temps, et l'assuré peut faire assurer
les nouveaux risques (1).**

SOMMAIRE.

1688° — L'expiration du terme ne libère pas toujours l'assureur.
1689° — La prolongation entraîne-t-elle une augmentation de prime?
1690° — Quand le navire est-il réputé en cours de voyage?
1691° — Assurance prolongée par les réparations.
1692° — Règlement séparé par voyage.
1693° — Droit comparé.

(1) *Ord. de* 1681 (liv. III, tit. VI). Art. 34. — Si l'assurance est faite pour
un temps limité, sans désignation de voyage, l'assureur sera libre après
l'expiration du temps et pourra l'assuré faire assurer le nouveau risque. =
Art. 35. — Mais si le voyage est désigné par la police, l'assureur couvre les
risques du voyage entier à condition toutefois que si la durée excède le temps
limité, la prime sera augmentée à proportion, sans que l'assureur soit tenu
d'en rien restituer si le voyage dure moins.

Le *projet de* 1867 avait supprimé l'article 363 comme inutile.

1688. — L'assurance à temps limité peut être faite avec ou sans indication de voyage (V. n° 1405).

L'Ordonnance décidait expressément que s'il n'y avait pas indication de voyage, l'assureur était libre à l'expiration du temps fixé (art. 34). Mais elle ajoutait dans l'article 35 : « Si le « voyage est désigné par la police, l'assureur court les risques « du voyage entier, à condition toutefois, que si sa durée excède « le temps limité, la prime sera augmentée en proportion. »

Lors de la rédaction du Code, les tribunaux de Nantes, Rennes et Marseille demandèrent que cette disposition de l'article 35 de l'Ordonnance fût reproduite. La commission la jugea inutile : « ou l'assurance, dit-elle, est faite pour un temps limité, « ou pour un voyage entier ; *et dans les deux cas, le terme des* « *risques est exprimé.* On ne peut obliger l'assureur à outre- « passer les limites qu'il a fixées dans le contrat. Le temps des « risques expiré, sa garantie n'a plus lieu ; telle est la stipulation « de son engagement. »

Il ne faudrait pas conclure de là que dans la pensée des rédacteurs du Code, par cela seul qu'il y aura eu un terme indiqué pour le voyage assuré, l'expiration du terme entraînera toujours la libération de l'assureur. Il appartient au juge d'interpréter à cet égard la convention des parties, et de décider si les parties ont eu principalement en vue le *voyage* ou le *terme* fixé. Ainsi, quand une assurance est faite *pour deux mois, de Londres à Constantinople,* on peut admettre que c'est le terme de deux mois qui domine dans le contrat et qu'à son expiration il n'y aura plus d'assurance. C'est le contraire qui devra être admis si la police porte que l'assurance est faite pour *un voyage de Londres à Constantinople estimé à deux mois.* Dans ce dernier cas, le terme, de deux mois, n'est évidemment indiqué que comme la durée approximative du voyage, qui fait seul, en réalité, l'objet de l'assurance.

1689. — Lorsque dans cette dernière hypothèse, le voyage ne se trouve pas terminé à l'époque indiquée, y a-t-il lieu ou non à une augmentation de prime ? On ne peut pas encore à cet égard tracer de règle fixe. Tout dépendra de la convention des parties. Dans son *Commentaire du Code italien,* Borsari distingue si la prime consiste dans une somme fixe ou est simplement de tant *par mois*. Il fait remarquer que lorsque la prime est fixe, il n'y a pas lieu en principe à une augmentation de prime, à moins qu'elle n'ait été stipulée (art. 343).

Chez nous, dans l'usage, quand une assurance est faite à temps, il est presque toujours stipulé, indépendamment d'une surprime pour certaines navigations (V. n° 1476), que si, à l'expiration du temps assuré, le navire est *en cours de voyage* ou en relâche, les risques seront prolongés moyennant une augmentation de prime, jusqu'à ce que le navire soit au port du lieu de destination (V. n° 1404).

Il a été jugé en vertu de cette clause que l'assurance est prolongée de droit, quand même à l'expiration du temps fixé l'assuré aurait, par précaution, fait faire une autre assurance. (Rennes, 12 mars 1862, Sirey, 62. 2. 416).

1690. — Mais la clause dont nous venons de parler a soulevé une autre difficulté : Que faut-il entendre ici par navire en *cours de voyage?* Des polices tranchent en partie la difficulté *en* disant : « que ne sera pas réputé en cours de voyage, pour la « prolongation des risques, le navire qui se trouvera dans un « lieu de reste, en cours de chargement ou déchargement. » Un navire n'est pas en cours de voyage, bien qu'il ait terminé son chargement, s'il attend *dans le port* des vents favorables (Nantes, 24 nov. 1877, J. N., 78. 1. 9). Mais il est en cours de voyage dès qu'il a *levé l'ancre* pour une expédition nouvelle (Nantes, 6 avril 1881, J. N., 1882. 1. 120; comp. n° 1404).

1691. — Après l'expiration *du temps,* l'assureur *est libre,* dit notre article. Toutefois il faut, ici, faire deux observations : 1° Il n'est pas nécessaire que l'avarie soit constatée pendant la durée des risques. L'innavigabilité qui est reconnue à la fin du voyage assuré est opposable à l'assureur, si sa cause se réfère au temps du risque.

2° En cas d'avaries dans le cours de l'assurance, cette assurance continue à couvrir le navire pendant tout le temps des réparations au lieu du reste (V. n° 1449), et dans ce cas la prolongation ne donne pas lieu à une augmentation de prime (J. N., 1877, 2. 28). Si même il est indispensable de se rendre dans un port autre que celui du reste, ce voyage est au risque des assureurs, comme une conséquence de leur obligation de remettre le navire en bon état (Bordeaux, 18 fév. 1859, J. M., 37. 2. 637. 1447). C'est aussi ce que reconnaît implicitement un arrêt de la Chambre des Requêtes du 20 janvier 1862 (Dall., 1862. 1. 417). A plus forte raison, les assureurs supportent-ils les risques des trajets que ferait le navire dans le cours de l'assurance pour aller dans un port se réparer à de meilleures conditions. La nouvelle police française (art. 18), afin d'encourager les capitaines à agir au mieux des intérêts des assureurs, porte même ceci : « pendant les trajets faits spécialement pour aller au « port de réparation et en revenir, la prime mensuelle ne court « pas dans les assurances à terme. Les vivres et gages de l'équi-« page et les frais de remorquage sont à la charge des assureurs. »

1692. — L'article 16 de la même police ajoute : « Dans les « assurances à terme ou à prime-liée, chaque voyage est l'objet « d'un règlement distinct et séparé. Chaque règlement est établi « comme s'il y avait autant de polices distinctes que de voyages. « La somme assurée est, pour chaque voyage, la limite des « engagements des assureurs. »

La dernière disposition est à noter. Les anciennes formules stipulaient bien un règlement séparé par voyage, mais la somme assurée restait toujours la limite des engagements des assureurs et on n'admettait pas que l'assuré, après avoir été payé des avaries éprouvées dans un précédent voyage, pût, en cas de perte du navire dans le dernier voyage, réclamer le paiement intégral de la somme assurée (Douai, 8 mars 1843; Bordeaux, 12 fév. 1856; Marseille, 16 mai 1856; Douai, 10 mars 1859, cités par J. M., vº *Ass.*, 418; Comp. nº 1357).

1693. — En Angleterre, on distingue des polices à temps proprement dites (*time policies*) et des polices au voyage (*voyage policies*), les polices à temps avec indication de voyage, qu'on appelle pour cela polices mixtes (*mixed policies*), (de Londres à Cadix pour six mois — ou du 1ᵉʳ janvier au 1ᵉʳ juillet, de Bristol à Marseille). Les polices à temps ne peuvent être faites pour plus d'un an (V. nº 1403). A l'expiration du temps fixé, les risques cessent, que le navire soit ou non en voyage. Il en est de même dans les polices *mixtes*, et la seule différence avec les polices à temps proprement dites consiste en ce que, dans la police *mixte*, l'assureur ne répond des risques que pour le voyage indiqué (V. n° 1405).

Un système contraire a été consacré par le Code allemand. « Lorsque dans le cas d'assurance du navire à temps, dit l'article 835, le navire est en voyage à l'époque fixée pour l'expiration de l'assurance, l'assurance, est à défaut de convention contraire, considérée comme prolongée jusqu'à l'arrivée du navire au plus prochain port de destination et dans le cas où le navire doit y faire son déchargement, jusqu'à la fin du déchargement... Si l'assurance est prolongée, l'assuré doit payer la prime convenue pendant toute la durée de la prolongation. »

Le Code allemand, on le voit, a généralisé la disposition de l'article 35 de l'Ordonnance, puisqu'il l'applique à toute assurance à temps, sans distinguer s'il y a eu ou non indication de voyage. — C'est le système de notre police (V. n° 1689).

La police de Brême de 1875 fait courir la prime même pendant le temps employé aux réparations faites pour le compte des assureurs (comp. n° 1691).

<hr>

Art. 364.

L'assureur est déchargé des risques, et la prime lui est acquise, si l'assuré envoie le vaisseau en un lieu plus éloigné que celui qui est désigné par le contrat, quoique sur la même route. — L'assurance a son entier effet, si le voyage est raccourci (1).

SOMMAIRE.

1694° — Voyage *allongé*. A quel moment l'assureur est-il déchargé des risques?
1695° — Force majeure aux risques des assureurs.
1696° — Assurance à terme avec désignation de voyage.

(1) *Ord. de* 1681 (liv. III, tit. vi). Art. 36. — Les assureurs seront déchargés des risques, et ne laisseront de gagner la prime, si l'assuré, sans leur consentement, envoie le vaisseau en un lieu plus éloigné que celui désigné par la police, quoique sur la même route; mais l'assurance aura son effet entier, si le voyage est seulement raccourci.

Le *projet de* 1867 avait supprimé l'article 364.

1694. — Nous avons vu (art. 351) que quand il y a changement de voyage après le commencement des risques, l'assureur est complètement déchargé des risques, tout en ayant droit à la prime entière, et qu'il en est ainsi alors même que l'accident s'est produit *sur la route du voyage convenu* (V. n° 1571). L'article 364, dans son premier alinéa, fait l'application de ces principes au cas où l'assuré *envoie* le vaisseau dans un lieu plus éloigné que celui désigné au contrat *quoique sur la même route*, c'est-à-dire dans la même direction. C'est ainsi du moins que la Cour de cassation a interprété cette disposition (Cass., 8 août 1876; Sirey, 77. 1. 261).

Émérigon, cependant, interprétait autrement la disposition de l'Ordonnance à laquelle correspond notre article 364. Il paraît penser que l'assureur n'était déchargé des risques *qu'à la hauteur et vue du lieu de reste indiqué dans la police.* Ainsi un navire assuré du Hâvre à Bordeaux est envoyé à Bayonne, il semblerait, d'après Émérigon, que l'assurance couvrira les risques jusqu'à la hauteur de Bordeaux (ch. XIII, sect. xiii). Émérigon, cependant, dit lui-même, un peu plus loin, qu'un voyage *allongé* est un voyage changé.

Je crois que ces deux idées peuvent trouver chacune leur application suivant l'hypothèse dans laquelle on se place. Dans l'exemple donné plus haut, si le navire ne reçoit qu'à Bordeaux l'ordre d'aller à Bayonne, il est clair que jusqu'à Bordeaux les risques ont été couverts par l'assureur et qu'ils ne cessent qu'à ce moment. Mais, remarquons-le bien, l'article 364 suppose que l'assuré *envoie le vaisseau en un lieu plus éloigné.* Dans ce cas l'assureur est entièrement déchargé à partir du départ, du moment que le navire a fait voile pour Bayonne, sans qu'on ait à distinguer si le navire avait ou non déjà atteint la hauteur de Bordeaux (V. n° 1571).

1695. — Il faut dire, au reste, de l'allongement du voyage ce que nous avons dit en général pour le changement de voyage : la responsabilité de l'assureur n'est dégagée que si le

voyage a été prolongé ou changé par *le fait de l'assuré* (n⁰ˢ
1550-1577).

En cas de blocus ou d'interdiction de commerce, on pourra
donc se diriger vers le port le plus voisin (art. 279); mais, autant que possible, il faudra rester dans la ligne des risques.
Toutes les fois qu'on s'en sera volontairement écarté, on tom-
bera sous l'application des articles 351 ou 364. Émérigon cite
l'exemple d'un navire assuré pour aller de Marseille à Dunker-
que, qui avait été mis en quarantaine à son arrivée, mais qui
au lieu d'aller faire la quarantaine dans un port de la Manche,
s'était rendu en Hollande où il avait été brûlé par mesure sanitaire. Émérigon rapporte que les assureurs furent déchargés
des risques par cela seul que le navire avait volontairement dépassé son lieu de destination (II, p. 90).

D'après l'article 7 de la police de Paris sur corps, la quarantaine est considérée comme faisant partie du voyage qui y donne
lieu : « Néanmoins, si le navire assuré au voyage va faire qua-
« rantaine ailleurs qu'au point de destination, les assureurs ont
« droit à une augmentation de prime de trois-quarts pour cent
« par mois, depuis le jour du départ pour la quarantaine jus-
« qu'à celui du retour.

« Les mêmes augmentations de prime sont applicables au cas
« où un navire, trouvant son port de destination bloqué, sé-
« journe devant ce port ou relève pour d'autres. Dans ce cas,
« les assureurs continuent de courir les risques pendant tous
« séjours et relèvements, sans cependant que cette prolonga-
« tion puisse être de plus de six mois, à dater de l'arrivée
« devant le port bloqué; mais ils ne répondent d'aucuns frais
« ni augmentation de dépenses résultant de ces relèvements et
« séjours. »

1698. — L'article 364 suppose une assurance faite pour
un *lieu désigné*. Il ne peut donc s'appliquer à une assurance à
terme sans désignation de voyage. Mais que décider lorsqu'il
s'agit d'une assurance *mixte* faite pour un certain temps avec
désignation de voyage ou au moins avec interdiction de naviguer dans certaines mers au delà d'une certaine époque (V. n⁰ˢ
1403-1405)? Si le navire se rend à une autre destination, s'il

navigue dans les mers interdites après l'époque indiquée, il est évident que l'assureur n'aura pas à supporter ces risques qui sont en dehors du contrat. Mais que décider pour les avaries subies alors que le navire était encore dans la route du contrat? La Cour de cassation a jugé le 8 août 1876 (Sirey, 77. 1. 261), que l'article 364 étant conçu en termes généraux, il n'est pas permis de distinguer entre le cas où l'assurance porte sur un seul voyage et celui où elle a pour objet une navigation qui doit s'accomplir dans un temps déterminé, *dès que les lieux de la navigation permise sont déterminés eux-mêmes.* Dans l'espèce, il s'agissait d'une assurance faite pour douze mois de navigation, en Méditerranée, Océan et dépendances. — Le navire avait péri dans l'Océan, mais en se rendant de Cardif à *Aden* (mer Rouge). La Cour, appliquant ici l'article 364, a considéré que le voyage ayant été changé dès le départ, l'assureur était libéré (V. n° 1571).

En Angleterre, lorsqu'il s'agit d'une assurance à terme avec indication de voyage (*policy mixed*), on déclare également l'assureur libéré, par cela seul que le voyage entrepris ne rentrait pas dans le cercle des risques convenus (V. n° 1405 et Arnould, édit. de 1877, I, p. 373). Mais Arnould fait remarquer que quand, par exemple, on assure un navire pour six mois, de Terre-Neuve en Angleterre, à partir du 20 octobre, l'assurance recevrait son effet alors même qu'il partirait plus tard, pourvu que le voyage se fît dans les six mois. — Cela ne nous paraît souffrir aucune difficulté.

1697. — Quand le voyage est *raccourci,* l'assurance, dit l'article 364, *a son entier effet.* Donc, la responsabilité de l'assureur subsiste, et en même temps celui-ci a droit à sa prime entière. On pouvait se demander si la responsabilité de l'assureur étant moindre, il n'aurait pas à subir une diminution de prime, ainsi que le décide l'article 356, pour le retour sans chargement. Mais nous avons vu que c'est là une disposition spéciale, fondée sur des motifs tout particuliers (V. n°ˢ 1638-1644).

Reste à voir ce qu'il faut entendre par voyage *raccourci,* en quoi il differt du voyage *changé.* La question a un grand intérêt, puisque, dans ce dernier cas, l'assureur ne court aucuns risques (art. 351). Il n'y aura voyage raccourci qu'à une condition, si le point où s'est arrêté le navire était un port d'échelle indiqué dans la police ou par l'usage (V. n° 1573). Autrement il y aura changement de voyage. Ainsi, un navire avait été assuré *de Trieste au Hâvre ou Anvers* avec faculté de s'arrêter à *San-Remo*. Dans ce dernier port, il reçoit l'ordre d'aller à Nantes et d'y terminer son voyage. Il a été jugé, qu'en pareil cas, Nantes ne pouvant être considéré comme port d'échelle, le voyage était *changé,* et non simplement *raccourci* (Cass., 17 déc. 1838, Dall., 39. 1. 32). C'est ce qu'exprime le Code italien de 1882, en disant (art. 612) : « L'assurance a son entier effet, « si le voyage est raccourci, le navire s'arrêtant *dans un lieu* « *où il pouvait faire échelle.* »

1698. — Lorsqu'un navire assuré pour un voyage aller et retour, avec faculté de faire échelle, effectue son retour d'un lieu d'échelle au port de départ, Estrangin décide qu'il y a rupture de voyage et non simple raccourcissement, qu'en conséquence l'assuré ne pourrait faire le délaissement, en cas de perte du navire au retour. — Je repousse cette idée. Il est incontestable que si après être allé au lieu de destination, le navire s'arrêtait au retour dans un port d'échelle, l'assuré pourrait invoquer l'article 364 et soutenir qu'il y a simplement raccourcissement de voyage. Pourquoi donc n'en serait-il pas ainsi, lorsque le voyage, au lieu d'être raccourci au retour, l'est pendant l'aller? La distinction faite par Estrangin ne paraît pas fondée (*Sic,* Dall., v° *Droit maritime,* n° 1893).

Valin, sur l'article 36 de l'Ordonnance qui correspond à l'article 364, examine la question suivante. On a fait assurer 1,000 livres sur un chargement destiné à aller d'un port d'Amérique à Marseille, et estimé 3,000 livres. A Cadix, on décharge des marchandises pour 2,000 livres. Valin demande si, pour le trajet qui reste à faire de Cadix à Marseille, l'assureur des 1,000 livres en supportera tous les risques, ou si, au contraire, il ne pourra pas faire le raisonnement qui suit : Vous avez fait assurer 1,000 livres sur un chargement qui en valait 3,000. J'étais donc assureur pour un tiers (V. n° 1356). Jusqu'à Cadix, j'ai couru un tiers des risques. Il en doit être de même de Cadix à Marseille. Valin répond avec raison que ce sont là des subtilités. L'assureur, dans tous les cas, n'aura jamais à payer qu'une somme de 1,000 livres, mais le contrat *subsiste jusqu'à concurrence de la valeur des effets chargés* qui restent à bord (art. 358-383).

1699. — Les mots *voyage raccourci* supposent, d'ailleurs, le voyage *terminé*. On ne pourrait pas dire, par exemple, que l'assurance est réputée avoir eu tout son effet quand le navire a été obligé par la tempête de relâcher ou de rentrer au port. Le voyage n'est pas alors terminé, et après la relâche l'assurance reprend son cours (V. n° 1550).

<center>~~~~~~~~~~~~~~~~~~~~~~~~~~~~~</center>

ART. 365.

Toute assurance faite après la perte ou l'arrivée des objets assurés est nulle, s'il y a présomption qu'avant la signature du contrat, l'assuré a pu être informé de la perte, ou l'assureur de l'arrivée des objets assurés (1).

ART. 366.

La présomption existe, si, en comptant trois quarts de myriamètre par heure, sans préjudice des autres preuves, il est établi que de l'endroit de l'arrivée ou de la perte du vaisseau, ou du lieu où la première nouvelle en est arrivée, elle a pu être portée dans le lieu où le contrat d'assurance a été passé, avant la signature du contrat (2).

(1) *Ord. de* 1681 (liv. III, tit. VI). Art. 38. — Déclarons nulles les assurances faites après la perte ou l'arrivée des choses assurées, si l'assuré en savait ou pouvait savoir la perte, ou l'assureur l'arrivée, avant la signature de la police.

Projet de 1867. Art. 370. — Toute assurance faite après la perte ou l'arrivée des choses assurées est nulle, s'il est prouvé que la nouvelle de la perte ou celle de l'arrivée est parvenue, soit au lieu où se trouvait l'assuré, avant qu'il eût donné l'ordre d'assurance, soit au lieu où a été signé le contrat avant la signature.

(2) *Ord. de* 1681 (liv. III, tit. VI). Art. 39. — L'assuré sera présumé avoir su la perte, et l'assureur l'arrivée des choses assurées, s'il se trouve que de l'endroit de la perte ou de l'abord du vaisseau, la nouvelle en ait pu être portée avant la signature de la police, dans le lieu où elle a été passée, en

SOMMAIRE.

1700. — Il est de l'essence du contrat d'assurance d'être aléatoire. Si la chose assurée avait déjà péri ou était déjà arrivée au moment où se contracte l'assurance, il semble qu'on aurait pu dire, que comme en réalité il n'y a pas eu de risques, l'assurance manquant d'objet doit être déclarée nulle, sans examiner si l'assuré a connu la perte ou l'assureur l'arrivée. « A « s'en tenir aux règles de droit naturel, dit Pothier (n° 11), « lorsque les choses que quelqu'un a fait assurer n'existaient « plus lors du contrat, quoique la partie en ignorât la perte, le « contrat devrait être nul, faute d'une chose qui en ait été la « matière, de même que le contrat de vente est nul lorsque la « chose vendue n'existait plus au temps du contrat, quoique les « parties l'ignorassent. »

Suivant un ancien système consacré par le règlement d'Anvers et par la rote de Gênes, l'assurance ne pouvait se rapporter qu'à des événements *futurs* et devait *précéder le hasard* (V. Émérigon, II, p. 154). Pendant longtemps il a été aussi de règle en Angleterre qu'un contrat d'assurance ne pouvait s'appliquer à un sinistre antérieur à la police, à moins que le contrat ne portât la clause *lost or not lost* (perdu ou non). Mais cette clause qui est devenue de style dans les polices anglaises, paraît avoir perdu de son importance. Arnould dit, en effet, qu'elle n'est pas strictement nécessaire, qu'il suffit que les

comptant une lieue et demie par heure; sans préjudice des autres preuves qui pourront être rapportées.

Le *projet de* 1867 supprimait l'article 366.

deux parties aient été de bonne foi (Arnould, édit. Maclachlan, 1877, p. 235).

C'est cette dernière règle qui a depuis longtemps prévalu chez nous. Peu importe qu'au moment du contrat il y ait eu perte ou arrivée, si ces événements étaient inconnus des contractants. L'opinion, dit à ce propos Émérigon, a toujours été pour la plus grande partie des hommes, presque la seule mesure des choses (Émérigon, II, p. 154). La même idée a été expressément consacrée par le Code allemand. « La circonstance, dit l'article 789, qu'au moment du contrat aucun dommage à réparer ne pouvait plus se produire ou que le dommage à réparer s'était déjà produit, n'a pas d'influence sur la validité du contrat d'assurance. » Il convenait en effet de laisser au commerce toute liberté, de se faire assurer après comme avant le départ, aussi bien contre les sinistres passés que contre ceux à venir.

1701. — Mais l'assurance est un contrat de bonne foi (art. 348). L'assuré n'en pourra donc profiter s'il savait la perte, ni l'assureur s'il savait l'arrivée. S'il y a preuve contre l'une des parties, la loi ne se borne pas à déclarer le contrat nul : elle prononce contre la partie en faute une peine au profit de l'autre (art. 368); mais on comprend que cette preuve sera souvent fort difficile, car l'événement a pu n'être connu que par une lettre, par un avis resté secret. Aussi la loi, à défaut de preuve, a-t-elle recours à des présomptions. Seulement dans ce dernier cas, quand il n'y a que des présomptions, la loi se borne à déclarer *l'assurance nulle.*

Il ne peut d'ailleurs être ici question que d'une nullité relative comme dans le cas prévu par l'article 348 (V. n° 1532).

Dans quels cas la connaissance sera-t-elle présumée? Elle est présumée d'après l'article 365, si l'assuré *a pu* être informé de la perte, l'assureur de l'arrivée.

Mais il y a deux sortes de présomptions, les présomptions de *fait* qui admettent la preuve contraire et les présomptions *légales* qui l'excluent (art. 1350-1353 C. Civ.).

La notoriété peut fournir une présomption *de fait* que les juges auront à apprécier (V. n° 1530). Mais les rédacteurs du

Code ont voulu, dans l'article 366, établir une présomption *légale* entraînant de droit la nullité de l'assurance ; pour cela, ils se sont inspirés de vieilles dispositions du droit maritime qui constituent aujourd'hui un véritable anachronisme.

La nouvelle de la perte ou de l'arrivée est nécessairement réputée connue avant la signature de la police si la nouvelle, eu égard à la distance et au temps écoulé, *une lieue et demie par heure*, devait être arrivée à ce moment.

1702. — Mais comment se calcule au juste le délai indiqué par l'article 366 ?

Et d'abord comment se calcule la distance ?

Le règlement d'Amsterdam, article 21, et le *Guidon de la mer*, chapitre IV, comptaient la lieue 1/2 pour heure de l'endroit même *où le sinistre est arrivé*. — L'ancien règlement de Barcelone ne compte la distance que depuis le premier endroit *de terre où la nouvelle est arrivée*. De même dans le statut de Gênes. — L'Ordonnance, article 39, compte la lieue 1/2 *de l'endroit de la perte*. On pouvait en conclure, comme le fait remarquer Émérigon (ch. XV, sect. iv), que l'Ordonnance n'avait pas admis la modification établie par le règlement de Barcelone et par le statut de Gênes. Mais Émérigon constate lui-même que la jurisprudence prenait toujours comme point de départ de la distance le premier port de terre ferme où la nouvelle avait été apportée.

L'article 366 n'a pas reproduit la disposition de l'Ordonnance ; les rédacteurs semblent avoir voulu tenir compte de la jurisprudence citée par Émérigon et l'article 366 prend également pour point de départ de la distance le *lieu de la perte, ou le lieu où la première nouvelle en est arrivée*. Comment cette disposition doit-elle s'entendre ? Il me paraît rationnel de calculer toujours la distance d'après le lieu le plus rapproché. Il est possible que la perte soit arrivée à peu de distance, à une ou deux lieues du port, et que la première nouvelle n'en parvienne que dans un port assez éloigné. Dans ce cas, on calculera la distance du lieu de la perte.

J'admettrais toutefois qu'en cas de prise, le délai de l'article 366 ne se comptera que du lieu où la prise a été conduite,

parce que c'est alors seulement qu'elle est consommée (V. n°
1787).

Autre difficulté. Le délai se compte par *heure* jusqu'au moment de la signature de la police. Or, les polices ne portent pas en général la date précise de l'heure où elles ont été souscrites : elles indiquent seulement si l'assurance a eu lieu *avant* ou *après midi*. Comment doivent s'interpréter ces derniers mots? On n'est pas d'accord : quelques-uns veulent que l'assurance soit réputée faite dès l'ouverture des bureaux, au matin ou au soir; d'autres pensent que le moment de l'assurance doit plutôt être placé aux derniers instants de la matinée ou de l'après-midi (Voy. Bédarride, n° 1384).

N'oublions pas d'ailleurs que c'est le moment où la police a été *signée* et non celle où elle a été *close* qu'il faut envisager (V. n° 1339).

1703. — Avec la présomption de l'article 366 il ne faut pas confondre celle de l'article 375. L'assurance serait valable alors même qu'elle aurait été faite après les délais qui, en cas de défaut de nouvelles, font présumer la perte (art. 375), si l'assuré n'avait rien dissimulé (Émérigon, ch. XIV, sect. IV, § 8). — A plus forte raison l'assurance faite de bonne foi postérieurement aux dernières nouvelles n'en reste pas moins valable, alors même que plus tard les délais de l'article 375 étant expirés, la perte serait présumée remonter au jour des dernières nouvelles. La présomption de l'article 375 n'a pour but que de décharger l'assuré de l'obligation de prouver la perte, et n'a pas pour effet d'invalider une assurance faite de bonne foi (V. expl. des art. 375 et 376).

1704. — Quand on se trouve dans l'hypothèse de l'article 366, la nullité de l'assurance est nécessairement prononcée, car nulle preuve n'est admise contre une présomption légale, lorsque sur le fondement de cette présomption la loi annule un acte (V. art. 1352 C. Civ.).

La preuve contraire n'est alors admise qu'au cas où l'assurance a été faite *sur bonnes ou mauvaises nouvelles* (art. 367).

1705. — Mais cette présomption comme toute autre présomption légale ne peut être étendue d'un cas à un autre, elle n'est opposable que dans le cas prévu par l'article 366, c'est-à-dire au cas où avant la signature du contrat il y avait déjà *perte* ou *arrivée*. Par *perte*, il faut entendre la perte totale, ou celle qui est réputée telle, comme les cas de délaissement. On ne serait plus dans le cas de l'article 366 si l'assureur prétendait simplement que des avaries ont été connues de l'assuré au moment du contrat. Il n'y aurait alors qu'une réticence que devrait prouver l'assureur (V. n°⁵ 1530-1533).

De même, l'article 366 ne peut être invoqué contre l'assureur qu'à l'effet de prouver que l'assureur connaissait *l'arrivée*, c'est-à-dire la fin complète des risques. La présomption ne serait plus applicable s'il s'agissait simplement de prouver qu'au moment du contrat l'assureur savait que le navire, ayant déjà touché dans un port voisin du port de destination, avait presque fini son voyage (V. n° 1535).

1706. — Il faut convenir que la présomption légale de l'article 366 est aujourd'hui bien peu en rapport avec les moyens de communication si rapides qui existent de nos jours. N'est-il pas dérisoire de supposer une nouvelle ne circulant qu'à raison d'une lieue et demie par heure, quand on possède le télégraphe qui en quelques instants nous apporte les nouvelles de Chine ou d'Amérique ? Le plus souvent, la nouvelle sera depuis longtemps connue bien avant le terme fixé par l'article 366.

Aussi les polices aujourd'hui en usage ont elles substitué à la présomption surannée de l'article 366 une présomption beaucoup plus rationnelle.

Les polices n'exigent même pas que la nouvelle soit *notoire*. La police *sur facultés* (art. 18) s'exprime ainsi : « Les assurés « et les assureurs sont toujours présumés avoir reçu connais- « sance immédiate des nouvelles concernant les choses assu- « rées, qui sont parvenues au lieu où ils se trouvent respecti- « vement. En conséquence, toute assurance faite après la perte « ou l'arrivée des choses assurées est nulle, s'il est établi que la « nouvelle de la perte ou de l'arrivée était parvenue, soit au « lieu où se trouvait l'assuré, avant l'ordre d'assurance donné, « soit sur la place du domicile de l'assureur, avant la signature « de la police. Cette présomption est substituée à celle de la

« lieue et demie par heure, et il est dérogé à l'article 366 du
« Code de commerce. » — La police sur corps (art. 29) est encore plus explicite. Elle explique qu'il suffit que la nouvelle soit
parvenue *à des tiers même inconnus* de l'assureur ou de l'assuré, *par une lettre, une dépêche, un exprès, ou de toute
autre manière.* « La nouvelle d'un sinistre arrivant sur une place
« commerciale, dit M. de Courcy, dans son *Commentaire des
« polices* (p. 313), se répand avec une extrême rapidité parmi
« les négociants et assureurs. Elle ne peut-être tenue secrète
« que par ceux qui auraient intérêt à la cacher. Il n'est pas
« admissible qu'elle demeure ignorée précisément du négo-
« ciant non assuré qu'elle intéresse le plus. Il est trop tard pour
« donner des ordres d'assurance sur un navire dont la perte
« est connue. Quant à la nouvelle de l'arrivée, elle acquiert
« sans doute une bien moindre et moins rapide publicité. Il
« n'est pas admissible, cependant, qu'on puisse assurer au
« Hâvre un navire entré la veille dans les bassins, ni assu-
« rer à Paris un navire dont les journaux maritimes, reçus
« dans les bureaux de l'assureur et dépouillés par ses em-
« ployés, auront annoncé l'arrivée. Malgré la bonne foi in-
« contestable des deux parties, un tel contrat est tardif et
« doit être annulé comme le résultat d'une erreur » (Comp.
nº 1530).

1707. — Le projet de 1867 avait été conçu dans le même
esprit. Il supprimait la présomption de l'article 366. Mais il
annulait le contrat par cela seul qu'il était prouvé que la nouvelle de la perte ou de l'arrivée était *parvenue* sur les lieux
avant l'ordre d'assurance, ou la signature.

Le Code allemand ne se contente pas de simples présomptions. Il veut qu'on prouve *la connaissance personnelle* — que
l'assureur *savait* (*wusste*) l'arrivée — que l'assuré *savait* le sinistre (C. all., art. 789). — Le nouveau Code italien de 1882
(art. 430) contient une expression analogue : *conoscevano.*

La loi belge de 1879 (art. 196) n'exige pas qu'on prouve
contre l'assuré ou l'assureur la connaissance positive de la
perte ou de l'arrivée Il suffit qu'ils aient *dû en être informés,*
ce que le juge aura à apprécier.

1708. — Lorsque l'assurance est faite par intermédiaire, *pour compte,* la bonne foi doit exister aussi bien chez celui qui donne l'ordre que chez celui qui l'exécute (V. n° 1531). Si le courtier qui a reçu l'ordre de faire l'assurance connaissait le sinistre au moment de la signature, l'assurance sera nulle, alors même qu'elle aurait été ignorée du donneur d'ordre. Si celui-ci n'apprend le sinistre qu'après avoir donné l'ordre d'assurance, il doit prévenir sans retard celui auquel il a donné l'ordre d'assurance pour empêcher la signature de la police (Valin, II, p. 95). Chez nous, la jurisprudence annule le contrat, par cela seul que le commettant qui, en télégraphiant, aurait pu empêcher la signature, s'est contenté d'écrire par la poste (Bordeaux, 3 août 1868, J. M., 1869. 2. 30). La question a été formellement tranchée en ce sens par la police de Paris sur corps (art. 29). Le Code allemand (art. 811) n'oblige pas à recourir à des moyens de communication *extraordinaires.* L'article 30 des conditions générales adoptées en 1867 porte que l'emploi du télégraphe pourra, suivant les circonstances, être considéré comme rentrant dans cette dernière catégorie (Lewis, II, p. 254).

Quant à la question de savoir s'il y a eu connaissance de la part du courtier ou du donneur d'ordre, elle sera, à défaut de preuve directe, tranchée par la présomption légale de l'article 366, ou par la présomption de fait tiré de la notoriété, suivant ce qui a été expliqué plus haut (n° 1701).

<hr>

ART. 367.

Si cependant l'assurance est faite sur bonnes ou mauvaises nouvelles, la présomption mentionnée dans les articles précédents n'est point admise. — Le contrat n'est annulé que sur la preuve que l'assuré savait la perte, ou l'assureur l'arrivée du navire, avant la signature du contrat (1).

(1) *Ord. de* 1681 (liv. III, tit. vi). Art. 40. — Si toutefois l'assurance est faite sur bonnes ou mauvaises nouvelles, elle subsistera, s'il n'est vérifié par autre preuve que celle de la lieue et demie par heure, que l'assuré savait la perte, ou l'assureur l'arrivée du vaisseau, avant la signature de la police.

Le *projet de* 1867 n'avait pas modifié l'article 367.

SOMMAIRE.

1709° — Effet de l'assurance sur bonnes ou mauvaises nouvelles.
1710° — Distinction faite par les polices entre l'assurance sur corps et celle sur marchandises.
1711° — Droit comparé.

1709. — L'article 366 établit une présomption *juris et de jure* qui exclut la preuve contraire (V. n°⁵ 1701-1704). Il peut cependant arriver en fait que malgré la présomption établie par la loi, les parties intéressées ignorent le sinistre ou l'arrivée, ou n'aient à cet égard que des doutes, des incertitudes. Dans ce cas, la loi ne demande aux parties que d'agir avec loyauté en se faisant part de leurs doutes. C'est ce que la police exprime en disant que l'assurance est faite *sur bonnes ou mauvaises nouvelles*. Les parties ainsi averties ne pourront plus s'opposer la présomption de l'article 366. Le contrat ne sera annulé que si l'un des contractants est convaincu par l'autre d'avoir été de mauvaise foi (Req., 24 avril 1876, Dall., 76. 1. 435; Rouen, 11 juillet 1881, Dall., 82. 2. 212).

1710. — Nous avons vu (n° 1706) que d'après nos polices françaises, le sinistre ou l'arrivée sont réputés connus des parties intéressées dès que la nouvelle en est parvenue au lieu du contrat. Cette présomption que la police substitue à celle de l'article 366 peut-elle être également écartée par une assurance faite *sur bonnes ou mauvaises nouvelles?*

Les polices ont fait à cet égard une distinction entre l'assurance sur corps et celle sur marchandises.

Malgré la preuve contraire toujours réservée, l'assurance *sur bonnes ou mauvaises nouvelles,* pourra souvent prêter à la fraude. C'est pour cela sans doute que la police française ne l'admet pas pour l'assurance sur corps (art. 29). Un armateur est inexcusable de ne pas connaître la perte d'un navire dont la nouvelle était parvenue au lieu du contrat : un assureur est inexcusable d'ignorer l'arrivée d'un navire qui a été publiée (V. n° 1706).

Mais la police sur marchandises (art. 18), après avoir dit que l'assurance est annulée, s'il est établi que la nouvelle de la perte ou de l'arrivée était parvenue, soit au lieu où se trouvait l'assuré avant l'ordre d'assurance, soit sur la place du domicile de l'assureur avant la signature de la police, ajoute : « Toute- « fois il peut être stipulé dans le contrat que l'assurance est faite « sur bonnes ou mauvaises nouvelles. Dans ce cas, conformé- « ment à l'article 367 dudit Code, le contrat n'est annulé que « sur la preuve que l'assuré savait la perte ou l'assureur l'ar- « rivée. »

Pour les marchandises, on peut dire que la clause *sur bonnes ou mauvaises nouvelles* est devenue presque de style. En voici la raison : les polices circulent avec les connaissements; or, les acheteurs de marchandises flottantes, les banquiers ou consi- gnataires qui font des avances sur marchandises ne sauraient traiter avec sécurité s'ils étaient exposés à recevoir un titre dont la validité pourrait être contestée, sous prétexte qu'au lieu où la police a été signée la perte était connue. De là pour rassurer les intérêts des preneurs l'usage d'assurer les marchandises *sur bonnes ou mauvaises nouvelles*.

1711. — A l'assurance sur bonnes ou mauvaises nouvelles, on assimile quelquefois l'assurance faite en Angleterre avec la clause *lost or not lost* (perdu ou non). Mais cette clause, comme je l'ai déjà fait remarquer en expliquant l'article 365, se rattache à une autre idée (V. n° 1700). La clause sur *bonnes ou mauvaises nouvelles* n'a chez nous pour but que d'écarter la présomption que la loi ou la police fait peser sur la partie au point de vue de la connaissance de la perte ou de l'arrivée.

Par la même raison, là où il n'y a pas de présomption éta- blie, comme dans le Code allemand, dans le nouveau Code italien, il n'est pas question d'assurance *sur bonnes et mauvaises nouvelles* (V. n° 1707).

ART. 368.

En cas de preuve contre l'assuré, celui-ci paye à l'assureur une double prime. — En cas de preuve contre l'assureur, celui-ci paye à l'assuré une somme double de la prime convenue. — Celui d'entre eux contre qui la preuve est faite est poursuivi correctionnellement (1).

SOMMAIRE.

1712° — Peine de la double prime. Comparaison du Code et de l'Ordonnance.
1713° — Nature et qualification du délit.
1714° — Compétence.
1715° — Droit comparé.

1712. — Lorsque la connaissance de la perte ou celle de l'arrivée est simplement présumée à l'égard de l'assuré ou de l'assureur, la loi se borne à priver la partie présumée en faute du bénéfice du contrat (V. n° 1701). — Mais lorsque la fraude est prouvée d'une manière positive, *exactement prouvée*, suivant l'expression de Valin (V. n° 1653), le contrat n'est pas seulement annulé comme dans le cas de connaissance simplement *présumée* (art. 365). Une peine est en outre encourue par la partie dont la fraude est prouvée.

Si c'est l'assuré qui a connu et dissimulé la perte, il paiera à l'assureur une *double prime*, c'est-à-dire que la prime reste due et qu'elle est même doublée à titre de dommages-intérêts. Une disposition analogue s'applique à l'assureur qui a connu et dissimulé l'arrivée. L'Ordonnance disait *que l'assureur* « *serait* « *condamné à la restitution de la prime et d'en payer le double* « *à l'assuré.* » En interprétant à la lettre ces expressions, on aurait pu en conclure que l'assureur, outre qu'il restituait la prime reçue, était tenu d'en payer le double. C'est, en effet, ce que dé-

____

(1) *Ord. de* 1681 (liv. III, tit. vi). Art. 41. — En cas de preuve contre l'assuré, il sera tenu de restituer à l'assureur ce qu'il aura reçu, et de lui payer double prime, et si elle est faite contre l'assureur, il sera pareillement condamné à la restitution de la prime, et d'en payer le double à l'assuré.

Projet de 1867. Art. 372. — En cas de preuve contre l'assuré, celui-ci paie à l'assureur une double prime. — En cas de preuve contre l'assureur, celui-ci paie à l'assuré une somme double de la prime convenue.

cident Valin, Pothier, Émérigon (V. ce dernier, ch. XV, sect. VII). L'article 368 supprime toute équivoque : l'assureur doit seulement le double de la prime convenue : l'égalité est ainsi parfaitement établie entre l'assureur et l'assuré. Si l'on devait entre eux faire quelque différence, il semble, comme le fait remarquer Valin, que l'assuré devrait être traité le plus sévèrement, car c'est celui dont la fraude peut causer le plus de préjudice, la valeur de la chose dépassant en général de beaucoup la prime.

Valin trouvait si légère la peine de la double prime qu'il considérait cette disposition comme seulement applicable au cas où l'assurance serait annulée en vertu de la présomption légale de la lieue et demie par heure. Pothier (*Ass.*, n° 24) et Émérigon (ch. XV, sect. VII) font, au contraire, très bien remarquer que la peine de la double prime n'est applicable que dans le cas de fraude *prouvée*.

La peine de la double prime n'est pas même applicable à toute fraude ou réticence prouvée. Il faut qu'il s'agisse de la fraude spéciale prévue par l'article 365, la connaissance de la *perte* par l'assuré, celle de l'*arrivée* par l'assureur. Dans les autres cas on n'appliquera que la peine ordinaire de la réticence avec les distinctions que j'ai indiquées (V. n° 1532).

1713. — Indépendamment de la peine de la double prime, l'article 368 ajoute que celui contre lequel la preuve est faite est poursuivi correctionnellement.

L'article 368 n'a pas caractérisé le délit ni indiqué la peine encourue. Straccha (274) considérait comme *stellionnataire* celui qui faisait assurer une chose la sachant perdue. Ailleurs, on le réputait *faussaire* (V. Valin, II, p. 96). De nos jours, la Cour de cassation a jugé que l'armateur qui faisait assurer un navire alors qu'il le savait perdu, commettait le délit d'*escroquerie* prévu par l'article 405 (Crim., 10 juillet 1857, Dall., 57. 1. 379, Crim., 21 nov. 1873, Sirey, 74. 1. 136). Ce point avait été mis en doute, parce que l'article 405 exige des manœuvres frauduleuses et ne se contente pas, en principe, de simples mensonges.

On ne pourrait, au reste, appliquer la peine de l'escroquerie, que dans le cas de fraude caractérisée, et non dans celui de simples réticences.

1714. — En cas de fraude, c'est seulement au ministère public qu'il appartient de requérir l'application de la peine. La partie lésée fera prononcer la nullité de l'assurance par le tribunal de commerce qui lui accordera l'indemnité réglée par l'article 368. Le tribunal pourra ordonner qu'un extrait de son jugement soit communiqué au ministère public qui fera alors la poursuite. Telle est la procédure suivie dans l'usage (V. Sirey, 74. 1. 136).

1715. — Le projet de 1867 se bornait, comme l'Ordonnance, à prononcer la peine de la double prime. On voulait ainsi laisser au ministère public toute liberté pour reconnaître, qualifier et réprimer le délit suivant les circonstances.

Le Code allemand (art. 789) ne prononce lui-même aucune peine, et dit simplement qu'en cas de preuve contre l'assureur ou contre l'assuré, le contrat ne lie pas la partie qui a ignoré l'état des choses. L'autre, au contraire, reste liée. L'assureur qui prouve que l'assuré savait le sinistre, n'en aura pas moins droit à la prime entière, mais il ne peut réclamer plus. Si c'est l'assureur qui a été de mauvaise foi, l'assuré n'aura pas de prime à payer. — C'est aussi ce que décide le nouveau Code italien de 1882 (art. 430).

SECTION III.

Du délaissement.

—

Art. 369.

Le délaissement des objets assurés peut être fait, — en cas de prise, — de naufrage, — d'échouement avec bris, — d'innavigabilité par fortune de mer, — en cas d'arrêt d'une puissance étrangère, — en cas de perte ou détérioration des effets assurés, si la détérioration ou la perte va au moins à trois quarts. — Il peut être fait en cas d'arrêt de la part du Gouvernement, après le voyage commencé (1).

(1) *Ord. de* 1681 (liv. III, tit. vi). Art. 46. — Ne pourra le délaissement être fait qu'en cas de prise, naufrage, bris, échouement, arrêt de prince, ou perte entière des effets assurés ; et tous autres dommages ne seront réputés qu'avarie qui sera réglée entre les assureurs et les assurés, à proportion de leurs intérêts.

Projet de 1867. Art. 373. — Le délaissement des choses assurées peut être fait en cas de naufrage, d'innavigabilité par fortune de mer, de perte ou de détérioration des choses assurées, si la détérioration où la perte est au moins de trois quarts. — Si les assureurs ont garanti les risques de guerre, le délaissement des choses assurées peut être fait en cas de prise, en cas d'arrêt d'une puissance étrangère, en cas d'arrêt de la part du Gouvernement, après le voyage commencé. — L'abandon fait par le propriétaire du navire en vertu de l'article 225, ou la vente qu'il en laisse faire sur la poursuite des créanciers, là où il a pu agir, n'est pas une cause de délaissement.

Art. 388. — En cas de naufrage, le délaissement ne peut être fait, à moins qu'il n'y ait détérioration des trois quarts, si le navire assuré est remis à flot dans le délai d'un mois à dater de l'événement, ou si les marchandises assurées sont sauvées et rechargées dans le même délai pour être conduites au lieu de leur destination. — En cas de prise, le délaissement des choses assurées ne peut être fait, si le navire est relâché dans le délai d'un mois à dater de la prise.

SOMMAIRE.

1716. — Deux actions peuvent suivant les cas être exercées par l'assuré : 1° *l'action d'avaries,* qui tend uniquement à la réparation du dommage éprouvé ; 2° *l'action en délaissement,* laquelle tend à obtenir le paiement de toute la somme assurée, moyennant l'abandon par l'assuré de tous ses droits sur la chose assurée.

De ces deux actions, la première est la seule qui découle de la nature du contrat d'assurance qui n'est qu'un contrat *d'indemnité :* l'assureur en cas de sinistre n'est obligé qu'à indemniser l'assuré : il n'est pas tenu de se mettre en son lieu et place.

L'assuré ne pourrait donc, en principe, réclamer toute la somme assurée que lorsqu'il y a eu perte totale et absolue. Si une partie seulement de la chose a péri, quelque considérable que soit cette partie, il semble que l'assuré ne pourrait dire à l'assureur : Prenez ce qui reste et payez le tout. L'assureur ne devrait alors être tenu que d'indemniser l'assuré de la perte par lui éprouvée en laissant à son compte les effets assurés.

De même si postérieurement les effets que l'on croyait perdus venaient à être sauvés, il semble que les effets sauvés devraient toujours appartenir à l'assuré qui en tiendrait compte à l'assureur en lui restituant la valeur de ces effets.

Comment donc la théorie de délaissement a-t-elle pris naissance ?

L'usage du délaissement commença sans doute par l'abandon que l'assuré réclamant en cas de perte totale la somme assurée faisait de ses droits et actions sur ce qui pourrait être recouvré plus tard. Dans ce cas, comme le fait très bien remarquer Borsari, le délaissement est un devoir pour l'assuré (*Codici di comm.,* II, n° 1451).

Il y a loin de là sans doute au délaissement de ce qu'on sait exister de la chose assurée. Mais si ce qui en reste est tel que la substance, c'est-à-dire la forme constitutive de la chose, suivant sa destination, ait été détruite, c'est comme une perte totale. On comprend que l'usage du délaissement ait fait ce nouveau pas.

Puis on est venu à attacher à certains sinistres la présomption d'un tel résultat.

Pardessus (*Collect. des lois marit.*, II, p. 400) prétend qu'on ne trouve aucune trace du délaissement dans les anciens monuments du droit maritime, notamment dans les vieilles Ordonnances de Barcelone, remontant au commencement du xve siècle. Ceci n'est pas parfaitement exact, car dans l'Ordonnance de Barcelone de 1435 comme dans celle de Séville de 1556, on voit déjà qu'on assimilait à la perte le défaut de nouvelles. L'Ordonnance de Burgos de 1538 fixe les délais laissés à l'assuré pour faire le délaissement, quand les marchandises sont perdues ou endommagées (Reatz, *Geschichte des Europ. Seeversicherungs rechts. Leipzig*, 1870, p. 283-285).

Le *Guidon* rédigé en 1584, d'après les usages de l'Océan, consacre tout un chapitre (ch. VII) aux *délais* ou *délaissements*. « Il est en liberté du marchand chargeur faire délais à ses asseu- « reurs, c'est-à-dire quitter et délaisser ses droits, noms rai- « sons et actions de la propriété qu'il a en la marchandise « chargée dont il est asseuré, quand il advient naufrage du tout « ou de partie, ou bien avarie qui excède ou endommage la « moitié de la marchandise, quand il y a prise d'armes ou d'en- « nemis, arrest de princes ou tel autre destourbier en la navi- « gation, ou telle empirance en la marchandise, qu'il n'y ait « moyen l'avoir fait naviguer à son dernier reste, ou qu'elle ne « valust le fret ou peu de chose davantage. » Le *Guidon* parle un peu plus loin du délaissement du navire : « Quand le navire « est pris ou jetté à la coste par tourmente en pays étranger, et « qu'il y a quelque espoir de recouvrance du tout ou en partie, « il est en liberté de l'asseuré de faire ses délais... »

Lorsqu'en 1865 on s'occupa chez nous de la révision du Code de commerce, la faculté de délaissement fut dans le sein de la commission l'objet de quelques critiques. Mais on reconnut que le délaissement en certains cas était admis par toutes les législations (V. n° 1754), qu'il était passé dans les habitudes du commerce, et on maintint en conséquence le principe du délaissement en modifiant seulement sur divers points les dispositions du Code.

C'est aussi ce qu'ont fait la loi belge de 1879 et le Code italien de 1882 (V. n° 1754).

La faculté de délaissement est toutefois spéciale aux assurances contre les risques de la navigation. C'est ce qu'a dit expressément le nouveau Code italien de 1882, qui, à propos des assurances en général, s'exprime ainsi (art. 435) : « Sauf les « dispositions spéciales contre les risques de la navigation, l'as-« suré n'a pas le droit d'abandonner à l'assureur ce qui reste de « la chose assurée ou a été sauvée du sinistre. Cette valeur est « déduite de la somme due par l'assureur. »

1717. — Le délaissement étant une faculté exceptionnelle qui ne peut s'exercer que dans les cas expressément admis par la loi (Req., 10 janvier 1859, Dall., 59. 1. 60), il importe de bien définir les cas de délaissement.

L'article 46, liv. III, titre vi de l'Ordonnance disposait : « Ne pourra le délaissement être fait qu'en cas de prise, nau-« frage, bris, échouement, arrêt de prince, ou perte entière des « effets assurés, et tous autres dommages ne seront réputés « qu'avarie qui sera réglée entre les assureurs et les assurés à « proportion de leur intérêt. »

L'article 58 admettait aussi le délaissement dans le cas de défaut de nouvelles.

Rapprochons ces dispositions de celles de l'article 369, complétées par les articles 375 et 394, nous constaterons ce qui suit :

1° L'article 369 commence par reproduire la disposition de l'Ordonnance pour le *naufrage* et la *prise;*

2° Aux mots *bris* et *échouement,* le Code a substitué *l'échouement avec bris;*

3° Le Code a remplacé les mots *arrêt de prince,* par une double expression : *arrêt d'une puissance étrangère,* et *arrêt de la part du gouvernement;*

4° *A la perte entière* le Code a substitué *la perte ou détérioration allant au moins à trois quarts;*

5° Le Code a ajouté le cas d'*innavigabilité* (369, 389, 394);

6° Il a modifié les délais pour le défaut de nouvelles (art. 375).

Nous verrons (art. 385) que le délaissement est définitif quand il a été accepté ou jugé valable, mais quand les parties n'étant pas d'accord le juge a à rechercher s'il y a ou non lieu au délaissement, suffit-il qu'à un moment donné il y ait eu une cause de délaissement, sans qu'on ait à se préoccuper des événements ultérieurs?

Suivant Valin, dans les cas de délaissement énumérés par l'Ordonnance, la perte était simplement présumée (V. n° 1727). Mais les assureurs pouvaient écarter le délaissement si nonobstant le sinistre il y avait eu sauvetage. Ils le pouvaient, alors même que le délaissement avait déjà été signifié, pourvu qu'il n'eût pas encore été accepté ou jugé valable (Valin, sur les art. 46 et 60 de l'Ordonnance). — Pothier ne voyait également dans les cas de délaissement énumérés par l'Ordonnance qu'une simple présomption de perte. « Je crois, dit-il (n° 116), que la « seule et véritable cause qui donne ouverture à la demande de « toute la somme assurée est la perte totale ou presque totale « des effets assurés, qui arrive par quelque accident de force « majeure et que les pertes et dommages de parties ne sont que « des avaries qui ne donnent lieu qu'à la seconde espèce d'o- « bligation. C'est pourquoi le *naufrage, l'échouement* ainsi que « les autres accidents de force majeure mentionnés en cet ar- « ticle, n'y sont rapportés, comme les causes qui donnent ou- « verture à la demande de la somme assurée, que parce que ce « sont les causes les plus ordinaires de la perte totale ou pres- « que totale des effets assurés. Mais lorsque le naufrage ou « l'échouement n'a pas causé cette perte totale ou presque « totale, les effets assurés ayant été sauvés en grande partie, « il n'y a pas lieu à la demande de la somme assurée, et l'as- « suré ne peut demander qu'un dédommagement comme d'une « simple avarie. »

Émérigon interprétait autrement l'Ordonnance : « L'article « 46, dit-il, spécifie six cas hors desquels le délaissement ne

« pourra être fait. Dans les cinq premiers, la *perte entière* est
« présumée par l'Ordonnance : et cette présomption qui est
« *juris et de jure* suffit, sauf certaines modifications, pour don-
« ner ouverture à l'action de délaissement. Dans le sixième cas,
« il faut, pour intenter cette action, qu'il y ait une perte totale
« et effective. — On doit donc ici distinguer deux sortes de
« *perte entière*, la légale et la réelle. La première est un *nom*
« *de droit* : la seconde est la privation absolue des choses assu-
« rées. Cette distinction, quelque subtile qu'elle soit, m'a tou-
« jours paru le seul moyen de saisir le véritable sens de l'ar-
« ticle 46. »

D'après le Code allemand (art. 871), la déclaration de délaissement n'a pas d'effets juridiques quand les faits sur lesquels
elle se fonde ne se confirment pas ou n'existent plus *au moment où la déclaration est parvenue à l'assureur*, mais à partir
de ce moment, elle reste obligatoire pour les parties, bien qu'il
survienne postérieurement des circonstances qui, si elles s'é-
taient produites plutôt, auraient exclu le délaissement, comme
le retour d'un navire dont on n'avait plus de nouvelles, ou la
restitution d'une prise.

En Angleterre, on est plus exigeant vis-à-vis de l'assuré :
alors même qu'il y a eu déclaration de délaissement, si le délaissement n'a pas été accepté et que l'objet assuré ait été rendu
ou repris *avant que l'assuré ait formé sa demande en paiement*, il n'y a plus lieu au délaissement, mais seulement à
une action d'avaries (Arnould, édit. de Maclachlan, 1877,
p. 988).

Aux États-Unis, pour examiner s'il y a lieu ou non au délaissement, on se réfère à l'état de choses existant au moment
de la signification du délaissement. « Les faits tels qu'ils existent
« *au moment de la déclaration*, dit Kent, doivent la justifier :
« mais, s'il en est ainsi, la règle est qu'un délaissement une fois
« fait légitimement est décisif et obligatoire entre les parties :
« leurs droits sont fixés et ne peuvent être modifiés par les évé-
« nements ultérieurs » (Kent, *Commentaries*, III, p. 324).

Chez nous, il est admis, en général, que le droit au délaissement subsiste du moment qu'il a été ouvert (Req., 20 janv.

1869, Sirey, 69. 1. 249). Cette règle, toutefois, paraît devoir comporter plusieurs restrictions, comme on le verra plus loin (V. n° 1721).

1718. — Le Code, comme l'Ordonnance, s'est borné à énumérer les causes de délaissement, sans distinguer s'il s'agit d'une assurance sur corps ou sur marchandises.

Il pourra cependant y avoir lieu au délaissement du navire sans qu'il y ait lieu à celui des marchandises et réciproquement.

Il y a évidemment des causes de délaissement qui ne peuvent être envisagées qu'au point de vue de l'*objet assuré*, telle est la perte ou détérioration des trois quarts. L'article 394 dit expressément que l'innavigabilité du navire n'est pas une cause de délaissement pour les marchandises qui ont pu être transportées à destination. Mais on admet généralement que le naufrage, l'échouement avec bris autorisent toujours, par eux seuls, le délaissement des marchandises (Comp. n° 1722).

1719. — Le Code, au surplus, n'a déterminé les cas de délaissement qu'à défaut de convention. Les parties peuvent, par la police, élargir ou limiter les cas de délaissement. En fait, les polices s'attachent surtout à restreindre les cas de délaissement, comme nous le verrons plus loin (Comp. n°s 1754 et 1758).

1720. — 1° *Prise*. — L'article 46 de l'Ordonnance (liv. III, tit. VI) avait placé la prise en tête des cas de délaissement. Il en est de même dans l'article 369. On distingue quelquefois la *prise* du *pillage* (V. art. 350). La prise suppose une capture faite par un vaisseau de guerre ennemi ou des corsaires ayant commission d'une puissance ennemie, tandis que le pillage est le fait de pirates ou d'insurgés n'ayant pas le caractère de belligérants (V. n° 1558). Nous avons vu (n° 1564) que d'après les polices les assureurs ne répondent pas en principe des risques de guerre, des captures de gouvernements quelconques *reconnus ou non-reconnus*, tandis qu'ils répondent des faits de piraterie. De là il résulte que dans le système des polices, la *prise* proprement dite n'est pas en principe une cause de délaissement. Mais il en devait être autrement dans le système du Code qui met les risques de guerre à la charge des assureurs.

L'*arrêt*, comme nous le verrons, ne donne lieu au délaissement qu'autant qu'il s'est prolongé pendant un certain temps (art. 387). D'après le Code allemand, le délaissement ne peut avoir lieu en cas de prise, comme en cas d'arrêt s'il y a eu restitution ou reprise du navire ou des marchandises dans un certain délai (V. n° 1922). La loi belge de 1879 (art. 220) et le Code italien de 1882 (art. 626) se sont inspirés de la même idée en ne permettant le délaissement en cas de prise ou arrêt, qu'au bout d'un certain temps. Notre projet de révision de 1867 s'était prononcé dans le même sens. Il n'admettait pas e délaissement en cas de prise si le navire était relâché dans le délai d'un mois à dàter de la prise.

Dans l'état actuel de notre législation, la prise à la différence de l'arrêt donne par elle-même ouverture au délaissement qui doit seulement être fait dans le délai fixé par l'article 373. Mais je ne considérerais pas, comme un cas de *prise,* celui où le navire ne serait resté que quelques heures aux mains de l'ennemi, et où la prise n'aurait pas été en réalité consommée. Les instructions données à la Marine au commencement de la guerre de 1870, portaient qu'un bâtiment neutre repris à l'ennemi dans les vingt-quatre heures, serait relâché purement et simplement. La prise n'était donc réputée consommée qu'après vingt-quatre heures.

1721. — Le délaissement peut-il être fait, alors que la prise a déjà été recouvrée? Dans son *Traité des assurances,* Émérigon (ch. XII, sect. xviii) pose cette question : Dès le moment de la prise l'action d'abandon est-elle ouverte? « Si, dit-il, je n'étais « pas arrêté par la jurisprudence actuelle, je serais peut-être « tenté d'assimiler la prise à l'échouement simple, et de dire, « sauf certaines modifications, que si le navire pris recouvre sa « liberté, soit par rachat, soit par les forces de l'équipage, soit « par recousse, soit par un jugement qui le relâche, soit enfin « par quelque autre événement qui le ramène au pouvoir de ses « anciens maîtres, il n'y a pas lieu à l'action de délaissement, « attendu qu'il n'y a point *perte entière,* et que rien n'empêche « de pourvoir à l'intérêt des assurés par le moyen de l'action « d'avaries... Mais notre jurisprudence est contraire. On l'éta- « blit sur la lettre de l'article 46 des assurances, duquel on

« infère que, dès que le navire est pris, l'action de délaissement
« est ouverte, et cette jurisprudence est conforme à la doctrine
« de Valin et de Pothier. »

En réalité, Valin se borne à dire que *l'espérance de la restitution n'est pas suffisante pour exclure ou retarder l'abandon.*
Pothier également ne dit pas autre chose. Et ceci paraît hors de
toute contestation. Quant aux arrêts auxquels fait allusion Émérigon et qui sont cités par lui un peu plus loin (ch. XII, sect.
XXII), ils ne jugent en définitive qu'une chose, c'est que le délaissement *une fois fait* doit subsister malgré la restitution de
la prise. Il est incontestable que sur ce point on ne pourrait
encore aujourd'hui rendre une autre décision en présence de
l'article 385.

Mais la vraie question est celle-ci : Quand la prise a été restituée avant que le délaissement ait été *signifié,* y a-t-il encore
lieu à délaissement?

Nous avons vu (n° 1717) que pour savoir s'il y a lieu à délaissement, il faut se placer en Angleterre, au moment où, à défaut
d'acceptation, l'action en délaissement est portée en justice — aux
États-Unis, au moment de la déclaration de délaissement — en
Allemagne, au moment où cette déclaration parvient à l'assureur.
Il s'ensuit dans ces divers pays, que si au moment où le délaissement est signifié, la prise a déjà été restituée, il n'y a plus
lieu à délaissement.

Mais que décider chez nous? Les opinions sont partagées.
Pour soutenir qu'il n'y a pas lieu alors au délaissement, des
auteurs posent aussi en principe que la *cause* du délaissement
doit encore exister au moment où a lieu le délaissement. L'article 373 laisse, dit-on, un certain délai à l'assuré pour opter
entre le délaissement et l'action d'avaries suivant les éventualités. Il est juste que la balance soit égale entre l'assureur et
l'assuré. Si avant que l'assuré ait opté, la cause du délaissement
a cessé, si le navire a été rendu ou sauvé, le délaissement n'a
plus de raison d'être, sauf à procéder au règlement d'avaries.
A l'appui de ce système, on invoque les articles 375 et 385.
L'article 375 admet qu'on peut faire le délaissement pour défaut
de nouvelles pendant un an. Or, au bout de l'année, le droit au

délaissement est-il définitivement acquis ? Non. Il faut encore que l'assuré déclare n'avoir reçu depuis aucunes nouvelles. L'article 385 décide *qu'après le délaissement signifié et accepté,* l'assureur ne peut, sous prétexte du retour du navire, se dispenser de payer la somme assurée. Donc, dit-on, il le pouvait avant la signification (*Sic,* Boistel, *Droit comm.,* 2ᵉ édit., n° 1396).

Dans le système contraire, on pose en thèse, qu'une fois le droit au délaissement ouvert, ce droit subsiste quels que soient les événements ultérieurs. On fait remarquer que l'article 369 ne met pas pour condition que les objets assurés ne seront pas recouvrés, que l'article 373, en laissant à l'assuré le droit d'option pendant un certain délai, implique lui-même que le droit au délaissement lui est acquis ; que l'article 381 permet le délaissement malgré le sauvetage ; qu'il ne faut pas, en effet, que l'assuré puisse se voir enlever le droit au délaissement, parce qu'il aura fait tous ses efforts pour se faire restituer la chose ou la sauver (Dall., *Rép.,* v° *Droit marit.,* n° 1992).

J'admets très bien que le sauvetage après naufrage ne puisse pas faire obstacle au délaissement. C'est ce qui résulte de l'article 381, et la Cour de cassation a pu dire dans ce cas qu'il suffit que le droit au délaissement ait été ouvert pour que ce droit subsiste (Cass., 20 janvier 1869, Sirey, 69. 1. 245). Mais pour revenir à la question que j'ai posée plus haut, je partage l'avis d'Émérigon, et j'aurais peine à admettre que l'assuré pût signifier le délaissement alors qu'il serait déjà rentré en possession de sa chose, à moins qu'il n'eût recouvré la chose que par suite d'un *rachat,* le rachat étant considéré comme un titre nouveau d'acquisition qui n'efface pas la prise. Nous verrons d'ailleurs qu'en cas de rachat, la loi laisse à l'assureur le droit d'opter entre l'acceptation du délaissement ou celle du rachat (art. 395, 396).

1722. — La prise pourra porter à la fois sur le navire et le chargement, ou seulement sur l'un ou l'autre. Ainsi, quand un bâtiment de guerre capture un bâtiment ennemi, il n'a pas l'intention de s'emparer des marchandises neutres qui sont à bord. A l'inverse, à bord d'un bâtiment neutre, on peut saisir des marchandises ayant le caractère de contrebande de guerre (V. n° 1470). Dans ce dernier cas, la prise et confiscation des marchandises ne peut évidemment donner lieu au délaissement du navire. Mais la prise du navire autorise-t-elle par elle-même le délaissement des marchandises? On verra plus loin que d'après la jurisprudence, le naufrage du navire, à moins de convention contraire, donne lieu au délaissement des marchandises (V. n° 1730). La même décision, toutefois, ne me paraît pas en tout cas pouvoir s'appliquer à la *prise*. Si Valin dit qu'à cet égard il n'y a pas de distinction à faire entre le navire et les marchandises, il a soin d'ajouter : *tout étant pris* (*Comm. de l'Ord.*, art. 46). L'assureur des marchandises peut avoir à répondre des conséquences qui résulteront pour les marchandises de la prise ou de l'arrêt du navire (V. n° 1557). Mais quand les marchandises ne font pas elles-mêmes l'objet de la prise, on n'en peut faire le délaissement à moins que les marchandises n'aient pu être transportées à destination (art. 394), ou qu'il n'y ait perte ou détérioration des trois quarts, comme cela sera expliqué plus loin. L'article 369 en parlant de la prise et de l'arrêt paraît avoir voulu parler de la prise ou arrêt *des objets assurés*.

1723. — 2° *Arrêt*. — L'arrêt est comme la prise un risque à la charge des assureurs quand il n'a pas été exclu par la police (V. n°ˢ 1557-1564). Le *Guidon* parlant de *l'arrêt de prince* distingue (ch. IX, art. 6) si l'arrêt a eu lieu avant ou après la sortie du *premier port*, c'est-à-dire le port de départ. Au premier cas le *Guidon* décide que l'arrêt n'autorise pas le délaissement, parce que c'est là un *danger de terre*. — Au contraire, il y avait lieu au délaissement si après que le navire était sorti du premier port et avait fait voile, le navire ou la marchandise étaient arrêtés pendant un certain temps.

On retrouve la trace de cette distinction dans l'Ordonnance de 1681.

L'Ordonnance distinguait *l'arrêt de prince* de celui qui avait eu lieu *par les ordres du roi*. L'arrêt de prince, d'après l'article 49, autorisait le délaissement toutes les fois qu'il s'était prolongé pendant un certain temps. Par *arrêt de prince*, Valin disait qu'il fallait entendre l'arrêt de *prince étranger*. Quant à l'arrêt

par les ordres du roi, l'article 52 disposait ainsi : « Si le vaisseau,
« dit l'article 52, était arrêté, en vertu de nos ordres dans un
« des ports de notre royaume, avant le voyage commencé, les
« assurés ne pourront à cause de l'arrêt faire l'abandon de leurs
« effets aux assureurs. » — Valin dit à ce propos que si l'arrêt
de prince étranger fait partie des risques maritimes que les assureurs prennent sur eux de plein droit, il en est autrement de
l'arrêt fait par les ordres du roi, sous la domination duquel
l'assuré vit, nul n'étant garant des faits du prince sans une stipulation expresse. L'Ordonnance cependant admettait le délaissement même dans le cas d'arrêt par les ordres du roi, s'il avait
eu lieu *après le voyage commencé.*

Cette décision que Valin trouve *extraordinaire* a été consacrée
par le Code.

Mais comment faut-il entendre ces mots, *après le voyage commencé?*

Valin les interprétait ainsi : *après le départ du navire.* — Suivant Émérigon au contraire (ch. XII, sect. xxx), il fallait simplement distinguer si les risques avaient ou non commencé à
courir, le voyage au point de vue de l'assurance étant réputé
commencer avec les risques. Nous avons vu (n° 1446-1452) que
les risques peuvent commencer avant le départ. Mais c'est une
question de savoir si avant le départ il peut y avoir lieu à
délaissement soit pour arrêt, soit pour toute autre cause (V.
n° 1756).

Il est bien évident au surplus que l'arrêt par le fait d'un
prince étranger ne peut être lui-même une cause de délaissement qu'autant que les risques ont commencé à courir. Aussi
Émérigon ne comprenait pas bien la distinction que semblait
faire l'Ordonnance entre l'arrêt de *prince étranger* et l'*arrêt
par ordre du roi,* distinction que le Code a peut-être mal à propos reproduite.

On ne la trouve pas dans le Code allemand (V. n°ˢ 1754 et
1922).

En Angleterre, les assureurs sont responsables de l'arrêt
pratiqué sur un navire anglais par le Gouvernement anglais,
mais la question s'est élevée de savoir s'ils devaient être res-

ponsables lorsque l'assuré appartient à une nation étrangère et que l'arrêt émane de son Gouvernement. On a fini toutefois par reconnaître, même en Angleterre, que l'assuré ne pouvait être responsable du fait de son gouvernement et que l'arrêt devait donner lieu en ce cas à délaissement (V. Arnould, édit. de 1877, p. 753). C'est aussi ce qui paraît toujours avoir été admis aux États-Unis.

1724. — Tandis que dans notre droit la prise autorise immédiatement le délaissement (V. n° 1720), l'arrêt ne l'autorise, comme on le verra plus loin, que s'il se prolonge pendant un certain délai (art. 387). Il importe donc de bien distinguer la *prise* de l'*arrêt*.

J'ai déjà fait remarquer que l'arrêt n'est en général qu'une mesure provisoire (V. n°s 550, 716 et 1557).

La prise suppose toujours un fait de guerre ou de déprédation ayant pour objet de ravir la propriété d'autrui. L'arrêt, au contraire, suivant la définition d'Émérigon (ch. XII, sect. xxx), est l'acte d'un prince non belligérant qui, par nécessité publique et hors le fait de guerre, détient ou prend une chose avec l'intention de la relâcher ou d'en rendre la valeur.

Telle est la vraie distinction entre l'arrêt et la prise. Pothier (n° 56) a dit à tort que l'arrêt diffère de la prise en ce que la prise se fait *en pleine mer,* au lieu que l'arrêt se fait dans le port ou rade où le vaisseau se trouve. Le lieu importe peu. Ce qu'il faut avant tout considérer, c'est la nature de l'acte et l'intention qui y a présidé. Ainsi que le fait très bien remarquer Émérigon, il y aura plutôt prise qu'arrêt, alors même que le navire serait simplement détenu dans un port, s'il ne l'est qu'après une déclaration de guerre, ou en vertu de lettres de représailles. A l'inverse, qu'un navire soit arrêté en pleine mer, ce fait ne constituera qu'un arrêt si le navire a été arrêté pour cause de nécessité publique et sans aucun esprit de déprédation. Émérigon cite cet exemple : La disette était à Corfou. Les galères de Venise rencontrèrent en pleine mer un bâtiment gênois chargé de blé; elles l'arrêtèrent et le firent aller à Corfou où le blé fut vendu et payé. Les assureurs du navire furent attaqués de la part des assurés, ceux-ci soutenant que le navire avait été pris par les Vénitiens, et qu'on était en droit d'en faire le délaissement. La rote de Gênes donna gain de cause aux assureurs en disant qu'il n'y avait eu qu'un simple arrêt de prince dont l'objet avait été non de prendre le navire, mais d'acheter le blé nécessaire au public. Cette décision ne peut qu'être approuvée. —Mais Émérigon dit ailleurs (ch. XII, sect. XXII) que si un navire était emmené dans un port comme porteur de marchandises de contrebande, cet arrêt étant *la suite d'une prise* aurait le même caractère.

L'arrêt, au reste, peut avoir diverses causes et affecter diverses formes. Quelquefois c'est un gouvernement qui retient dans ses ports les navires d'une nation pour obtenir par ce séquestre la satisfaction de certains griefs. On dit qu'il y a alors *embargo*. Dans d'autres circonstances, le gouvernement prend lui-même possession d'un navire pour l'employer momentanément à des transports d'armes, de troupes. Cette espèce d'arrêt prend le nom d'*angarie*. Dans le cas d'embargo comme au cas d'angarie, il n'y a lieu à délaissement que si l'arrêt se prolonge pendant un certain délai (art. 387).

1725. — Il arrive souvent que des gouvernements insurrectionnels, non reconnus, détiennent provisoirement ou réquisitionnent des navires. Y aura-t-il lieu dans ce cas à délaissement? On pourrait le contester en disant que l'article 369 ne parle que de l'arrêt provenant d'une *puissance étrangère* — ou du *gouvernement*. Mais nous ne croyons pas qu'on doive s'arrêter à cette objection. Les assureurs répondent du *pillage* comme de la *prise* (art. 350). Par la même raison ils doivent répondre de l'arrêt qui est le fait d'un gouvernement non reconnu. Notre police française met sur la même ligne tous arrêts provenant d'un gouvernement quelconque, *reconnu ou non reconnu* (V. n° 1564). — Tel paraît aussi le sens de la police anglaise qui déclare les assureurs responsables des pertes occasionnées. « By arrest, restraints and detainments of all Kings, princes « and people of what nation, condition or quality soever. »

Le mot *people,* dit Arnould (édit. de 1877, p. 751), ne signifie pas la foule, la multitude, mais le pouvoir gouvernant le pays (*the ruling poever*), *quel qu'il puisse être.*

1726. — L'arrêt peut porter sur le navire sans avoir pour objet les marchandises. Nous avons dit qu'en cas de prise du navire il n'y a pas lieu au délaissement des marchandises, alors qu'elles ont pu être transportées à destination. A plus forte raison en est-il ainsi au cas d'arrêt du navire (V. n° 1722).

1727. — 3° *Naufrage.* — Valin ne considérait pas le naufrage ou l'échouement avec bris, comme donnant toujours et nécessairement ouverture au délaissement. Il reconnaissait bien qu'en cas de naufrage ou d'échouement avec bris, la perte était présumée. Mais suivant lui, cette présomption avait simplement pour effet d'autoriser de la part de l'assuré sur la seule nouvelle du naufrage et de l'échouement un abandon éventuel faisant courir les délais du paiement contre l'assureur et donnant lieu contre lui à une condamnation provisoire. Pour juger si l'abandon doit être définitif, ou si au contraire il n'y avait lieu qu'à une action d'avaries, il fallait, suivant Valin, attendre le résultat du sauvetage. Si l'on parvenait à relever le navire ou à le remettre en état de naviguer, les assureurs étaient en droit de contraindre l'assuré à reprendre son navire ou ses marchandises nonobstant le délaissement qui leur avait été fait, pourvu que les assureurs n'eussent pas volontairement accepté le délaissement, et n'eussent payé les assurés qu'en faisant leurs réserves. Tel est le système que développe Valin sur les articles 46 et 60 de l'Ordonnance (liv. III, tit. VI).

Émérigon, au contraire, considérait le naufrage comme donnant par lui-même ouverture au délaissement, quels que fussent les résultats du sauvetage (V. n° 1717). Suivant lui, le naufrage impliquait une présomption de perte entière, présomption *juris et de jure* (ch. XII, sect. XII et ch. XVII, sect. II).

C'est la doctrine d'Émérigon qui a été consacrée par la jurisprudence. Le naufrage, à moins de convention contraire dans la police, donne par lui-même lieu au délaissement, et nous verrons plus loin qu'il en est ainsi même pour les marchandises (V. n° 1730).

Sous ce rapport, il importe de bien distinguer le naufrage de l'innavigabilité (V. art. 389).

La déclaration du 15 juin 1735 avait ainsi défini le naufrage :

« La *submersion du navire* par l'effet de l'agitation violente des
« eaux, de l'effort des vents, de l'orage ou de la foudre, de
« manière à ce qu'il s'abîme entièrement dans la mer, et que de
« *simples débris* surnagent » (V. Valin, II, p. 619).

Cette définition est conforme à l'étymologie du mot *naufrage*
(*navis fractio*). L'article 259, qui fait perdre aux marins leurs
loyers en cas de *naufrage*, semble également supposer que le
naufrage ne laisse que de simples *débris*. La Chambre des Requêtes, dans un arrêt du 27 juillet 1857 (Dall., 58. 1. 392), dit
en effet que le naufrage implique *la rupture et la perte du navire de manière qu'il n'en reste que les débris*. Mais le même
arrêt reconnaît en définitive au juge du fait le droit d'apprécier
s'il y a eu ou non naufrage.

En fait, la jurisprudence ne considère pas toujours la *submersion totale* comme un caractère indispensable du naufrage.
D'après un jugement du tribunal de Marseille du 18 juillet 1879,
il y a *naufrage* quand un navire ne peut pas être relevé et est
nécessairement destiné à être détruit par la mer (V. n° 1732).
Par un arrêt du 31 janvier 1837 (J. M., 20. 2. 49), la Cour
de Bordeaux avait déjà jugé que pour qu'il y ait naufrage il
n'est pas nécessaire qu'il y ait eu une entière dislocation du
navire et submersion totale de ses parties, qu'il peut y avoir
naufrage, bien que le corps désemparé du navire ait été ramené
à terre flottant encore, s'il ne l'a été que par suite d'un sauvetage, *après la mort et l'abandon de l'équipage*. On peut citer
dans le même sens un arrêt de la même Cour, du 25 août 1856
(Dall., 57. 2. 77). La Cour de Bordeaux pose en principe dans
ce dernier arrêt, que le naufrage est l'état du navire qui réduit
à l'innavigabilité, *abandonné comme tel par l'équipage*, est
perdu pour le propriétaire, alors même que par suite d'événements postérieurs le navire serait sauvé. Les faits postérieurs
à l'événement qui a causé l'innavigabilité sont, dit-elle, sans
influence pour empêcher le délaissement. La submersion du navire n'est pas, on le voit, une condition essentielle, comme
d'après la déclaration de 1735.

D'un autre côté, il a été jugé que la *submersion totale* ne
constitue pas un naufrage, quand le navire a été peu de temps

après relevé et rendu à la navigation. Sur ce point cependant, la jurisprudence est divisée. Des décisions posent en principe qu'il y a naufrage dès qu'il y a submersion. Ainsi un arrêt de la Cour d'Aix du 16 mai 1872 (J. M., 73. 1. 177) a vu un naufrage dans la submersion faite volontairement d'un navire dans un port pour éteindre un incendie. Mais en sens contraire il a été jugé qu'on ne peut considérer comme un *naufrage* donnant lieu à délaissement, la submersion d'un navire à la suite d'un abordage si le navire, quelques jours après, a été renfloué et n'a subi que de légères avaries (Req., 27 juillet 1857, Dall., 58. 1. 392; Nantes, 5 déc. 1866, J. N., 67. 1. 91). Le tribunal de Marseille est allé jusqu'à décider qu'il n'y avait pas lieu à abandon dans le cas d'un renflouement *après deux mois* (16 août 1870, J. M., 70. 1. 258). Le tribunal de Nantes s'est, il est vrai, prononcé en sens contraire le 11 août 1869 (J. M., 71. 2. 142).

1728. — *4° Échouement avec bris.* — L'Ordonnance mentionnait comme cas de délaissement le *bris,* l'*échouement.* On pouvait en conclure que l'échouement était par lui seul une cause de délaissement, alors même qu'il n'y avait pas eu *bris.* Un arrêt du Parlement d'Aix du 6 juin 1754, cité par Valin (II, p. 102), refusa, toutefois, d'admettre le délaissement quand le navire échoué avait pu être relevé *par les soins de l'équipage.*

Valin allait plus loin. Malgré les termes de l'Ordonnance, il n'admettait le délaissement qu'en cas d'*échouement avec bris,* qu'il assimilait seul au naufrage : « Un simple échouement sans « bris, dit-il, ce sera autre chose si le navire peut être relevé, « radoubé et conduit à sa destination. »

Émérigon (ch. XII, sect. xii) distinguait le *bris absolu* et le *bris partiel.* « Le bris absolu, c'est, dit-il, quand le navire « donnant contre un écueil, se brise, s'anéantit et devient la « proie des flots. — Le bris partiel, c'est lorsque le navire re- « çoit une voie d'eau par le heurt contre un corps étranger. Si « cette voie d'eau n'occasionne ni naufrage ni échouement, c'est « une avarie simple : si le bris partiel est accompagné de nau- « frage ou d'échouement, c'est alors un sinistre majeur. » — Mais, suivant la doctrine de Valin, il ajoutait plus loin (ch. XVII, sect. ii) : « Il est impossible d'appliquer sous aucun rapport

« l'idée de perte entière au navire qui, relevé *soit par les forces*
« *de l'équipage, soit par un secours emprunté* a continué sa
« route jusqu'au lieu de sa destination. »

C'est, en effet, ce que proclama la Déclaration de 1779 (art.
5) : « Ne pourront aussi les assurés être admis à faire le délais-
« sement du navire qui aura échoué, si le navire relevé soit par
« les forces de son équipage, soit par des secours empruntés, a
« continué sa route jusqu'au lieu de sa destination, sauf à eux à
« se pourvoir, ainsi qu'il appartiendra, tant pour les frais dudit
« échouement, que pour les avaries, soit du navire, soit des
« marchandises. »

Le Code est allé plus loin dans l'article **389**. D'après cet article, pour repousser le délaissement, il n'est pas nécessaire que
le navire échoué ait *continué* sa route, il suffit qu'il *ait pu* être
relevé et mis en état de la continuer.

Mais, d'autre part, le Code a mentionné parmi les causes de
délaissement l'*échouement avec bris,* d'où la question de savoir
si l'échouement avec bris n'est pas lui-même une cause de délaissement quand même le navire aurait pu, malgré le bris, être
relevé et réparé.

1729. — Suivant des auteurs, il n'y a jamais lieu à délaissement quand le navire échoué peut être réparé, que l'é-
chouement ait eu lieu avec ou sans bris. Ce système se fonde
sur la doctrine d'Émérigon et les termes généraux de l'article
389 (Émérigon, p. 184; Dageville, III, p. 364). La Cour de
Paris a jugé en ce sens que pour qu'il y ait lieu à délaissement,
*le bris doit être absolu et tel qu'il y ait impossibilité de relever
le navire* (Paris, 27 fév. 1841, J. M., 20. 2. 59).

Mais, dans un second système, on considère que l'*échouc-
ment avec bris,* comme le naufrage est par lui-même une cause
de délaissement, alors même que le navire pourrait être relevé.
A la disposition générale de l'article 389, on oppose les termes
de l'article 369, qui mentionne l'*échouement avec bris* comme
une cause de délaissement distincte de l'innavigabilité (V. Émile
Cauvet, II, n° 168). C'est le système qui a, en général, prévalu.

Reste à voir dans ce second système ce qu'il faut entendre
par *échouement avec bris.* La loi n'a pas plus défini l'*échoue-*

ment avec bris que le naufrage. Mais, d'après la jurisprudence, il n'y a pas *échouement avec bris,* par cela seul qu'il y a un bris partiel quelconque. Il faut, dit la Cour d'Aix, dans un arrêt du 20 avril 1871 (J. M., 1872. 1. 48), que le navire échoué se trouve par l'effet de l'événement atteint dans une ou plusieurs de ses *parties essentielles,* sans lesquelles il est absolument impossible qu'il continue à naviguer.

Il serait assurément plus rationnel de rayer l'*échouement avec bris* des cas de délaissement et de n'admettre jamais le délaissement qu'autant que le navire est devenu innavigable, qu'il ne peut être relevé et mis à flot.

L'échouement avec bris ne figurait pas comme cause de délaissement dans le projet de 1867. Il ne figure pas non plus dans le nouveau Code italien de 1882 (art. 632).

En fait, il a été écarté chez nous par les polices. La police de Paris sur corps (art. 9) n'admet le délaissement que dans les seuls cas : 1° de disparition ou destruction totale du navire; 2° d'innavigabilité produite par fortune de mer (V. n° 1754).

1730. — De l'article 394, il résulte que l'innavigabilité du navire n'est pas par elle seule pour les marchandises une cause de délaissement.

Mais le naufrage, l'échouement avec bris n'autorisent-ils pas par eux-mêmes le délaissement des marchandises?

Sur ce point, il y avait désaccord entre Valin et Émérigon, qui, comme nous l'avons déjà remarqué (n°ˢ 1717, 1727), avaient sur le délaissement une théorie un peu différente, l'un s'attachant surtout au fait, à la réalité des choses, l'autre, fondant le délaissement sur une présomption de droit et une fiction légale. Valin disait que le naufrage, l'échouement n'autorisaient pas le délaissement des marchandises si elles avaient été sauvées (V. Valin, II, p. 100 et 105). « Il est vrai, dit-il, que dans la pra-
« tique, le délaissement se fait aux assureurs dès qu'il y a
« naufrage ou échouement avec bris, et que ceux-ci l'acceptent
« pour l'ordinaire sans examiner quel a été le sort des effets du
« chargement : mais cela ne décide pas en point de droit, et
« n'empêche nullement qu'il ne soit dans la règle de dire que
« l'abandon était inutile et rejetable au fond, bien que par évé-

« nement les effets sauvés sont en tel état que la perte peut se
« réduire à une simple action en contribution aux avaries. »

Émérigon, au contraire, suivant l'opinion commune, admettait que le naufrage donnait lieu nécessairement à l'action d'a-
bandon, même pour les facultés, que le délaissement des facultés
a lieu pour cause de naufrage, malgré le sauvetage en tout ou
en partie des effets assurés. La perte entière, dit Émérigon, est
alors légalement présumée et cette présomption est *juris et de
jure* (*Ass.*, ch. XVII, sect. II). Développant un peu plus loin sa
pensée, Émérigon ajoute : « Lorsqu'on se trouve dans un des
« cas majeurs déterminés par l'article 46, l'action de délaisse-
« ment est ouverte, tant pour le corps que pour les facultés
« (sauf les cas d'échouement non accompagné de naufrage, et
« sauf le cas d'innavigabilité). On ne considère pas alors si la
« marchandise a souffert une perte effective, ou si elle n'en a
« point souffert : car ainsi que je l'ai déjà observé plus d'une
« fois, on a besoin en cette matière d'une règle simple » (Émérigon, ch. XVII, sect. II, § 6).

La doctrine de Valin a été reprise de nos jours par M. Boistel (*Droit commercial,* n° 1397). Cet auteur dit que chaque cas
de délaissement doit être envisagé par rapport à *l'objet assuré*
et que de même que la *prise* du navire seul ne peut donner lieu
au délaissement des marchandises, le naufrage du navire ne
peut autoriser le délaissement des marchandises qui sont parvenues à destination. Ce que dit l'article 394 pour le cas d'innavigabilité doit, suivant lui, être étendu au naufrage. C'est ainsi,
dit-on, qu'en Angleterre, il n'y a jamais lieu au délaissement
des marchandises quand elles sont parvenues à destination (V.
n° 1754).

Ce système, cependant, n'a pas chez nous prévalu. La jurisprudence consacrant le système d'Émérigon a jugé, qu'à moins
de convention contraire dans la police, le naufrage autorisait
par lui seul le délaissement des marchandises (Req., 30 déc.
1850, Dall., 51. 1. 33 ; 20 janv. 1869, Dall., 69. 1. 361).

Il en est de même pour le cas d'échouement avec bris (J. M.,
1865. 1. 308).

Mais dans l'usage, les polices ont écarté cette théorie de

la perte légale des facultés en cas de naufrage ou d'échouement avec bris. L'ancienne police s'exprimait ainsi : « *En au-* « *cun cas,* sauf celui prévu par l'article 394, le délaissement « des facultés ne pourra être fait qu'autant qu'il y aura perte « ou détérioration au moins des trois quarts, frais non com- « pris. » — Cette clause, comme l'explique Lemonnier (*Comm. des polices,* II, n° 277), avait précisément pour but d'écarter le délaissement fondé sur le seul fait du naufrage ou de l'échouement avec bris. La Cour de cassation, cependant, refusa de considérer cette clause comme s'appliquant au cas de *naufrage,* par le motif que le naufrage constitue lui-même une *perte totale* et qu'il y aurait un grand inconvénient au système contraire, puisque l'assuré n'aurait pas alors intérêt au sauvetage (Req., 29 déc. 1840, Dall., 41. 1. 60 ; Req., 30 déc. 1850, Dall., 51. 1. 33, observ. Cass., 20 janv. 1869, Sirey, 69. 1. 246).

Pour lever toute difficulté, la nouvelle police de Paris sur facultés porte (art. 8), que le délaissement n'est admis dans le cas d'innavigabilité du navire, *par naufrage ou autrement,* que si dans certains délais fixés (après les délais ci-après), la marchandise n'a pu être remise à la disposition des destinataires ou des assurés, ou au moins si le rechargement à bord d'un autre navire prêt à la recevoir n'en a pas été commencé dans le même délai.

Nous verrons plus loin que le projet de 1867 contenait une disposition dans le même sens (V. n° 1754).

1731. — 5° *Innavigabilité par fortune de mer.* — L'Ordonnance qui mentionnait comme cause de délaissement le naufrage, le bris et l'échouement ne partait pas de l'innavigabilité. En fallait-il conclure que le navire qui, hors le cas de naufrage et d'échouement, se trouvait hors d'état de reprendre la mer ne pouvait être délaissé aux assureurs? Valin reconnaît expressément qu'il y a lieu à délaissement quand le navire ne peut être réparé (II, p. 102). L'ancienne jurisprudence s'était déjà prononcée en ce sens lorsqu'une déclaration du 17 août 1779 vint expressément trancher la question.

Cette déclaration, après avoir imposé aux navires l'obligation

de la visite au départ et au retour, avant de prendre charge,
portait (art. 4) : « Dans le cas où le navire, par fortune de mer,
« aurait été mis hors d'état de continuer sa navigation et aurait
« été condamné en conséquence, les assureurs pourront faire
« délaissement à leurs assureurs, du corps et quille, agrès et
« apparaux dudit navire, en se conformant aux dispositions de
« l'Ordonnance du mois d'août 1681 sur les délaissements : ne
« seront toutefois les assurés admis à faire le dit délaissement
« qu'en représentant les procès-verbaux de visite du navire,
« ordonnés par les articles 1 et 3 de la présente déclaration. »

Des termes de cette déclaration, il semble résulter que les
assurés ne pouvaient être *admis à faire le délaissement* s'ils ne
représentaient pas les procès-verbaux de visite.

Émérigon (ch. XII, sect. xxxviii) dit à ce propos que l'innavigabilité est présumée provenir du vice propre quand les procès-verbaux ont été omis, tandis que dans le cas contraire elle
est présumée provenir de fortunes de mer. Mais, suivant Émérigon, dans le premier cas, la présomption contre l'assuré est
une présomption *juris et de jure,* qui exclut toute preuve contraire et l'assuré n'est *pas admis* à faire le délaissement. Dans
le second cas, au contraire, la présomption contre l'assureur
est *simplement légale,* c'est-à-dire que les assureurs peuvent la
débattre par la preuve contraire.

Je crois qu'aujourd'hui on doit repousser cette distinction.
Le Code ne dit pas comme la déclaration de 1779, que l'assuré
ne sera pas admis à faire le délaissement, s'il ne représente pas
les procès-verbaux de visite. J'en conclus que l'absence de ces
procès-verbaux n'élèvera pas contre lui une fin de non-recevoir,
mais une simple présomption qui pourra céder à la preuve
contraire. Alors même que le navire ne serait pas en règle au
point de vue du certificat de visite, l'innavigabilité pourrait
être attribuée à la fortune de mer, si elle résultait d'accidents
constatés par le livre de bord et le rapport de mer (Nantes, 26
mai 1883, J. N., 1883. 1. 237. V. n° 1598).

De la déclaration de 1779, il résultait aussi que le navire ne
pouvait être délaissé comme innavigable, que s'il avait été
préalablement *condamné en conséquence.* Sur ce point, la dé-

claration de 1779 n'avait fait encore que confirmer une jurisprudence déjà établie, comme le constate Émérigon (ch. XII, sect. XXXVIII, § 9). L'assuré présentait d'abord requête au juge de l'amirauté pour faire prononcer l'innavigabilité, et ce n'était qu'après avoir obtenu cette décision qu'il poursuivait le délaissement. La même procédure doit-elle encore être suivie? Il est certain que le capitaine ne peut vendre le navire sans qu'il ait été déclaré innavigable (art. 237). Une déclaration d'innavigabilité précédera donc souvent le délaissement. C'est aussi ce que suppose l'article 390. Mais aucun texte n'exige pour la validité du délaissement que la *condamnation* du navire ait été prononcée par le juge du lieu où les avaries ont été constatées. Il suffit que l'innavigabilité soit établie pour le juge qui est appelé à valider le délaissement. C'est ce qu'a décidé depuis longtemps la Cour de cassation (Req., 3 juillet 1839, Dall.; 39. 1. 284). D'autre part, les juges appelés à valider le délaissement ne sont pas liés par la décision des magistrats, juges ou consuls qui ont déclaré l'innavigabilité et ordonné la vente (Rennes, 21 juin 1869, J. M., 69. 1. 325).

1732. — Ainsi que nous l'avons déjà fait remarquer (n° 1730), l'innavigabilité du navire, à la différence du naufrage et de l'échouement avec bris, n'autorise pas par elle seule le délaissement des marchandises. Il n'y a lieu au délaissement que si les marchandises ne peuvent être transportées à destination (V. art. 394).

Sous ce rapport, il importe de bien distinguer l'innavigabilité du naufrage ou de l'échouement avec bris. Le *naufrage* suppose un navire réduit à l'état de débris ou nécessairement destiné à être détruit par la mer (V. n° 1727). Ainsi le tribunal de Marseille a jugé, le 18 juillet 1879, qu'on devait considérer comme *naufragé* et non simplement comme innavigable un navire qui, échoué, ne pouvait être remis à flot et était fatalement destiné à être détruit par la mer (J. M., 1879. 1. 260).

1733. — L'innavigabilité qui diffère du naufrage et de l'échouement avec bris, diffère aussi de la perte ou détérioration des trois quarts. — On distingue, il est vrai, plusieurs sortes d'innavigabilité (V. n° 1931) et on a vu un cas d'innavigabilité au moins *relative*, dans le cas où le navire pouvant à la rigueur être réparé, les dépenses à faire atteindraient les trois quarts de sa valeur. Mais l'innavigabilité est une cause de délaissement distincte de la détérioration des trois quarts (V. n° 1935). Un navire, à moins de convention contraire dans la police, pourra être délaissé comme innavigable, alors même que la perte ne s'élève pas aux trois quarts. Il a été jugé par exemple, qu'un bateau à vapeur dont la coque était hors d'état d'être réparée avait pu être délaissé comme innavigable, bien qu'avec les débris et la machine complètement intacte, il restât une valeur supérieure aux trois quarts de la valeur assurée (Rouen, 22 avril 1874, J. M., 53. 2. 156). — Nous aurons d'ailleurs à examiner si pour l'évaluation des réparations à faire, on doit se placer au même point de vue, lorsqu'il s'agit d'un délaissement pour innavigabilité, que pour le délaissement fondé sur la perte des trois quarts (Comp. n° 1746, 1936-1938).

1734. — 6° *Perte ou détérioration des trois quarts.*

L'Ordonnance après avoir énuméré comme causes de délaissement la prise, le naufrage, le bris, l'échouement, l'arrêt de prince ajoutait : *ou perte entière des effets assurés.* Valin à ce propos s'exprimait ainsi : « Le sixième et dernier cas regarde la « perte entière des effets assurés, perte qu'il faut supposer être « arrivée par quelque cas autre que quelqu'un des cinq ci- « dessus, comme par jet, feu, pillage, coups de mer ou autres « accidents maritimes. Il n'est pas douteux alors que l'assuré « ne soit fondé à demander le paiement de l'assurance. — Mais « ces mots *perte entière* doivent-ils être pris rigoureusement à « la lettre? » Valin alors explique qu'il faut admettre — le délaissement du navire quand il ne peut pas être réparé et remis en état de naviguer, — celui des marchandises, « lorsque les dites « choses quoique restées dans le vaisseau, ou sauvées à terre, « sont toutes ou presque toutes si considérablement endom- « magées que leur valeur en soit diminuée de *plus de moitié.* »

Émérigon au contraire (*Ass.,* ch. XVII, sect. ii) interprétant à la lettre le texte de l'Ordonnance, n'admettait le délaissement, que lorsque les marchandises « par un accident maritime avaient « cessé d'être dans leur essence et nature sans que rien en ait

« été conservé. » — C'est ce qu'il explique ainsi : « L'Ordon-
« nance exige qu'il y ait *perte entière*, et relègue *tout autre*
« *dommage* dans la classe des avaries. En prenant à la lettre et
« dans toute sa rigueur le texte de cet article, l'action de dé-
« laissement n'est donc ouverte que lorsque par fortune de mer,
« toutes mes marchandises ont été jetées, et qu'elles sont abso-
« lument péries, ou lorsque par un accident maritime, elles ont
« cessé d'être *dans leur essence et nature*, sans que rien en ait
« été conservé. — En raisonnant toujours d'après le texte lit-
« téral de l'Ordonnance si par fortune de mer mon chargement
« de laine se trouve *presque* tout calciné, si mon chargement de
« blé a été *presque* tout jeté ou qu'il se trouve *presque* tout
« pourri, le délaissement n'est pas ouvert à cause de l'existence
« *de quelques particules de la chose.* » — Émérigon va plus
loin : « J'ai parlé du cas où le chargement de blé se trouverait
« *presque tout pourri :* et j'ajoute maintenant, que quand même
« il le serait en entier, le délaissement ne serait pas admis. Ce
« dommage ne serait rien de plus qu'une avarie simple, car
« *une marchandise dégradée n'en existe pas moins.* »

Les rédacteurs du Code, consacrant un système intermédiaire
entre celui de Valin et d'Émérigon, ont admis comme cause de
délaissement la *perte ou détérioration qui va au moins à trois
quarts.*

La *perte,* dit M. Pardessus (n° 805), concerne la *quantité* —
la *détérioration* concerne la *qualité.*

1735. — Le mot *perte* n'implique pas nécessairement l'i-
dée d'une destruction effective de la chose. Il y a perte pour
l'assuré, lorsqu'il y a dépossession. Tel est le cas de la prise.

L'ancienne doctrine italienne considérait que les marchandises
devaient être considérées comme perdues pour l'assuré, par
cela seul qu'elles n'arrivaient pas à destination (Casaregis, *Disc.,*
I, n° 49). Telle était aussi la doctrine du *Guidon :* « Il est en
« liberté du marchand chargeur faire délais quand il y a... ou
« tel autre destourbier en la navigation, ou telle empirance en
« la marchandise qu'il n'y ait moyen l'*avoir fait naviguer à son
« dernier reste* » (*Guidon,* ch. VII, art. 1).

Le Code déclare expressément qu'il y a lieu au délaissement

des marchandises quand le premier navire étant devenu innavigable, on ne peut trouver un autre navire pour les conduire à destination (art. 394).

Mais que décider lorsque les marchandises sont vendues en cours de voyage soit à raison de leur état d'avaries, soit par ordre de l'autorité? L'ancienne jurisprudence n'admettait pas ici le délaissement (V. Émérigon, ch. XII, sect. xxxiii; ch. XVII, sect. iii).

De nos jours, diverses décisions ont jugé que la vente forcée de marchandises en cours de voyage par suite de fortunes de mer, devait être assimilée à la *perte,* et donnait lieu au délaissement. Ainsi la Cour de Rennes, par un arrêt du 18 janvier 1869 (J. N., 69. 1. 97) a vu une *perte* donnant lieu au délaissement dans le cas où des marchandises avaient été vendues dans un port de relâche par ordre de l'autorité sanitaire. — Un jugement du tribunal de Nantes du 17 février 1869 (J. M., 69. 1. 202) a décidé qu'il y avait *perte matérielle* des marchandises pour l'assuré lorsque celui-ci s'en trouvait dépossédé par suite d'une vente forcée faite en cours de voyage à la suite d'avaries.

Toutefois, beaucoup d'assureurs ont refusé de voir dans la vente forcée en cours de voyage une cause de délaissement des marchandises. — L'ancienne police de Paris stipulait même en termes exprès que la vente n'était jamais une cause de délaissement. — La nouvelle police de Paris sur facultés a adopté un moyen terme. L'article 8 admet le délaissement dans le cas de vente *ordonnée* ailleurs qu'aux points de départ et de destination pour cause d'avarie *matérielle* à la marchandise provenant de *naufrage, d'échouement, d'abordage ou d'incendie.*

M. de Courcy trouve cette disposition de la police trop limitée. « Je ne vois pas, dit-il, la convenance de ces limitations : Si le navire démâté ou coulant bas d'eau, à la suite d'un ouragan se réfugie à Maurice ou au cap de Bonne-Espérance, si les sucres, les riz de sa cargaison sont avariés et vendus publiquement, l'opération commerciale du négociant qui attendait ces marchandises est tout aussi détruite que si les avaries provenaient d'un échouement ou d'un abordage et la logique d'une différence dans le droit de l'assuré m'échappe » (*Comm. de la police,* p. 252). M. de Courcy aurait donc voulu que toute vente forcée, en cours de voyage, par suite d'une des fortunes de mer dont les assureurs répondent, pût autoriser le délaissement.

En Angleterre, la vente faite, en cours de voyage, à la suite d'avaries, parce que les marchandises sont hors d'état d'être transportées à destination, est réputée équivaloir à une perte totale et donne le droit de réclamer toute la somme assurée (Arnould, édit. de 1877, p. 960 et 1020).

Y a-t-il également lieu au délaissement des marchandises vendues en cours de voyage pour les besoins du navire (art. 234)? — On ne l'admet pas en Angleterre. On considère que la vente de la marchandise en pareil cas n'est qu'une conséquence éloignée et indirecte de la fortune de mer, dont l'assureur n'a pas à répondre en vertu de la maxime *causa proxima non remota spectatur* (V. n°⁰ˢ 1563, 1568). — La police de 1873 en n'admettant comme cause de délaissement des marchandises que la vente ordonnée pour *avaries matérielles,* semble aussi exclure la vente faite pour les besoins du navire. — Mais en l'absence de dispositions particulières, la jurisprudence a admis comme cause de délaissement des marchandises même la vente faite pour les besoins du navire. On a considéré d'une part qu'il y avait encore dans ce cas pour l'assuré dépossession de sa chose, et que ce cas pouvait d'ailleurs être assimilé vis-à-vis des assureurs des marchandises au cas prévu par l'art. 394 (Aix, 5 mars 1855, J. M., 33. 1. 231. Emile Cauvet, *Ass.,* II, n° 233).

1736. — Lorsque le navire ou les marchandises ayant été simplement grevées d'un emprunt à la grosse par le capitaine, sont ensuite saisies et vendues à la requête du porteur de la lettre de grosse, cette vente donne-t-elle lieu également au délaissement?

En principe, à moins que l'assurance n'ait été faite *franc d'avaries,* c'est à l'assureur à payer la lettre de grosse, et par conséquent c'est lui qui est responsable, quand averti par l'assuré il laisse saisir et vendre la chose affectée (V. n° 1149). Il a été jugé, par exemple, que la saisie et vente du navire par suite d'un emprunt contracté pour réparer des avaries constitue une *perte* ou une *innavigabilité relative* autorisant le délaissement aux assureurs, alors du moins qu'aucune faute ne peut être reprochée à l'assuré (Req., 15 déc. 1851, Dall., 52. 1. 147). Il en serait autrement toutefois si l'emprunt avait été contracté pour réparer des avaries qui n'étaient pas à la charge de l'assureur, l'assurance ayant été faite franc d'avaries. Ainsi que le dit en termes excellents un arrêt de la Cour de Rennes du 13 avril 1869 (Dall., 69. 2. 243), le remboursement de l'emprunt est alors entièrement à la charge de l'assuré sur sa fortune de mer, et s'il lui est loisible de donner son navire en paiement au porteur de la lettre de grosse, il ne peut par ce fait transformer en sinistre majeur des avaries dont il est seul tenu (V., dans le même sens, Civ., 8 mai 1872, Dall., 72. 1. 306).

Alors même que le navire est saisi pour des dettes à la charge des assureurs, l'assuré doit toujours mettre les assureurs en demeure de payer. Si sans attendre la vente il fait l'abandon du navire en vertu de l'article 216 et se dépossède ainsi lui-même, la perte est réputée volontaire et ne peut donner lieu à délaissement (Marseille, 8 août 1859, J. N., 60. 2. 6).

Les polices, au reste, ont pris soin de restreindre encore ici les cas de délaissement. Nous avons vu plus haut (n°. 1735), que la police *sur facultés* écarte le délaissement des marchandises dans tous les cas de vente *au lieu de destination*.

La police de 1876 *sur corps* déclare expressément les assureurs étrangers : 1° à la saisie et vente des navires *dans un port d'expédition ou de destination* à la requête des prêteurs ou tous autres créanciers; 2° aux effets de toute détermination des armateurs à l'égard des créanciers, prises en vertu de l'article 216 du Code de commerce. C'est aussi ce que décidait le projet de révision de 1867.

1737. — L'article 369 admet le délaissement quand *la perte ou la détérioration* va au moins *à trois quarts*. Comment cela doit-il s'entendre? Il y a *perte des trois quarts* quand elle s'élève aux trois quarts de la *quantité assurée,* si, par exemple, sur cent sacs, soixante-quinze ont été totalement perdus ou vendus en cours de voyage.

Il y a *détérioration des trois quarts* lorsque la chose assurée a perdu les *trois quarts de sa valeur*.

1738. — Mais il faut bien se garder de confondre avec les règles qui régissent l'action d'avaries, celles du délaissement fondé sur la perte ou détérioration des trois quarts.

Par l'action d'avaries, l'assuré a le droit, jusqu'à concurrence de la somme assurée, de se faire indemniser de tous les dommages par lui éprouvés, non-seulement des dommages matériels de la chose assurée, mais encore de tous les frais qui sont résultés pour lui de la fortune de mer, telles que frais de sauvetage, contribution à des avaries (V. n° 1546 et expl. de l'art. 371). — Il en est autrement lorsque l'assuré réclame toute la somme assurée, et fait le délaissement en se fondant sur la perte ou détérioration des trois quarts. On ne peut alors faire entrer en ligne de compte que la perte ou détérioration matérielle, affectant la chose assurée. « La perte ou la détérioration dont parle l'article 369, a dit la Cour de cassation, doit porter sur les effets eux-mêmes, cela résulte non-seulement des termes de l'article 369, mais en outre de l'article 371 qui déclare expressément que tous autres dommages sont réputés *avaries,* et se règlent entre les assureurs et les assurés, en raison de leurs intérêts » (Cass., 19 fév. 1844, Dall., 44. 1. 105. Req. 6 nov. 1865, Dall., 66. 1. 202). On ne peut donc, pour établir la perte ou détérioration des trois quarts, réunir à la détérioration de la chose assurée des frais de contribution ou autres qui ne peuvent donner lieu par eux-mêmes qu'à une action d'avaries (V. n°ˢ 1739-1744).

1739. — Comment au juste s'évalue la détérioration ?

Parlons d'abord des marchandises.

Dans la pratique on s'y prend souvent de la façon suivante : on examine ce que valent les marchandises à l'arrivée, on compare cette valeur à celle assurée, et on admet le délaissement lorsque la valeur actuelle ne dépasse pas le quart de la valeur assurée (Rouen, 5 juillet 1858, Dall., 59. 2. 22).

Le procédé est simple, mais il est vicieux. Il ne donne pas au juste la quotité de la détérioration. L'écart que l'on constate entre la valeur assurée et la valeur actuelle peut tenir à des causes tout autres que la détérioration. Il se peut, que par des circonstances de temps et de lieu, des marchandises ne représentent à l'arrivée qu'un quart de la valeur qu'elles avaient au départ, sans cependant qu'elles aient subi aucune avarie. Or l'assureur n'a pas à répondre de la fluctuation des prix et de la différence des marchés (V. n° 1435). Pour cette raison, les auteurs décident en général qu'il faut rapprocher de la valeur des marchandises au départ, telle qu'elle est constatée par la police, la valeur qu'auraient eue au même lieu et à la même époque ces marchandises dans l'état où les a réduites l'avarie (Dall., *Rép.*, v° *Droit marit.*, n° 2028. — Bédarride, n° 1433. — Alauzet, n° 1500. — Émile Cauvet, *Ass.*, II, n° 152).

Ce procédé est rationnel, mais il est d'une exécution difficile. L'expertise se fera toujours au lieu du déchargement, parce que c'est là seulement qu'on peut connaître l'état de la marchandise. Or comment des experts opérant par exemple à Bombay sur des marchandises venant du Hâvre, pourront-ils déterminer la valeur qu'auraient eue ces marchandises à leur départ du Hâvre dans l'état d'avarie qu'ils constatent.

Le procédé à suivre, selon nous, est plus simple. Il ne diffère pas de celui qui a été finalement adopté pour le règlement des avaries (V. n° 1760). Il s'agit ici pareillement de reconnaître la quotité de la détérioration. Pour cela il suffit de comparer *au lieu d'arrivée,* la valeur des marchandises à l'état sain et leur valeur à l'état d'avaries. Il y aura donc lieu à délaissement si les marchandises avariées ne se vendent pas le quart de ce qu'elles auraient valu à l'état sain. Le délaissement, au contraire, devra être repoussé si le prix des marchandises avariées dépasse le quart, si, par exemple, les marchandises qui auraient valu 60,000 peuvent encore être vendues 30,000 f.

Quand les droits de douane sont les mêmes pour la marchandise avariée que pour la marchandise à l'état sain, il importe peu que l'on prenne pour base d'estimation le prix des marchandises *à l'entrepôt* ou *à l'acquitté* après paiement des droits de douane, la proportion n'étant pas changée (Req., 24 mai 1869, Dall., 69. 1. 327. Comp. n° 1762).

Le prix de vente sera souvent grevé de frais de sauvetage,

d'une contribution à des avaries communes. Enfin, il y a toujours à payer le fret qui est en général le même, quelles que soient les avaries (V. n° 882). L'assuré pourra-t-il faire le délaissement au cas où toutes ces dépenses étant déduites du prix de vente, l'assuré ne réaliserait que le quart de ce qu'il aurait reçu, s'il n'y avait point eu d'avaries?

Cette prétention a été élevée par des assurés, mais elle a été repoussée, et c'est avec raison, car, comme nous l'avons déjà dit (n° 1738), au point de vue du délaissement pour perte et détérioration, on n'a égard qu'aux dommages qui affectent la chose elle-même. Il n'y a donc pas à tenir compte des pertes que l'assuré peut faire sur le fret. Les pertes sur le fret pourraient, comme les frais de sauvetage ou de contribution, donner lier à une action d'avaries (V. n° 1502). Mais ces frais ne peuvent, au point de vue du délaissement de la marchandise assurée, entrer dans le calcul de la détérioration des trois quarts, qui implique l'idée d'une détérioration matérielle affectant le corps même de l'objet assuré.

Afin de prévenir toute difficulté, la police de Paris sur facultés exige pour le délaissement la perte ou détérioration des trois quarts de la valeur, *indépendamment de tous frais quelconques* (art. 8).

Si c'est la marchandise assurée qui a été sacrifiée pour le salut commun, la contribution à laquelle elle a droit ne sera pas considérée comme diminuant la perte dans les rapports de l'assureur et de l'assuré, et si la perte s'élève aux trois quarts, il n'y en aura pas moins lieu au délaissement, sauf à l'assureur à se faire rembourser la contribution (Comp. n°ˢ 1758-1776).

1740. — Il y a des marchandises qui, par leur nature, sont toujours sujettes à une certaine détérioration. Les assureurs ne répondant pas du vice propre (art. 352), il semble qu'au point de vue du délaissement pour perte ou détérioration des trois quarts, on ne devrait comparer la valeur actuelle des marchandises avec celle qu'elles auraient eue à l'état sain, qu'en tenant compte du déchet ou coulage normal.

Il est dans l'usage des polices d'indiquer les marchandises sujettes à détérioration et de stipuler par rapport à elles des

franchises. Mais ces franchises n'étaient pas, en général, appliquées au point de vue du délaissement, dans le cas de perte ou
détérioration des trois quarts. La nouvelle police de Paris (art.
10) en a décidé autrement. Elle décide d'une part, 1° que pour
certaines natures de marchandises, l'assureur ne répond de la
détérioration *même dépassant les trois quarts,* que s'il y a eu
des accidents de mer caractérisés, si le navire a été *abordé,
échoué, coulé ou incendié;* 2° que même dans ces cas d'accidents
de mer caractérisés, l'assureur jouit toujours d'une franchise
qui varie de cinq à dix pour cent (V. n° 1593).

Nous verrons (art. 372) qu'on ne peut faire de délaissement
partiel. Mais quand les marchandises ont été divisées par séries,
on envisage à part chaque série, au point de vue du délaissement, comme au point de vue du règlement d'avaries (V. n° 1394).

1741. — Comment s'évalue la détérioration des trois quarts
par rapport aux navires? Plusieurs systèmes se présentent à
l'esprit. Un premier système consisterait à comparer la valeur
vénale du navire détérioré par la fortune de mer à sa valeur
au départ ou plutôt à sa valeur estimative d'après la police. Ce
système, enseigné par M. Bédarride (n°s 1435-1436), a été d'a-
bord consacré par quelques décisions de la jurisprudence (Marseille, 1er février 1822, J. M., 11. 1. 4; Bordeaux, 5 avril
1832, Sirey, 33. 2. 13). — Mais contre ce système s'élève une
objection décisive. La valeur du navire au lieu de relâche, peut
tenir à des circonstances de temps et de lieu indépendantes des
avaries elles-mêmes.

La Cour de Bordeaux, dans un arrêt du 26 février 1856
(Dall., 57. 2. 46), fait remarquer avec raison que pour déterminer la perte, il serait plus rationnel de comparer la valeur
originaire du navire au port de départ avec la valeur qu'il eût
eue *au même lieu* après l'événement. Mais la Cour de Bordeaux
s'empresse d'ajouter que les experts du lieu de relâche seraient
dans l'impossibilité d'évaluer la valeur du navire dégradé au
port de départ (Comp. n° 1739). Ce qu'ils peuvent indiquer,
c'est seulement le chiffre des réparations. Il faut d'ailleurs reconnaître que pour les navires il n'y a pas de marché comme pour
les marchandises. Il n'est pas dans leur destination d'être vendus.

La pratique et la jurisprudence ont été ainsi amenées à évaluer la perte d'après le coût des réparations. Si les réparations à faire doivent atteindre les trois quarts de la valeur du navire, il y a perte des trois quarts, non dans le cas contraire (V. Dall., 77. 1. 315).

1742. — Mais ici s'élèvent deux questions : 1° Quelle est la valeur du navire à laquelle on doit avoir égard? 2° Comment doivent se calculer les réparations?

1° La valeur du navire au départ est en général fixée dans la police. C'est ce qu'on appelle la *valeur agréée*. Cette estimation fait en principe règle entre les parties (V. n° 1410). Nous n'avons pas à nous occuper du cas où le navire aurait été estimé au-dessous de sa valeur, car il est évident qu'en pareil cas l'assuré ne songera jamais à invoquer l'estimation de la police pour faire le délaissement. Mais supposons qu'on ait estimé 200,000 fr. un navire qui ne valait au plus au départ que 100,000 fr., et que les réparations soient estimées à 75,000 fr. L'assuré pourra-t-il faire le délaissement en prouvant que l'estimation de la valeur était exagérée, que le navire ne valait que 100,000 fr.? Je ne le crois pas, car l'assuré n'est pas en général admis à contester sa propre évaluation, sauf bien entendu le cas d'erreur évidente (V. n° 1414).

En Angleterre et aux États-Unis, lorsqu'il y a eu estimation dans la police, on se réfère toujours à cette estimation (V. Arnould, II, p. 1009 et s.).

Le Code allemand qui autorise à vendre le navire, comme ne valant pas la peine d'être réparé, quand les réparations doivent s'élever aux trois quarts de sa valeur, dit qu'il faut avoir égard *à la valeur réelle antérieure* et non à la valeur d'assurance ou à l'estimation de la police (art. 444-877). Mais cela tient à ce que dans ces dispositions le Code allemand ne s'est pas placé uniquement au point de vue des rapports de l'assureur et de l'assuré (V. n° 1754). — La police de Brême révisée en 1875 prend toujours pour base du règlement l'estimation de la police (Lewis, *Das deutsche Seerecht*, II, p. 367).

1743. — 2° Comment doivent se calculer les réparations? Suivant un jugement du tribunal de Marseille, en date du

16 juin 1869 (J. M., 69. 1. 247), il faut comparer la valeur estimative portée dans la police non avec le prix des réparations dans le port où elles ont été ou devraient être faites, mais avec le montant que coûteraient ces réparations dans le port même de l'assurance où a eu lieu l'évaluation de la police.

Ce système n'est pas admis en général, et on a trouvé plus simple de s'attacher au coût réel d'après les prix du port de relâche. On a considéré que quand il s'agit d'un navire, la véritable mesure de la perte est dans le *coût réel* des réparations à faire (Aix, 21 février 1870, Dall., 71. 2. 52).

A quel moment faut-il se placer pour évaluer le prix des dépenses, le prix des matériaux? Est-ce au moment du délaissement fait par l'assuré, ou seulement au jour du jugement qui valide le délaissement? S'il fallait par exemple un nouveau doublage, le prix du cuivre dans l'intervalle a pu varier, et l'on pourra ou non constater une perte des trois quarts, suivant qu'on évaluera les réparations à tel ou tel moment. Les polices parlent en général du montant *des réparations à faire (Police de Paris sur corps*, art. 10). La Cour de cassation en a conclu qu'en pareil cas les réparations devaient être évaluées au jour du jugement et non au jour du délaissement qui pourrait être plus éloigné, les parties n'ayant voulu avoir égard qu'au coût réel des réparations à faire, et non à une évaluation purement éventuelle et provisoire (Civ., rej., 31 août 1881, Dall., 84. 1. 339).

1744. — Que doit-on faire entrer dans le compte des réparations?

Il est de principe que pour apprécier la perte ou détérioration au point de vue du délaissement on ne doit porter en compte que les dépenses qui s'appliquent au corps du navire assuré et à ses dépendances sans y ajouter les *frais accessoires* qui, ne se rapportant pas au navire même, peuvent seulement donner lieu à un règlement d'avaries (V. n° 1738. Cass., 6 nov. 1865, Dall., 66. 1. 202; Req., 8 mai 1872, Dall., 72. 1. 306; Bordeaux, 23 août 1875, Dall., 77. 1. 315).

Par application de ce principe, ce dernier arrêt décide qu'on ne doit pas faire entrer dans le calcul des réparations *au point de vue du délaissement* les frais de séjour du navire dans le *dock* pendant les réparations — les frais de *pilotage, les gages et nourriture de l'équipage* pendant les réparations — les *frais de chancellerie, la commission* payée au consignataire (Comp. n° 1771).

La Cour de cassation, tout en écartant en principe les dépenses accessoires, a fait une exception pour l'emprunt à la grosse. Elle a jugé que lorsqu'un capitaine faute de fonds est dans l'impossibilité de pourvoir aux réparations sans recourir à un emprunt à la grosse, la prime de l'emprunt doit être ajoutée au coût de la dépense à faire (Civ., 3 avril 1849, Dall., 49. 1. 178). Dans un rapport fait devant la Chambre des Requêtes en 1859 (Dall., 59. 1. 61), M. le conseiller d'Oms, rappelant cette exception admise pour la prime de grosse, s'efforçait de la justifier en disant que le prêt à la grosse étant un contrat réel qui affecte le navire lui-même (art. 315), on peut admettre par une sorte de fiction légale que le navire est diminué corporellement de la somme empruntée à la grosse. La jurisprudence, au reste, ne permet d'ajouter au devis des réparations la prime de grosse, qu'autant qu'il est constaté en fait qu'un emprunt était indispensable (Req., 10 juillet 1883, Dall., 84. 1. 154). Il a de plus été jugé que lorsque l'assurance a été faite *franc d'avaries,* c'est à l'assuré à faire les fonds nécessaires pour réparer les avaries qui n'atteignent pas elles-mêmes les trois quarts (Nantes, 22 juillet 1865, J. N., 65. 1. 177).

En Allemagne, lorsqu'il s'agit d'apprécier si le navire, eu égard aux réparations à faire, vaut la peine d'être réparé, on s'est aussi demandé si l'on devait ajouter la prime de grosse au coût des réparations. Lewis (I, p. 25) dit qu'il faut comprendre dans le coût des réparations tous les frais faits pour se procurer de l'argent dans le port de relâche, tels que prime de grosse, commission de banque, etc. — Mais Makower se prononce en sens contraire (édit. de 1880, p. 490).

Pour écarter toute difficulté, la police de Paris sur corps (art. 10) porte expressément que dans le compte des réparations, au point de vue du délaissement, on ne comprend pas *les primes de grosse et autres frais accessoires.*

1745. — Dans le compte des réparations, doit-on faire entrer les *frais de sauvetage?*

Un jugement du tribunal de Marseille du 16 août 1870 (J. M., 1870. 1. 258) a décidé que les frais de sauvetage d'un navire coulé dans un abordage ne devaient pas s'ajouter aux frais des réparations au point de vue du délaissement. C'est, en effet, la règle admise pour les marchandises (V. n° 1739). Mais, pour les navires, je crois qu'il y a ici à faire une distinction. J'admets très bien que l'*indemnité* qui, dans certains cas, est accordée par la loi et les règlements aux sauveteurs, ne peut être confondue avec les dépenses des réparations (V. tom. I, p. 86); car, comme le dit très bien un jugement de Nantes du 22 juillet 1865 (J. N., 1865. 1. 177), de ce que l'indemnité aura été plus ou moins forte, il n'en résulte pas que le navire aura été plus ou moins détérioré. Mais, il en serait autrement, à mon avis, des frais faits pour renflouer, relever le navire ou le remorquer dans un port. Ces dépenses, qui n'ont d'autre but que de préparer les réparations et les rendre possibles, doivent être confondues avec le prix des réparations (V. n° 1774). C'est ce qui est admis en Angleterre. Dans le compte des réparations matérielles, au point de vue du délaissement pour *perte totale relative,* les Anglais comprennent les frais faits pour relever le navire échoué (Arnould, édit. de 1877, p. 1004). .

Par la même raison, je ferais entrer en ligne de compte le prix des réparations *provisoires.* Sur ce point, cependant, une controverse s'est élévée. L'article 11 de la police de Paris sur corps porte que le navire ne peut être délaissé *faute de moyens matériels de réparation,* s'il est établi qu'il pouvait être conduit dans un autre port où il eût trouvé les ressources nécessaires, et l'article 18 ajoute que les assureurs donnent à cet égard les pouvoirs les plus étendus au capitaine, continuant à courir les risques sans augmentation de prime. Le tribunal de Marseille a prétendu induire de là que les réparations provisoires et les frais faits pour conduire le navire au port de réparation étant réputés faits dans l'intérêt et au compte des assureurs qui doivent toujours en indemniser l'assuré, ces frais ne peuvent rester au compte du navire à titre d'avaries et entrer dans l'évaluation de la perte des trois quarts (Rouen, 4 mars 1872, J. M., 1872. 2. 236; Marseille, 11 août 1875, J. M., 1875. 1. 303). —

La Cour de Bordeaux me paraît avoir jugé avec plus de raison le 15 décembre 1879 (J. M., 82. 1. 219) que les réparations provisoires sont des réparations qui doivent entrer dans le calcul des experts.

1746. — Sur le coût des réparations matérielles, les assureurs ne peuvent-ils pas faire certaines déductions?

Au point de vue de l'action d'avaries, il est d'usage de déduire des dépenses le prix des débris, par exemple, celui du vieux doublage qu'on remplace (V. n° 1770). Un arrêt de la Cour de Rennes du 5 avril 1861 s'est prononcé en sens contraire au point de vue du délaissement (J. N., 1861. 1. 161). Mais, il est aujourd'hui admis que dans le calcul des réparations, on doit toujours déduire la valeur des débris, qui diminue la dépense, qu'en un mot, on ne doit tenir compte que des déboursés *réels* à faire par l'assuré (Nantes, 23 décembre 1868, J. N., 1869. 1. 34; Req., 7 déc. 1869, Dall., 70. 1. 295).

Pour écarter sur ce point toute difficulté, la police de Paris sur corps (art. 10), après avoir dit qu'on ne comprend pas dans la dépense la *prime de grosse et autres frais accessoires,* ajoute qu'il sera fait déduction *de la valeur du vieux doublage et autres débris.*

Quand l'assuré exerce l'action d'avaries, il ne peut réclamer le prix des réparations que sous la déduction d'un tiers pour différence du neuf au vieux (V. n°ˢ 1607, 1769). La même déduction est-elle applicable, au point de vue du délaissement, sur l'évaluation des réparations? La police de Paris n'en parle qu'au point de vue de l'action pour avaries (art. 19) : il n'en est pas question lorsqu'il s'agit d'évaluer les réparations au point de vue du délaissement. La jurisprudence n'admet pas non plus cette déduction, lorsqu'il s'agit de savoir s'il y a perte ou détérioration des trois quarts (Bordeaux, 25 février 1856, Dall., 57. 2. 46). La même Cour a même jugé le 23 décembre 1861 (J. N., 1862. 2. 7) que si l'on ne trouve sur les lieux pour remplacer le doublage que des feuilles d'un poids et d'une qualité supérieurs, le prix de ces feuilles doit figurer au compte des réparations sans aucune déduction. — En un mot, au point de vue du délaissement, l'évaluation est faite d'après le *coût réel.*

J'approuve ces décisions, car au point de vue du délaissement pour perte ou détérioration des trois quarts on n'a pas à
examiner si l'assuré pourra profiter plus ou moins des réparations, mais si au moment des réparations la dépense *à faire*
pour le navire représentait les trois quarts de la valeur agréée.

Le Code allemand (art. 444) dit expressément que lorsqu'il
s'agit de voir si le navire est ou non *digne d'être réparé*, on ne
fait sur le coût des réparations aucune réduction pour différence
du neuf au vieux. La même règle est admise en Angleterre et
aux États-Unis (V. Arnould, édit. de 1877, p. 1005).

1747. — Une autre question plus délicate est celle-ci : Il
arrive souvent quand on répare un navire à la suite de fortunes
de mer, que les réparations sont aggravées par la vétusté, la
pourriture de certaines parties. Devra-t-on, dans le compte des
réparations à faire, déduire la part qui peut être imputée à la
vétusté ou au vice propre? Le tribunal de Nantes dans un jugement du 9 juin 1877 (J. N., 1878. 1. 5), a décidé qu'on ne
devait pas faire entrer en compte le remplacement d'allonges,
de barreaux, qui étaient reconnus pourris et usés. — Cette décision me paraît trop absolue. Le Code allemand (art. 888, n° 4)
veut, avec raison, que dans tous les cas d'*avaries partielles* les
dommages résultant d'usure soient constatés à part. En effet,
c'est ce qui doit se faire quand il s'agit d'un règlement d'avaries (V. n° 1606), mais au point de vue du délaissement pour
détérioration des trois quarts, il s'agit avant tout d'apprécier
les dépenses à faire. Du moment que les réparations sont né-
cessitées par une fortune de mer dont les assureurs ont à répondre, ils ont à en supporter toutes les conséquences. « Une
seule chose, comme le dit l'écrivain anglais Arnould (édit. de
1877, p. 1008), peut être demandée à l'assuré, c'est que le navire fût en état de navigabilité au commencement du voyage. »
S'il était en état de prendre la mer, l'assureur doit également le
remettre en état de continuer le voyage, alors même que les
réparations pourraient être aggravées par l'âge du navire. Le
navire a été assuré en conséquence (Req., 16 déc. 1868, Dall.,
69. 1. 219, v° Req., 15 mars 1869, Dall., 70. 1. 122).

Ne perdons pas de vue toutefois que l'assureur n'est pas tenu de refaire le navire. On ne pourra donc porter en compte que les dépenses qui auront pour but de remettre le navire en état de continuer le voyage dans les mêmes conditions de navigabilité qu'au départ.

1748. — Si parmi les dommages soufferts par le navire, il en est qui constituent des avaries communes, et sont, par suite, susceptibles d'être partiellement couverts par la contribution de la cargaison, devra-t-on les comprendre dans le compte des réparations au point de vue du délaissement? La Cour de Bordeaux s'est prononcée pour l'affirmative (Bordeaux, 16 août 1869, J. M., 1869. 2. 179). J'approuve encore cette décision. En principe, sans doute l'assureur n'est pas tenu des avaries remboursées par voie de contribution (V. n° 1776). Mais, comme je l'ai fait remarquer, autre chose est un règlement d'avaries entre assureur et assuré, autre chose le délaissement. — En Angleterre et aux États-Unis on distingue si la contribution a été payée au navire ou si elle lui est encore due. Dans ce dernier cas seulement on ne la déduit pas du compte des réparations (Arnould, II, p. 1008).

1749. — Dans les comptes d'experts on trouve quelquefois comme article final un chiffre porté pour *dépenses imprévues.*

Des décisions judiciaires ont admis le chiffre quand il ne paraissait pas y avoir abus (Nantes, 20 juin 1863, J. M., 63. 1. 166). Mais c'est là un procédé que condamne en général la jurisprudence. Lorsqu'il s'agit d'apprécier s'il y a perte ou détérioration des trois quarts, tout doit être apprécié avec rigueur et il ne faut pas laisser place à l'arbitraire (Nantes, 22 juin 1865, J. N., 65. 1. 177. — Bordeaux, 23 août 1875, Dall., 77. 1. 315).

1750. — La perte des trois quarts peut résulter d'avaries successives dans le même voyage, si ces avaries cumulées entraînent des réparations s'élevant aux trois quarts de la valeur agréée. D'autre part, il ne faut pas oublier que, comme nous l'avons expliqué (n° 1449), les risques du voyage, vis-à-vis des assureurs, se prolongent jusqu'à la fin des réparations, quand le navire est arrivé en état d'avaries. La Chambre des Requêtes (arrêt du 18 fév. 1861, Dall., 61. 1. 366) a fait l'application de ces deux règles dans l'espèce suivante : le navire *La ville de Tonneins* avait été assuré pour six mois de navigation, *chaque voyage devant faire l'objet d'un règlement séparé* (V. n° 1401), et devant cesser cinq jours après que le navire aurait été ancré au lieu de destination. Le navire était arrivé à Bombay en état d'avaries; six jours après son arrivée, au moment où l'on se préparait à faire au navire une carène nouvelle, l'explosion à bord d'un baril de poudre causa de nouvelles avaries, qui, cumulées avec les premières, devaient entraîner une réparation de plus des trois quarts. Les assureurs repoussèrent le délaissement en se fondant sur ce que, d'après la police, chaque voyage devait faire l'objet d'un règlement séparé, et que l'explosion n'ayant eu lieu que le sixième jour après l'arrivée à Bombay, l'explosion ne pouvait être rattachée au premier voyage. La Cour de cassation a répondu que le navire étant arrivé à Bombay en état d'avaries, le voyage d'aller s'était trouvé prorogé, et celui de retour suspendu, tant qu'il était resté à l'ancre pour recevoir les réparations nécessaires, que dès lors il y avait eu lieu de réunir dans un seul règlement les deux causes d'avaries pour les mettre à la charge de l'assureur du voyage d'aller.

1751. — Il peut arriver que la perte des trois quarts n'apparaisse qu'une fois les réparations faites. Dans le système du Code il n'y en aura pas moins lieu au délaissement, la perte des trois quarts étant une cause de délaissement, distincte de l'innavigabilité (V. n°ˢ 1733, 1935). — Il en est autrement d'après la police de Paris sur corps, qui n'admet pas la perte des trois quarts comme une cause de délaissement distincte de l'innavigabilité. L'article 10, après avoir dit que le navire peut être délaissé, si le montant total des dépenses *à faire* dépasse les trois quarts de la valeur agréée, et si, par suite, le navire est condamné comme *innavigable,* ajoute : « Si le navire *effectivement réparé* est parvenu à sa destination, le délaissement n'est point recevable, quoique le coût des réparations ait dépassé les trois quarts. Dans ce cas, l'action d'avaries est seule ouverte à l'assuré sous les retenues et franchises prévues par les articles 19 et 20. » La police toutefois, ajoute ce tempérament que, dans ce cas, l'assuré pourra exercer une action d'avaries, alors même que l'assurance aurait été faite franc d'avaries (V. art. 409).

Mais il ne faut pas se méprendre sur le sens de ces mots : *effectivement réparé*. Cela suppose évidemment un navire remis dans des conditions normales de navigabilité. La Cour de Rouen a jugé avec raison qu'un navire ne peut être considéré comme *effectivement réparé*, alors qu'il n'y a eu qu'une réparation anormale et provisoire, telle que la confection d'une muraille en ciment pour aveugler une voie d'eau (Rouen, 19 janvier 1876, J. M., 1876. 2. 54).

1752. — Lorsqu'il s'agit de l'assurance d'un bâtiment à vapeur, on estime en général à part le corps et les machines. Mais la police de Paris, concernant l'assurance des bâtiments à vapeur, porte que le délaissement du *corps* donnera droit à celui des machines. C'est ce qu'avait déjà jugé la Cour de Rouen par un arrêt du 22 avril 1874 (Dall., 76. 5. 38).

1753. — Nous avons vu (n°ˢ 1382, 1386) qu'on peut faire assurer une créance soumise aux risques de mer, comme la créance du prêteur à la grosse sur un navire, sur des marchandises. Dans ce cas, la détérioration des trois quarts de la chose affectée à la créance ne suffit pas pour en autoriser le délaissement, s'il reste de quoi payer la créance, mais il y aura lieu au délaissement, si, par suite de la perte ou détérioration de la chose affectée, la créance se trouve elle-même perdue pour les trois quarts (Req., 9 mars 1869, Dall., 69. 1. 453).

1754. — Le principe du délaissement est partout admis, comme je l'ai déjà fait remarquer (n° 1716). Mais il n'a pas été partout réglé de la même manière.

Angleterre et États-Unis. — En Angleterre et aux États-Unis, on distingue au point de vue du délaissement (*abandonnement*) la *perte totale absolue* de la *perte totale relative* (*constructive*).

La *perte totale absolue* autorise à réclamer la somme assurée sans même qu'il soit besoin de faire de déclaration de délaissement.

Dans le cas de *perte totale relative*, au contraire, il faut faire une déclaration de délaissement, et dans le cas où le délaissement n'ayant pas été accepté, il faut actionner l'assureur, le délaissement ne peut plus avoir lieu si, au moment où l'action est introduite, l'assuré n'est plus dans les conditions du délaissement (V. n° 1717).

On admet qu'il y a *perte totale absolue* quand le navire est réduit à l'état de débris ou que les marchandises sont détruites dans leur substance. La perte totale, au contraire, est dite simplement *constructive* quand l'objet assuré n'est pas entièrement perdu, ou qu'on a quelque espoir de le recouvrer, mais que les frais à faire soit pour le restaurer, soit pour le recouvrer seraient excessifs. Il y a perte totale *constructive* en cas de prise, d'arrêt et d'embargo si l'arrêt et l'embargo ont une certaine durée; en cas d'innavigabilité, si le navire pouvant à la rigueur être réparé, le prix des réparations devait dépasser la valeur du navire *après les réparations* (V. Arnould, édit. de 1877, p. 1003). Aux États-Unis, il suffit que le coût des réparations doive égaler la moitié de la valeur du navire réparé (Philipps, *On insurance*, Boston, 1867, II, n° 1539).

Quant aux marchandises, outre qu'elles peuvent aussi être délaissées en cas de prise, d'arrêt, elles peuvent l'être dans tous les cas où elles sont vendues en cours de voyage, soit parce que le navire étant devenu innavigable, on n'a pas pu en trouver un autre, soit parce que les marchandises, à raison de leur détérioration, ne pouvaient supporter un plus long voyage (V. expl. de l'art. 394, n° 1963).

Mais on n'admet pas comme chez nous, que le navire ou les marchandises une fois arrivées à destination puissent être délaissées pour perte ou détérioration. Un projet de 1884, rédigé pour l'État de New-York, admet cependant le délaissement toutes les fois que l'objet assuré est déprécié *de plus de moitié* (1).

---

(1) Dans un projet de *Code civil* rédigé pour l'État de New-York en 1884, voici ce que je trouve relativement au délaissement (*abandonnement*).

Art. 2295. — Le délaissement est l'acte par lequel l'assuré après une perte totale constructive, déclare à l'assureur qu'il lui laisse son intérêt dans la chose assurée.

Art. 2296. — Une personne assurée par un contrat d'assurance maritime

Droit allemand. — En Allemagne, on distingue, comme en Angleterre, la perte totale absolue (*absoluter Totalverlust*) de la perte totale relative (*konstructiver Totalverlust*) (art. 858-865). L'article 858 déclare qu'il y a perte totale absolue et que l'assuré peut réclamer toute la somme assurée quand le navire ou les marchandises sont anéantis ou déclarés de bonne prise. L'article 865 reconnaît à l'assuré le droit d'exiger le paiement de la somme assurée contre la cession des droits lui appartenant, dans les cas suivants :

1° Quand le navire a disparu (*verschollen*);

2° Quand l'objet assuré *court un danger* résultant de ce que

peut abandonner la chose assurée ou toute portion de cette chose, évaluée séparément par la police, ou assurée à part, et se faire indemniser comme pour une perte totale, si la cause de la perte rentre dans les risques de l'assureur :

1° S'il y a une perte partielle représentant plus de la moitié de la valeur de la chose ou s'il faudrait dépenser plus que cette moitié pour la retirer du péril;

2° Si elle est endommagée pour plus de moitié de sa valeur;

3° Si, la chose assurée étant un navire, le voyage ne peut être accompli, sans imposer à l'assuré des dépenses dépassant la moitié de la valeur de la chose, ou sans lui faire courir des risques auxquels ne s'exposerait pas un négociant prudent dans les circonstances données ;

4° Si, la chose assurée étant une cargaison ou un fret, le voyage ne peut être accompli ni un autre navire procuré par le capitaine, dans un délai et avec la diligence suffisante, sans encourir les mêmes dépenses et risques que ci-dessus. — En aucun cas, le fret ne peut être abandonné, si le navire ne l'est pas.

Art. 2297. — Le délaissement ne peut être ni partiel ni fait sous condition.

Art. 2298. — Le délaissement doit être fait dans un temps raisonnable après la connaissance de la perte. Il ne peut être fait qu'après le commencement du voyage, et il doit l'être avant que la partie qui a fait l'abandon ait connu son achèvement.

Art. 2299. — Quand la nouvelle sur laquelle le délaissement a été fait est reconnue inexacte, ou qu'à l'époque du délaissement la chose est rétablie, de sorte qu'en fait, il n'y a pas eu de perte totale, le délaissement est sans effet.

Art. 2300. — Le délaissement se fait par une déclaration à l'assureur, soit verbale, soit écrite.

Art. 2301. — La déclaration de délaissement doit être explicite, et indiquer la cause du délaissement; mais il suffit d'indiquer la cause probable et le navire ou les marchandises ont été frappés d'embargo, pris par une puissance belligérante, ou arrêtés d'une autre manière par ordre de puissance, ou capturés par des pirates et n'ont pas été relâchés dans un délai de six, neuf ou douze mois, selon l'endroit où l'arrêt, la prise ou la capture ont eu lieu (V. n° 1922).

Le Code allemand, qui autorise à vendre le navire comme innavigable quand il est hors d'état d'être réparé, *reparaturunfähig*, ou qu'il n'en est pas jugé digne (*reparaturunwürdig*), parce que les réparations s'élèveraient aux trois quarts de sa valeur primitive (C. all., art. 444), ne fait pas de l'innavigabi-

il n'est pas nécessaire que la déclaration soit accompagnée de la preuve d'intérêt ou de la perte.

Art. 2302. — Le délaissement ne peut être admis que pour une cause spécifiée dans la déclaration.

Art. 2303. — Le délaissement équivaut à la translation par l'assuré à l'assureur de son intérêt, avec toutes les chances de recouvrement et d'indemnité.

Art. 2304. — Quand un assureur maritime règle une perte comme perte totale, il est par là même autorisé à retenir tout ce qui reste de la chose assurée, les débris et le sauvetage, comme s'il y avait eu un délaissement formel.

Art. 2305. — Après le délaissement, les actes faits de bonne foi après la perte par ceux qui étaient les agents de l'assuré pour la chose assurée sont aux risques de l'assureur et à son profit.

Art. 2306. — L'acceptation du délaissement n'est pas nécessaire pour les droits de l'assuré : elle ne s'induit pas du simple silence gardé par l'assureur à la suite de la déclaration de délaissement.

Art. 2307. — L'acceptation du délaissement, expresse ou implicite, est décisive pour les parties et fait considérer la perte et le délaissement comme suffisamment justifiés.

Art. 2308. — Le délaissement une fois fait et accepté est irrévocable, à moins que le motif pour lequel il a eu lieu ne soit reconnu inexact.

Art. 2309. — En cas de délaissement d'un navire, le fret gagné avant la perte appartient à l'assureur du fret : mais le fret gagné postérieurement appartient à l'assureur du navire.

Art. 2310. — Si un assureur refuse d'accepter un délaissement valable, il n'en est pas moins tenu de payer comme pour une perte totale, sauf à déduire de la somme assurée la valeur des produits de la chose qui ont pu être recueillis par l'assuré.

Art. 2311. — Quand un assuré omet de faire le délaissement, il n'en a pas moins le droit de se faire indemniser de la perte totale.

lité une cause de délaissement du navire. L'article 877, en effet, se borne à dire que le dommage est égal à la différence entre le produit net de la vente et la valeur d'assurance (V. n° 1935).

De même, lorsque des marchandises sont vendues en cours de voyage par suite d'accident, l'assuré n'a droit qu'à la différence entre le produit net (déduction faite du fret, des droits de douane, et des frais de vente) et la valeur d'assurance (art. 881).

D'après le Code allemand, il n'y a pas lieu au délaissement quand les faits sur lesquels il se fonde ne se confirment pas ou n'existent plus au moment où la déclaration parvient à l'assureur (art. 871).

La police de Brême décide même à propos du défaut de nouvelles (art. 64) que si la chose qu'on croyait perdue reparaît, l'assuré devra rendre la somme reçue de l'assureur, sauf à faire régler l'avarie partielle. L'article 65 ajoute : *Un abandon proprement dit n'est pas permis :* tant que la chose existe en tout ou en partie, et en quelque état que ce puisse être, l'assuré doit faire son possible pour recouvrer ou sauver ce qui a encore quelque valeur.

Police française. — Nos polices françaises ont aussi cherché, comme nous l'avons vu, à restreindre les cas de délaissement, et ont en partie repoussé la théorie de la *perte légale* (V. n° 1717).

La police de Paris *sur corps* (art. 8, 9, 10, 11) n'admet en définitive le délaissement que dans trois cas :

1° Le défaut de nouvelles (V. art. 375).

2° La destruction totale du navire.

3° L'innavigabilité produite par fortune de mer. Le navire n'est réputé innavigable que dans les cas suivants : — Si le montant des dépenses à faire (primes de grosse et accessoires non compris) dépasse les trois quarts de la valeur agréée (V. n° 1745); — si le navire a été condamné faute de moyens matériels de réparation; — s'il l'a été faute de fonds ou de crédit, mais seulement dans un port de relâche (V. n° 1931 et s.).

D'après la police *sur facultés,* le naufrage, à plus forte

raison l'échouement avec bris n'autorisent pas par eux seuls le délaissement des marchandises. Il n'y a lieu au délaissement des marchandises que dans les cas suivants :

1° *Défaut de nouvelles* dans les délais fixés par l'article 8 ;

2° *Innavigabilité du navire*, par naufrage ou autrement, si dans les délais fixés par l'article 8, la marchandise n'a pu être remise à la disposition des destinataires, ou au moins si le rechargement à bord d'un autre navire prêt à la recevoir n'a pas été commencé dans les mêmes délais [1] (V. n° 1730) ;

3° *Vente* des marchandises ordonnée ailleurs qu'au point de départ ou de destination pour cause d'avarie matérielle à la marchandise assurée, provenant d'une fortune de mer à la charge des assureurs (V. n° 1735) ;

4° Perte ou détérioration matérielle absorbant les trois quarts de la valeur (V. n° 1739).

Projet de 1867. — Le projet de 1867 s'était rapproché du système des polices et n'admettait pas le délaissement par cela seul qu'il y avait eu naufrage ou prise.

Le naufrage, quand il n'y avait pas perte ou détérioration des trois quarts, n'autorisait le délaissement du navire que si le navire n'avait pu être relevé dans le délai d'un mois ; — celui des marchandises, que si elles n'avaient pu être rechargées et transportées à destination. D'autre part la prise, comme l'arrêt, n'était elle-même une cause de délaissement qu'au bout d'un certain temps (V. n° 1720).

Loi belge de 1879. — Lorsque, dans ces dernières années, on s'est occupé en Belgique de la révision du Code de commerce, on proposa de ne plus indiquer le naufrage et l'échouement avec bris comme une cause de délaissement des marchandises, et de n'autoriser le délaissement des marchandises qu'autant qu'il y aurait eu perte ou détérioration des trois quarts ou que les marchandises n'auraient pu être chargées sur un autre navire dans un certain délai. Mais on répondit qu'en cas de naufrage ou d'échouement avec bris, la marchandise sera presque toujours perdue ou considérablement endomma-

---

[1] C'est par erreur que l'article 8 renvoie à l'article 394.

gée, et que les intérêts de l'assuré seraient souvent compromis, s'il était obligé, lorsque de semblables événements se produisent en cours de voyage, de faire procéder à l'évaluation des avaries. La loi belge de 1879 a maintenu les règles de notre article 369 avec cette seule différence que la prise comme l'arrêt n'autorise le délaissement qu'au bout d'un certain temps.

Code italien de 1882. — Le nouveau Code italien a rayé *l'échouement avec bris* des cas de délaissement. D'après l'article 632, le délaissement (*abbandonno*) peut être fait : 1° en cas de naufrage; 2° de prise; 3° d'arrêt par ordre de puissance étrangère; 4° d'arrêt par ordre du gouvernement *après le voyage commencé.* Toutefois, en cas de prise ou arrêt, il n'y a pas lieu à délaissement s'il y a eu restitution dans les délais fixés par l'article 636; 5° en cas d'innavigabilité, si le navire ne peut être réparé, ou si les dépenses nécessaires pour le mettre en état de continuer le voyage s'élèvent au moins aux trois quarts de la valeur assurée; 6° en cas de perte ou détérioration des choses assurées s'élevant aux trois quarts de leur valeur. L'assuré peut aussi faire le délaissement sans prouver la perte en cas de défaut de nouvelles (art. 633). Enfin, au cas où le navire a été déclaré innavigable, il y a lieu au délaissement des effets chargés si dans les trois mois de la déclaration d'innavigabilité on n'a pu trouver un autre navire pour transporter les marchandises à leur destination.

1755. — Nous avons vu (n°ˢ 1510 et s.) qu'il est aujourd'hui question d'admettre l'assurance du fret et du profit, assurances aujourd'hui interdites par l'article 347.

Si ces assurances doivent être admises, on aura à examiner dans quels cas elles pourront donner ouverture au délaissement, et comment le délaissement vis-à-vis de l'assureur du fret ou du profit pourra se concilier avec le délaissement fait à l'assureur du navire ou de la marchandise. Je m'expliquerai à cet égard en commentant les articles 385 et 386 (V. n°ˢ 1896, 1914, 1915).

ART. 370.

Il ne peut être fait avant le voyage commencé (1).

SOMMAIRE.

1756° — Ce qu'il faut entendre par *voyage commencé.*
1757° — Droit comparé.

1756. — L'Ordonnance se bornait à dire que l'arrêt par les ordres du roi, avant le voyage commencé, ne pourrait autoriser l'abandon (V. n° 1723). L'article 370 ne paraît pas spécial au cas d'arrêt, et dit, d'une manière générale, que le délaissement ne peut être fait *avant le voyage commencé.* Mais comment doit-on interpréter ces derniers mots?

Suivant une première interprétation, l'article 370 signifierait simplement qu'il ne peut y avoir lieu au délaissement avant le commencement des risques. Nous avons vu que les risques, notamment pour les marchandises, peuvent commencer à courir avant le départ (V. n°⁵ 1446, 1452). Dans ce système, si depuis le commencement des risques, mais avant le départ, on se trouvait dans un cas de délaissement, si, par exemple, il y avait arrêt ou perte des trois quarts, le délaissement pourrait être fait (Bédarride, n° 1430; Boistel, n° 1399).

Suivant une autre interprétation, il n'y a jamais lieu au délaissement qu'autant que le voyage est véritablement commencé, c'est-à-dire après le départ. Dans ce système, les articles 328 et 341 ne règlent le temps des risques que relativement aux *avaries;* mais *au point de vue du délaissement,* les risques, soit pour le navire, soit pour les marchandises, ne commencent que *du jour du départ.* Tel est le système développé par Locré sur l'article 370.

Si l'on admet la première interprétation, l'article 370 paraîtra

____

(1) *Ord. de* 1681 (liv. III, tit. vi). Art. 52. — Si le vaisseau était arrêté, en vertu de nos ordres, dans un des ports de notre Royaume, avant le voyage commencé, les assurés ne pourront, à cause de l'arrêt, faire abandon de leurs effets aux assureurs.

assez inutile. Mais la seconde interprétation n'est pas suffisamment justifiée. Pour prohiber le délaissement avant le départ, nous croyons qu'il faudrait un texte plus formel. Émérigon se borne à dire : « Ces mots *avant le voyage commencé*, signifient « avant que le risque ait pris son cours (ch. XII, sect. xxx, § 6).

1757. — Le projet de révision de 1867 avait supprimé l'article 370 comme inutile. Cette disposition a également disparu dans le nouveau Code italien de 1882. Mais elle a été maintenue par la loi belge de 1879. Pour justifier cette disposition, la Commission l'a interprétée dans le sens de Locré, et elle a fait remarquer que lorsqu'un sinistre se produit *avant que le voyage soit commencé,* les parties étant présentes sur les lieux, et pouvant aisément faire procéder aux constatations nécessaires pour le règlement de leurs droits, les raisons qui ont fait accorder la faculté de délaissement n'existent plus.

<hr>

ART. 371.

Tous autres dommages sont réputés avaries et se règlent, entre les assureurs et les assurés, à raison de leurs intérêts (1).

SOMMAIRE.

(1) *Ord. de 1681* (liv. III, tit. vi). Art. 46. — Et tous autres dommages ne seront réputés qu'avarie, qui sera réglée entre les assureurs et les assurés, à proportion de leurs intérêts.

Le projet de 1867 (art. 374) reproduisait purement et simplement l'article 371.

1758. — L'article 371 pose deux règles qu'il faut examiner successivement, la première, c'est qu'en dehors des cas de délaissement strictement déterminés il n'y a lieu qu'à une action d'avaries ; la seconde se rapporte à la manière dont se règlent les avaries entre l'assureur et l'assuré.

Nous avons vu (n° 1716), que l'*action d'avaries* est la seule véritablement qui dérive du contrat d'assurance, et que le délaissement est une exception. J'ai fait remarquer toutefois, que la convention peut déroger à l'article 369 (V. n° 1719). Le plus souvent elle a pour but de restreindre les cas de délaissement. Mais quelquefois la convention en crée qui n'ont pas été prévus par la loi. Ainsi rien n'empêcherait de stipuler que le délaissement des marchandises pourrait être fait dans tous les cas de relâche forcée suivie de débarquement (Bordeaux, 3 janvier 1861, J. M., 39. 2. 158). Mais en dehors des cas réglés par la loi ou la convention, la règle est que l'assuré n'a qu'une action d'avaries.

Alors même que l'assurance a été faite *franc d'avaries,* on peut exercer l'action d'avaries dans tous les cas de délaissement, on a alors le choix entre le délaissement et l'action d'avaries (art. 409).

Mais on ne peut cumuler l'action d'avaries et l'action en délaissement et suppléer à l'une au moyen de l'autre. Ainsi l'assuré qui fait le délaissement pour perte et détérioration des trois quarts ne peut en outre réclamer par voie d'avaries la contribution auquel il aurait été soumis pour avaries grosses. L'assureur, en effet, ne peut être tenu au delà de la somme assurée (Req., 21 fév. 1872, Sirey, 73. 1. 67).

1759. — Au point de vue du règlement des avaries entre l'assureur et l'assuré, l'article 371 se borne à dire que les avaries se règlent entre les assureurs et les assurés *à raison de leurs intérêts.* C'est à peu près la reproduction de l'Ordonnance qui disait : *à proportion de leurs intérêts.* Valin commentait ainsi cette disposition : « L'avarie doit être supportée par les assureurs et cela pour le tout entre eux, si l'assuré n'a pas d'intérêt dans les marchandises (ou le navire), au delà des sommes assurées, et s'il en est autrement, entre eux et lui à proportion de leur intérêt respectif dans la chose dont il n'a qu'une partie assurée » (II, p. 106). Ainsi supposons une marchandise valant 20,000 fr., sur laquelle on n'a fait assurer que 10,000 fr., l'assuré étant réputé son propre assureur pour moitié, l'assureur ne paiera que la moitié des avaries. — S'il y a plusieurs assureurs, chacun paiera les avaries au *prorata* de ses engagements. Si, par exemple, la chose valant 100 au départ, l'un des assureurs a assuré 75 fr., l'autre 25, le premier étant assureur pour les deux tiers supportera les deux tiers des avaries, l'autre un tiers (Comp. n°ˢ 1356-1649).

Tout cela ne souffre pas de difficulté. Mais soit que la chose ait été assurée en entier ou pour partie, il reste toujours à déterminer les avaries, à en fixer le chiffre ou la quotité. Comment ici devra-t-on procéder?

Rappelons d'abord que quoique les articles 371 et 397 semblent déclarer *avarie* tout dommage arrivé au navire ou aux marchandises, l'assureur ne répond envers l'assuré que des dommages provenant de fortunes de mer (V. art. 350, 351, 352).

Dans les rapports de l'assureur, il faut au point de vue du règlement distinguer les avaries *matérielles,* les *avaries-frais,* la *contribution* à des avaries communes.

Je parlerai d'abord dés avaries ou dommages matériels dont le règlement donne lieu à le plus de difficultés, et je m'occuperai en premier lieu des marchandises, puis du navire.

I. *Règlement des avaries matérielles des marchandises.*

Dans tout règlement d'avaries, il y a deux choses à considérer : la quotité de l'assurance, la quotité du dommage.

Nous avons vu (art. 339) qu'à défaut d'estimation dans la police, la valeur assurable pour les marchandises est le prix courant du lieu du départ avec les frais faits jusqu'à bord. Nous avons déjà dit que si l'assureur a assuré toute cette valeur, il sera responsable de tout le dommage, que s'il n'en a assuré qu'un tiers ou un quart, il supportera le dommage en proportion.

Mais comment évaluer le dommage?

En cas de *perte partielle* il n'y a pas de difficulté. Si par exemple sur 100 sacs assurés, 25 sont entièrement perdus et 75 arrivés à bon port, l'assureur qui a entièrement assuré les 100 sacs devra payer le quart de l'estimation de la police, ou, à défaut d'estimation, le quart de leur valeur au départ. Sur ce point toutes les législations paraissent d'accord (Brandt, *Seeversicherung,* p. 60).

1760. — Lorsqu'il s'agit de détérioration, le règlement est plus compliqué.

Nous parlerons d'abord du cas où les marchandises avariées sont arrivées à destination — puis de celui où elles ont été vendues dans un port de relâche.

Je suppose que des marchandises qui ont été assurées au départ 100,000 fr. ne vaillent plus au lieu de destination que 50,000 fr. : que devra l'assureur?

A première vue, on serait tenté de lui faire payer la différence, mais un peu de réflexion suffit pour faire reconnaître tout ce qu'un pareil procédé aurait de défectueux. L'assureur ne répond que des fortunes de mer (art. 350). Or, la différence que l'on constate entre les prix du départ et de l'arrivée peut tenir non-seulement aux avaries mais à une baisse dans les prix du marché. Il pourrait se faire qu'à l'inverse par suite de la hausse des prix du lieu d'arrivée la marchandise valût autant et plus qu'au départ quoiqu'elle eût été avariée. L'assureur sera-t-il pour cela dispensé de toute indemnité? Non, il ne peut souffrir ni profiter des fluctuations du marché. Aussi le règlement *par différence* qui, suivant M. Émile Cauvet, aurait prévalu à Marseille jusqu'en 1821 est-il aujourd'hui complètement abandonné. Il a été condamné par la Cour d'Aix elle-même le 9 mars 1868 (J. M., 1869. 1. 5).

Le règlement se fait toujours *par quotité*. On compare à l'arrivée la valeur des marchandises avariées avec celles qu'elles auraient eue, au même lieu à l'état sain. Si la marchandise avariée ne vaut que 50,000 fr., alors qu'à l'état sain elle vaudrait le double, la détérioration est de moitié. On appliquera cette moitié à la valeur assurée. Si la chose avait été assurée pour toute sa valeur au départ soit 40,000 fr. l'assureur paiera moitié ou 20,000 fr. Si la chose n'avait été assurée que pour 20,000 fr. ou moitié de sa valeur, l'assureur paiera moitié de la valeur assurée ou 10,000 fr. — Valin avait déjà indiqué la formule du règlement par quotité lorsqu'il avait dit sur l'article 47 de l'Ordonnance : « Le règlement par avaries entre les « assureurs et les assurés se fait en prenant pour base l'estima-« tion ou la valeur des marchandises au temps de leur charge-« ment, sans considérer si ces marchandises auraient valu plus « ou moins à leur arrivée à bon port. » — Émérigon s'exprime dans le même sens (*Ass.*, ch. XII).

Valin établissait la quotité de l'avarie en se reportant au temps et lieu *du chargement*. Il est évidemment plus simple d'opérer d'après les prix du lieu de destination si la proportion ne doit pas être changée (Comp., n° 1739).

1761. — Mais le prix du lieu de destination se compose de divers éléments. Il se compose de la valeur au départ augmentée de certaines charges. 1° Du fret payé, 2° des droits de douane, 3° des frais de débarquement ou magasinage à l'arrivée. Ce sont tous ces éléments qui, ajoutés à la valeur au départ composent *le prix brut*. Si, au contraire, on déduit toutes ces sommes accessoires on aura la valeur *nette*. Cela posé, quand on compare la valeur des marchandises avariées à leur valeur à l'état sain pour trouver la quotité de l'avarie, doit-on avoir égard au prix brut, ou à la valeur nette déduction faite de tous les éléments accessoires ?

Le règlement *au brut* et celui *au net* donnent des résultats forts différents. Ainsi supposons une marchandise dont le prix brut à l'état d'avaries est de 50, tandis qu'à l'état sain il eût été de 100, la quotité de l'avarie étant de moitié, l'assureur paiera la moitié de la somme assurée. — Mais si on procède par règlement *au net* on dira : Le fret et les frais étant, nous le supposons, de 25, la valeur nette de la marchandise à l'état sain doit être réduite d'autant, soit à 75. La même déduction doit être appliquée à la marchandise avariée, les charges étant les mêmes en général pour les marchandises avariées que pour celles qui ne le sont pas (V. art. 310). La valeur nette des marchandises avariées se trouve ainsi réduite à 25. Dans le règlement *au net* la comparaison, au lieu de s'établir entre 100 et 50, ce qui ne donnerait qu'une avarie de moitié, s'établira donc entre 75 et 25, ce qui donnera une avarie des deux tiers.

On voit que le règlement au net est préjudiciable à l'assureur.

D'où est venue l'idée du règlement au net? En cas de perte, l'assuré est au moins déchargé du fret et d'une partie des frais (art. 302). Mais il ne l'est pas en cas de simple détérioration, le fret et les autres frais ne diminuant pas en proportion de l'avarie. Il en résulte que l'assuré, outre ce qu'il perd sur la valeur intrinsèque de la chose, se trouve payer en pure perte une partie du fret et des frais : au moyen du règlement au *net,* il fait supporter cette perte à l'assureur. — Mais c'est précisément ce qui condamne ce mode de règlement, car le fret et les frais sont des charges qui doivent rester étrangères à l'assureur et sa responsabilité ne peut se trouver d'autant plus aggravée que ces frais sont plus élevés. L'assureur, à moins de convention particulière (V. n°ˢ 1502-1503), ne garantit pas plus l'assuré contre les pertes de fret que contre les pertes de profit. Aussi le règlement *au net* est-il aujourd'hui repoussé en principe (Rennes, 2 juin 1862, J. N., 1862. 1. 305).

Les mêmes règles sont suivies en Angleterre. « Pendant un temps, dit Arnould, ce fut une question de savoir si, pour déterminer le montant de la détérioration des marchandises par fortunes de mer, on devait comparer le produit net ou le produit brut (*gross produce*) de la marchandise à l'état sain et de sa vente à l'état d'avaries. La question étant venue devant la Cour du Banc de la Reine, il fut établi, par Lawrence, dans une des plus remarquables sentences qui aient été rendues à Wesminster, que la vraie règle à suivre pour le règlement des avaries est que la quotité à payer par l'assureur sur le prix coûtant ou estimation de la police soit déterminée par la compa-. raison entre le produit brut de l'état sain et le produit brut de la vente à l'état d'avaries. Telle est la règle invariablement suivie dans la pratique » (Arnould, édit. de 1877, p. 894).

Le Code allemand dit expressément (art. 879) que quand les marchandises sont arrivées à destination en état d'avaries, le règlement se fait sur le pied de la valeur d'assurance par la comparaison de la *valeur brute* des marchandises à titre d'avaries, et de leur valeur brute à l'état sain, la quotité qui en résulte étant appliquée à la valeur d'assurance. Ainsi, dit Lewis, des marchandises valaient, au départ, 6,000 marcks, et ont été assurées pour toute leur valeur. Elles sont arrivées à destination en état d'avaries et n'ont été vendues que 3,000 marcks au lieu de 8,000 marcks qu'elles auraient produit à l'état sain. La détérioration étant de 5/8, l'assureur paiera 5/8 de la somme assurée ou 3,750 marcks. L'assuré, d'autre part, touchera de l'acheteur 3,000 marcks sur lesquels il aura à supporter le fret, les droits de douane et les frais de vente que nous supposons de 2,000 marcks, ce qui réduit le prix reçu de l'acheteur à 1,000 marcks. L'assuré reste ainsi en perte de 1,250 marcks. Mais cette perte représente précisément la perte que l'assuré éprouve sur le fret, les droits de douane et les frais de vente, perte dont ne doit pas être couvert l'assuré, s'il ne s'est pas fait assurer contre ces risques (Lewis, *Das deutsche Seerecht,* t. II, p. 374).

1762. — Une exception cependant a été réclamée pour les droits de douane. On a soutenu que les marchandises à l'état sain et à l'état d'avarie devaient être estimées valeur *en entrepôt,* et non *à l'acquitté,* c'est-à-dire après paiement des droits de douane. Cette prétention a été admise par un jugement du tribunal de Nantes du 10 août 1867 (J. N., 68. 1. 118). Le jugement se fonde sur ce que les risques courus par l'assureur cessent au moment où la marchandise prend terre sur le lieu du reste, et qu'à partir de cet instant la situation de l'assureur ne peut être modifiée par le changement qui s'opère dans la valeur de la marchandise. Mais ce jugement de Nantes a été infirmé par un arrêt de la Cour de Rennes du 4 février 1868 (V. J. N., *ibid.*) qui déclare expressément que le règlement doit avoir lieu *à l'acquitté* proportionnellement à la somme assurée. Le pourvoi formé contre cet arrêt a été rejeté par la Chambre des Requêtes le 21 mai 1869 (Dall., 69. 1. 418).

Nous croyons aussi que le règlement à l'acquitté est préférable. Les raisons qui ont fait admettre le règlement *au brut* militent également en faveur du règlement *à l'acquitté*. Il y a deux sortes de droits de douane. Quelques-uns sont perçus *ad valorem*, d'autres, les plus nombreux, sont *spécifiques*, c'est-à-dire, se perçoivent sur la nature de la marchandise, abstraction faite de sa qualité. Lorsqu'il s'agit de droits *ad valorem* qui, comme tels, sont réduits en proportion des avaries, la proportion entre la valeur à l'état sain et la valeur à l'état d'avarie reste toujours la même, qu'on évalue les marchandises en *entrepôt* ou *à l'acquitté*. Ainsi, à l'entrepôt, les marchandises valent 100 fr., en état d'avarie 50 fr. L'avarie est de 50 0/0. Si l'on suppose les droits *ad valorem* de 50 0/0 soit 50 fr. pour les marchandises à l'état sain, 25 fr. pour les marchandises avariées de moitié, on aura, en les ajoutant, d'une part 150 fr., d'autre part 75 fr., c'est-à-dire toujours une dépréciation de 50 0/0. Le règlement *à l'acquitté* ne peut donc alors soulever aucune objection. « Quand les marchandises sont vendues en « entrepôt (*in bond*), dit Arnould, si le montant des droits à « déduire n'est pas invariable, mais varie suivant le montant « de l'avarie, il est clair que pour le règlement de l'avarie on « peut indifféremment comparer le produit net ou le produit « brut, c'est-à-dire exclure les droits du prix de la vente ou « les y comprendre » (édit. de 1877, p. 894). — Le règlement à l'acquitté est le seul équitable, lorsqu'il s'agit de droits spécifiques, se percevant sur la marchandise, abstraction faite des avaries. On a vu plus haut (n° 1761) que le règlement *au net* a l'inconvénient d'aggraver les obligations de l'assureur, à mesure que les frais accessoires sont plus élevés. La même objection s'élève contre le règlement *valeur en entrepôt*. Une sentence arbitrale rendue au Havre le 23 février 1828 (*J. du Havre*, III, p. 125), démontre par une série d'exemples que le système du règlement *valeur en entrepôt* donne un *quantum* de détérioration qui varie suivant la législation douanière. La même démonstration a été faite par Fremery et Cresp dans d'excellentes consultations qui ont été insérées dans le recueil de Dalloz (Dall., 46. 2. 129).

La police de Paris sur facultés fait, en ce qui touche le règlement des avaries, la distinction suivante : « La quotité des « avaries particulières, dit l'article 12, est déterminée par la « comparaison des valeurs à l'entrepôt, si la vente des marchan- « dises a eu lieu *à l'entrepôt,* et par la comparaison des valeurs « à l'acquitté si la vente a eu lieu *à l'acquitté.* » — Cette disposition est facile à justifier. Lorsque la vente a lieu à l'entrepôt, c'est l'acheteur et non le vendeur assuré qui paie les droits : il n'y a donc pas à en tenir compte entre l'assureur et l'assuré.

La police de Brême de 1875 porte (art. 60) que dans l'évaluation on comprend les droits de douane, à moins que les marchandises n'aient été vendues en entrepôt ou vendues pour la réexportation dans un lieu où il n'y a pas de droits de douane.

1763. — J'ai supposé jusqu'ici que les marchandises avariées sont arrivées à destination.

Lorsque les marchandises sont vendues en cours de voyage, à la perte résultant des avaries peut s'ajouter une perte résultant des prix inférieurs du port de relâche. Dans ce dernier cas, la détérioration étant la même, l'assuré reçoit moins. Supposons une marchandise valant 100 au départ et assurée pour cette somme, la détérioration est de 50 0/0. D'après le règlement par quotité que nous avons indiqué plus haut, l'assuré doit d'une part recevoir 50 fr. de son assureur, et d'autre part de l'acheteur le prix de vente des marchandises avariées. Mais si les marchandises étaient arrivées à destination, l'assuré en aurait peut-être retiré 60 fr., tandis que dans un port de relâche elles ne se sont vendues que 40, quoique les charges pour fret, droits de douane, frais de vente soient à peu près les mêmes. Il se produit ainsi par suite de la différence des prix une perte pour l'assuré. L'assureur doit-il lui en tenir compte et dans quelle mesure ? L'assureur en principe, comme nous l'avons déjà fait remarquer, ne doit pas répondre des fluctuations des marchés, de la baisse des prix, et il n'a pas, à moins de convention particulière, à supporter les pertes qu'éprouve le chargeur sur le fret (Comp. n°ˢ 1435, 1502). Mais d'un autre côté, quand les marchandises sont vendues en cours de voyage à l'état d'avaries, la vente ne peut-elle pas être considérée comme faite dans l'intérêt de l'assureur, pour éviter une perte totale ou une plus grande détérioration, et l'assureur, par suite, ne doit-il pas en supporter les conséquences?

De là, suivant la part plus ou moins grande qui a été faite à ces diverses idées, divers modes de règlement.

Premier système. — Il consisterait à régler l'avarie dans le port intermédiaire, comme au lieu de destination, en déterminant la quotité de l'avarie par la comparaison de la valeur à l'état sain et de la valeur à l'état d'avaries *au même lieu.* C'est le système qu'indique M. Delaborde comme le plus exact. M. Delaborde voudrait seulement que, pour la comparaison à établir entre l'état sain et l'état d'avaries, on eût égard aux prix du lieu de destination (*Avaries,* n° 225). — Nous ne voyons pas, à vrai dire, pourquoi dans ce système on ne prendrait pas aussi bien les prix du port intermédiaire, si le rapport entre les deux termes ne doit pas être changé (V. n°ˢ 1739, 1760).

Deuxième système. — L'assuré a droit, comme dans le cas prévu par l'article 234, à la valeur du lieu de destination, et par suite, pour déterminer la quotité de l'avarie, il faut comparer la valeur qu'aurait eue la marchandise en état sain au lieu de destination avec le produit net de la vente dans le port intermédiaire. C'est le système indiqué par Dubernad dans ses notes sur Benecke, II, p. 559. Il a été consacré par un jugement de Nantes du 3 mai 1873 (J. N., 1873. 1. 262), et il est soutenu chez nous par la majorité des auteurs (J. Cauvet, *Ass.,* n° 463. — Droz, *Ass.,* n° 645. — Émile Cauvet *Ass.,* II, n° 310).

Tel n'est pas cependant le procédé suivi en Angleterre et en Allemagne.

Troisième système. — Dans ses *Principes d'indemnité,* Benecke constate que lorsque la marchandise est vendue en cours de voyage, la perte se règle entre l'assureur et l'assuré comme une perte totale avec sauvetage. En d'autres termes, on fait payer à l'assureur la différence entre le produit net obtenu par la vente au port de relâche et la somme assurée. Lorsque, dit Arnould, les marchandises sont vendues en cours de voyage par nécessité, parce qu'elles sont trop endommagées pour être rembarquées, l'assureur paie la différence entre le prix coûtant ou valeur assurée et le net produit de la vente à l'état d'avaries, déduction faite de tous frais, y compris le fret. Il n'y a d'exception qu'au cas où les marchandises sont vendues volontairement par l'ordre de l'assuré. Dans ce cas, le dommage provenant de fortunes de mer est réglé d'après les mêmes principes qu'au port de destination (Arnould, édit. de 1877, p. 897).

Le Code allemand (art. 881), dans le cas où les marchandises ont été vendues en cours de voyage, prescrit également un règlement *par différence,* et il détermine le dommage par la différence entre le produit net de la vente déduction faite du fret, des droits de douane et des frais de vente, et la valeur d'assurance. Lewis (*Das deutsche Seerecht,* II, p. 374) donne l'exemple suivant : Si des marchandises assurées pour leur valeur au départ 6,000 marcks sont vendues au port intermédiaire 3,000 m., et que le fret de distance, les droits de douane et les frais de vente montant à 1,000 m., le produit net soit seulement de 2,000 m., on mettra à la charge de l'assureur la différence entre la valeur d'assurance et le produit net, c'est-à-dire 4,000 marcks. Comme l'assuré reçoit d'autre part de l'acheteur 2,000 m., il retrouve ainsi la valeur assurée 6,000 m.

Le règlement par différence se trouve ainsi parfaitement justifié.

Mais il y a des cas où le règlement par quotité, en prenant pour base la valeur à l'état sain et à l'état d'avaries, au lieu même de la vente, ne paraît pas pouvoir soulever de difficultés. Il en est ainsi : 1° lorsque le port de relâche étant voisin du port de destination, les prix sont semblables; 2° lorsque la vente ayant eu lieu sur l'ordre et par la volonté de l'assuré, celui-ci est réputé avoir accepté le port de relâche comme port de destination. On peut citer dans ce dernier sens un arrêt de la Cour

de Rennes du 22 février 1878 (J. N., 1879. 1. 43). — La police
de Brême de 1875 dit également (art. 60) que quand les marchandises sont vendues en état d'avaries dans un port de relâche, sur l'ordre et d'après la volonté de l'assuré ou de son préposé, le dommage doit être réglé d'après les mêmes principes
qu'au lieu de destination. — C'est aussi, nous l'avons vu, la
règle admise dans ce cas en Angleterre.

1764. — La valeur des marchandises avariées sera déterminée par une vente ou une expertise. La vente paraît le moyen
le plus sûr. Le Code allemand (art. 879) veut une *vente publi-*
que, à moins que l'assureur ne consente à une expertise. Notre
police sur facultés de 1873 (art. 12) porte simplement que l'assureur *peut exiger* la vente aux enchères publiques de la partie
avariée pour en déterminer la valeur.

Si une expertise a précédé la vente, déterminera-t-on la
quotité de l'avarie d'après ceux de l'expertise ou d'après ceux
de la vente? Un jugement du tribunal du Havre du 4 décembre
1866 a décidé qu'il fallait de préférence s'attacher aux résultats
de la vente (J. M., 1867. 2. 108). La Cour d'Aix a jugé en sens
contraire le 16 février 1870 (J. M., 70. 1. 170) que lorsqu'une
expertise a fixé la valeur d'une marchandise à l'arrivée, elle
forme définitivement entre l'assureur et l'assuré la base du règlement. Il me paraît impossible d'adopter ici une règle fixe.
Il y a des cas où la marchandise ayant plutôt une valeur de
convention qu'un cours réel, l'expertise pourra être préférable.
Mais en général, c'est par le prix de vente que se détermine le
mieux la valeur de la marchandise. Les juges, dans tous les
cas, doivent avoir à cet égard une pleine liberté d'appréciation.

1765. — Lorsqu'une marchandise est arrivée en état d'a-
varie mais est susceptible d'être améliorée, bonifiée, les assureurs peuvent-ils demander que la bonification des marchandises ait lieu préalablement à la constatation des avaries? Non :
on doit pour apprécier l'avarie des marchandises les prendre
dans l'état où elles sont. Les chances d'amélioration ne peuvent
être, d'ailleurs, sans influence sur l'expertise ou le prix de
vente (Marseille, 2 juin 1868, J. M., 68. 1. 216).

1766. — Quand des marchandises appartenant à l'assuré,

les unes sont avariées, les autres non, peut-on estimer ou vendre le tout en bloc, et arbitrer le dommage en conséquence?

On admet le règlement d'ensemble lorsqu'il s'agit de marchandises *en vrac*, c'est-à-dire sans emballage (Marseille, 9 juin 1874, J. M., 1874. 1. 206), ou de balles de marchandises toutes plus ou moins atteintes (Marseille, 3 avril 1860, J. M., 38. 1. 136).

Mais, en principe, toutes les fois qu'il s'agit d'objets distincts compris dans la même assurance, comme des ballots, dont quelques-uns seulement sont avariés, le règlement doit se faire séparément, alors même qu'ils n'ont pas été divisés en séries. A plus forte raison en est-il ainsi lorsqu'il s'agit de marchandises de diverse nature, des riz et des cafés, qu'on a compris, par exemple, dans la même assurance. Benecke, dans ses *Principes d'indemnité,* a démontré que comme, en général, des marchandises de diverse nature sont diversement influencées par l'état du marché, si on les évaluait dans leur ensemble, le profit réalisé sur l'une pourrait couvrir les avaries de l'autre, ce qui ne doit pas être, puisque la situation de l'assureur doit être indépendante de la hausse et baisse des prix (Benecke, trad. Dubernad, II, p. 508).

Arnould fait remarquer, toutefois, que quand dans un même ballot d'étoffes, il y a quelques pièces avariées, on vend le tout ensemble.

Mais, il ajoute que si le prix de vente avait été diminué parce que l'assortissement n'était plus complet, cette diminution du prix de vente ne pourrait retomber sur l'assureur, qui n'a garanti l'assuré que contre les dommages résultant *directement des fortunes de mer* (Arnould, II, p. 896). — Je n'admettrais cette dernière doctrine qu'avec réserve. L'assortiment est une augmentation de valeur. C'est ainsi qu'une belle paire de chevaux a plus de valeur que les deux mêmes chevaux vendus séparément.

La police de Brême de 1875 porte (art. 60) : Dans l'examen des marchandises on doit séparer ce qui est avarié de ce qui ne l'est pas, alors même qu'il s'agit d'objets *d'un même colis,* en tant que cela peut avoir lieu au dire d'experts, *sans nuire à la valeur des objets restés sains dans le même colis.*

L'article 12 de notre police de 1873 sur facultés se borne à dire : « Le règlement des avaries particulières matérielles sur les marchandises chargées autrement *qu'en vrac* a lieu par séries conformément au cours de la place en vigueur au jour de la signature de la police. » — Il n'y aurait lieu à un règlement d'ensemble que si l'on ne pouvait plus distinguer les séries par suite de la disparition des numéros (Hâvre, 3 juin 1867, J. M., 1868. 2. 122. V. n° 1394).

1767. — Nous verrons (art. 408) qu'aucune demande d'avaries n'est recevable si elle n'excède 1 0/0 de la somme assurée. Indépendamment de cette franchise *légale*, il y a pour les marchandises, particulièrement en cas d'*avaries matérielles*, des franchises conventionnelles stipulées par les polices, qui varient de 3 à 15 0/0, suivant la nature des marchandises ou leur mode de chargement (V. n°s 1394, 1593). Je reviendrai sur ce point à propos de l'article 408. Je me borne à rappeler ici que les franchises ont, chez nous, en général, le caractère d'une retenue, l'assureur ne s'obligeant à payer *que l'excédant* de 3 ou 5 0/0. Si donc le règlement par quotité constate une avarie de 50 0/0, l'assureur ne paiera, en vertu de la franchise, que 47 ou 45 0/0 de la somme assurée.

1768. — II. *Règlement des avaries sur corps.*

Pour les navires, à défaut d'estimation dans la police, la valeur assurable est la valeur au départ y compris les frais d'armement (V. n°s 1372-1378). Si la somme assurée est égale à cette valeur, l'assureur paiera toutes les avaries, il n'en paiera que la moité s'il n'a assuré le navire que pour la moitié de sa valeur (V. n°s 1356-1392).

Mais il reste toujours ici à fixer le montant des avaries.

Ici la question paraît plus simple qué pour les marchandises, les avaries matérielles d'un navire étant naturellement déterminées par le prix des dépenses faites ou à faire pour les réparer.

Toutefois, il se présente encore plusieurs questions que nous devons examiner.

1769. — Sur le prix des réparations il faut tout d'abord déduire la valeur des vieux débris, tels que les vieux doublages. La dépense, en effet, se trouve diminuée de cette valeur.

Mais il est une autre réduction admise dans l'usage, c'est la réduction du tiers pour *différence du neuf au vieux* dont nous avons déjà parlé à propos du vice propre (n° 1607). Si, par exemple, une voile déjà vieille a été déchirée par la tempête, l'assuré ne pourra pas réclamer le prix d'une voile neuve puisque la sienne ne l'était pas.

On comprend toutefois que cette règle ne soit pas appliquée lorsqu'il s'agit, par exemple, d'un navire neuf ou du remplacement d'objets peu susceptibles de détérioration. Aussi la règle de la déduction du tiers comporte-t-elle dans l'usage diverses exceptions. L'article 20 de la police de 1873 porte que pendant la première année de la construction il n'est pas opéré de réduction. Pendant la seconde année, la réduction n'est que d'un cinquième. Si le navire est construit en fer, il n'y a pas de réduction pendant les deux premières années. — Sur les ancres et chaînes-câbles la réduction n'est jamais supérieure à 15 0/0. — Quant aux dépenses spéciales à la carène ou au doublage, la réduction est d'un 48ᵉ par mois depuis la dernière carène ou le dernier doublage.

Des règles analogues sont partout admises sauf des différences de détail indiquées dans les polices ou par l'usage (V. Arnould, II, p. 904).

1770. — La réduction du tiers, lorsqu'il y a eu des débris vendus, a soulevé une question. Il est généralement reconnu que l'assuré ne peut toucher le prix des vieux matériaux, des débris, sans en tenir compte à l'assureur. Autrement il s'enrichirait à ses dépens. Mais de quelle manière en tiendra-t-il compte? La réduction pour *différence du neuf au vieux* s'opérera-t-elle sur la dépense *brute,* sans déduction des débris, ou sur la dépense nette après déduction des débris? — *Premier système :* le prix des vieux matériaux doit revenir en entier à l'assureur; dans ce système, on fait d'abord la réduction pour différence du neuf au vieux sur le prix brut des réparations, puis sur la somme ainsi obtenue on déduit le montant intégral du prix de vente des vieux matériaux, si ce prix a été touché par l'assuré. — *Deuxième système :* le prix des vieux matériaux diminuant d'autant la dépense doit *d'abord* être déduit, puis sur la dépense nette on opère la réduction pour différence du neuf au vieux.

De ces deux procédés, le premier est évidemment le plus favorable à l'assureur, puisqu'il lui assure le montant intégral du prix des vieux matériaux. Ce premier système paraît avoir pendant longtemps prévalu dans la pratique (Nantes, 24 nov. 1869, J. N., 70. 1. 25; *Id.,* 8 nov. 1873, J. N., 1874. 1. 121). Mais suivant M. de Courcy (*Comm. des polices,* p. 175), il aurait été répudié par la police de 1873, dont le texte toutefois manque de clarté. L'article 20, après avoir parlé des *réductions* à opérer pour différence du neuf au vieux, ajoute : « mais « sous la déduction du produit net des vieux doublages et au- « tres débris. »

Le second système, dans tous les cas, nous paraît plus rationnel. C'est celui qui a été consacré par la Cour de cassation (15 mai 1876, Sirey, 76. 1. 441).

Telle est aussi la pratique recommandée par la police de Brême de 1875 (art. 59) : « S'il y a une déduction à faire pour « des débris et en même temps une déduction pour différence « du neuf au vieux, la première se fait d'abord, et la seconde « ensuite sur ce qui reste. » — En Angleterre cependant on suit une pratique contraire. On déduit d'abord le tiers, puis sur le surplus la valeur des débris. « Dans ce pays, dit Arnould, « l'usage est de déduire les vieux matériaux de la dépense nette « des réparations, *après avoir déduit le tiers accoutumé* » (Arnould, II, p. 905).

1771. — Lorsqu'il s'agit d'évaluer les réparations au point de vue du délaissement, on ne tient pas compte en général des *frais accessoires* (V. n°s 1738, 1744). Mais il n'en est plus de même au point de vue de l'action d'avaries. Au coût des réparations (matériaux et main-d'œuvre) il faut ajouter les dépenses accessoires, frais de pilotage, de port, d'expertise, les dépenses faites pour réparer provisoirement le navire et le conduire dans un port de réparations, les frais de déchargement et rechargement des marchandises (V. n° 1952). Mais à ces dépenses ne s'applique pas la réduction d'usage pour différence du neuf au vieux (1).

____

(1) *Police sur corps.* Art. 20. — « Dans tous les cas où il y a lieu à la ré-

Les primes des emprunts contractés pour les réparations sont enfin à la charge des assureurs. La police de 1873 sur corps déclare toutefois les assureurs étrangers à tous emprunts contractés *dans un port d'expédition ou de destination* (art. 12) [1].

1772. — Les vivres et gages de l'équipage pendant les réparations du navire sont-ils à la charge des assureurs? L'affirmative semble résulter tant de l'article 397 que de l'article 403. Les usages cependant ont varié à cet égard. L'article 20 de la police française de 1873 sur corps, prenant un moyen terme, ne met à la charge des assureurs du navire les vivres et gages de l'équipage pendant les réparations que pour moitié. Mais ils restent en entier à la charge des assureurs pendant le voyage fait par le navire pour se rendre, à la suite d'un accident dans un port de réparations, le voyage étant alors réputé fait dans l'intérêt des assureurs (art. 18). — En Angleterre, l'assureur ne paie pas les vivres et gages de l'équipage pendant les réparations. On considère que l'entretien du navire est l'affaire de l'assuré. Il en est de même aux États-Unis (Philipps, II, p. 196).

1773. — Le compte des assureurs ainsi établi, il nous reste à faire remarquer que les polices accordent encore aux assureurs sur corps pour les avaries particulières une franchise de 3 0/0 *sur la somme assurée* (*Police de 1873 sur corps*, art. 19). Cette

« duction, en sont seuls exceptés les frais de pilotage, de port, d'expertise, « frais judiciaires ou consulaires, et le remplacement des vivres perdus. La « réduction n'a pas lieu non plus sur les dépenses de réparations provisoires, « qui n'auront pas profité au navire, lorsqu'il a relevé pour compléter ses « réparations. La réduction est opérée sur toutes autres dépenses, même « celles de location d'apparaux, pontons, grils, chantiers ou bassins, tota- « lisées comme si la réparation avait été adjugée à forfait et à l'entreprise, « mais sous la déduction du produit net des vieux doublages et autres « débris. »

(1) La police fait en outre les réserves suivantes (art. 20). — « Les primes « des emprunts à la grosse contractés dans un port de relâche, commissions « d'avances de fonds, intérêts ou tous autres frais proportionnels sont ven- « tilés, et ne sont supportés par les assureurs que proportionnellement à « l'indemnité nette à leur charge établie d'après les bases ci-dessus. — Si « l'emprunt à la grosse a été contracté pour un terme plus éloigné que celui « du voyage en cours, la prime est réduite à ce qu'elle eût été, pour le terme « dudit voyage en cours, suivant appréciation à faire par amis communs. »

franchise n'a pas seulement pour but, comme la franchise dont parle l'article 408, d'écarter les demandes d'avaries trop minimes. Elle est appliquée alors même que l'avarie dépasse 3 0/0 et a chez nous le caractère d'une *retenue*. M. de Courcy, dans son *Commentaire des polices,* reconnaît lui-même que cette retenue est exagérée. Une avarie de 6,000 fr., dit-il, sur un navire de 200,000 est certainement un accident caractérisé, et cependant les assureurs ne paieront rien. — En Angleterre, quand l'avarie dépasse 3 0/0 de la somme assurée, l'assureur paie la totalité (comp. n° 1594).

Signalons enfin une disposition de la police de Paris sur corps qui a eu pour but de mettre fin à un abus. Nous avons déjà dit que dans les cas de délaissement l'assuré a l'option entre l'action d'avaries et le délaissement (V. art. 409). La police de Paris (art. 14) ne veut pas que dans un cas qui donne lieu au délaissement, l'assureur puisse jamais être tenu au delà des 75 0/0 de la somme assurée, soit que l'assuré opte pour l'action d'avaries, soit qu'il laisse prescrire l'action en délaissement (art. 373). Laissons ici la parole à M. de Courcy qui, dans son *Commentaire des polices,* explique ainsi la disposition de l'article 14 : « Le délaissement, on le sait, est toujours facultatif pour l'assuré. Il entraîne le délaissement du fret (art. 386). Si le navire fait naufrage devant le port d'arrivée, le fret pourra être sauvé en entier. L'armateur ne prenant conseil que de ses intérêts, ce qui d'ailleurs sera ici son droit, fera son compte. Pour conserver le fret, il renoncera au délaissement et n'exercera qu'une action d'avarie. Il appellera des experts qui établiront un devis des réparations. On peut toujours réparer ou reconstruire une carcasse brisée si l'on ne regarde pas à la dépense. Les devis dépasseront les trois quarts de la valeur assurée, dépasseront même peut-être la somme assurée que l'armateur touchera, en vendant de plus à son profit l'épave ou en utilisant les débris dans une construction nouvelle et en encaissant le fret. Je demande si cela est juste, s'il est conforme à l'esprit de la loi et de la convention que l'armateur reçoive la totalité de la somme assurée, sans délaisser aux assureurs ni l'épave, ni le fret. Les assureurs ne l'ont pas pensé. Prévoyant le cas d'un tel calcul, qui, je le répète, serait légitime et que je n'appelle pas une fraude, ils ont par une précaution pareillement légitime limité aux trois quarts de la somme assurée leur responsabilité, en se réservant un sauvetage d'un quart. Dans cette limite, les armateurs seront encore autorisés à faire leur calcul, et pourront quelquefois avoir intérêt à s'abstenir du délaissement. »

1774. — III. *Avaries-frais.*

Les polices, spécialement celles sur marchandises, distinguent des avaries *matérielles* les *avaries-frais*. Cette distinction a une grande importance au point de vue des franchises. C'est, en effet, surtout pour les avaries matérielles que les franchises accordées aux assureurs s'expliquent et se justifient. D'après la police de Paris sur facultés (art. 9), les avaries en frais se règlent indépendamment des avaries matérielles et sont remboursées *intégralement*. Ainsi, un chargement assuré pour 25,000 francs a subi une avarie matérielle de 75 0/0 et occasionné 4,000 francs de frais. L'assureur paiera l'avarie matérielle sous déduction des franchises d'usage, mais il remboursera intégralement la dépense de 4,000 francs. Il suffit que le tout n'excède pas le montant de son engagement. — A Marseille, toutefois, on étend la franchise stipulée pour les avaries matérielles aux *frais accessoires*. Ainsi, quand une marchandise est déchargée en cours de voyage, les frais de déchargement, de pelletage et autres, faits pour la marchandise, sont soumis à la même franchise que les avaries matérielles (Marseille, 16 mai 1869, J. M., 1869. 1. 168).

Dans les assurances sur corps les avaries-frais ne sont pas en général remboursées sans franchise. Toutefois, la police sur corps porte (art. 19) qu'en cas d'échouement suivi de remise à flot, tous les frais à la charge du navire faits par le renflouement sont remboursés sans retenue, au prorata des sommes assurées, même dans les risques souscrits francs d'avaries.

1775. — IV. *Avaries communes.*

Je m'occuperai plus loin de la distinction des avaries communes ou particulières (art. 397 et s.). Je me borne à rappeler que les avaries communes sont celles qui, impliquant un sacrifice fait pour le salut commun, donnent lieu à une contribution entre le navire et le chargement.

Quand une contribution est mise à la charge de la chose assurée, l'assureur doit, en principe, rembourser cette contribution sauf les franchises stipulées (V. n° 1778). Mais il ne faut pas perdre de vue que la contribution se fixe d'après la valeur au lieu de déchargement (art. 414, 415, 418), tandis que le règlement entre l'assureur et l'assuré se fait sur le pied de la valeur assurée, ou à défaut d'estimation, la valeur au départ (art. 339). L'assureur ne devra donc la contribution que proportionnellement à cette valeur. Si la valeur au lieu du déchargement est de 30,000 fr., tandis que la valeur au départ était de 20,000 fr. seulement, l'assuré qui doit une contribution de 10 0/0 ne pourra réclamer cette contribution de l'assureur que sur le pied de la valeur au départ, c'est-à-dire 2,000 fr., tandis qu'il paiera la contribution sur la valeur du lieu de déchargement, soit 3,000 fr., et subira ainsi une perte de 1,000 fr. C'est ce que porte expressément la police de 1873 (art. 9) : « Si les contributions ont été payées sur une somme « supérieure à la somme assurée, les assureurs ne doivent que « la proportion de la somme assurée. »

Il pourrait même arriver que l'assureur n'eût pas à payer la contribution sur la valeur au départ, si depuis cette valeur s'était trouvé réduite entre l'assureur et l'assuré à la suite d'avaries particulières et d'un règlement d'avaries (Cass., 10 août 1871, Sirey, 71. 1. 113).

Dans l'assurance sur corps, d'après la police (art. 20), la contribution du fret à l'avarie commune (art. 417) n'est à la charge de l'assureur que si l'armateur s'est engagé à ne pas faire assurer le fret. Autrement la contribution incomberait à l'assureur du fret (V. n°ˢ 1914-1915).

1776. — Quand c'est la chose assurée qui a été elle-même sacrifiée pour le salut commun, l'assuré dans l'usage ne réclame de l'assureur que la quote-part de contribution, dont il est tenu, et il n'agit contre l'assureur pour la quote-part qu'il doit recevoir des contribuables, que lorsque ceux-ci sont insolvables. Le Code allemand érigeant cet usage en loi ne permet à l'assuré de recourir contre l'assureur qu'autant qu'il n'a pu se faire rembourser par les voies légales (art. 842-843).

1777. — Quant à la question de savoir s'il y avait lieu à avarie commune, ou quelle doit être la quotité de la contribution, ce sont là des questions qui, dans les rapports de l'assureur et de l'assuré, restent toujours régies par le règlement qui est intervenu d'après la loi du lieu de déchargement (art. 416). Si le règlement a eu lieu à l'étranger et que la quotité mise à la charge de l'assuré soit plus forte que d'après la loi française, l'assureur français n'en sera pas moins tenu de la même quotité eu égard à la valeur assurée, car, le mode et le lieu du règlement tiennent précisément à des fortunes de mer qui, de leur nature, sont à la charge de l'assureur. — A l'inverse, lorsque le dommage n'est pas considéré comme une avarie grosse d'après le droit du pays où a été dressé le règlement, l'assuré ne pourra pas réclamer une indemnité de l'assureur, sous prétexte qu'il y avait matière à avarie grosse d'après la loi du lieu du contrat. C'est ce que dit expressément le Code allemand (art. 839). Il ne s'ensuit pas toutefois, comme le fait remarquer Lewis (*Das deutsche Seerecht,* II, p. 310), que là où il n'y a pas avarie grosse il ne puisse y avoir matière à un recours pour avaries particulières. Ainsi supposons que d'après la loi du lieu du règlement, les loyers et la nourriture de l'équipage, pendant la relâche faite pour le salut commun ne soient pas considérés comme une avarie grosse (Comp. 400 § 6-403, n° 4) l'assureur n'en pourra pas moins être tenu d'indemniser l'armateur à titre d'avaries particulières d'après la loi du lieu du contrat (Marseille, 2 juin 1868, J. M., 1868. 1. 262; comp. n° 1772).

1778. — La police de 1873 *sur corps* fixe la franchise des assureurs pour les avaries communes seulement à 1 0/0, tandis que la franchise est de 3 0/0 pour les avaries particulières. La police ajoute (art. 19) : « qu'en cas de plusieurs sortes d'avaries, « la franchise retenue ne peut être supérieure à 3 0/0. » M. de Courcy, dans son *Commentaire des polices,* pose à ce propos les questions suivantes : « Lorsque l'avarie particulière dépasse trois pour cent, et qu'il y a en outre une avarie commune n'atteignant pas un pour cent, les assureurs rembourseront-ils l'avarie commune? A cette question s'en ajoute une autre. Si l'avarie commune est de deux pour cent et l'avarie particulière de deux et demi, les assureurs les cumuleront-ils pour rembourser l'excédant d'une franchise unique de trois, soit un et demi? Ou bien considéreront-ils l'avarie particulière comme ne donnant lieu à aucun recours, et se contenteront-ils de rembourser le net de l'avarie commune, soit un pour cent? Je crois, dit M. de Courcy, que les assureurs n'ont pas pensé à ces bagatelles; mais j'adopte, quant à moi, l'interprétation la plus favorable aux assurés, c'est-à-dire le cumul. L'intention du dernier paragraphe me paraît être de limiter à trois pour cent le maximum de ce qui pourrait rester à la charge de l'assuré dans un règlement d'avaries, et c'est ainsi qu'on l'a déjà interprété à Marseille. »

Dans l'assurance sur facultés, les avaries communes comme les avaries-frais sont *remboursées intégralement* (art. 9 de la police sur facultés). — Il en est de même en Angleterre, à Anvers, en Allemagne et aux États-Unis.

1779. — Forme du règlement. — *Dispache* — et constatation des avaries.

Par l'exposé qui précède, on voit combien peut être compliqué un règlement d'avaries. Il se fait entre l'assureur et l'assuré par un acte qui porte le nom de *dispache*. Ce mot, comme les mots *police, ristourne,* a une origine italienne : il vient de l'italien *dispaccio*.

On appelle *dispacheur* celui qui procède au règlement. Dans certains pays, les fonctions de *dispacheur* ont été érigées en titre d'office reconnu par l'État.

Les polices portent souvent qu'en cas d'avaries les assurés devront, pour leur constatation, s'adresser aux agents des assureurs, s'il y en a sur les lieux. — La police de Brême de 1875 porte (art. 63) : « Le règlement des avaries particulières est, « sauf convention contraire, fait par les dispacheurs locaux « reconnus par les sociétés d'assurances maritimes. »

Pour les avaries communes, quand il y a eu déjà un règlement dressé à cet effet entre le navire et la cargaison (art. 416), le dispacheur ne peut qu'appliquer ce règlement entre l'assureur et l'assuré (Nantes, 24 nov. 1869, J. N., 70. 1. 25. V. n° 1777).

Les frais d'expertise et de constatation des avaries, y compris ceux de vente publique, restent à la charge des assureurs, comme des frais extraordinaires, suite de l'avarie. C'est ce que décide le Code allemand (art. 879). La même règle est suivie en Angleterre. Ces frais extraordinaires, dit Arnould (II, p. 896), comme ceux de courtage et commission, sont ajoutés séparément au montant de la perte, après que son *quantum* a été déterminé.

Mais les frais de constatation des avaries étant considérés comme des frais accessoires des avaries, chaque assureur n'y contribue que dans la proportion où il contribue aux avaries, et il en est ainsi alors même que l'assuré ayant traité à l'amiable avec les autres assureurs, les constatations n'auraient eu lieu que par rapport à l'un d'eux (Marseille, 19 juillet 1874, J. M., 1875. 1. 109).

ART. 372.

Le délaissement des objets assurés ne peut être partiel ni conditionnel. — Il ne s'étend qu'aux effets qui sont l'objet de l'assurance et du risque (1).

SOMMAIRE.

1780° — Le délaissement ne peut être fait ni accepté sous condition.
1781° — Il ne peut être partiel, mais ne comprend que ce qui a fait l'objet de l'assurance.
1782° — Assurances distinctes.
1783° — Le délaissement se fait à chaque assureur en proportion de son intérêt.
1784° — On n'est tenu de délaisser que ce qui a été mis en risque.
1785° — Et n'avait pas cessé de l'être.

1780. — L'article 372 se résume dans ces deux idées : le délaissement ne peut être *partiel* ni *conditionnel*.

---

(1) *Ord. de* 1681 (liv. III, tit. VI). Art. 47. — On ne pourra faire délaissement d'une partie et retenir l'autre, ni aucune demande d'avarie, si elle n'excède un pour cent.

Le projet de 1867 n'apportait aucune modification à l'article 372.

Expliquons-nous d'abord sur ce dernier point, quoique nous devions y revenir à propos de l'article 385 (n°ˢ 1885 et s.).

La loi laisse à l'assuré un certain temps pour délibérer sur la question de savoir s'il fera ou non le délaissement (V. art. 373). Mais elle ne lui permet pas de soumettre le délaissement à une condition. Le délaissement, en effet, opère une translation (art. 385). On a voulu que cette translation fût irrévocable et que l'assuré ne pût, suivant son intérêt, revenir sur sa détermination.

Un délaissement conditionnel serait une convention contraire à l'ordre public que l'assuré ne peut imposer à l'assureur. « Je ne puis, dit Émérigon (*Ass.*, ch. XVII, sect. 6), faire le délaissement du navire pris, à condition que s'il est relâché, il continuera de m'appartenir et que je rendrai avec intérêts à mes assureurs les sommes qu'ils m'auront comptées. Un pareil délaissement serait nul et ne saurait être admis. »

Remarquons que quand le délaissement est subordonné à une condition, on ne se borne pas à réputer la condition non écrite, ainsi que cela a lieu pour les conditions prohibées dans les donations (art. 900 C. Civ.) : c'est le délaissement qui est nul.

De même que le délaissement ne peut être fait sous condition par l'assuré, il ne peut être accepté par l'assureur sous une condition qui pourrait avoir pour effet de l'annuler postérieurement. Je lis dans la police de Brême de 1875 (art. 64) que si, après paiement de la somme assurée, la chose qu'on croyait complètement perdue reparaît, l'assuré devra rendre la somme reçue sauf à se faire indemniser des avaries (V. n° 1754). Chez nous, un délaissement qui ne serait accepté que sous cette condition ne serait pas considéré comme un délaissement accepté (art. 385).

1781. — Le délaissement ne peut pas non plus être *partiel*. Au temps où fut rédigé le *Guidon,* ce principe n'était pas encore bien établi. Le *Guidon* distingue si l'assurance porte ou non sur des marchandises de même espèce, il admet bien que si dans la même espèce il y a une partie saine, l'autre avariée, on devra délaisser *toute l'espèce,* mais il décide en même temps que s'il y avait plusieurs espèces de marchandises dont les unes étaient gâtées, les autres saines, on pourrait ne faire *délais* que des marchandises gâtées.

La division peut encore être admise au point de vue de l'action d'avaries (V. n° 1766), mais ne peut l'être au point de vue du délaissement. L'assuré qui par l'action en délaissement réclame toute la somme assurée doit abandonner tout ce qui la représente. C'est là un principe universellement admis (Arnould, p. 913).

L'Ordonnance se borna à dire qu'on ne peut faire *délaissement d'une partie et retenir l'autre*. Le Code, après avoir dit que le délaissement ne peut être *partiel*, a pris soin d'ajouter que le délaissement ne s'étend qu'aux effets qui sont l'*objet de l'assurance et du risque*.

Nous verrons (art. 386) que le délaissement du navire entraîne celui du *fret*, quoique le fret ne puisse, dans le système du Code, être l'objet d'une assurance (art. 347). Mais ceci tient à des raisons particulières que j'expliquerai en commentant l'article 386. En principe, le délaissement ne s'étend pas au delà de ce qui est l'objet de l'assurance. Mais il doit comprendre tout ce qui a fait l'objet d'une même assurance, à moins que le tout n'ait pas été mis *en risque* ou ait cessé de l'être.

Reprenons ces divers points.

Pour déterminer la portée du délaissement, il faut d'abord bien déterminer celle de l'assurance. Ainsi on s'est demandé, à propos d'un chargement de morues qui donnait droit à une prime d'exportation, si la prime devait être comprise dans le délaissement. La Chambre des Requêtes a répondu qu'en admettant qu'une prime puisse faire l'objet d'une assurance (V. n° 1506), elle ne saurait être comprise dans le délaissement de la marchandise exportée que dans le cas où la prime aurait été comprise dans l'évaluation (Req., 8 janv. 1872, Sirey, 72. 1. 24). — Il faut appliquer la même décision à la prime de navigation accordée aux navires de long cours par la loi du 29 janvier 1881 (V. tome I, p. 69).

1782. — Chaque assurance distincte doit être réglée à part. Lorsque je fais assurer par le même assureur, mais par des polices distinctes, d'une part des cafés, de l'autre des sucres, il est clair que je pourrai faire le délaissement des sucres sans faire celui des cafés..

Il en sera de même si les sucres et les cafés ont été assurés par la même police, mais pour des sommes distinctes (V. nᵒˢ 1355 et 1393).

Lorsqu'au contraire plusieurs choses ont été assurées conjointement par la même police, comme il n'y a qu'un seul contrat, le délaissement en principe est indivisible. Toutefois les parties peuvent encore ici diviser l'assurance et convenir qu'il y aura lieu à un règlement séparé pour chaque marchandise, chaque série de la même marchandise, chaque marque, chaque ballot (V. nᵒ 1394). Dans ce cas, il est évident qu'on peut faire à part le délaissement d'une série ou d'une marque, sans délaisser le reste. Ce n'est pas là un délaissement partiel (Trib. de com. de la Seine, 16 nov. 1874, J. N., 74. 2. 118). Il en sera de même lorsque, par exemple, pour des marchandises de transit, la police stipule que chaque groupe de marchandises qui sera chargé ou déchargé à part donnera lieu à un règlement séparé (Cass., 18 mars 1878, Sirey, 79. 1. 27).

1783. — Lorsqu'il y a plusieurs assureurs, le délaissement ne doit être fait à chacun qu'en proportion de son intérêt (V. Emérigon, ch. XVII, sect. VIII et XIII et nᵒ 1356). La demande en validité du délaissement formée, en ce cas, contre les divers assureurs, n'est pas elle-même considérée comme indivisible, puisqu'elle n'est qu'un moyen à l'appui de la demande en paiement de la somme assurée (Cass., 18 fév. 1863, Dall., 63. 1. 372).

Par la même raison, lorsque l'assurance ne couvre pas toute la valeur de la chose, l'assuré n'est tenu de faire le délaissement qu'en proportion de la valeur assurée. « Ainsi, dit Valin, si les assurances sur une cargaison en général ne vont qu'à la moitié de sa valeur au temps du chargement du navire, en quelque cas qu'il y ait lieu à l'abandon, l'assuré est fondé à n'abandonner que la moitié assurée et retenir l'autre, pour entrer en partage ou répartition avec les assureurs de ce qui pourra ou être sauvé du naufrage, ou recouvré dans le cas d'une prise injuste » (sur l'Ord., liv. III, tit. VI, art. 4).

Le découvert ne proviendra pas toujours d'un chargement excédant au départ la somme assurée (art. 358). Dans l'assurance à prime-liée pour aller et retour ou avec faculté de faire échelle (V. art. 335), il pourra se produire un découvert pour l'assuré si le nouveau chargement est d'une valeur supérieure. Nul doute qu'en ce cas l'assuré aura le droit de concourir avec l'assureur dans la proportion de son découvert (V. n° 1356). Que si, au contraire, le nouveau chargement était d'une valeur inférieure, l'assurance serait réduite à la valeur du nouveau chargement, conformément à l'article 356 (V. n° 1639).

1784. — Alors même qu'une chose a été comprise dans le contrat d'assurance, elle ne doit pas être comprise dans le délaissement si elle n'a pas été mise en risque ou a cessé de l'être. C'est ce qu'indique très bien l'article 372 qui, après avoir dit que le délaissement ne s'étend qu'aux effets qui sont l'objet *de l'assurance*, ajoute : *et du risque*. L'assurance ne prend vie que par la mise en risque. Faute de mise en risque, elle est ristournée en tout ou en partie (V. art. 349). Ainsi supposons une assurance faite sur un chargement, dont une partie seulement avait été embarquée lorsque s'est produit le sinistre sur lequel est fondé le délaissement, ce délaissement ne pourra s'appliquer qu'à la partie chargée. L'autre partie des marchandises étant restée à terre, et les risques n'ayant pas commencé à courir pour cette partie, le contrat d'assurance se trouve simplement ristourné en proportion. Mais si les risques avaient commencé à courir pour le tout, parce que, par exemple, les marchandises qui n'étaient pas à bord avaient déjà été chargées sur des allèges, le contrat d'assurance recevant son effet pour le tout (V. n° 1452), le délaissement devrait être total (Trib. de la Seine, 10 mai 1860, J. H., 1860. 2. 145).

Une question analogue s'est présentée à propos d'une assurance sur corps. Un navire neuf avait été assuré avec tous ses agrès et dépendances, les risques devant commencer, à partir de sa mise à l'eau. Pendant qu'il était encore en armement dans le port de Bordeaux, et alors qu'il n'avait encore reçu qu'une partie de son gréement, il fut détruit par un incendie. L'armateur réclama toute la somme assurée en abandonnant avec le navire les agrès qui étaient encore à terre. Les assureurs prétendirent qu'il n'y avait pas lieu au délaissement des agrès pour lesquels les risques n'avaient pas commencé. Cette prétention fut accueillie par le tribunal de Bordeaux, mais elle fut repoussée par la Cour qui fit remarquer que les agrès formant avec le navire un tout indivisible, se trouvaient par là même associés à ses risques (Bordeaux, 11 mai 1870, Dall., 71. 2. 19).

1785. — L'assuré n'est pas tenu de délaisser les choses qui avaient cessé d'être en risque. Ainsi, quand des marchandises ont été déchargées dans un port d'échelle, l'assuré n'a pas à délaisser ces marchandises sauf à ne réclamer qu'une partie de la somme assurée, eu égard à ce qui restait en risque. « Il « ne peut y avoir d'abandon, dit Arnould, pour les choses « comprises dans la police qui n'étaient pas en risque au jour « du désastre » (Arnould, édit. de 1877, p. 915). — C'est aussi ce qui est admis en Allemagne (V. Lewis, *Das deutsche Seerecht*, II, p. 349) [1].

<center>~~~~~~</center>

ART. 373.

Le délaissement doit être fait aux assureurs dans le terme de six mois à partir du jour de la réception de la nouvelle de la perte arrivée aux ports ou côtes d'Europe, ou sur celles d'Asie et d'Afrique, dans la Méditerranée, ou bien, en cas de prise, de la réception de celle de la conduite du navire dans l'un des ports ou lieux situés aux côtes ci-dessus mentionnées; — Dans le délai d'un an après la réception de la nouvelle, ou de la perte arrivée, ou de la prise conduite en Afrique en deçà du cap de Bonne-Espérance, ou en Amérique en deçà du cap Horn; — Dans le délai de dix-huit mois après la nouvelle des pertes arrivées ou des prises conduites dans toutes les autres parties

---

(1) L'article 870 du Code allemand est ainsi conçu : « La déclaration de « délaissement pour être valable doit être faite sans réserve ni condition, et « comprendre l'objet assuré tout entier, dans la mesure *où , au moment de* « *l'accident, il était exposé aux risques de mer.* Si pourtant il n'était pas as. « suré pour son entière valeur, l'assuré n'est tenu de délaisser qu'une partie « proportionnelle de l'objet assuré. La déclaration de délaissement est irré- « vocable. »

du monde; — Et ces délais passés, les assurés ne seront plus recevables à faire le délaissement (loi du 3 mai 1862) (1).

SOMMAIRE.

1786° — Comment et dans quel délai doit se faire le délaissement.
1787° — Point de départ du délai.
1788° — Le délai varie suivant la distance.

(1) *Ord. de* 1681 (liv. III, tit. vi). Art. 48. — Les délaissements et toutes demandes en exécution de la police seront faits aux assureurs dans six semaines après la nouvelle des pertes arrivées aux côtes de la même province où l'assurance aura été faite ; et pour celles qui arriveront en une autre province de notre royaume, dans trois mois : pour les côtes de Hollande, Flandres ou Angleterre, dans les quatre mois : pour celles d'Espagne, Italie, Portugal, Barbarie, Moscovie ou Norvège dans un an : et pour les côtes de l'Amérique, Brésil, Guinée et autres pays plus éloignés, dans deux ans : et le temps passé, les assurés ne seront plus recevables en leur demande. = Ancien article 373. — « Le délaissement doit être fait aux assureurs en cas de naufrage, d'échouement avec bris, de perte ou détérioration des trois quarts dans le terme de six mois à partir du jour de la réception de la nouvelle de la perte arrivée aux ports ou côtes de l'Europe, ou sur celles d'Asie et d'Afrique, dans la Méditerranée, ou bien, en cas de prise, de la réception de celle de la conduite du navire dans l'un des ports ou lieux situés aux côtes ci-dessus mentionnées. — Dans le délai d'un an après la réception de la nouvelle ou de la perte arrivée, ou de la prise conduite aux colonies des Indes occidentales, aux îles Açores, Canaries, Madère et autres îles et côtes occidentales d'Afrique et orientales d'Amérique. — Dans le délai de deux ans après la nouvelle des pertes arrivées ou des prises conduites dans toutes les autres parties du monde. — Et ces délais passés, les assurés ne seront plus recevables à faire le délaissement. »
Projet de 1867. Art. 376. — Le délaissement doit être fait aux assureurs dans le délai de *trois mois*, à partir du jour de la réception de la nouvelle de la perte arrivée aux ports ou côtes d'Europe, ou sur celles d'Asie et d'Afrique, dans la Méditerranée, ou bien, en cas de prise, de la réception de celle de la conduite du navire dans l'un des ports ou lieux situés aux côtes ci-dessus mentionnées ; dans le délai de *six mois*, après la réception de la nouvelle de la perte arrivée ou de la prise conduite en Afrique, en deçà du cap de Bonne-Espérance, ou en Amérique, en deçà du cap Horn ; dans le délai d'*un an*, après la nouvelle des pertes arrivées ou des prises conduites dans toutes les autres parties du monde, et, ces délais passés, les assurés ne seront plus recevables à faire le délaissement. = Art. 377. — Sans attendre l'expiration des délais ci-dessus, l'assureur peut sommer l'assuré de faire le délaissement. Si l'assuré ne l'a pas fait dans le délai d'un mois, il n'est pas recevable à le faire.

1786. — En Angleterre, en cas de perte totale absolue,
l'assuré peut réclamer la somme assurée sans faire de déclaration de délaissement (V. n° 1754). Mais chez nous, l'assuré qui
réclame toute la somme assurée doit toujours faire une déclaration de délaissement.

Dans quelle forme, dans quel délai doit-elle être faite?

Le délaissement n'a été assujetti à aucune forme particulière,
ainsi que je l'expliquerai en commentant l'article 378.

Mais la loi a réglé avec soin les délais dans lesquels doit avoir
lieu le délaissement.

Toute action dérivant d'un contrat d'assurance est prescrite
par cinq ans à compter du jour du contrat (art. 432). Mais
l'action en délaissement a été soumise à une prescription plus
courte (art. 431).

Le *Guidon*, qui obligeait à notifier les avaries des marchandises dans certains délais très courts (ch. V, art. 37), ne fixait
pas de délai pour signifier le délaissement (Émérigon, *Ass.*,
ch. XIX, sect. I). L'Ordonnance répara cette lacune en décidant
(art. 48) que les *délaissements et toutes demandes en exécution
de la police* seraient faits aux assureurs dans certains délais
déterminés. La question s'éleva de savoir si ces délais étaient
applicables aux simples demandes d'avaries. Pothier (n° 170) le
soutint en se fondant sur le texte de l'article 48, la demande
en avaries étant faite *en exécution de la police*. Mais Émérigon constatait que de son temps la pratique journalière
était en opposition avec cette doctrine, et il n'appliquait l'article 48 de l'Ordonnance qu'à l'action en délaissement (*Ass.*,
ch. XIX, sect. xv). Le Code a tranché la question en ce sens.
C'est ce qui résulte du rapprochement des articles 431 et 432.
L'action d'avaries pourra donc survivre à l'action en délaissement (Bordeaux, 31 déc. 1877, J. M., 1878, 2, 123).

1787. — Dans le système du Code, qui à ce point de vue, quoi qu'en dise M. Laurin (*Ass.*, II, p. 150), n'a fait que suivre l'Ordonnance, le délai accordé à l'assuré pour faire le délaissement se compte non du jour de la perte qui donne lieu au délaissement; mais du jour *de la réception de la nouvelle.* Seulement le délai est plus long quand le lieu du sinistre est plus éloigné. Valin commentant l'article 48 paraît trouver singulier qu'on augmente les délais à raison de l'éloignement du lieu du sinistre, du moment que le délai ne court que du jour de la réception de la nouvelle. La raison cependant est bien facile à apercevoir. Plus le lieu du sinistre est éloigné, plus il faut de temps à l'assuré pour se renseigner exactement sur l'état de la chose, l'étendue du sinistre, et l'intérêt que l'assuré peut avoir à faire ou non le délaissement. Lorsque comme le suppose le *Guidon* (ch. VII, art. 2), l'assuré est *certain par bon avis de la perte ou naufrage sans espoir de recouvrance,* on comprend sans doute qu'il fasse le délaissement sans plus tarder. Mais, comme le fait remarquer Émérigon (II, p. 297), la perte ne sera pas toujours aussi certaine, et il faut alors que l'assuré prenne ses informations sur les lieux.

Le délai courant à partir de *la réception de la nouvelle,* nous avons à nous demander ce qu'il faut au juste entendre par là. Faut-il que l'assuré ait lui-même reçu la nouvelle, ou suffit-il qu'elle ait été de notoriété publique? Enfin, dans le doute, pourra-t-on opposer à l'assuré la présomption édictée par l'article 366?

Il me paraît tout d'abord certain qu'il ne peut être ici question d'appliquer les présomptions légales de l'article 366 : car les présomptions ne peuvent être étendues en dehors des dispositions précises dans lesquelles elles ont été renfermées.

D'après Valin, Pothier, Émérigon, pour que le délai ait commencé à courir, il ne suffit même pas que l'assuré ait connu personnellement le sinistre, il faut que la nouvelle *certaine* du sinistre *soit devenue publique et notoire dans le lieu où l'assurance a été faite* (Émérigon, ch. XIX, sect. XIV). A l'appui de cette doctrine on peut invoquer le texte de l'article 373, qui ne parle pas de la réception de la nouvelle *par l'assuré,* mais de *la réception de la nouvelle* dans les termes les plus généraux.

Ce système cependant n'a pas prévalu dans la jurisprudence.

On a admis sans doute que la *notoriété* pouvait faire présumer que la nouvelle a été connue de l'assuré (Marseille, 19 janvier 1835, J. M., 15. 1. 104 et n° 1530); mais la jurisprudence n'a pas érigé en règle que pour faire courir le délai il fallût, outre la connaissance personnelle de l'assuré, que la nouvelle fût notoire. Combien de nouvelles ne le deviennent jamais! Le délai court contre l'assureur à partir du moment où il a personnellement connu le sinistre pouvant donner lieu à délaissement, encore que la nouvelle ne fût pas notoire.

La jurisprudence exige toutefois qu'il y ait eu pour l'assuré une connaissance *certaine* de la perte (V. Dall., 45. 1. 214) ou du fait sur lequel l'assuré fonde le délaissement. Ainsi, en cas de délaissement du navire, faute de fonds pour le réparer, la prescription ne court que du jour où l'assuré a su qu'il serait impossible de contracter un emprunt à la grosse. Par application de la même idée, il a été décidé qu'en cas de détérioration des trois quarts, le délai de l'action en délaissement ne court que du jour de la clôture du rapport d'experts (Cass., 19 février 1847; Nantes, 22 juillet 1868, J. N., 68. 1. 336).

1788. — Les délais fixés par l'article 48 de l'Ordonnance variaient de six semaines à deux ans, suivant le lieu du sinistre. Les rédacteurs du Code de commerce ont trouvé avec raison que le délai de six semaines, pour intenter l'action en délaissement, était toujours trop court, alors surtout que la somme assurée ne pouvait, en principe, être réclamée qu'après trois mois (art. 382). Ils fixèrent, en conséquence, le délai le plus court à trois mois, et le plus long à deux ans.

La loi du 3 mai 1862, modifiant l'article 373, a réduit ce dernier délai à dix-huit mois, à raison de la facilité plus grande des communications.

Le projet de 1867 proposait de n'accorder jamais plus d'un an.

1789. — Dans les délais prescrits, *le délaissement doit être fait par l'assuré,* dit l'article 373. Que faut-il entendre par là? L'assuré doit non-seulement signifier le délaissement, mais en-

core, s'il y a lieu, *exercer l'action en délaissement*. — Valin
(sur l'art. 48) disait : « Il ne suffirait pas de dénoncer la perte
« aux assureurs, il faut *une demande en justice.* » Mais il ajoutait : « Non que le délaissement doive s'ensuivre absolument,
« attendu qu'il est des cas où l'assuré a grand intérêt de ne pas
« le faire, comme il a été montré ci-dessus. Mais la demande
« aura pour objet le paiement du dommage arrivé au navire ou
« aux marchandises, avec réserve de faire le délaissement dans
« la suite, si le cas y échet. » — De son côté, Émérigon fit
remarquer qu'on ne pouvait pas demander le paiement de la
somme assurée avant les délais fixés par la police; que, par
suite, les prescriptions déterminées par l'article 48 ne devaient
prendre leur cours qu'après l'échéance du délai stipulé dans les
polices (*Ass.*, ch. XIX, sect. xi). — On ne saurait aujourd'hui
accepter ni le système de Valin, ni celui d'Émérigon. L'idée
d'Émérigon est formellement repoussée par l'article 379 qui
porte que le délai fixé par la police pour le paiement de la
somme assurée ne peut proroger celui établi par la loi pour
former l'action en délaissement (V. n° 1830). D'autre part, le
législateur a écarté le système de Valin, en disant expressément, dans l'article 431, que *l'action en délaissement est prescrite dans les délais exprimés par l'article* 373. Dans ces délais,
il faut donc, à défaut d'acceptation par l'assureur (V. n° 1790),
une action en justice tendant, non pas au paiement immédiat
de la somme assurée qui ne saurait avoir lieu que dans les
délais fixés par la police (V. art. 382), mais tendant au moins à
faire prononcer la validité du délaissement. Une simple déclaration par acte extra-judiciaire ne suffirait pas. C'est ce qu'a
jugé la Cour de cassation le 29 avril 1835 (Dall., 35. 1. 226).

1791. — De l'article 434 du Code de commerce, il résulte
qu'il n'y a pas prescription s'il y a cédule, obligation, arrêté
de compte ou interpellation judiciaire (Comp. C. civ., art. 2274).
Par la même raison, l'action en délaissement ne pourra se prescrire quand le délaissement aura été accepté en principe par les
assureurs (V. art. 385). — Mais de simples pourparlers entre
l'assureur et l'assuré suffisent-ils pour suspendre la prescription?
L'ancienne jurisprudence l'admettait, et Émérigon approuve

cette jurisprudence (ch. XIX, sect. x). — En 1835, la Cour de cassation a été appelée à examiner la question, mais elle s'est bornée à décider que le juge du fait avait à cet égard un pouvoir d'appréciation souverain (Req., 29 avril 1835, Dall., 35. 1. 226).

1791. — Les dispositions de l'article 373 doivent se combiner avec d'autres dispositions qui ne donnent elles-mêmes ouverture au délaissement qu'après un certain délai. L'action ne peut en effet se prescrire avant qu'elle soit ouverte. S'il y a eu arrêt, le délai de l'article 373 ne court qu'à partir de l'expiration des délais de l'article 387. — Il en est de même, quant au chargement, en cas d'innavigabilité (V. art. 394 et n° 1960). — Enfin en cas de défaut de nouvelles, le délai de l'article 373 ne court qu'à l'expiration des délais de l'article 375 (V. n° 1808).

1792. — Le projet de 1867 en même temps qu'il abrégeait les délais (V. n° 1788), donnait à l'assureur le moyen de les abréger encore au moyen d'une sommation faite à l'assuré. « Sans « attendre l'expiration des délais ci-dessus, l'assureur peut « sommer l'assuré de faire le délaissement. Si l'assuré ne l'a « pas fait dans le délai d'un mois, il n'est pas recevable à le « faire. »

L'intérêt de l'assuré n'est-il pas ici un peu sacrifié à celui des assureurs? L'armateur assuré étant obligé en cas de délaissement d'abandonner le fret (art. 386) pourra avoir intérêt à opter pour l'action d'avaries (V. n° 1773). Il faut donc lui laisser le temps de prendre ses renseignements.

Alors même que les délais de l'article 373 ne sont pas expirés, l'assuré qui n'a pas signifié le délaissement ne serait plus recevable à le faire s'il y avait eu restitution de la prise (V. n° 1721) ou rachat (art. 396). — Il ne serait pas non plus recevable à faire le délaissement s'il y avait renoncé expressément ou tacitement (V. n° 1802). — L'assuré est réputé avoir renoncé au délaissement lorsque connaissant le fait qui pouvait donner ouverture au délaissement, il a disposé de la chose en maître : tel est notamment le cas où l'assuré connaissant la cause du délaissement, vend le navire en dehors de l'assureur et se met dans l'impossibilité de lui en transférer la propriété (Nantes, 5 déc. 1866, J. N., 1867, 1. 86. — Comp. tome I, n° 274).

De même l'assuré qui, sachant que les réparations doivent dépasser les trois quarts de la valeur du navire, fait néanmoins procéder aux réparations, se rend non recevable à faire le délaissement du navire pour cause d'innavigabilité (V. n° 1751).

Il en est de même du chargeur qui, après les délais de l'article 394, réexpédie les marchandises aux risques des assureurs sans leur signifier le délaissement (V. n° 1960).

Mais l'assuré qui a fondé son délaissement sur une certaine cause n'est pas pour cela non recevable à le justifier ultérieurement par une autre cause. — Aux États-Unis, il est vrai, des cours ont décidé que la cause indiquée dans la *déclaration de délaissement* ne pouvait être ensuite modifiée. C'est aussi ce qui résulte d'un projet de 1884 rédigé pour l'État de New-York (V. *suprà*, p. 205). — Mais Arnould (édit. de 1877, p. 918), fait remarquer que cette jurisprudence n'a pas prévalu en Angleterre. — Il n'en saurait être question chez nous. On pourrait même en appel invoquer à l'appui de la demande en validité de délaissement une cause nouvelle. Il n'y aura pas là une *demande nouvelle* dans le sens de l'article 464 du Code de procédure, la demande en validité de dessaisissement n'étant elle-même qu'un moyen, à l'appui de la demande en paiement de la somme assurée (V. n° 1783).

1793. — L'article 373 s'applique-t-il en cas de réassurance, dans les rapports de l'assureur et du réassureur? L'assureur auquel a été fait le délaissement ne peut-il le faire, à son tour, vis-à-vis de son réassureur qu'autant que les délais de l'article 373 ne seront pas expirés? S'il en est ainsi, il pourra arriver que le délaissement, ayant été fait à l'assureur au dernier moment, celui-ci n'ait pas le temps de se retourner contre son réassureur.

Émérigon (ch. XIX, sect. XVI) examine cette difficulté que l'Ordonnance n'avait pas prévue, et il pose en règle que la réassurance étant une assurance véritable, le réassuré doit intenter son action dans les délais déterminés par l'article 48. « Mais, ajoute-t-il, si l'assureur n'avait été actionné de la part

« de l'assuré qu'au moment où le temps fatal va finir, faudrait-il
« que, dans le même instant, le réassuré se pourvût contre le
« réassureur? Il semble qu'on devrait alors accorder un nou-
« veau délai, tel qu'on l'accorde en matière de protêt et de
« garantie. »

Cette dernière idée a été, comme on le verra plus loin, mise
à profit par la loi belge de 1879 (V. n° 1794).

La question s'est présentée sous le Code dans les mêmes
termes que sous l'Ordonnance. On a soutenu que l'article 373
n'était pas applicable à la réassurance; que, dans tous les cas,
le délai ne devait commencer à courir au profit du réassureur
que du jour où le délaissement aurait été fait à l'assureur, par
application de la maxime *contra non valentem agere non currit
præscriptio*. C'est l'idée qu'a consacrée le Code allemand (V.
n° 1794). La Cour de cassation n'a pas admis ce système, et, par
un arrêt du 1er juin 1824, se fondant sur les termes généraux
de l'article 373, elle a décidé que le délai du délaissement était
expiré vis-à-vis du réassureur quand il l'était vis-à-vis de l'assureur (Dall., *Rép.*, v° *Droit marit.*, n° 2166).

1794. — La loi belge de 1879, s'inspirant encore ici de
notre projet de 1867, permet à l'assureur d'abréger les délais
en faisant une sommation à l'assuré (V. n° 1792). Mais relativement au cas de réassurance, elle ajoute que les réassurés auront pour dénoncer le délaissement au réassureur, le même
délai que celui accordé aux endosseurs des lettres de change.
Ce délai commence à courir du jour de la notification du délaissement fait par les assurés primitifs.

Le nouveau Code italien de 1882, comme notre projet de 1867,
a réduit les délais à trois mois, six mois et un an, mais ses dispositions sont plus précises et plus complètes. « L'abandon, dit
l'article 637, doit être fait aux assureurs dans le terme de trois
mois du jour des nouvelles reçues du sinistre, si celui-ci est
arrivé sur les côtes d'Europe ou sur celles d'Asie et d'Afrique,
dans la Méditerrannée, *dans la mer Noire ou le canal de Suez;*
— de six mois si l'accident est arrivé dans d'autres mers ou
les autres côtes d'Afrique, sur les côtes occidentales et méri-
dionales de l'Asie, et les côtes occidentales de l'Amérique; —

d'un an, si l'accident est arrivé en tout autre lieu. — En cas de prise ou d'arrêt par ordre d'une puissance, ces délais ne courent que du jour où s'est ouvert le droit au délaissement par l'expiration des délais prescrits » (Comp. n° 1791). — Le Code italien ne contient pas de disposition spéciale pour la réassurance.

Le Code allemand qui n'admet le délaissement que dans le cas de disparition, de prise, arrêt ou capture pendant un certain temps (V. n° 1754), fixe les délais dans lesquels la déclaration de délaissement doit être *parvenue (zugegangen)* à l'assureur. — Ces délais, d'après l'article 868, sont, en cas de disparition, six ou neuf mois suivant que le port de destination est ou non un port européen, et dans le cas de prise ou capture, six ou neuf mois suivant que la prise a eu lieu ou non dans une mer d'Europe, y compris la mer Noire et la mer d'Azow. Mais en cas de prise ou capture, le délai ne court qu'à partir du jour où la prise ou capture est réputée définitive (V. n° 1720), et dans le cas de défaut de nouvelles, à l'expiration du délai de disparition (V. n° 1791).

L'article 869 du Code allemand ajoute que dans le cas de disparition, l'assuré peut, alors même qu'il a laissé passer les délais pour le délaissement, réclamer l'indemnité due pour la perte totale. Mais si l'objet assuré reparaît, il est tenu de rendre la somme assurée sauf à se faire indemniser de la perte partielle. La police de Brême a étendu cette dernière disposition à tous les cas de délaissement (V. n° 1754-1780).

Relativement à la réassurance, l'art. 868 du Code allemand porte que le délai du délaissement commence à l'expiration du jour où l'assuré a averti le réassuré du délaissement.

En Angleterre on n'exige, comme nous l'avons déjà dit, de déclaration de délaissement (*notice of abandonment*) qu'autant qu'il n'y a pas de perte totale absolue (V. n° 1754). Pour la déclaration de délaissement il n'y a pas de délai fixe. « La règle est seulement, dit Arnould (II, p. 919), que l'assuré qui veut faire abandon le fasse connaître *dans un temps raisonnable* à partir du jour où il a reçu la nouvelle de la perte, de manière que les assureurs soient mis à même de prendre les mesures nécessaires à leurs intérêts. » Tout dépend des circonstances. Si la nouvelle reçue par l'assuré de la prise ou innavigabilité du navire, a un caractère de certitude, l'assuré doit notifier le délaissement sans retard. Mais lorsque les renseignements reçus sont plus ou moins vagues, que l'assuré a besoin pour se prononcer en connaissance de cause de vérifier l'état exact de la chose assurée, la jurisprudence anglaise admet qu'on doit laisser à l'assuré un temps raisonnable pour signifier le délaissement.

ART. 374.

Dans le cas où le délaissement peut être fait, et dans le cas de tous autres accidents aux risques des assureurs, l'assuré est tenu de signifier à l'assureur les avis qu'il a reçus. — La signification doit être faite dans les trois jours de la réception de l'avis (1).

SOMMAIRE.

1795° — Obligation pour l'assuré de transmettre les nouvelles. — Sanction.
1796° — Quels accidents l'assuré est tenu de communiquer.
1797° — L'assuré a-t-il un droit d'appréciation?
1798° — Est-il tenu de transmettre les nouvelles publiées par les journaux?
1799° — Assurance pour compte.
1800° — Dans quelle forme l'avis doit-il être communiqué?
1801° — Dans quel délai?
1802° — Renvoi à l'article 435.
1803° — Droit comparé.

1795. — Il importe tout d'abord de bien déterminer le caractère de cette disposition. Les formalités dont parle l'article 374 ne sont pas prescrites à peine de nullité de l'assurance. Si la réticence au moment du contrat en entraîne la nullité

____

(1) *Ord. de* 1681 (liv. III, tit. vi). Art. 42. — Lorsque l'assuré aura eu avis de la perte du vaisseau ou des marchandises assurées, de l'arrêt de prince et d'autres accidents étant aux risques des assureurs, il sera tenu de les leur faire incontinent signifier ou à celui qui aura signé pour eux l'assurance, avec protestation de faire son délaissement en temps et lieu.

Projet de 1867. Art. 378. — Dans le cas où le délaissement peut être fait, et dans le cas de tous autres accidents aux risques des assureurs, l'assuré est tenu *de faire connaître* à l'assureur les avis qu'il a reçus dans les trois jours de leur réception.

(art. 348), on ne saurait assimiler à la réticence le seul fait par l'assuré de ne s'être pas conformé aux prescriptions de l'article 374 (V. n° 1522). Mais toute obligation imposée par la loi doit avoir une sanction. Si l'assuré, en ne communiquant pas les avis reçus dans le délai fixé par l'article 374, a causé un préjudice aux assureurs, il sera responsable envers eux dans la mesure de ce préjudice (art. 1382). C'est ce qui se trouve énoncé expressément dans plusieurs législations étrangères (V. n° 1803), et c'est aussi en ce sens qu'a été interprété notre article 374 par la jurisprudence (Aix, 15 janvier 1859, J. M., 1860. 2. 44. — Paris, 6 déc. 1876, *Bull. de la Cour*, 1877, p. 443. — Nantes, 21 déc. 1881, J. N., 1882. 1. 129).

Il y a des cas au reste où la responsabilité de l'assuré pourra avoir pour conséquence de le priver de son action contre l'assureur. Ainsi on a décidé avec raison que la saisie du navire par des prêteurs à la grosse ne peut pas donner ouverture au délaissement si l'abandon a été fait par l'assuré sans qu'il eût mis préalablement les assureurs en demeure de dégager le navire (Marseille, 8 août 1859, J. M., 1860. 2. 44). J'appliquerais la même décision au cas où l'assuré aurait laissé vendre le navire en cours de voyage faute de fonds pour le réparer, sans avertir ses assureurs (V. n° 1736).

1796. — De ce que l'article 374 parle d'accidents *aux risques des assureurs,* on pourrait conclure que si l'assurance avait été faite *franc d'avaries,* l'assuré ne serait pas obligé de transmettre la nouvelle de simples avaries dont l'assureur n'a pas à répondre. Mais comme il est souvent difficile d'apprécier au premier moment la gravité et les suites possibles d'une avarie, il agira prudemment en tenant l'assureur au courant de toutes les nouvelles qui peuvent l'intéresser.

Alors même que la nouvelle ne constate pas un *accident* et donne de simples inquiétudes, on doit en faire part aux assureurs, afin que ceux-ci puissent prendre leurs précautions, et se faire au besoin réassurer.

L'innavigabilité du navire peut compromettre le chargement quoique celui-ci ne soit pas directement atteint. Aussi le Code italien de 1882 (art. 626) oblige-t-il à prévenir en ce cas l'assureur du chargement (V. n° 1803). La même obligation incomberait chez nous au chargeur assuré (V. art. 394 et n° 1956). Mais ne faut-il pas aller plus loin, et dire que le chargeur est tenu de notifier à ses assureurs même les simples relâches faites par le navire à la suite d'avaries? Le tribunal de Nantes s'est prononcé pour la négative par un jugement du 21 décembre 1881 (J. N., 1882. 1. 129). Je n'approuve pas cette doctrine, car les relâches sont *aux risques des assureurs des marchandises;* ils peuvent avoir à en supporter les conséquences, et par suite ils ont intérêt à les connaître (V. n°ˢ 1546, 1591).

1797. — L'assuré n'a pas à apprécier les avis qu'il reçoit et à examiner s'ils sont plus ou moins dénués de vraisemblance. La loi l'oblige à transmettre *les avis qu'il a reçus.* S'il s'abstient de le faire ; il le fait toujours à ses risques et périls.

M. Pardessus, cependant, émet une opinion contraire (n° 846). Suivant lui, pour que le silence gardé par l'assuré puisse entraîner sa responsabilité, il faudrait qu'il eût dû regarder l'événement comme bien *certain* et *positif.* Je ne crois pas que ce soit là le sens de la loi qui parle de simples *avis* reçus. M. Pardessus invoque un arrêt de la Cour de cassation du 4 mai 1845 (Dall., 45. 1. 214) qui décide qu'une simple lettre annonçant des bruits inquiétants ne fait pas courir les délais du délaissement fixés par l'article 373. Mais il ne faut pas confondre l'action en délaissement dont parle spécialement l'article 373 et l'obligation imposée d'une manière générale par l'article 374 (V. n°ˢ 1787 et 1804).

1798. — L'assuré est-il tenu de faire connaître à l'assureur des nouvelles annoncées par des journaux, et qui ont été ainsi rendues publiques? Le texte dit simplement que l'assuré doit communiquer *les avis qu'il a reçus,* ce qui semble indiquer des renseignements par lui reçus en particulier. En Allemagne, quoique l'article 822 s'exprime à peu près dans les mêmes termes, on fait une obligation à l'assuré de transmettre à l'assureur même les avis des journaux : on a considéré que l'assuré demeurant souvent loin de l'assureur, une nouvelle pourra être lue par l'assuré sans qu'elle le soit par l'assureur (comp. n° 1530).

1799. — Lorsque l'assurance a été faite *pour compte,* l'obligation de notifier les avis reçus incombe à celui pour le compte duquel a été faite l'assurance, s'il connaît cette assurance; elle incombe également à celui qui a fait l'assurance comme commissionnaire. C'est ce que décide expressément le Code allemand (art. 822). La même solution devrait être admise chez nous. J'ai déjà dit, en expliquant l'article 348, qu'au point de vue de la réticence, le commissionnaire et le véritable intéressé sont placés sur la même ligne (V. n° 1531).

1800. — Dans quelle forme les avis reçus doivent-ils être communiqués à l'assureur?

Émérigon (ch. XVII, sect. v) nous apprend que de son temps la déclaration des pertes se faisait à la Chambre de commerce, *sur un registre particulier à ce destiné*. Notre Code veut qu'on s'adresse directement à l'assureur. Il parle même d'une *signification*.

Faut-il prendre ce mot à la lettre, et dire qu'on devra procéder par acte d'huissier? Cela répugnerait aux habitudes du commerce. Notre projet de révision se bornait à dire que l'assuré serait tenu *de faire connaître* les avis reçus. Je crois qu'en effet c'est ainsi que la loi doit être interprétée. Pour faire connaître les avis reçus, l'assuré pourra user de tous les moyens mis à sa disposition, une lettre, un télégramme. Il importe, toutefois, de constater que l'avis a été reçu. Dans la pratique, l'assuré fait viser la lettre par l'assureur.

1801. — Dans quel délai les avis reçus doivent-ils être communiqués à l'assureur?

L'Ordonnance (art. 42) voulait que l'assuré fût averti *incontinent*. Valin disait à ce propos que le mot *incontinent* ne pouvait être pris à la rigueur, et il ajoutait : « L'assuré sera à couvert, sinon de tout reproche, au moins de toute fin de non-recevoir, s'il se pourvoit dans les délais portés par l'article 48 ci-après, c'est-à-dire les délais fixés pour le délaissement. » Sur ce dernier point, il y avait évidemment une méprise de Valin. L'obligation de communiquer les avis reçus est tout à fait indépendante du délai fixé pour la signification du délaissement (art. 373) : elle existe soit qu'il y ait lieu ou non à délaissement (V. n° 1797 et art. 378).

Le Code a tranché la difficulté en accordant un délai *de trois jours*. Passé ce délai, la communication sera réputée tardive, et la responsabilité de l'assuré pourra se trouver engagée comme je l'ai expliqué plus haut (n° 1795). — D'autres législations, entre autres le Code allemand, ont préféré ne pas fixer de délai, laissant au juge le soin d'apprécier si l'assuré avait été ou non suffisamment diligent (V. n° 1803).

Le délai de trois jours se compte *à partir de la réception de l'avis*.

Faut-il que la nouvelle *parvienne* à l'assureur dans les trois jours, ou suffit-il qu'elle soit *renvoyée* dans les trois jours? C'est dans le premier sens que l'article 374 a été généralement interprété. Mais comme l'assureur ou l'assuré pourra être souvent fort éloigné, on reconnaît qu'il faudra appliquer ici les délais des distances fixés par l'article 1033 C. pr. (Pardessus, n° 846).— Lors de la rédaction du Code, la Cour de Rennes avait proposé de faire mention de l'article 1033. Cette proposition a été rejetée. Je serais tenté d'en conclure qu'on n'a pas à se préoccuper du moment où l'assureur reçoit l'avertissement, mais de celui où l'assuré le lui envoie.

1802. — Nous verrons (art. 435) que la loi déclare non-recevables toutes actions contre les assureurs pour *dommage arrivé à la marchandise* si elle a été *reçue sans protestation*. Une protestation est-elle nécessaire en cas de délaissement? N'est-elle pas alors remplacée par la signification de l'article 374? Il faut distinguer. Il n'y aura pas lieu évidemment à protestation quand il y a *perte entière* de la marchandise par naufrage, prise ou arrêt. Mais toutes les fois que le délaissement sera fondé sur un *dommage arrivé à la marchandise*, c'est-à-dire une perte ou détérioration des trois quarts, l'assuré qui recevrait la marchandise sans protestation serait aussi non-recevable dans l'action en délaissement que dans l'action d'avaries. Je reviendrai sur ce point en expliquant l'article 435.

1803. — L'article 822 du Code allemand est ainsi conçu : « Tout accident doit être annoncé à l'assureur, dès que la nou- « velle en arrive à celui qui a fait assurer ou à l'assuré, quand « ce dernier a connaissance de l'assurance. Dans le cas con-

« traire, l'assureur a le droit de déduire de l'indemnité la
« somme dont elle aurait été diminuée si l'accident avait été an-
« noncé à temps. »

Le Code italien de 1882 s'exprime ainsi, art. 626 : « L'assuré
« doit notifier tous les avis qu'il a reçus. La notification doit se
« faire dans les trois jours de la réception, sous peine de dom-
« mages-intérêts. La même obligation incombe à l'assuré sur le
« chargement, quand le navire a été déclaré innavigable, encore
« que le chargement n'ait pas souffert d'autre dommage par
« suite du sinistre. »

Art. 375.

**Si, après six mois expirés, à compter du jour du départ du
navire ou du jour auquel se rapportent les dernières nouvelles
reçues, pour les voyages ordinaires; — après un an pour les
voyages de long-cours, l'assuré déclare n'avoir reçu aucune nouvelle de son navire, il peut faire le délaissement à l'assureur et
demander le paiement de l'assurance, sans qu'il soit besoin d'attestation de la perte. — Après l'expiration des six mois ou de l'an,
l'assuré a, pour agir, les délais établis par l'article 373 (1).**

SOMMAIRE.

1804° — Défaut de nouvelles. — Délai.
1805° — Point de départ du délai.
1806° — Il faut un défaut de nouvelles absolu.

(1) *Ord. de* 1681 (liv. III, tit. vi). Art. 58. — Si néanmoins l'assuré *ne
reçoit aucune nouvelle* de son navire, il pourra, après l'an expiré (*à compter
du jour du départ* pour les voyages ordinaires), et après deux ans (pour ceux
de long-cours), faire son délaissement aux assureurs, *sans qu'il soit besoin
d'aucune attestation de la perte.* = Ancien article 375. — Si, après un an
expiré, à compter du jour du départ du navire, ou du jour auquel se rapportent les dernières nouvelles reçues pour les voyages ordinaires, — après
deux ans pour les voyages de long-cours, — l'assuré déclare n'avoir reçu
aucune nouvelle de son navire, il peut faire le délaissement à l'assureur, et
demander le paiement de l'assurance, sans qu'il soit besoin d'attestation de
la perte. — Après l'expiration de l'an ou de deux ans, l'assuré a, pour
agir, les délais établis par l'article 373.

Le projet de 1867 n'apportait aucune modification à l'article 375 actuel,
tel qu'il a été modifié par la loi du 3 mai 1862.

1804. — Voici un cas de délaissement ajouté à ceux énumérés par l'article 369. Le délaissement, dans le cas de l'article 369, suppose la justification du sinistre (art. 383). Qu'arrivera-t-il donc si l'on reste sans nouvelles du navire ?

D'après les anciens usages maritimes, il y avait lieu en ce cas à délaissement (V. n° 1716). L'Ordonnance et le Code se sont prononcés dans le même sens.

On a quelquefois comparé le cas du défaut de nouvelles à l'absence dont parle le Code civil (art. 112 et s.). Mais les suites n'en ont pas été réglées dans le même esprit. L'absence prolongée n'ouvre la succession de l'absent que d'une manière provisoire (art. 131, 132 C. Civ.). Au contraire, le défaut prolongé de nouvelles du navire autorise toujours un délaissement définitif (art. 385, § 2). C'est qu'il est dans la nature du délaissement de n'admettre aucune condition (art. 372, § 1).

Combien de temps faut-il qu'ait duré le défaut de nouvelles ? L'article 375, modifié par la loi du 3 mai 1862, se contente de six mois pour les voyages au cabotage et un an pour les voyages au long-cours (V. art. 377). — D'après la nouvelle police de Paris (art. 8), les délais sont : six mois pour tous voyages de cabotage — huit mois pour tous voyages de long-cours en deçà des caps Horn et de Bonne-Espérance ; — douze mois pour tous voyages *au delà desdits caps,* c'est-à-dire, comme l'explique M. de Courcy, si les caps ont été *doublés.* — Les délais sont réduits du quart pour les bateaux à vapeur. — Le Code allemand (art. 866) fixe également des délais plus courts pour les bateaux à vapeur (V. n° 1811).

1805. — Le délai court du jour du départ, si l'on n'a reçu aucune nouvelle depuis le départ ; dans le cas contraire, il court *du jour auquel se rapportent* les dernières nouvelles reçues.

Remarquons cette dernière expression.

Le délai ne court pas seulement du jour de la *réception* comme dans le cas de l'article 373, mais du *jour auquel se rapportent les dernières nouvelles,* c'est-à-dire de *leur date,* suivant l'expression employée par la police de Paris. Ainsi le navire a été signalé le 15 avril dans le détroit de Gibraltar : on ne l'a pas revu depuis. Le délai court de la date du 15 avril.

1806. — Le délaissement pour défaut de nouvelles ne peut être fait qu'autant qu'il y a un défaut de nouvelles absolu, qu'autant qu'aucunes nouvelles n'ont plus été reçues ni par l'assuré ni par l'assureur ni par d'autres.

Le texte de l'Ordonnance pouvait, à cet égard, prêter au doute : *Si l'assuré ne reçoit aucune nouvelle.* Mais Valin disait avec raison : « Cela ne suffit pas, si les assureurs en ont reçu ou « quelques tierces personnes. » On pourrait objecter que d'après notre article 375, l'assuré qui déclare *n'avoir reçu aucune nouvelle de son navire,* peut faire le délaissement. Mais ces expressions de l'article 375 s'expliquent par deux motifs : 1° la loi suppose que l'assuré sera toujours le mieux informé; 2° de ce que l'assuré sera admis à faire le délaissement quand il n'a pas reçu de nouvelles pendant un certain temps, il ne s'ensuit pas que l'assureur ne pourra pas repousser le délaissement en prouvant que des nouvelles plus récentes ont été reçues par d'autres (V. art. 384).

1807. — Dans le cas de défaut de nouvelles, l'assuré dispensé des justifications prescrites par l'article 383, n'est tenu de prouver que le départ du navire, la mise en risque. — La police de Brême de 1875 (art. 64), exige que l'assuré produise une attestation des autorités du port de destination, des agents des assureurs, ou à défaut du consul constatant que le navire n'est pas arrivé à destination dans les délais fixés. Notre police de Paris impose la même obligation à l'assuré : « l'assuré, dit « la police, est tenu de justifier de la *non-arrivée* et de la date « du départ; » mais nous ne croyons pas que chez nous, à défaut de disposition particulière, l'assuré ait à prouver lui-même la non-arrivée. Cette preuve n'est pas exigée en Angleterre (V. n° 1811).

1808. — A l'expiration des délais fixés par l'article 375, l'assuré n'est pas tenu de faire le délaissement, la loi lui accorde pour agir les délais fixés par l'article 373 (V. n° 1791). L'Ordonnance n'avait pas tranché la question, mais Valin et Émérigon s'étaient prononcés en ce sens (V. Émérigon, ch. XIX, sect. VIII).

Nous avons vu que l'article 373 fait courir les délais de l'action en délaissement *à partir de la réception de la nouvelle* de la perte et que les délais varient suivant le lieu de la perte. Comment appliquerons-nous ces dispositions en cas de défaut de nouvelles?

Je suppose que les dernières nouvelles reçues du navire soient du 15 avril 1880. Le navire faisait un voyage de long-cours. Le 15 avril de l'année suivante, la perte est présumée. Nous dirons avec Valin (sur l'art. 58 de l'Ord.) que cette présomption *tient lieu de la nouvelle de la perte,* et que, par conséquent, les délais fixés par l'article 373 *pour l'exercice de l'action en délaissement* coureront à partir de l'expiration des délais de l'article 375. Voilà une première difficulté résolue.

Mais il en reste une autre que n'a pas examinée Valin. L'article 373 fixe pour l'action en délaissement des délais différents suivant le *lieu de la perte* (V. n° 1787). Comment déterminer le lieu de la perte en cas de défaut de nouvelles? Devra-t-on considérer comme tel l'endroit où le navire a été signalé pour la dernière fois ou le lieu de destination?

La police de Paris sur corps (art. 8) dit que les délais doivent se compter *au lieu de destination du dernier voyage entrepris.* Mais je crois, qu'à moins de convention contraire, en cas de défaut de nouvelles, les délais de l'action en délaissement doivent se compter plutôt d'après le lieu du départ, si l'on n'a eu aucune nouvelle depuis le départ, ou, dans le cas contraire, le lieu où le navire a été signalé pour la dernière fois, le navire étant présumé avoir péri dans ce lieu (V. n° 1813).

1809. — Je suppose qu'après l'expiration des délais de l'article 375, et pendant que l'assuré usant des délais supplémentaires de l'article 373 délibère sur le délaissement, on ait des nouvelles du navire, et que le navire arrive à destination, le délaissement peut-il encore avoir lieu? C'est une question de savoir si la cause du délaissement doit encore exister au moment où se fait la déclaration du délaissement (V. n°ˢ 1717, 1721, 1811, 1887, 1896). Alors même qu'on n'adopterait pas en thèse cette idée, je crois qu'elle devrait être au moins appliquée au défaut de nouvelles. A l'expiration des délais de l'article 375, le délaissement n'est pas de droit, car l'article 375 veut que l'assuré qui fait le délaissement *déclare n'avoir reçu aucune nouvelle de son navire,* d'où il suit que si, au moment du délaissement, il ne peut faire cette déclaration, le délaissement ne saurait avoir lieu.

Mais, je suppose qu'il fasse cette déclaration et signifie le délaissement, l'assureur pourra-t-il repousser le délaissement en s'appuyant sur les nouvelles qui auraient été reçues ultérieurement, tant que le délaissement n'a pas été accepté et jugé valable?

Les opinions varient à cet égard. Dans une consultation publiée par le *Journal de Marseille* (J. M., 11. 2. 52), il a été soutenu que tant que le délaissement n'a pas été accepté ou jugé valable, l'assureur peut empêcher le délaissement, en prouvant l'existence de la chose, l'expiration des délais de l'article 375 ayant simplement pour effet de mettre la preuve à la charge de l'assureur (Arg. de l'art. 384). — Dans un système contraire qui me paraît plus conforme au texte de l'article 375, on soutient, qu'après l'expiration des délais fixés, le droit au délaissement est définitivement acquis à l'assuré qui en faisant le délaissement déclare n'avoir reçu aucune nouvelle de son navire. Borsari, dans son *Commentaire du Code italien* (n° 1492), dit que si l'assuré se borne à déclarer le défaut de nouvelles (art. 374, 378) sans manifester la volonté de faire le délaissement, comme l'assuré se réserve ainsi les éventualités de l'avenir, l'assureur doit avoir les mêmes droits. Mais, il ajoute qu'une fois le délaissement *signifié,* l'assureur ne peut le refuser sous prétexte de nouvelles reçues ultérieurement.

Dans tous les cas, une fois le délaissement accepté ou jugé valable, il est certain qu'il produit un effet définitif alors même qu'on recevrait ultérieurement des nouvelles du navire (V. art. 385). L'ancienne police d'Ancône commentée par Straccha con-

tenait pourtant une décision contraire, et portait que l'assuré
qui avait reçu l'indemnité en vertu de la présomption de perte
fondée sur le défaut de nouvelles devait la restituer à l'assureur
lorsque celui-ci rapportait la preuve que cet assuré avait eu des
nouvelles depuis le paiement. On retrouve la même clause dans
la police de Brême de 1875 (V. n° 1754). — Chez nous, on ne
trouve pas de clause semblable, et je ne crois pas qu'elle pût
être admise, en présence de notre article 385 (V. n° 1888).

1810. — Quoique l'article 375 ne semble avoir en vue
qu'une assurance sur corps, il est universellement admis qu'il
s'applique également à tous les chargements assurés dont on
n'a pas de nouvelles, ces chargements ayant disparu avec le
navire. Le *Guidon* (ch. VII, art. 12) parlant du délaissement
pour défaut de nouvelles avait même particulièrement en vue
les *marchands chargeurs*. Nos polices sur facultés contiennent
relativement au défaut de nouvelles les mêmes dispositions que
nos polices *sur corps*.

En cas de défaut de nouvelles, les assurés doivent toujours
prouver le chargement à bord du navire disparu. Cette preuve
se fera, en général, par le connaissement (V. n° 1868). Mais le
juge aura toujours à apprécier la sincérité du connaissement
(Cass., 25 mars 1835, Dall., 35. 1. 150).

1811. — Le Code allemand qui, comme le nôtre, admet le
délaissement en cas de disparition, a déterminé avec soin le
délai de disparition (*Verschollenheitsfrist*). Ces délais varient
suivant qu'il s'agit d'un voyage en Europe ou hors d'Europe,
en deçà ou au delà des caps Horn ou de Bonne-Espérance, et
suivant que le navire est à voiles ou à vapeur (V. n° 1818).
L'article 867 porte : « Le délai de disparition se calcule à partir
« du jour où le navire a commencé le voyage. Si, cependant,
« on a reçu des nouvelles du navire depuis son départ, on
« compte depuis la date des dernières nouvelles le délai qu'on
« aurait appliqué si le navire était parti de l'endroit où il se
« trouvait d'après les dernières nouvelles. » D'après l'article
868, le délai pour exercer l'action en délaissement (6 ou 9
mois) court à partir de l'expiration des délais qui font présumer
la perte (V. n° 1794). — L'absence de nouvelles doit persister

jusqu'à ce que la signification du délaissement soit *parvenue* à l'assureur (art. 871 C. all.).

En Angleterre, il n'y a pas de délai fixe qui fasse présumer la perte. Les juges ont dans chaque espèce à apprécier les circonstances suivant la nature du voyage. L'assuré doit toujours prouver le départ, mais il n'est pas tenu de produire des témoins attestant qu'on n'a jamais entendu parler du navire au port de destination (Arnould, édit. de 1877, p. 733. V. n° 1807).

<hr>

ART. 376.

Dans le cas d'une assurance pour temps limité, après l'expiration des délais établis, comme ci-dessus, pour les voyages ordinaires et pour ceux de long-cours, la perte du navire est présumée arrivée dans le temps de l'assurance (1).

SOMMAIRE.

1812° — Assurance à temps. — Défaut de nouvelles.
1813° — La perte est présumée remonter aux dernières nouvelles.
1814° — Assurances successives.

1812. — L'application du délaissement pour défaut de nouvelles à l'assurance à temps limité fait naître une difficulté. Un navire a été assuré pour cinq mois. Il est parti pour un voyage au cabotage, et on est resté cinq mois sans nouvelles, ou, si l'on veut, il est parti pour un voyage de long-cours, et une année s'est écoulée sans qu'on en ait reçu de nouvelles. Il y a alors présomption, d'après l'article 375, que le navire s'est perdu. Mais il peut ne s'être perdu qu'après l'expiration du temps limité pour lequel l'assurance avait été faite. Dans le doute, que devra-t-on présumer?

1813. — Suivant Casaregis (disc. 2, n° 8), c'était à l'assuré à prouver que le sinistre était arrivé pendant le temps du risque, et Émérigon constate que la question fut jugée en ce sens par deux arrêts du Parlement d'Aix de 1747 (Émérigon, *Ass.*, ch. XIV, sect. IV, § 7).

(1) Article maintenu sans changement par le projet de 1867.

Mais ces arrêts furent cassés par le Conseil en 1749. Valin, examinant la question sur l'article 58 de l'Ordonnance, dit « que « dans le doute, le vaisseau est censé péri du jour qu'il a dis- « paru, ou des dernières nouvelles qu'on en a eues, à l'exemple « de l'absent qui est réputé mort du jour de son absence. » Pothier et Émérigon adhérèrent à cette solution qui a été ex- pressément consacrée par le Code.

La perte étant présumée remonter au jour des dernières nou- velles, il s'ensuit que la prime cesse d'être gagnée à ce moment (Trib. de Bordeaux, 22 janv. 1857, J. M., 36. 2. 52).

Mais de ce que la perte est présumée remonter aux dernières nouvelles, il ne s'ensuit pas que l'assurance faite *postérieure- ment aux dernières nouvelles,* doive être déclarée nulle comme faite après la perte, alors que l'assuré a été déclaré de bonne foi (V. n° 1703).

1814. — Dans le cas d'assurances successives, le défaut de nouvelles fait naître une question.

Je suppose qu'au moment du départ il y ait une assurance en cours, et que postérieurement à l'expiration de la première assurance, le propriétaire du navire stipule une autre assu- rance. Le navire disparaît corps et biens sans qu'on ait eu aucune nouvelle depuis le départ. Qui sera responsable, le premier assureur ou le second? Émérigon décide que ce sera le premier assureur, la perte étant présumée remonter au jour des der- nières nouvelles (V. n° 1813). Le Code italien de 1882 dispose expressément (art. 633) que s'il y a plusieurs *assurances suc- cessives,* la perte sera présumée être arrivée *le lendemain* du jour auquel se rapportent les dernières nouvelles.

C'est aussi la règle qu'on admet chez nous en général. Mais comme nous ne sommes pas ici liés par un texte, la jurispru- dence n'applique pas toujours cette présomption d'une manière absolue entre les assureurs. Ainsi le navire était parti par un beau temps, la première assurance n'ayant plus qu'un jour à courir. Quelques jours après un ouragan terrible a éclaté dans les parages que devait traverser le navire qui n'a pas reparu depuis. Le tribunal de Nantes a décidé dans ces circons- tances que la perte était à la charge de la seconde assurance qui avait commencé à l'expiration de la première (10 sept. 1864, J. N., 64. 1. 218). — J'approuve cette décision. Il ne faut pas oublier que les présomptions de l'article 375 ont été édictées surtout pour déroger à l'article 383, et dans l'intérêt de l'assuré qui se trouve dans l'impossibilité de prouver la perte (V. n° 1804).

<center>~~~~~~~~~~~~~~~~~~~~~~~~</center>

ART. 377.

Ainsi modifié : L. du 14 juin 1854.

Sont réputés voyages de long-cours ceux qui se font au delà des limites ci-après déterminées : — Au sud, le 30e degré de latitude nord; — au nord, le 72e degré de latitude nord; — à l'ouest, le 15e degré de longitude du méridien de Paris; — à l'est, le 44e degré de longitude du méridien de Paris (1).

SOMMAIRE.

1815° — Distinction du long-cours et du cabotage.
1816° — Limites du long-cours.
1817° — Question pour les voyages à l'étranger.
1818° — Code allemand. — Polices.

1815. — D'après l'article 375 le défaut de nouvelles doit, pour le délaissement, se prolonger pendant un temps plus ou moins long, suivant qu'il s'agit ou non d'un voyage de *long-*

—————

(1) *Ord. de* 1681 (liv. III, tit. VI). Art. 59. — Les voyages de France en Moscovie, Groënland, Canada, aux bancs et îles de Terre-Neuve, et autres côtes et îles de l'Amérique, au cap Vert, côtes de Guinée, et tous autres qui se feront au delà du tropique, seront réputés voyages de long-cours.

Ord. du 18 *octobre* 1740. Art. 1er. — Seront réputés voyages de long-cours, ceux aux Indes tant orientales qu'occidentales, en Canada, Terre-Neuve, Groënland et îles de l'Amérique méridionale et septentrionale, aux Açores, Canaries, Madère, et en toutes les côtes et pays situés sur l'Océan au delà des détroits de Gibraltar et du Sund, et ce, conformément au règlement du 20 août 1673. = Ancien article 377. — Sont réputés voyages de long-cours ceux qui se font aux Indes orientales et occidentales, à la mer Pacifique, au Canada, à Terre-Neuve, au Groënland, et autres côtes et îles de l'Amérique méridionale et septentrionale, aux Açores, Canaries, à Madère, et dans toutes les côtes et pays situés sur l'Océan au delà des détroits de Gibraltar et du Sund.

cours. Il fallait donc définir le voyage de long-cours. Mais la disposition de l'article 377 ne s'applique pas seulement au point de vue du délaissement. Elle fait règle dans tous les cas où il s'agit de distinguer le long-cours des autres navigations.

Nous avons vu (tom. I, p. 43) qu'il y a plusieurs sortes de navigations, et qu'on distingue notamment le *long-cours* du *cabotage* qu'on a lui-même subdivisé en *grand* et *petit* cabotage (V. tom. I, n° 392).

La navigation de long-cours est soumise à des règles particulières au point de vue du commandement (V. t. I, p. 44), de la visite (V. art. 225). Elle jouit aussi de faveurs spéciales. La loi du 29 janvier 1881 qui a créé les primes de navigation ne les a accordées qu'à la navigation au long-cours (V. tom. I, p. 69). A ces divers points de vue la définition de l'article 377 a une grande importance.

1816. — En Angleterre, d'après l'*act* de 1854 sur la marine marchande, on considère comme naviguant au cabotage (*home trade ships*) tous les navires anglais qui ne font que naviguer entre les ports du Royaume-Uni, ou entre ces ports et les îles qui en dépendent, Jersey et Guernesey, Sark, Alderney et Man, ou qui ne dépassent pas l'embouchure de l'Elbe et Brest, inclusivement. Au delà de ces limites, les navires sont considérés comme voyageant au long-cours (*foreign-going ships*).

Chez nous, les limites du long-cours et du cabotage ont beaucoup varié. Un règlement du 29 août 1673 déclara voyages de long-cours ceux aux Indes tant orientales qu'occidentales, au Canada, Terre-Neuve, Groënland et îles de l'Amérique méridionale et septentrionale, aux Açores, Canaries, Madère, et en toutes les côtes et pays situés sur l'Océan, au delà des détroits de Gibraltar et du Sund.

L'Ordonnance de 1681 donna une définition nouvelle, mais moins nette; aussi plus tard une Ordonnance du 18 octobre 1740 revint à la définition du règlement de 1673. Le Code de commerce adopta lui-même les règles posées par le règlement de 1673 et l'Ordonnance de 1740. Mais le Code sur ce point a été modifié par une loi des 14-20 juin 1854 qui est l'article 377 actuel. Cette loi a eu principalement pour but d'ouvrir au cabotage divers ports du Maroc qui, étant situés sur l'Océan au delà du détroit de Gibraltar, étaient, d'après l'ancien article 377, fermés à nos caboteurs.

Afin d'être plus précis, le législateur a indiqué des limites tracées par les degrés de longitude et de latitude, limites qui seront toujours parfaitement comprises des marins [1].

1817. — Ce système toutefois malgré sa précision mathématique peut soulever des difficultés. Il ne se rapporte qu'aux voyages de France à l'étranger ou réciproquement. Que décider lorsqu'il s'agit d'un voyage entre deux ports étrangers? M. Laurin (*Ass.*, II, p. 145) pense que dans cette hypothèse il faut s'inspirer de la loi plutôt que de se tenir aux termes stricts de sa disposition, et qu'on devra réputer voyages de long-cours, seulement ceux qui supposent entre les deux points de départ et d'arrivée une distance correspondante à celle indiquée par le législateur. — Quant à moi, je ferais une distinction. L'article 377 trace les limites au nord, sud, est et ouest. Je n'irai pas jusqu'à dire que toute navigation faite en dehors de ces limites sera une navigation de long-cours; car il y a un cabotage à l'étranger ou aux colonies comme il y en a en France (tom. I, p. 43). Mais toutes les fois que l'assurance a été faite en France et que la navigation a lieu en dehors de l'une des limites fixées par l'article 377, je crois qu'on doit appliquer au point de vue du défaut de nouvelles, les délais fixés pour le long-cours.

1818. — Le Code allemand à cet égard, écarte toute difficulté en fixant les délais d'après les lieux de départ et de destination. D'après l'article 866, *le délai de disparition* est de six mois pour les navires à voiles, et quatre mois pour les navires à vapeur quand le port de départ et celui de destination sont tous deux situés en Europe; — de neuf mois pour navires à voiles et à vapeur, lorsque le port de départ ou le port de desti-

---

(1) Le projet de 1867 avait voulu maintenir les mêmes limites en changeant toutefois une expression. Le projet portait *au Sud : 30° degré de latitude Sud* au lieu de : *latitude Nord*. La rédaction de l'article 377 est plus exacte. Les rédacteurs du projet de 1867 ont perdu de vue que tous les degrés au nord de l'Equateur font partie de la latitude Nord. La même erreur se trouve dans la loi belge de 1879 qui, ici encore, a copié notre projet de 1867.

nation seul est situé hors d'Europe et que le port situé hors d'Europe est en deçà du cap de Bonne-Espérance et du cap Horn; s'il est situé au delà, le délai est de douze mois pour les navires à voiles ou à vapeur. — Enfin, quand le port de départ et de destination sont tous deux hors d'Europe, le délai est de six, neuf ou douze mois, suivant que la durée moyenne du voyage n'excède pas deux ou trois mois ou dépasse trois mois.

Ces délais ont au reste été un peu modifiés par la police de Brême de 1875 (art. 64).

Notre police de Paris porte : « Le délaissement pour défaut de nouvelles peut être fait après six mois pour *tous voyages* de cabotage, après huit mois pour *tous voyages* de long-cours en deçà des caps Horn et de Bonne-Espérance, après douze mois pour *tous voyages* au delà desdits caps (V. n° 1804).

Art. 378.

L'assuré peut, par la signification mentionnée en l'article 374, ou faire le délaissement avec sommation à l'assureur de payer la somme assurée dans le délai fixé par le contrat, ou se réserver de faire le délaissement dans les délais fixés par la loi (1).

SOMMAIRE.

1819. — L'article 373 impose à l'assuré l'obligation de faire le délaissement dans un certain délai, à partir de la réception de la nouvelle. Il est tenu, dans ce délai, de prendre parti. Mais il va de soi que l'assuré peut faire le délaissement avant l'expiration de ce délai, qu'il le peut même en signifiant la nouvelle par lui reçue (V. art. 374). On verra plus loin que l'assureur est tenu de payer dans les trois mois, *après la signi-*

---

(1) *Ord. de* 1681 (liv. III, tit. vi). Art. 43. — Pourra néanmoins l'assuré, au lieu de protestation, faire en même temps son délaissement, avec sommation aux assureurs de payer les sommes assurées dans le temps porté par la police.

fication du délaissement (art. 382). L'assuré a donc intérêt à signifier le plus tôt possible le délaissement pour faire courir les délais du paiement, et lorsqu'il se trouvera suffisamment éclairé par la nouvelle reçue, il fera bien en la signifiant de signifier aussi le délaissement. S'il n'est pas suffisamment renseigné, il se bornera à réserver ses droits. Voilà ce qu'a voulu dire l'article 378.

En somme, cet article est assez inutile. Peut-être a-t-on voulu aller au devant d'un doute. En délaissant immédiatement, l'assuré pourrait-il avancer le moment où soit d'après la loi (art. 382), soit d'après le contrat, les assureurs doivent lui payer la somme assurée? Cela ne pouvait faire difficulté, car le point de départ du délai donné aux assureurs pour payer est le délaissement à faire par l'assuré, plus tôt ou plus tard à son gré. Aussi le projet de 1867 avait-il supprimé l'article 378 comme inutile.

1820. — La loi n'a pas tracé de formes particulières pour le délaissement. Émérigon (*Ass.*, ch. XIX, sect. xi) constate que de son temps, en faisant l'abandon, on assignait l'assureur *à comparaître, après que le terme du contrat sera échu, pour être condamné au paiement des sommes assurées.* Émérigon ajoute avec raison que cette assignation anticipée était *un monstre* dans l'ordre judiciaire. Aussi l'article 378 s'est-il borné à dire qu'on fait le délaissement *avec sommation à l'assureur de payer la somme assurée dans le délai fixé par le contrat.*

Une sommation même n'est pas toujours nécessaire. L'assuré se borne à déclarer par écrit qu'il fait le délaissement, en y joignant ou non les justifications prescrites (Comp. n°ˢ 1831, 1854). Si le délaissement est accepté, l'assuré se trouve par là même obligé au paiement de la somme assurée (V. art. 385). S'il ne l'est pas, l'assuré assigne son assureur en validité du délaissement. Il arrive quelquefois que l'assuré qui a d'abord intenté une action d'avaries se décide ensuite à faire le délaissement. Il peut alors faire sa déclaration dans les conclusions : on peut, sous ce rapport, appliquer au délaissement ce que nous avons dit de l'*abandon,* à propos de l'article 216 (V. n° 273 et expl. de l'art. 409).

Le délaissement peut se faire par un mandataire pourvu que

le mandat soit non équivoque (Cass., 15 mai 1854, Dall., 55. 1.
162).

1821. — Le Code allemand n'a soumis à aucune forme
spéciale la déclaration de délaissement. L'ancien Code prussien
voulait que la déclaration fût faite devant, soit un tribunal, un
notaire, ou un courtier assermenté. Mais on ne trouve aucune
disposition semblable dans le nouveau Code allemand. Lewis
dit que la déclaration d'abandon peut être verbale ou écrite,
mais qu'habituellement elle se fait comme presque partout,
par écrit (Lewis, *Das deutsche Seerecht*, II, p. 340). — En Angleterre, il n'y a également aucune forme spéciale pour la déclaration d'abandon qui peut même être faite verbalement. — Il en
est de même aux États-Unis, il suffit d'indiquer aux assureurs
les causes de l'abandon. Mais il a été jugé, par certaines Cours
des États-Unis, que l'assuré qui, dans sa déclaration, indiquait
une cause d'abandon, ne pouvait ensuite en indiquer une autre
(V. n° 1792). Cette distinction n'a jamais été admise en Angleterre (Arnould, édit. de 1877, II, p. 918).

<center>~~~~~~~~~~~~~~~~~~~~~~~~~~~~~~~~~~~</center>

ART. 379.

**L'assuré est tenu, en faisant le délaissement, de déclarer toutes
les assurances qu'il a faites ou fait faire, même celles qu'il a
ordonnées, et l'argent qu'il a pris à la grosse, soit sur le navire,
soit sur les marchandises, faute de quoi, le délai du paiement,
qui doit commencer à courir du jour du délaissement, sera suspendu jusqu'au jour où il fera notifier ladite déclaration, sans
qu'il en résulte aucune prorogation, du délai établi pour former
l'action en délaissement (1).**

(1) *Ord. de* 1681 (liv. III, tit. ʋɪ). Art. 53. — L'assuré sera tenu, en faisant son délaissement, de déclarer toutes les assurances qu'il aura fait faire,
et l'argent qu'il aura pris à la grosse sur les effets assurés, à peine d'être
privé de l'effet des assurances.

Projet de 1867. Art. 382. — « L'assuré est tenu, en faisant le délaissement, de déclarer toutes les assurances qu'il a faites ou fait faire sur les
choses assurées, même celles qu'il a ordonnées et qui, à sa connaissance,
auraient été faites par d'autres sur les mêmes choses, faute de quoi, le délai
de paiement qui doit commencer à courir du jour du délaissement, sera suspendu jusqu'au jour où il fera notifier ladite déclaration, sans qu'il en résulte
aucune prorogation du délai établi pour former l'action en délaissement. »

SOMMAIRE.

1822. — On a vu plus haut que les sommes assurées ou empruntées à la grosse sur un navire, sur des marchandises, ne peuvent ensemble dépasser la valeur de ce navire, de ces marchandises, et que l'assurance ou l'emprunt sont nuls pour l'excédant (art. 357, 359). — Mais comment un assureur saura-t-il si avant son contrat il n'avait pas déjà été fait des assurances ou des emprunts qui l'annulent? Il le saura par la déclaration que la loi oblige l'assuré à faire en délaissant. L'assuré doit à ce moment déclarer toutes les assurances qu'il a faites, et tout l'argent qu'il a pris à la grosse (V. n°ˢ 1030-1497-1674).

1823. — La loi veut qu'il déclare tous les contrats de ce genre faits par lui, non-seulement *avant* l'assurance dont il s'agit, mais encore *depuis* cette assurance : elle ne fait à cet égard aucune distinction. Nous avons vu en effet (n° 1669) que des assurances, même faisant double emploi, ne sont pas nulles *ab initio*. Les assurances postérieures servent d'ailleurs à renseigner l'assureur sur la valeur de la chose, et peuvent, en certains cas, éveiller ses défiances (V. n° 1663).

1824. — Ce ne sont pas seulement les contrats faits par lui-même que l'assuré doit déclarer : ce sont aussi ceux qu'il a fait faire, ceux même qui, sans ordre spécial, ont été faits pour son compte et sont venus à sa connaissance (V. n°ˢ 1346, 1667).

La loi va jusqu'à enjoindre à l'assuré de déclarer les *ordres* d'assurances qu'il a donnés, quoiqu'il ne sache pas encore s'ils ont été exécutés.

Si l'assureur est actionné par un commissionnaire, par un tiers-porteur du connaissement, ceux-ci sont tenus de déclarer toutes les assurances faites par le commettant ou les endosseurs (V. n° 1365).

1825. — Mais l'assuré n'a à déclarer que les assurances faites ou l'argent pris à la grosse sur la chose assurée. Quant aux contrats de ce genre qui portent sur d'autres effets faisant l'objet d'assurances distinctes, il n'a point à en parler en général.

Ceci toutefois demande quelques explications. Il est certain que quand sur un même navire je fais assurer d'une part des sucres, d'autre part des cafés, je n'ai pas à déclarer à l'assureur des sucres l'assurance des cafés. Il en serait de même si j'avais fait faire sur une même marchandise deux assurances s'appliquant à des numéros distincts — n°⁵ 1 à 20 — n°⁵ 21 à 40. L'assureur des colis 1 à 20 n'a pas à s'occuper de l'assurance des autres colis (V. n° 1393). — Mais si je faisais assurer d'un côté un certain nombre de colis, — de l'autre l'ensemble de la marchandise, ou s'il y avait eu d'un côté une assurance spéciale, de l'autre une assurance générale *in quo vis,* les deux assurances se confondant devraient être déclarées à chacun des assureurs (V. n° 1664).

Quand je fais assurer à part le navire et les frais d'armement, dois-je déclarer ces assurances à chacun des assureurs? Il y aura encore ici à voir si les assurances ne se cumulent pas. D'après notre police de Paris sur corps, l'assurance du navire est réputée comprendre celle des frais d'armement (V. n°⁵ 1372-1373). Aussi la police oblige-t-elle à déclarer à l'assureur du navire l'assurance faite à part pour les frais d'armement (art. 5-22).

1826. — L'assurance du fret doit-elle être déclarée à l'assureur du navire? On peut dire que le fret est distinct du navire, que l'assurance du fret n'étant pas encore reconnue par la loi ne peut donner lieu qu'à une police d'honneur (V. n° 1510), que l'assureur du navire n'en a pas moins droit au délaissement du fret (art. 386). — Néanmoins, je crois que l'assurance du fret doit être déclarée à l'assureur du navire. La Cour de cassation, dans un arrêt du 13 juillet 1852 (Dall., 52. 1. 278), a décidé que l'armateur qui, après avoir fait assurer le navire, stipule une assurance sur le fret, doit le déclarer à l'assureur du navire sous peine de nullité pour cause de *réticence*. Je crois que dans l'espèce jugée il ne pouvait, à proprement parler, être question de réticence, ainsi que je l'ai expliqué en commentant l'article 348 (V. n° 1522). Mais si l'article 348 n'est pas applicable, j'admets qu'on devrait au moins, par application de l'article 379, déclarer l'assurance du fret qui intéresse toujours l'assureur du navire, et peut éveiller ses défiances. La police de Paris en fait une obligation formelle (art. 5 et 22).

Par la même raison, je pense qu'on devrait également déclarer à l'assureur des facultés l'assurance du profit qui aurait pu être stipulée à part (V. n°s 1514, 1896).

1827. — Quand il n'y a pas d'autres assurances, l'assuré ne doit-il pas au moins faire une déclaration négative? La Cour de cassation a jugé, en 1808, que cette déclaration n'ayant pas été prescrite par la loi, n'est pas nécessaire (V. Dall., v° *Droit marit.*, n° 2176). Je crois, au contraire, que cette déclaration est toujours nécessaire afin que l'assureur sache au moins que les délais du paiement ont commencé à courir (V. n°s 1829, 1862).

1828. — L'article 279 paraît supposer que la déclaration des assurances sera *notifiée*. Mais, ainsi que nous l'avons déjà dit pour la déclaration du délaissement (V. n° 1820), il n'y a pas ici de formes déterminées. Il suffit qu'on puisse prouver la déclaration d'une manière certaine.

1829. — Quelle est la sanction de l'obligation imposée à l'assuré de déclarer toutes les assurances? L'Ordonnance exigeait la déclaration, *à peine d'être privé des effets des assurances*. Mais Valin, corrigeant ici l'Ordonnance, disait : « Tout ce qui « peut résulter de cette omission, c'est que son délaissement « ne vaudra que du jour qu'il aura fait sa déclaration dans la « suite, et que ce ne sera que de ce jour-là, par conséquent, « que courra le délai après lequel les assureurs sont tenus de « payer. » L'article 379 a reproduit cette décision de Valin. Tant que l'assuré n'a pas fait de déclaration, le délai fixé pour le paiement de la somme assurée, par la loi ou la police (art. 382), est *suspendu*. C'est précisément pour cela qu'il faut, comme je l'ai dit (n° 1827), une déclaration au moins négative, afin que l'assureur sache que le délai a commencé à courir.

1830. — Après avoir dit que faute de déclaration le délai du paiement est suspendu, l'article 379 ajoute « qu'il n'en ré-« sulte aucune prorogation du délai établi pour former l'action « en délaissement. » Qu'est-ce que cela signifie? Nous avons vu que l'action en délaissement doit être intentée dans un certain délai à partir de la réception de la nouvelle de la perte (art. 373-431). Émérigon soutint (*Ass.*, ch. XIX, sect. xi) que l'action en délaissement ne pouvait être intentée qu'autant que le délai pour le paiement était échu, et que jusque-là la prescription de l'action en délaissement était suspendue (V. n° 1789). C'est cette doctrine qu'ont voulu répudier les rédacteurs du Code. Ainsi que je l'ai déjà dit, quel que soit le délai fixé pour le paiement, l'action en délaissement doit être intentée dans les délais fixés par l'article 373, sauf à n'exiger le paiement qu'au terme indiqué (V. n° 1789). A plus forte raison ne pouvait-il être question de retarder la prescription de l'action en délaissement en retardant le paiement, faute de la déclaration exigée par l'article 379.

1831. — Il n'est pas indispensable que la déclaration des assurances dont parle l'article 379 soit faite elle-même dans le délai fixé par l'article 373 pour l'exercice de l'action en dé-laissement. Si Valin dit que *le délaissement ne vaut* que du jour de la déclaration, c'est seulement en tant qu'il s'agit de faire courir le délai du paiement. L'article 379 doit être interprété dans le même sens. Il ne fixe pour la déclaration aucun terme fatal. Seulement l'assuré est averti que jusqu'à la déclaration dont parle l'article 379, les délais accordés pour le paiement de la somme assurée ne courent pas contre l'assureur (V. n° 1854).

1832. — Lorsqu'il y a eu une déclaration, mais qu'elle a été frauduleuse, l'assuré est privé du bénéfice de l'assurance (art. 380) : que décider lorsque la déclaration est simplement inexacte ou incomplète? M. Émile Cauvet (II, n° 436) pense que tant que la déclaration n'a pas été complète, c'est comme s'il n'y avait pas eu de déclaration et que par conséquent le

délai du paiement ne court en ce cas que du jour qu'elle a été rectifiée. — Je ne puis partager ici l'opinion de M. Cauvet. Quand il y a eu une déclaration sincère, quoique erronée, le délai du paiement court, sauf pour l'assureur le droit de faire annuler en tout ou en partie son engagement si la chose était déjà couverte par des assurances antérieures. Valin ne lui reconnaissait que ce droit hors le cas de fraude. « Si, dit-il, par cette décla-
« ration l'assuré se trouve effectivement avoir fait assurer et
« avoir pris à la grosse au delà de son intérêt dans le navire
« ou dans les marchandises, et que cela se soit fait sans fraude,
« ce sera le cas des articles 23 et 24 ci-dessus (auj. art. 358-
« 359), et s'il y a fraude la peine, à cet égard, est fixée par
« l'article 22 aussi ci-dessus » (V. art. 357).

1833. — Le projet de 1867 avait maintenu l'article 379 en supprimant seulement ce qui avait trait à l'emprunt à la grosse. Cette suppression ne s'expliquait pas bien ; il est vrai que le projet n'admettait d'autre emprunt à la grosse que celui fait par le capitaine en cours de voyage (V. tom. III, p. 13), mais l'assureur a intérêt à connaître même les emprunts faits par le capitaine en cours de voyage (V. n° 1674).

Le Code italien de 1882 (art. 638) n'a fait que reproduire au point de vue des déclarations, nos articles 379 et 380.

Le Code allemand (art. 873) exige que l'assuré déclare non-seulement les assurances et prêts à la grosse, mais encore les autres charges (*Belastungen*) qui peuvent peser sur la chose assurée [1].

Chez nous, depuis la loi du 10 décembre 1874 sur l'hypothèque maritime, qui porte que l'hypothèque vaut opposition au paiement de l'assurance (art. 17), les assureurs sur

____

[1] C. all., art. 873... « L'assuré est tenu lors de la déclaration du délais-
« sement, de faire connaître à l'assureur, *en tant que cela lui est possible*,
« si la chose assurée a été l'objet d'autres assurances, et de quelles assu-
« rances, si elle a été affectée à des prêts à la grosse ou *à d'autres charges*,
« et quels sont ces prêts ou ces charges. A défaut de ces indications, l'as-
« sureur peut refuser le paiement de la somme assurée, jusqu'à ce qu'elles
« aient été fournies postérieurement : si un délai a été fixé pour le paic-
« ment, il ne court que du jour où ces indications ont été données à l'assu-
« reur. »

corps exigent que les pièces justificatives soient accompagnées d'un certificat de la douane constatant l'état hypothécaire du navire (V. n°⁵ 1254, 1872).

1834. — Quoique l'article 379 ne prescrive la déclaration des assurances qu'à propos du *délaissement,* il n'y a aucune raison pour ne pas l'exiger également au cas où l'assuré exerce l'action d'avaries, l'assureur ayant toujours intérêt à savoir si c'est lui qui doit répondre des avaries (V. art. 359). La déclaration des assurances me paraît devoir figurer au nombre des *pièces justificatives* que l'assureur a toujours le droit d'exiger (V. n° 1862).

Art. 380.

En cas de déclaration frauduleuse, l'assuré est privé des effets de l'assurance; il est tenu de payer les sommes empruntées, nonobstant la perte ou la prise du navire (1).

SOMMAIRE.

1835° — Conséquences de la déclaration frauduleuse.
1836° — Ce qu'il faut entendre par déclaration frauduleuse.
1837° — A qui incombe la preuve.
1838° — Disposition relative au prêt à la grosse.

1835. — C'eût été peu d'exiger la déclaration prescrite par l'article 379, si elle pouvait impunément n'être pas sincère. Notre article a pour but de réprimer sévèrement la fraude qui serait commise. Mais comment la réprime-t-il? Quelle est au juste la sanction qu'il édicte?

(1) *Ord. de* 1681 (liv. III, tit. vi). Art. 54. — Si l'assuré a recélé des assurances ou des contrats à la grosse, et qu'avec celles qu'il aura déclarées, elles excèdent la valeur des effets assurés, il sera privé de l'effet des assurances, et tenu de payer les sommes empruntées, nonobstant la perte ou prise du vaisseau. = Art. 55. — Et s'il poursuit le paiement des sommes assurées au delà de la valeur de ses effets, il sera en outre puni exemplairement.

Projet de 1867. Art. 383. — En cas de déclaration frauduleuse, l'assuré est privé des effets de l'assurance.

L'Ordonnance s'exprimait à cet égard d'une façon très défectueuse. A prendre ses termes à la lettre, on aurait pu croire que la nullité qu'elle prononçait, c'était celle des assurances ou contrats à la grosse qui auraient été célés. Il eût été absurde évidemment de déclarer nulles des assurances ou des prêts à la grosse uniquement parce qu'ils n'auraient pas été déclarés à un autre assureur. Je ne puis croire que tel ait été le sens de l'Ordonnance, quoique Valin dans son commentaire de l'article 54 s'exprime d'une façon peu précise. En tout cas, le texte de l'article 380 ne laisse pas place au douté. L'article 380 dit qu'en cas de déclaration frauduleuse l'assuré est privé des effets *de l'assurance*, c'est-à-dire simplement de l'assurance contractée par l'assureur auquel a été faite la fausse déclaration.

Si avant cette assurance, il y avait eu des assurances ou des prêts à la grosse couvrant déjà la valeur entière de la chose, il est certain que cette assurance serait chez nous nulle de droit (art. 359). Mais l'article 380 va plus loin. Il prononce la nullité de l'assurance alors même que les assurances non déclarées ne couvraient pas la valeur de la chose. Prenons un exemple. — J'ai un chargement de 100,000 fr. Je stipule d'abord une assurance de 50,000 fr., puis j'emprunte sur les marchandises 20,000 fr. Je ne puis plus faire assurer que 30,000 fr. Mais de très bonne foi, m'exagérant la valeur des marchandises, je fais encore assurer 40,000 fr. Le chargement périt et frauduleusement j'omets de déclarer l'emprunt à la grosse de 20,000 francs. Le dernier assureur qui, si la déclaration avait été sincère, aurait été tenu pour 30,000 fr., ne sera tenu à rien.

Non-seulement l'assureur n'est tenu à rien, mais il aura le droit de réclamer sa prime comme dans tous les cas de fraude de la part de l'assuré (V. n° 1532 et art. 348-357).

1836. — Que faut-il entendre au juste par *déclaration frauduleuse?* L'Ordonnance ne privait l'assuré des bénéfices de l'assurance qu'autant que les assurances célées *excédaient* avec celles déclarées la valeur des effets assurés. Le Code n'ayant pas reproduit cette disposition, et s'étant borné à parler de déclaration frauduleuse, Locré a soutenu qu'on n'avait pas à examiner si les assurances célées excédaient ou non la valeur

des effets assurés, que l'intention de tromper l'assureur suffi-
sait. Ainsi, en fait, les assurances n'excèdent pas la valeur des
effets assurés, mais, l'assuré se trompant dans ses calculs, croit
qu'elles l'excèdent, il s'abstient par suite de faire une déclaration complète; M. Locré soutient qu'il sera, par cela seul, privé
des effets de l'assurance. — Je ne crois pas qu'il faille interpréter en ce sens les mots *déclaration frauduleuse*. La loi ne punit
pas, en général, les simples fautes de conscience, mais seulement celles qui causent un préjudice.

1837. — En principe, c'est à l'assureur qui se prétend
libéré par suite de la déclaration frauduleuse à prouver la
fraude (art. 1315 C. Civ.). Mais quand une fois une omission
dans la déclaration aura été prouvée, la présomption sera contre
l'assuré. Ce sera à lui à prouver que l'omission a été faite sans
intention, ou parce que la déclaration omise avait été jugée
inutile.

1838. — L'article 380, après avoir prononcé la nullité de
l'assurance, ajoute que l'assuré *est tenu de payer les sommes
empruntées, nonobstant la perte ou la prise du navire.*

Que signifie cette dernière disposition? La loi a-t-elle voulu
dire que si l'assuré a omis de déclarer un emprunt à la grosse,
il en perdra le bénéfice, mais cela serait absurde, ainsi que je
l'ai déjà fait remarquer (V. n° 1835). L'article 380 signifie-t-il
qu'on devra faire une déclaration vis-à-vis du prêteur comme
vis-à-vis de l'assureur? — Mais il ne peut être question vis-à-
vis du prêteur de la déclaration dont parle l'article 379, car on
n'a pas de paiement à lui demander. — Les derniers mots de
notre article ne peuvent avoir qu'un sens, c'est que le prêt
fait sur une chose dont la valeur est déjà couverte, est nul.
Mais alors cette disposition n'a pas sa place dans l'article 380
et paraît d'ailleurs trop absolue (V. n° 1030). Aussi les derniers
mots de l'article 380 avaient-ils été supprimés dans le projet
de 1867.

ART. 381.

En cas de naufrage ou d'échouement avec bris, l'assuré doit, sans préjudice du délaissement à faire en temps et lieu, travailler au recouvrement des effets naufragés. — Sur son affirmation, les frais de recouvrement lui sont alloués jusqu'à concurrence de la valeur des effets recouvrés (1).

SOMMAIRE.

1839° — L'assuré est tenu de travailler au sauvetage.
1840° — Sanction de cette obligation.
1841° — Le sauvetage ne compromet pas le droit au délaissement.
1842° — Remboursement à l'assuré des frais de sauvetage.
1843° — L'assureur n'en est tenu que jusqu'à concurrence des effets recouvrés.
   — Droit comparé.
1844° — L'assureur est tenu indéfiniment s'il a donné mandat.
1845° — Clause anglaise *Sue and labour*. Polices françaises.
1846° — Sauvetage après délaissement.
1847° — L'assuré est remboursé sur son affirmation.
1848° — L'assureur peut-il être obligé de faire l'avance des frais de sauvetage?
1849° — L'assuré peut réclamer les intérêts. — A-t-il droit à une commission?
1850° — Droit d'intervention des assureurs.
1851° — L'assuré doit toujours l'assistance.
1852° — Privilège des frais de sauvetage.

1839. — Le règlement général de 1866 porte (art. 23) qu'en cas de naufrage, les syndics des gens de mer se transportent sans délai sur les lieux, et prennent jusqu'à l'arrivée du commissaire les dispositions qu'exigent le salut des hommes, la conservation de la cargaison et le sauvetage du bâtiment. Mais l'autorité maritime n'intervient dans le sauvetage qu'à défaut

(1) *Ord. de* 1681 (liv. III, tit. VI). Art. 45. — En cas de naufrage ou échouement, l'assuré pourra travailler au recouvrement des effets naufragés, sans préjudice du délaissement qu'il pourra faire en temps et lieu, et du remboursement de ses frais, dont il sera cru sur son affirmation, jusqu'à concurrence de la valeur des effets recouvrés.

Projet de 1867. Art. 384. — En cas de naufrage, l'assuré doit, sans préjudice du délaissement à faire en temps et lieu, travailler au recouvrement des choses naufragées. Sur son affirmation, les frais de recouvrement lui sont alloués jusqu'à concurrence de la valeur des choses recouvrées. *Pourront, de leur côté, les assureurs, ou de concert avec les assurés ou séparément, faire toutes démarches à mêmes fins.*

des intéressés (Ordonnance de 1681, liv. IV, tit. ix, art. 17; arrêté du 17 floréal an IX, art. 2; règlement du 17 juillet 1816, art. 24). — L'article 241 fait une obligation au capitaine de travailler au sauvetage. La même obligation incombe à l'assuré vis-à-vis de l'assureur. L'Ordonnance se bornait à dire : *l'assuré pourra travailler*. Mais Valin faisait remarquer que l'assuré *le doit en rigueur,* quand il le peut. Les rédacteurs du Code ont voulu consacrer cette obligation.

Elle n'existe pas seulement en cas de *naufrage,* à proprement parler (V. art. 388). Dans tous les cas de *sinistre,* comme le dit le Code italien de 1882, l'assuré doit veiller à la conservation des choses assurées (1). Il le doit, *même après la déclaration de délaissement,* comme le dit expressément le Code allemand (art. 874).

1840. — Quelle est la sanction de l'obligation imposée à l'assuré de travailler au sauvetage? L'assuré qui, sous ce rapport, ne se sera pas conformé à ses obligations, n'en pourra pas moins exercer ses droits contre l'assureur et lui faire le délaissement. Mais l'assureur pourra le rendre responsable de tout le préjudice qui lui aura été causé. — Telle est la véritable sanction de l'article 381 (Req., 5 janv. 1870, Dall., 72. 1. 35).

1841. — L'article 381 prend soin de dire que l'assuré peut travailler au sauvetage sans compromettre ses droits au délaissement. Pourquoi cette disposition? « On avait douté, dit Émé-« rigon (ch. XVI, sect. vii), si l'assuré en recouvrant les effets « sauvés préjudiciait à ses droits contre les assureurs. » Ce doute a été écarté par l'Ordonnance et par le Code. Nous avons vu (n° 1792) que le délaissement n'est plus recevable de la part de l'assuré lorsqu'il a disposé en maître de la chose assurée ou

(1) Code italien. Art. 629. — « Dans le cas d'un sinistre quelconque, le « capitaine et l'assuré ou son préposé doivent donner leurs soins pour le re-« couvrement et la conservation des choses assurées sans préjudice de leurs « droits envers les assureurs. Les dépenses seront remboursées jusqu'à con-« currence de la valeur des effets recouvrés. — Les assureurs, ou leurs « agents ou préposés pourront, d'accord avec le capitaine, et l'assuré, ou « séparément, pourvoir au recouvrement des choses assurées et à leur con-« servation sans préjudice d'aucun droit. »

s'est mis hors d'état de la transmettre à son assureur. L'assuré n'est pas davantage recevable dans son action d'avaries quand il a reçu la chose sans protestation (art. 435). Mais tout ceci suppose des faits *volontaires*. Le sauvetage a un tout autre caractère. C'est une obligation pour l'assuré, obligation qu'il remplit pour le compte de qui de droit, sauf à opter suivant les résultats du sauvetage entre le délaissement et l'action d'avaries. — Réciproquement l'assureur pourra procéder au sauvetage, sans qu'on puisse lui opposer d'avoir fait acte de propriété et d'avoir accepté le délaissement (V. nᵒˢ 1845 et 1850).

1842. — Quand l'assuré opte pour l'action d'avaries, les frais de sauvetage entrent comme *avaries-frais* dans le calcul des pertes qui sont à la charge des assureurs (V. nᵒ 1774).

Si l'assuré opte pour le délaissement, les frais de sauvetage sont réputés faits pour le compte des assureurs qui sont devenus propriétaires à partir du délaissement (V. art. 385).

Les frais de sauvetage sont privilégiés (V. tom. I, nᵒ 86), et, pour s'en rembourser, l'assuré a, en outre, un droit de rétention.

1843. — L'assureur, toutefois, qui ne doit jamais indemniser l'assuré que *jusqu'à concurrence de la somme assurée* (V. art. 393) n'est tenu en général des frais de sauvetage que *jusqu'à concurrence des effets recouvrés*. Il y a ici une dérogation aux règles du droit civil. L'assuré qui procède au sauvetage des effets délaissés agit comme gérant d'affaires. Or, d'après l'article 1375 du Code civil, le maître, dont l'affaire a été bien administrée doit rembourser au gérant toutes les dépenses *utiles* ou nécessaires qu'il a faites. Il suffit que la dépense *ait paru utile* au moment où elle a été faite pour qu'il y ait lieu au remboursement encore que l'événement ait mal tourné. Le Code de commerce en a décidé autrement vis-à-vis de l'assureur, et subordonne les droits de l'assuré au résultat obtenu. La loi n'a pas voulu qu'en cas de sinistre la situation de l'assureur pût être aggravée par des frais de sauvetage dont il n'a pas en réalité profité. Cette disposition édictée dans l'intérêt des assureurs pourra quelquefois se retourner contre eux, car il en résulte que les assurés se trouveront par là éloignés de tenter des opérations de sauvetage hasardeuses. Afin de sauvegarder tous les intérêts, la meilleure combinaison pour l'assuré sera de traiter à forfait, relativement au sauvetage, et c'est ce qui se fait souvent.

Le Code allemand, en obligeant l'assureur à rembourser les frais de sauvetage, n'y a pas mis pour condition que les frais ne dépasseront pas la valeur des effets sauvés [1]. Mais la police de Brême de 1875, contient cette clause (art. 65).

1844. — L'assureur, au reste, serait tenu indéfiniment des frais de sauvetage s'ils avaient été faits en vertu d'un mandat formel ou tacite de sa part. Valin, sur l'article 45 de l'Ordonnance, dit que « *si les assureurs ont donné un pouvoir spécial* « *de travailler au sauvement*, cela emporte de droit l'obliga- « tion de payer tous les frais sans égard à la valeur des effets. » — Émérigon veut un engagement plus formel et à cet égard il cite (ch. XVII, sect. VII) les clauses employées de son temps dans les polices. « Donnant chacun de nous pouvoir spécial à « vous assuré ou à votre commis, de travailler ou faire travail- « ler, *soit à notre profit ou perte,* à la salvation. Promettant en « tout événement de payer les frais et dépens à ce sujet, *soit* « *qu'il y ait un recouvrement ou non.* »

1845. — Les polices anglaises contiennent la clause sui- vante : « Et en cas de perte ou de tout sinistre, il sera permis « aux assurés, à leurs commissionnaires, employés et ayants- « cause d'exercer des poursuites, travailler et voyager (*sue* « *and labour, travel*) dans l'intérêt et pour la défense, la sauve- « garde et le recouvrement desdits navires, facultés et mar- « chandises, ou d'une partie quelconque d'iceux, sans préjudice « à la présente assurance, aux frais de quoi chacun de nous

---

(1) Code allemand. Art. 874. — « L'assuré est tenu même après la décla- « ration du délaissement de donner ses soins, soit pour sauver les objets « assurés, soit pour éviter de plus grands dommages, le tout conformément « à l'article 823, jusqu'à ce que l'assureur soit en état d'y pourvoir lui-même. « — Lorsque l'assuré apprend qu'on a retrouvé un objet considéré comme « perdu, il doit le déclarer de suite à l'assureur et lui prêter, s'il le demande, « l'assistance nécessaire pour recouvrer cet objet ou en obtenir la valeur. — « L'assureur doit rembourser les frais : il doit même, sur la demande de « l'assuré, lui faire des avances suffisantes (V. n° 1358). »

« assureurs contribuera suivant la proportion et quantité de la
« somme assurée. » Cette clause, connue sous le nom de *sue
and labour clause*, a précisément pour but d'ouvrir un recours
à l'assuré contre l'assureur pour toutes les dépenses et sacrifices
qu'il pourrait faire dans le but de prévenir une perte qui aurait
été à la charge des assureurs ou d'en mitiger les conséquences.
L'intervention de l'assuré ne compromet pas, en ce cas, son
droit au délaissement. Les dépenses faites par l'assuré en vertu
de cette clause sont toujours à la charge de l'assureur en dehors et en sus de l'assurance (*over and abow the insurance*). —
Elles sont supportées sous le nom de *charges particulières*
(*particular charges*) (Arnould, édit. Maclachlan de 1877,
p. 780).

Les polices actuellement en usage en France, ne contiennent
pas de clause semblable. Mais les polices reconnaissent à l'assuré et à l'assureur le droit de travailler au sauvetage, *tous
droits réciproquement réservés* (V. n° 1850).

1846. — En dehors de tout pouvoir spécial donné par les
assureurs, ceux-ci peuvent encore être personnellement tenus
des frais de sauvetage, quand le sauvetage n'a eu lieu qu'après
le délaissement et à la connaissance des assureurs. Il est alors
fait pour leur compte. C'est ce qui semble résulter des motifs
d'un arrêt de cassation du 25 novembre 1872 (Sirey, 73. 1. 203).

1847. — Les dépenses faites par l'assuré lui sont remboursées sur *son affirmation*. Le trouble qui accompagne souvent le
sauvetage, la précipitation qu'on est tenu d'y apporter ne permettent pas toujours à l'assuré de discuter les dépenses et de
les justifier régulièrement. On s'est adressé au premier venu :
ce sont des gratifications, des indemnités données de la main à
la main. Voilà pourquoi la loi a voulu qu'on s'en rapportât à la
déclaration de l'assuré.

Mais l'assureur aura toujours la ressource de déférer le serment, conformément aux articles 1358 et suivants du Code civil.
Le Code italien de 1865 exigeait que la déclaration de l'assuré
fût toujours faite sous serment (*dichiarazione jurata*). Le nouveau Code de 1882 n'a pas reproduit cette disposition (V.
suprà, n° 1839).

1848. — L'assuré qui a fait le délaissement peut-il obliger l'assureur à avancer les frais de sauvetage? Le Code allemand, après avoir dit que l'assureur doit rembourser à l'assuré ses frais, ajoute que l'assureur doit même sur la demande de l'assuré lui faire des avances suffisantes [1]. Chez nous, on ne trouve pas de disposition analogue. L'article 381 oblige l'assuré *à travailler* au sauvetage, ce qui semble impliquer l'obligation pour l'assuré de faire les avances des frais de sauvetage, au moins tant que le délaissement n'est pas définitif. Il en serait autrement si la police obligeait simplement l'assuré *à veiller* au sauvetage (V. Lemonnier, *Comm. des polices*, II, p. 101-427).

1849. — L'assuré qui a fait des avances pour le sauvetage a droit aux intérêts à partir du jour de ces avances (art. 1996 C. Civ.).

On s'est demandé en Allemagne si l'assuré qui avait travaillé au sauvetage avait droit à une *commission*. Il y a une disposition du Code allemand (art. 290) portant que le commerçant qui, dans l'exercice de son commerce, a fourni à un commerçant ou à un non-commerçant ses soins ou ses services peut, en l'absence de toute convention, exiger un droit de commission. On a appliqué cette disposition entre l'assureur et l'assuré. Mais les *conditions générales* arrêtées en 1867 disent formellement (art. 125) que l'assuré n'a pas le droit de réclamer une commission pour ses peines (Lewis, II, p. 355).

1850. — L'article 381 ne parle pas de l'intervention des assureurs dans le sauvetage. Une disposition cependant eût été utile à cet égard, car on s'est demandé si l'assureur en intervenant dans le sauvetage ne devait pas être considéré comme acceptant par là même le délaissement et ne se rendait pas ainsi non recevable à le contester ensuite.

---

(1) L'article 898 du Code allemand porte que « l'assureur doit avancer : 1º en cas d'avaries, les deux tiers du montant à sa charge des frais accessoires pour le sauvetage, la conservation ou la réparation de la chose assurée, à imputer sur le montant de sa dette qui sera fixée ultérieurement; 2º en cas de prise du navire ou des marchandises, le montant intégral des frais du procès en revendication qui tombent à sa charge, à mesure qu'il est nécessaire de les payer. »

Le projet de 1867 avait voulu consacrer le droit pour l'assureur d'intervenir dans le sauvetage. Nous trouvons une disposition en ce sens dans l'article 629 du nouveau Code italien de 1882 (V. *suprà*, n° 1839).

La police de Paris a expressément réservé les droits des assureurs.

La police sur facultés, art. 19, s'exprime ainsi : « *Tous « droits, réciproquement réservés,* l'assuré doit et l'assureur « peut, dans le cas de sinistre, veiller ou procéder au sauve- « tage des objets assurés, prendre ou requérir toutes mesures « conservatoires, sans qu'on puisse lui opposer d'avoir fait acte « de propriété. L'assureur peut notamment, en cas de sinistre, « pourvoir lui-même à la réexpédition des marchandises à leur « destination. L'assuré doit lui fournir, s'il en est requis, tous « documents utiles en son pouvoir, pour l'aider à l'exécution « des mesures conservatoires. L'assuré est responsable de sa « négligence à prévenir les assureurs ou leurs agents, ou à « prendre lui-même les mesures de conservation, ainsi que des « obstacles qu'il apporterait à l'action des assureurs. »

La police sur corps (art. 30) contient une disposition analogue. Elle contient en outre la disposition suivante (art. 18) : « Lorsque le navire a éprouvé des avaries à la charge des assu- « reurs, et qu'il se trouve dans un port où les réparations se- « raient impossibles ou trop dispendieuses, les assureurs auto- « risent le capitaine, en ce qui les concerne, à s'y borner, aux « réparations jugées indispensables et à aller au besoin avec « l'aide d'un remorqueur les compléter au port le plus conve- « nable où elles pourraient s'effectuer avec économie, lui don- « nant à cet égard les pouvoirs les plus étendus, et continuant « de courir les risques sans augmentation de prime. » Enfin l'article 30 reconnaît expressément à l'assureur le droit de *faire remorquer à ses frais le navire assuré.*

1851. — Dans le cas où l'assureur s'occupe lui-même de recouvrer ce qui peut être sauvé, l'assuré doit lui prêter toute l'assistance nécessaire pour recouvrer l'objet assuré ou en obtenir la valeur. L'assureur sur corps n'a pas qualité pour donner des ordres au capitaine. L'armateur assuré devra donc lui prêter son assistance vis-à-vis du capitaine. S'agit-il d'une assurance sur facultés, l'assureur pourra avoir également à recourir à l'assistance de l'assuré pour que celui-ci fasse valoir ses droits contre le fréteur ou le capitaine son préposé. Le Code allemand (art. 874) oblige expressément l'assuré à prêter son assistance (*Hülfsleistung*) à l'assureur. On peut dire que cette obligation résulte virtuellement de celle qui est imposée à l'assuré de travailler au sauvetage. La police de Paris cependant a cru devoir à cet égard garantir l'assureur contre le mauvais vouloir de l'assuré (V. n° 1850).

1852. — Nous supposons le sauvetage opéré. Comment se répartiront les effets sauvés.

Il y aura d'abord à payer tous les créanciers privilégiés, et pour le rang à établir entre eux, on aura à se référer en ce qui concerne les navires à l'article 191. Au premier rang viendront les frais faits pour la vente et la distribution du prix; 2° les droits de port; 3° les frais de garde et d'entretien; 4° les frais de sauvetage et autres indemnités dues pour le sauvetage; 5° les loyers et gages de l'équipage [1]; 6° les autres créanciers indiqués par l'article 191, n°ˢ 7 et suivants et enfin les créanciers hypothécaires.

Des règles analogues seront appliquées aux marchandises sauvées, avec cette différence toutefois qu'à la place des loyers on fera venir le fret (V. n° 728) et qu'il ne peut être ici question de créanciers hypothécaires.

Les créanciers payés, les effets sauvés seront répartis entre les prêteurs à la grosse et les assureurs conformément à l'article 331 ou entre l'assureur et les propriétaires si l'assurance ne couvre pas la valeur entière de la chose (V. n° 1356).

---

(1) L'article 191 ne parle pas des frais de sauvetage, mais cette lacune avait été réparée par le projet de 1867 qui faisait venir les frais de sauvetage avant les loyers. Cela est parfaitement rationnel, puisque c'est grâce au sauvetage que les marins peuvent exercer leur privilège (V. tom. I, p. 91 et aussi n°ˢ 86, 593).

ART. 382.

Si l'époque du paiement n'est point fixée par le contrat, l'assureur est tenu de payer l'assurance trois mois après la signification du délaissement (1).

SOMMAIRE.

1853° — Délai accordé pour le paiement de l'indemnité.
1854° — La remise des pièces justificatives est-elle nécessaire pour faire courir le délai ?
1855° — Le délai n'est pas suspendu par les contestations de l'assureur.
1856° — Délai pour le paiement des avaries. — Disposition des polices.
1857° — Droit comparé.
1858° — A partir de quel moment courent les intérêts.
1859° — Où et comment se fait le paiement de l'indemnité.
1860° — Le paiement est fait au porteur de la police.
1861° — La prime est retenue sur l'indemnité.

1853. — Au temps du *Guidon*, le délai accordé à l'assureur pour le paiement de l'indemnité était de deux mois seulement (*Guidon*, ch. VII, art. 2). Le Code, à défaut d'autre convention, a maintenu le délai de trois mois accordé par l'Ordonnance.

L'article 382 fait courir le délai *à partir de la signification du délaissement*.

La signification du délaissement ne fait d'ailleurs courir le délai du paiement contre l'assureur qu'autant que l'assuré a fait la déclaration prescrite par l'article 379 (V. n° 1831).

1854. — Mais pour faire courir les délais du paiement il n'est pas nécessaire, à moins de convention particulière, que l'assuré ait également signifié les actes justificatifs de la perte (V. n° 1862). Cette justification n'est exigée qu'au point de vue de la poursuite et de la condamnation, et il suffit qu'elle inter-

____

(1) *Ord. de* 1681 (liv. III, tit. vi). Art. 44. — Si le temps du paiement n'est point réglé par la police, l'assureur sera tenu de payer l'assurance trois mois après la signification du délaissement.

Projet de 1867. Art. 385. — « Si l'époque du paiement n'est point fixée par le contrat, l'assureur est tenu de payer l'assurance *un mois après la notification* du délaissement. »

vienne dans les trois mois. C'est ce qu'explique très bien le nouveau Code italien de 1882, article 631 (V. *infrà*, n° 1857). Nous verrons toutefois que les polices qui ont abrégé le délai de paiement ne le font courir qu'*à partir de la remise des pièces justificatives* (V. n° 1856). C'est aussi le système du Code allemand (V. n° 1857).

1855. — Alors même que l'assureur conteste le droit au délaissement, il n'en pourra pas moins être condamné à payer la somme assurée dans le délai fixé, sauf pour le juge la faculté d'obliger l'assuré à donner caution (V. art. 384). Il ne faut pas en effet que l'assureur en soulevant une contestation puisse prolonger le délai du paiement.

1856. — L'article 382 ne semble parler que du paiement à faire en cas de délaissement. Quel sera le délai au cas où il s'agit d'une action d'avaries? On s'est demandé si l'assuré ne devrait pas toujours attendre la fin des risques. Cette idée a été écartée, car l'action d'avaries est ouverte dès qu'il y a dommage. A défaut de convention particulière, l'assuré pourra donc réclamer le paiement dès qu'il sera en état de justifier l'avarie (Lemonnier, *Comm. des polices*, II, p. 233; Frignet, *Avaries*, II, n° 818). Mais les polices réservent dans tous les cas à l'assureur un délai de trente jours. La disposition des polices est générale et s'applique aux *pertes et avaries* (*Police sur facultés*, art. 14, *sur corps*, art. 25).

1857. — Le Code allemand, comme nos polices, ne fait courir le délai du paiement que du jour de la remise des pièces justificatives. Quant au délai lui-même il s'en réfère à la convention (art. 873) [1].

Le nouveau Code italien de 1882 (art. 631) contient relative-

---

[1] La police de Brême de 1875 contient la disposition suivante (Art. 66) : « Si deux mois se sont écoulés depuis que l'assuré a signifié la nouvelle de l'accident, sans que le montant de l'indemnité ait été définitivement réglé et la dispache produite, l'assuré après avoir fait évaluer approximativement par un dispacheur connu sur le lieu la somme qui pourra être mise à la charge de l'assureur, se fera payer par ce dernier les deux tiers de cette somme en à-compte sur sa dette, à charge de donner caution pour le cas où il aurait à faire une restitution. »

ment au délai du paiement de l'indemnité une disposition très complète qui embrasse à la fois le cas d'avaries et celui de délaissement (1).

En Angleterre, ainsi que je l'ai déjà dit (n° 1496), le règlement se fait entre l'assureur et le courtier par l'entremise duquel le contrat a eu lieu. Quand la perte a été réglée, et la quotité incombant à chaque assureur déterminée, mention en est faite sur la police sous cette forme : *la perte réglée à tant pour cent.* La police est alors présentée aux divers souscripteurs qui paraphent le règlement et très souvent raturent en même temps leur souscription. On dit alors que la perte est réglée *(adjusted)*. Mais elle n'est pas pour cela payée. Il n'y a jusqu'ici qu'une promesse de payer sur laquelle même l'assureur peut revenir, s'il découvre qu'il a été trompé. Dans l'usage, l'indemnité n'est payable qu'un mois ou six semaines après le règlement. Le montant est alors porté au débit de l'assureur dans le compte-courant qui existe entre le courtier et l'assureur, compte qui est réglé à la fin de chaque année (Arnould, édit. de Maclachlan de 1877, p. 1047 et s.).

1858. — A partir de quel moment courent les intérêts de l'indemnité due par l'assureur? Il y a à cet égard une grande divergence. Il a été jugé que les intérêts courent à partir de la communication des pièces justificatives de la perte (Aix, 3 août 1830, J. M., 13. 1. 161). On est allé jusqu'à dire qu'en cas de délaissement les intérêts sont dus à partir de la signification du délaissement, avant même qu'il y ait eu communication des pièces justificatives (Marseille, 27 août 1840, J. M., 20. 1. 187). — D'autre part, des auteurs soutiennent que les intérêts, à moins de convention contraire, ne peuvent courir tant que le délai accordé à l'assureur n'est pas échu (Bédarride,

---

(1) Art. 631. — « L'assureur doit payer la somme due en — cas de sim-
« ples avaries, dans le délai de trente jours à partir de la notification du
« règlement; — en cas de délaissement, dans les deux mois à partir du dé-
« laissement. — L'assuré toutefois devra dans ce délai prouver le sinistre
« qui donne lieu à l'action d'avaries ou au délaissement. — S'il y a eu oppo-
« sition, tout opposant et l'assuré lui-même peut demander que la somme
« soit déposée. »

n° 1536). — Enfin, il a été jugé que l'expiration du terme fixé par la police ne faisait pas elle-même de plein droit courir les intérêts (Bordeaux, 11 août 1858, J. M., 37. 2. 22).

Je ne crois pas qu'on puisse poser en thèse que les intérêts ne sont jamais dus tant que le terme du paiement n'est pas échu, car, comme l'a dit la Cour de cassation dans un arrêt du 19 mai 1824, rendu précisément contre des assureurs, « rien ne s'op-« pose à ce que des intérêts soient dus quoique le capital ne « soit pas exigible (Dall., v° *Droit marit.*, n° 1557). — Mais en principe les intérêts, à défaut de convention particulière, ne sont dus qu'à partir de la demande (art. 1153 C. Civ.). Les intérêts ne peuvent donc courir que du jour où ils auront été demandés, et ils ne peuvent jamais l'être avant la remise des pièces justificatives, puisque l'article 383 porte que l'assureur ne peut être *poursuivi* auparavant (Nantes, 3 janvier 1864, J. N., 64. 1. 5 et n° 1865).

Si après avoir fait le délaissement l'assuré a reconnu qu'il n'y avait lieu qu'à une demande d'avaries, les intérêts ne courront qu'à partir de cette dernière demande (Rennes, 11 déc. 1874, J. N., 1875. 1. 148). Le même arrêt décide que les intérêts qui ont commencé à courir sont suspendus, quand l'assuré mis en demeure de fournir des pièces justificatives a par sa faute retardé le règlement.

1859. — Le paiement de l'indemnité se fait à défaut de convention au domicile de l'assureur (art. 1247 C. Civ.).

Il se fait en monnaie courante. Si l'assurance ayant été faite à l'étranger, le montant de l'assurance avait été chiffré en monnaie étrangère, le paiement à faire en France en monnaie française serait fixé par le cours du change (V. art. 338).

1860. — Le paiement est fait à l'assuré ou à son cessionnaire, et dans le cas où la police a été faite à ordre, au porteur de la police (V. n° 1365).

Dans ce dernier cas, l'assureur ne peut faire valoir contre le porteur toutes les créances qu'il pourrait avoir contre l'assuré originaire, mais seulement les exceptions inhérentes à la nature et aux vices du titre.

Dans le cas où l'assurance a été faite pour compte d'autrui

l'assureur pourra-t-il opposer à l'assuré les créances qu'il aurait contre l'intermédiaire? Non, quoique l'intermédiaire puisse être responsable de la prime envers l'assureur (V. n° 1347), il ne faut pas perdre de vue qu'en réalité c'est le véritable intéressé qui est partie au contrat (V. n° 1365). C'est aussi ce que décide expressément le Code allemand (art. 895-896) [1].

1861. — L'article 382 qui parle du paiement de l'assurance ne s'est pas occupé du paiement de *la prime* par l'assuré. Je me suis déjà expliqué à cet égard (art. 332). Je me borne ici à rappeler que l'assureur a toujours le droit de déduire de l'indemnité le montant des primes dues (V. n° 1360).

<hr>

ART. 383.

Les actes justificatifs du chargement et de la perte sont signifiés à l'assureur avant qu'il puisse être poursuivi pour le paiement des sommes assurées (2).

SOMMAIRE.

1862° — Remise des pièces justificatives. — Quand elle doit avoir lieu.
1863° — Comment elle se fait.
1864° — Il n'est pas nécessaire qu'elles soient jointes à l'assignation.

(1) C. all., art. 895. — « Quand l'assureur est poursuivi en paiement « d'une indemnité, il ne peut pas, en cas d'assurance pour compte d'autrui, « opposer en compensation ses créances contre celui qui a conclu l'assu-« rance. » = Art. 896. — « L'assuré peut céder à un tiers non-seulement les « droits à indemnité provenant d'un accident déjà arrivé, mais encore ceux « qui peuvent naître dans la suite. Si une police à ordre a été délivrée, elle « peut être transférée par endossement; à cet endossement s'appliquent les « dispositions des articles 301, 303 et 305. Dans l'assurance pour compte « d'autrui, l'endossement de celui qui a conclu l'assurance est suffisant pour « la validité de la première cession. »

(2) *Ord. de* 1681 (liv. III, tit. VI). Art. 56. — Les assureurs sur le chargement ne pourront être contraints au paiement des sommes par eux assurées que jusqu'à concurrence de la valeur des effets dont l'assuré justifiera le chargement et la perte. = Art. 57. — Les actes justificatifs du chargement et de la perte des effets assurés seront signifiés aux assureurs, incontinent après le délaissement et avant qu'ils puissent être poursuivis pour le paiement des choses assurées.

L'article 383 avait été supprimé comme inutile par le projet de 1867.

1862. — Voilà encore une disposition qui est applicable, soit que l'assuré exerce l'action d'avaries, soit qu'il fasse le délaissement. Il est de principe que c'est au demandeur à justifier sa demande (art. 1315 C. Civ.). Il est donc tout simple que l'assuré demandeur en indemnité soit tenu de justifier son droit.

L'auteur du *Guidon* résumant l'ancienne pratique s'exprime ainsi (ch. III) : « Perte advenant au navire ou marchandises « asseurées, le marchand chargeur fera faire son délais par le « greffier, notaire ou sergent royal, à ses asseureurs, avec « déclaration qu'il espère être payé des sommes que chacun « aura asseuré dudit jour en deux mois. — Pendant ce temps, « il donnera ordre de retirer les attestations de la perte, fera « vérification de ses connaissements et certifiera sa cargaison « véritable, car nonobstant son délais, avant que recouvrer « sa perte, il est sujet à trois choses : la première, il doit « fournir l'attestation valable de la perte ou prise, contenant « l'heure et le lieu qu'elle est advenue si faire se peut; la « seconde, de la charte-partie ou connaissement duement vé- « rifiés; la tierce, de la facture ou cargaison, jurée et certifiée « véritable, si tant est que par la police la marchandise n'ait « pas été estimée. Outre il prestera le serment qu'il n'aura fait « faire aucune autre asseurance, soit en cette ville ou ailleurs, « que celle-là dont il demande réparation : délivrera les pièces « susdites s'il en est saisi et requis, mais toujours en rigueur « sera-t-il contraint de les produire dans les deux mois... »

Dans le système du Code comme dans celui du *Guidon* l'assuré n'est pas tenu de produire les pièces justificatives au moment où il fait le délaissement. L'Ordonnance paraît l'exiger, *incontinent après le délaissement*. Mais Valin faisait remarquer que tout ce qui résulte du défaut de signification, c'est que les assureurs ne peuvent être condamnés au paiement jusqu'à la production de ces pièces. Il suffit donc que l'assuré les produise pour exiger son paiement (V. expl. de l'article 379 et n° 1854). On comprend toutefois qu'entre la production des pièces justificatives et le paiement il convienne de laisser un certain temps à l'assureur pour examiner les pièces. Aussi nos polices donnent-elles aux assureurs, *à dater de la remise des pièces justificatives*, un délai de trente jours pour le paiement des pertes et avaries.

1863. — L'article 383 dit que les actes justificatifs doivent être *signifiés* avant que l'assureur puisse être *poursuivi*.

Il ne faut pas prendre ces expressions à la lettre.

Quoique la loi parle de *signification* pour les nouvelles reçues (art. 374) pour le délaissement (art. 382), nous avons vu qu'il n'était pas absolument nécessaire de procéder par une signification en règle, par acte d'huissier. — La même observation s'applique aux pièces justificatives. Il suffira que la remise en soit constatée.

1864. — D'autre part, il ne faudrait pas non plus conclure de l'article 383 que tous les actes de poursuite antérieurs à la remise des pièces seront nuls de droit. La Cour de Montpellier a jugé avec raison, le 15 mai 1872 (Dall., 74. 2. 165), qu'on ne pourrait déclarer une assignation nulle parce qu'elle n'aurait pas été précédée de la signification des actes justificatifs. Les nullités d'actes de procédure ne peuvent être prononcées en effet qu'en vertu d'un texte formel (C. Pr., art. 1030).

1865. — Toutefois, comme il est naturel de chercher une sanction à toutes les dispositions de la loi, l'article 383 me paraît devoir être interprété en ce sens, que l'assureur ne peut jamais être mis en demeure de payer avant la remise des pièces justificatives, et que par conséquent avant cette remise, il n'aura jamais à payer d'intérêts (V. n° 1858).

1866. — L'article 383 ne parle que des actes justificatifs du *chargement* et de la *perte*. Les rédacteurs du Code comme ceux de l'Ordonnance ont eu ici particulièrement en vue l'assurance sur facultés. Mais il est clair que lorsqu'il s'agit d'une assurance sur corps, l'assuré doit également justifier sa demande. Il faut donc généraliser la disposition de l'article 383.

La preuve qui incombe à l'assuré doit toujours porter sur deux points : 1° la *mise en risque;* 2° *l'accident* qu'il veut mettre à la charge de l'assureur. L'assuré pourra avoir en outre à prouver sa *qualité* d'assuré, son *intérêt* dans la chose assurée, et enfin la *valeur* de la chose assurée [1].

1867. — Nous disons tout d'abord que l'assuré doit prou-

____

(1) C. all. Art. 886. — « L'assuré doit, pour pouvoir réclamer une indemnité « à l'assureur, lui présenter un état estimatif du dommage. Il doit, en même « temps, lui justifier par des actes suffisamment probants : 1° son intérêt; « 2° le fait que l'objet assuré était exposé aux risques de mer; 3° l'accident « sur lequel est fondée la demande; 4° le dommage et son étendue. »

Art. 888. — « On doit en général considérer comme moyens de preuve « suffisants ceux qui, à raison de la difficulté de produire d'autres moyens, « sont admis par l'usage commercial, notamment : 1° pour la preuve de « *l'intérêt : a)* dans l'assurance du navire les titres de propriété ordinaire; « *b)* dans l'assurance des marchandises, les factures et connaissements, si du « moins de leur contenu ressort pour l'assuré le droit de disposer des mar- « chandises; *c)* dans l'assurance du fret les chartes-parties et connaisse- « ments. — 2° Pour la preuve du *chargement* des marchandises, les con- « naissements. — 3° Pour la preuve de *l'accident,* le rapport et le journal « de bord (art. 488, 494); en cas de condamnation, le jugement du tribunal « des prises; en cas de disparition des documents dignes de foi constatant « le moment où le navire a quitté le port de départ et sa non arrivée au port « de destination, dans le délai de disparition. — 4° Pour la preuve du « *dommage,* et de son étendue, les actes d'expertise, d'estimation et de vente « aux enchères conformes aux lois ou aux usages du lieu, où l'on a fixé le « montant du dommage, ainsi que les devis des experts, les comptes acquit- « tés des réparations exécutées et les autres quittances des paiements effec- « tués. Toutefois, quand il s'agit d'une avarie partielle du navire, les actes « d'expertise et d'estimation, ainsi que les devis des dépenses ne sont suffi- « sants que si les dommages résultant d'usure, de vétusté, de pourriture « ou de l'action des vers ont été constatés séparément et que si, en même « temps, on a eu recours dans la mesure du possible à des experts soit « institués par l'autorité supérieure d'une manière permanente, soit nom- « més, pour le cas spécial, par le juge du lieu ou par le consul.

ver la mise en risque. C'est à l'assuré à prouver que la chose assurée a existé et qu'elle a été livrée aux risques de la navigation.

Les navires sont inscrits sur des registres publics (V. tom. I, p. 23). Ils sont en outre dénommés et cotés sur des registres tenus par de grandes administrations qui sont en rapport constant avec les assureurs, telles que chez nous l'administration du *Veritas*, le *Registre maritime*. La preuve de l'existence et de l'identité du navire assuré résulterait encore, suivant les circonstances, de l'acte de propriété, du procès-verbal de visite (art. 225), du congé délivré avant le départ, du livre de bord et autres expéditions du navire (art. 226); enfin du rapport de mer du capitaine (art. 242-248). Quand on songe à tous ces moyens de contrôle, il ne paraît guère possible qu'on fasse assurer un navire qui n'aurait jamais existé. Il est possible qu'on fasse assurer un navire qui n'existait déjà plus au moment du contrat. Mais nous avons vu que dans ce cas l'assurance n'en est pas moins valable si l'assurance a été faite de bonne foi (art. 365).

1868. — Quand il s'agit d'une assurance sur facultés, la réalité du risque peut être plus facilement mise en doute. Comment se prouvera le chargement? Nous avons vu que le capitaine qui reçoit des marchandises à son bord en fournit une reconnaissance qui s'appelle *connaissement* (art. 222). Le connaissement fait foi du chargement vis-à-vis des assureurs. Il ne fait foi pourtant que jusqu'à preuve contraire (V. art. 283-384 et n° 740).

Si le connaissement n'a été signé par le capitaine qu'avec des réserves relativement à la nature des marchandises, telle que la clause : *que dit être* (V. n° 737), la preuve pourra être complétée par les factures, les livres et la correspondance.

1869. — 2° Après la mise en risque, l'assuré doit prouver le sinistre. La preuve se fera le plus souvent par le rapport de mer et le livre de bord (art. 242 et s.). Le livre de bord et le rapport de mer en décrivant les circonstances de la navigation, permettront d'examiner si les avaries sont dues au vice propre ou à des fortunes de mer. En cas de naufrage, le rapport de mer est soumis à des formalités particulières (art. 247). En cas d'innavigabilité, il y aura souvent une décision du juge condamnant le navire (V. art. 237-390). En cas de prise, l'assuré produira la décision du tribunal qui a validé la prise ; en cas de défaut de nouvelles, les pièces constatant le départ du navire, et sa non arrivée au lieu de destination dans les délais fixés par l'article 375 (V. n° 1807). Enfin, dans tous les cas d'avaries, l'assuré aura à fournir les rapports d'experts constatant la nature et l'importance des avaries.

Dans le cas d'assurance sur facultés, à Paris on ajoute en général à la police la clause suivante : « En cas d'avaries re-« connues à destination, les réceptionnaires sont tenus de s'a-« dresser pour leur constatation aux agents des assureurs de « Paris, là où ils ont un agent accrédité. Les réclamations d'a-« varies non constatées contradictoirement avec le concours des « agents ne seront pas recevables à moins qu'il ne soit justifié « qu'il n'y avait pas d'agent présent sur les lieux, ou que l'a-« gent aurait été empêché, ou aurait refusé d'intervenir. »

1870. — La personne qui actionne l'assureur ne doit pas seulement prouver la mise en risque et le sinistre : elle doit aussi établir sa *qualité* d'assuré, et son *intérêt*.

Sa qualité. — Si la police n'a pas été faite au nom du demandeur, mais au nom d'un autre, le demandeur devra prouver qu'il est devenu cessionnaire de la police.

Quand la police est à ordre ou au porteur, sa production suffit. Il en est de même quand la police a été faite pour compte de qui il appartiendra (V. n°ˢ 1345, 1365, 1860).

Enfin l'assuré doit prouver son *intérêt* à la conservation de la chose assurée. Nous avons vu en effet (n° 1343) que la loi prohibe les assurances qui ne sont que de simples gageures et ne reposent pas sur un véritable intérêt. L'intérêt peut consister soit dans un droit de propriété, soit dans un droit d'affectation sur la chose, comme celui qui appartient au consignataire pour ses avances (art. 95 C. Com.), ou au créancier hypothécaire.

L'assurance ne vaut que dans la mesure de l'intérêt.

Si l'assuré se présente comme propriétaire du navire, il prouvera son droit par son inscription sur l'acte de francisation.

Ce document ne me paraît pas toutefois indispensable; car un acheteur du navire qui ne serait pas encore inscrit sur l'acte de francisation n'en aurait pas moins le droit de le faire assurer, la propriété se transmettant entre les parties par la seule convention (V. n° 135).

La propriété des marchandises se justifie par la possession du connaissement (V. n° 734). Il en est de même pour les droits du consignataire. Quant aux droits du prêteur à la grosse ou du créancier hypothécaire, ils seront établis par la lettre de grosse et l'inscription.

1871. — *La valeur* de la chose assurée, si elle n'a pas été fixée par la police, sera fixée pour le navire par la valeur estimative au départ, pour les marchandises, suivant les règles prescrites par l'article 339. S'il y a eu estimation dans la police, cette estimation fera règle, sauf la preuve contraire réservée par l'article 336.

Enfin, soit qu'il s'agisse de délaissement ou d'avaries, l'assuré doit déclarer les assurances faites ou ordonnées (art. 379, n° 1835).

1872. — Depuis la loi du 10 décembre 1874 sur l'hypothèque maritime, les assureurs sur corps exigent que les pièces justificatives soient accompagnées d'un certificat de la douane constatant que le navire n'est grevé d'aucune hypothèque ou, s'il y a une hypothèque, l'assuré doit prouver qu'elle a été consentie avec l'agrément des assureurs. Les assureurs exigent ce certificat parce que l'inscription de l'hypothèque valant opposition au paiement de l'indemnité (art. 17 de la loi de 1874), ils s'exposeraient à payer deux fois sans l'observation de cette formalité (V. n° 1254).

1873. — Lorsque c'est le capitaine qui est assuré, des précautions particulières sont prises contre lui.

L'article 24 de la police sur corps porte : « En cas de perte du navire, si le capitaine en est propriétaire, il est sursis au règlement de sa part dans l'assurance, jusqu'à production du certificat constatant le résultat de l'enquête administrative à laquelle sa conduite doit être soumise. — S'il est établi par cette enquête que la perte est imputable à des fautes du capitaine, et si, par suite, son brevet lui est retiré, quoique sans imputation de dol ni de fraude, les assureurs sont valablement libérés de la part assurée du capitaine en lui payant par composition 50 0/0 de l'indemnité, si son brevet lui a été retiré définitivement, 75 0/0, s'il ne lui a été retiré que pour un temps » (V. n° 1586).

Quand il s'agit de marchandises chargées pour le compte du capitaine ou des membres de l'équipage, la preuve du chargement est soumise à des règles particulières (art. 344-345).

1874. — Les juges du fait ont, au reste, un pouvoir souverain, soit pour apprécier les documents fournis par l'assuré, soit pour y suppléer à l'aide de toutes autres preuves (Rej., 8 déc. 1852, Dall., 53. 1. 15; Req., 18 février 1863, Dall., 63. 1. 372).

1875. — L'assureur pourrait-il renoncer à exiger la justification de la mise en risque, de la perte, et les autres preuves mises à la charge de l'assuré?

Valin (sur l'art. 57) se demande si on peut stipuler valablement que l'assuré ne sera point tenu de prouver le chargement: « Casaregis, Targa et Rocca, tiennent l'affirmative. Cela peut « être bon pour l'Italie et les autres pays où l'assurance peut se « faire par forme de gageure. Mais, en France, où il en est « autrement, je tiens que cette clause est illicite. — Pothier se prononce dans le même sens (*Ass.*, n° 141) : « Toute conven-« tion qui tend à tromper, dit l'honnête Pothier, n'est pas « valable. » — Émérigon, au contraire (ch. IV, sect. viii), fait remarquer qu'une preuve directe de la part de l'assuré sera souvent très difficile et qu'on ne voit pas pourquoi l'assuré ne pourrait pas s'en dispenser, sauf pour l'assureur le droit de faire la preuve contraire, et, dans tous les cas, le droit de déférer le serment.

C'est ce dernier système qui me paraît devoir être admis. Valin lui-même reconnaît que les rôles peuvent, en certains cas, être intervertis quant à la preuve, que par exemple l'assuré peut être valablement dispensé de justifier de son intérêt ou de la valeur de la chose (V. n°ˢ 1343, 1440). Je ne vois pas pourquoi l'assuré ne pourrait pas, si les parties en conviennent, être aussi dispensé de prouver le chargement. Il suffit pour qu'il n'y ait pas fraude à la loi ou aux droits des parties que la preuve contraire soit toujours réservée à l'assureur (art. 384). C'est ce que décide le Code allemand [1] et c'est ce qu'a jugé chez nous la Cour de Rouen le 21 août 1867 (Dall., 68. 2. 200; *Contrà,* Bédarride, n° 1539; Émile Cauvet, *Ass.,* II, n° 456).

1876. — En cas de réassurance, le premier assureur qui joue ici le rôle d'assuré est également tenu, en principe, de justifier qu'il y avait matière à réassurance, et de prouver le sinistre (V. n° 1462). Toutefois, pour simplifier le recours contre le réassureur, on convient souvent que le réassuré ne sera soumis à rien de plus qu'à exhiber la quittance du paiement par lui fait (V. n° 1468). Ce pacte avait été déclaré licite par l'ancienne jurisprudence (V. Émérigon, ch. XI, sect. ix) et il doit encore être admis. Il équivaut à une sorte de mandat donné par le réassureur au réassuré pour débattre leurs intérêts communs. L'assureur, comme tout mandataire, serait d'ailleurs responsable envers le réassureur, s'il payait trop facilement et sans preuves.

Quand c'est un prêteur à la grosse qui se fait assurer (V. n° 1382), il est aussi tenu, en principe, de justifier qu'il y a eu matière au contrat, que les effets affectés ont été mis en risque et ont péri dans le temps et le lieu des risques (art. 335). Mais ici encore, pour faciliter les recours, il est souvent stipulé que le donneur à la grosse ne sera obligé, en cas de sinistre, qu'à exhiber à son assureur le contrat de grosse. Valin, il est vrai (sur l'art. 57), déclare encore cette clause nulle. Mais elle avait été admise par l'ancienne jurisprudence comme le constate Emérigon (ch. XI, sect. x), et elle doit l'être également aujourd'hui. L'assureur, en pareil cas, s'en rapporte au prêteur pour vérifier la réalité du risque (V. n° 1875).

---

(1) Code allemand. Art. 890. — « La clause déchargeant l'assuré de la preuve des faits mentionnés dans l'article 886 ou d'une partie d'entre eux est valable, mais sans préjudice du droit de l'assureur de faire la preuve contraire. — La clause de la police d'assurance sur facultés en vertu de laquelle il n'y aura pas à produire le connaissement, ne dispense que de la preuve du chargement. »

Art. 384.

L'assureur est admis à la preuve des faits contraires à ceux qui sont consignés dans les attestations. — L'admission à la preuve ne suspend pas les condamnations de l'assureur au paiement provisoire de la somme assurée, à la charge par l'assuré de donner caution. — L'engagement de la caution est éteint après quatre années révolues, s'il n'y a pas eu de poursuite (1).

SOMMAIRE.

1877° — Origine de l'article 384.
1878° — La preuve contraire est entièrement réservée à l'assureur.
1879° — Condamnation provisoire.
1880° — L'assureur ne peut être condamné à payer avant l'échéance du terme convenu.
1881° — Le juge a un pouvoir d'appréciation.
1882° — De la caution — quand elle est libérée.
1883° — Situation faite à l'assureur par la condamnation provisoire.
1884. — Droit comparé.

1877. — D'après l'ancienne école italienne, les polices d'assurances assimilées à des actes authentiques étaient exécutoires de plein droit, et l'assureur, en conséquence, ne pouvait opposer aucune exception avant d'avoir payé (Casaregis, *Disc.* 1, n° 188). On retrouvait la trace de cette idée dans l'ancienne formule de Marseille citée par Émérigon (2).

Mais Cleirac, dans ses observations sur le *Guidon*, fait re-

(1) *Ord. de* 1681 (liv. III, tit. vi). Art. 61. — L'assureur sera reçu à faire preuve contraire aux attestations, et cependant condamné, par provision, au paiement des sommes assurées, en baillant caution par l'assuré.

Projet de 1867. Art. 386. — L'admission à la preuve contraire aux attestations qui seraient produites par l'assuré ne suspend pas la condamnation de l'assureur au paiement provisoire de la somme assurée à la charge par l'assuré de donner caution. L'engagement de la caution est éteint après *deux années révolues*, s'il n'y a pas eu de poursuites.

(2) Dans l'ancienne formule de Marseille citée par Émérigon (ch. XX, sect. iv) les assureurs s'obligent à « ne pouvoir dire, *alléguer, ni controuver* « *aucune chose à ce contraire, qu'ils n'aient préalablement garni la main,* « des sommes par eux respectivement assurées qu'ils promettent payer trois « mois après les nouvelles arrivées du sinistre ou perte, que Dieu ne veuille, « et *en après plaider,* si bon leur semble. »

marquer que les polices d'assurances étant des contrats incertains et conditionnels, n'ont point par eux-mêmes d'*exécution parée*. Le *Guidon,* en effet (ch. III, art. 2) reconnaissait expressément aux assureurs le droit, avant de payer, de contester tous les documents et attestations fournis par l'assuré (1).

Telle est l'origine de l'article 384.

1878. — L'assureur doit être admis à contester toutes les preuves produites par l'assuré. De ce que l'article 384 se sert du mot *attestations,* M. Locré a prétendu conclure que l'assureur ne pouvait pas contester le connaissement, les livres et factures, mais seulement les *attestations* que l'assuré produit à défaut de ces pièces. Cette opinion doit être repoussée. L'Ordonnance se servait de cette même expression *attestations* qu'elle avait empruntée au *Guidon,* et Valin n'en disait pas moins que l'assureur pouvait contester *toutes les preuves produites par l'assuré* (n° 1874).

L'assureur peut contester même les procès-verbaux dressés par les agents des douanes parce qu'ils ne font foi jusqu'à inscription de faux qu'au point de vue des contraventions et non entre particuliers (Req., 4 août 1829; Dall., v° *Droit marit.,* n° 1761).

1879. — Il ne faut pas toutefois que les contestations soulevées par l'assureur puissent être pour lui un moyen de différer le paiement. De là la faculté pour le juge de prononcer une condamnation provisoire.

1880. — La disposition de l'article 384 doit se combiner avec celle de l'article 382. Nous avons vu (art. 382) que le paiement doit se faire dans le délai de trois mois à partir du

---

(1) *Guidon,* ch. III, art. 2... « Après ces choses fournies, si les asseureurs
« veulent les débattre faire le pourront, si dedans la première ou seconde
« assignation pour le plus, le différend se peut décider. Mais s'ils tombent
« sur des preuves, ou s'ils offroient vouloir faire nouvelles attestations pour
« retarder le jugement, les prieurs et consuls tireront outre, condamneront
« chacun des dits asseureurs à payer par provision les sommes qu'ils auront
« asseuré, à la caution juratoire du marchand chargeur, s'il est notoirement
« suffisant; s'il est étranger, fournira de caution valable, parce que si le
« marchand succombe en fin de cause par sa téméraire poursuite, il sera
« condamné aux intérêts du jour du payement. »

délaissement et que, d'après les polices, il doit se faire en cas de *pertes et avaries* dans le mois, à partir de la remise des pièces justificatives (V. n° 1862). Le juge ne peut évidemment condamner l'assuré à payer, *même provisoirement,* avant l'échéance du terme. Mais si le terme est expiré, alors s'applique l'article 384.

1881. — La disposition de l'article 384 qui accorde provision aux attestations produites par l'assuré, n'est d'ailleurs applicable qu'autant que les faits consignés dans les attestations sont de nature à motiver la demande en paiement de la somme assurée (Douai, 1ᵉʳ février 1841, J. M., 20. 2. 133). Il n'y a pas lieu évidemment à une condamnation provisoire si l'assuré ne produit pas à l'appui de sa demande les actes justificatifs qu'il est tenu de fournir d'après l'article 383, ou si les exceptions présentées par l'assureur sont péremptoires. Ainsi l'assuré ne justifie pas de la mise en risque ou de la perte ; il devra purement et simplement être débouté de sa demande. Il en sera de même, s'il est prouvé dès à présent que l'assuré n'est pas resté dans les conditions du contrat ou que la police est nulle pour réticence ou autrement (art. 348, 351).

A l'inverse, je crois que si la contestation soulevée par l'assureur ne paraissait pas sérieuse, si elle était écartée *de plano,* le juge pourrait prononcer contre l'assureur une condamnation non-seulement provisoire mais définitive, sauf pour l'assureur le droit d'appel. C'est ce que semble indiquer l'article 384 en disant que *l'admission à la preuve* ne suspend pas la condamnation. Il semble supposer que l'assureur a été admis à faire la preuve.

Pour qu'il y ait lieu à condamnation provisoire, il faut donc, d'une part, que la demande soit justifiée en principe, et que d'autre part, la contestation soit sérieuse.

Non-seulement il faut qu'il y ait doute sur les droits des parties, mais encore que la preuve à faire par l'assureur demande des délais plus ou moins longs. Le Tribunal de Marseille a jugé le 18 décembre 1861 (J. M., 1861. 1. 312) qu'il n'y avait pas lieu à condamnation provisoire quand l'assureur demande à fournir la preuve des faits allégués sans autre délai que celui de la procédure ordinaire.

1882. — La condamnation, par cela même qu'elle n'est que provisoire, n'est prononcée qu'à la charge par l'assuré de donner caution. Le *Guidon* se contentait, quand l'assuré était *notoirement suffisant*, d'une promesse de restitution faite par lui sous serment, ce qu'on appelait autrefois une *caution juratoire*. Aujourd'hui, quelle que soit la situation de l'assuré, il est tenu de fournir une véritable caution (V. art. 2040 C. Civ.).

La caution n'est libérée qu'après quatre années révolues, s'il n'y a pas eu de poursuites.

Pour que la caution soit libérée, il faut donc qu'il se soit écoulé quatre ans sans *poursuite* en restitution de la part de l'assureur, c'est-à-dire sans action judiciaire. Si *avant ces quatre ans* l'assureur avait commencé des poursuites, quand la caution sera-t-elle libérée? Deux solutions se présentent à l'esprit. 1° On peut dire que, dans ce cas, la disposition de l'article 384 n'est plus applicable, et que par conséquent la caution ne sera déchargée qu'autant que l'assuré le sera lui-même; 2° on peut dire, au contraire, par interprétation de l'article 384, que la caution sera toujours déchargée quatre ans après les dernières poursuites. — La première interprétation qui est l'application du droit commun paraît préférable.

1883. — Quelle est, en définitive, la situation faite à l'assureur par la condamnation provisoire dont parle l'article 384, et comment devra-t-il procéder?

Deux voies sont ouvertes à l'assureur : 1° il peut interjeter appel contre le jugement qui prononce la condamnation provisoire, car ce jugement constituant contre lui un préjugé, a un caractère interlocutoire et est par suite susceptible d'appel (art. 452 C. Pr.) : devant le juge d'appel il pourra compléter sa preuve. 2° L'assureur s'il le préfère, pourra, sans interjeter appel, revenir devant le premier juge qui, par cela même qu'il n'a prononcé qu'une condamnation provisoire, n'a pas épuisé sa juridiction. Sous ce rapport, le jugement dont parle l'article 384 ne saurait être confondu avec les jugements *exécutoires par provision* nonobstant appel (art. 135 C. Pr.).

1884. — Le projet de 1867 réduisait la durée du cautionnement à deux ans.

J'ai indiqué en expliquant l'article 382 (n° 1857) comment en Angleterre, en Allemagne et en Italie il est pourvu au paiement nonobstant toute contestation.

<hr>

ART. 385.

Le délaissement signifié et accepté ou jugé valable, les effets assurés appartiennent à l'assureur, à partir de l'époque du délaissement. — L'assureur ne peut, sous prétexte du retour du navire, se dispenser de payer la somme assurée (1).

SOMMAIRE.

1885. — Le délaissement n'est accordé que dans des cas exceptionnels (art. 369). C'est une faculté dont l'assuré est libre de ne pas user, et s'il en use il doit le faire dans un certain délai (art. 373).

Sous l'Ordonnance, le délaissement était irrévocable pour l'assuré du jour où il avait été *signifié*, c'est-à-dire porté régulièrement à la connaissance de l'assureur (V. Émérigon, ch. XVII, sect. vi). Telle est également la règle du Code allemand (art. 870). La déclaration d'abandon, dit Lewis, est irrévocable pour l'assuré sans qu'il soit besoin de l'acceptation de l'assureur

---

(1) *Ord. de* 1681 (liv. III, tit. vi). Art. 60. — Après le délaissement signifié, les effets assurés appartiendront à l'assureur, qui ne pourra, sous prétexte du retour du vaisseau, se dispenser de payer les sommes assurées.

Le projet de 1867 (art. 387) reproduisait sans aucune modification l'article 385.

sauf à ce dernier à ne pas se prévaloir du délaissement s'il ne veut pas l'accepter (Lewis, *Das deutsche Seerecht*, II, p. 349). En Angleterre au contraire et aux États-Unis, l'assuré peut revenir sur le délaissement tant qu'il n'a pas été accepté (Arnould, édit. de 1877, p. 926).

C'est cette dernière idée qui a prévalu chez nous. D'après notre Code de commerce, le délaissement peut être retiré par l'assuré lorsqu'il n'a pas été *accepté* ou *jugé valable*.

1886. — Du jour où il y a eu acceptation, il y a contrat entre l'assuré et l'assureur : ils sont liés également.

De même que le délaissement ne peut être conditionnel (art. 372), l'acceptation ne peut être faite sous condition (V. n° 1780).

Mais l'acceptation du délaissement peut être tacite. Si on ne peut voir une acceptation tacite du délaissement dans une intervention qui a pour but de pourvoir à des mesures de salut, de sauvetage, tous droits réservés (V. n° 1850), il en serait autrement par exemple si après délaissement, les assureurs faisaient vendre en leur nom les marchandises assurées sans avertir les propriétaires. Afin qu'il n'y ait pas d'équivoque, et que l'intervention des assureurs ne puisse avoir le caractère d'une prise de possession rendant le délaissement définitif, les assureurs dans les cas qui pourraient faire doute prennent soin en général de se faire autoriser par justice, à prendre les mesures conservatoires sous toutes réserves au fond (Marseille, 19 mai 1865, J. M., 1865. 1. 158).

Au reste, si l'acceptation du délaissement le rend définitif, il en est autrement lorsque le délaissement a été fait ou accepté par suite d'une erreur de fait, les parties croyant être dans un cas de délaissement alors qu'une cause de délaissement n'a *jamais* existé. Tel serait le cas où l'assuré aurait fait abandon des marchandises les croyant perdues alors qu'elles avaient été chargées sur un autre navire. Émérigon (ch. XVII, sect. VI) décide que le délaissement pourra alors être annulé. L'erreur en effet vicie tous les contrats. La même doctrine est suivie en Angleterre et aux États-Unis. Le délaissement accepté, dit Arnould (II, p. 926), est irrévocable à moins qu'il n'ait eu lieu par suite d'une erreur de fait (*unless made under a mistake of fact*).

1887. — La loi met sur la même ligne que le délaissement *accepté* celui qui a été *jugé valable*. Il y a toutefois à signaler ici deux différences : 1° le jugement aura plus de force que l'acceptation, car l'erreur de fait sauf les cas de requête civile (C. Pr., art. 480 et s.), n'est pas elle-même une cause de rétractation des jugements; 2° le délaissement ne peut être *déclaré valable* que dans les cas déterminés par la loi ou la convention; — il peut au contraire être accepté par l'assureur toutes les fois qu'il y a eu accord entre l'assureur et l'assuré.

Pour juger si le délaissement est valable, quel est le moment qu'il faudra envisager? Nous avons vu (n° 1717) qu'il y a à cet égard plusieurs théories. Suivant certaines législations, il suffit que la cause existe au moment où le délaissement est porté à la connaissance des assureurs ; suivant d'autres , il faut qu'elle existe encore au moment où l'action est introduite. Chez nous, on admet en général que le droit au délaissement, une fois ouvert, subsiste quels que soient les événements ultérieurs.

1888. — Il est certain dans tous les cas, que le délaissement une fois accepté ou jugé valable est *irrévocable* sans qu'on ait à se préoccuper des événements ultérieurs.

L'article 385 a cru devoir dire en particulier que l'assureur ne pourra se dispenser de payer l'indemnité sous prétexte du retour du navire. Ceci paraît faire allusion à un ancien usage qui s'était introduit à propos du délaissement pour défaut de nouvelles. Nous avons vu (n° 1809) qu'en cas de délaissement pour défaut de nouvelles, l'ancienne police d'Ancône permettait à l'assureur de répéter l'indemnité par lui payée si on recevait postérieurement des nouvelles du navire. — Nous avons signalé une disposition semblable dans la police de Brême de 1875 (V. n° 1754).

Le délaissement ne pouvant être fait sous condition (art. 372), et étant de sa nature irrévocable (art. 385), la Cour de Rennes a décidé, le 8 avril 1859 (J. M., 37. 2. 83), que l'assureur venant à tomber en faillite après délaissement, mais sans avoir payé l'indemnité, le délaissement continue à produire son effet au profit de la faillite quoique l'assuré pour l'indemnité se trouve réduit à un dividende.

1889. — Je suppose un délaissement valable et définitif. Quels seront au juste ses effets? Le délaissement a pour effet : 1° d'obliger l'assureur au paiement de toute la somme assurée ; 2° de lui transférer la propriété de la chose délaissée, ou au moins les droits de l'assuré sur la chose (comp. n° 1344).

Le délaissement, par cela même qu'il est translatif, diffère sous ce rapport de *l'abandon* que fait le propriétaire du navire pour se soustraire aux engagements du capitaine (art. 216). L'*abandon*, en effet, n'est pas par lui-même translatif de propriété et a plutôt le caractère d'une cession de biens (V. tom. I, n° 270).

1890. — L'article 385 dit que les effets assurés appartiennent à l'assuré *à partir de l'époque du délaissement.*

Est-ce seulement *à partir du délaissement* que la chose est réputée appartenir à l'assureur? En Angleterre, la propriété est réputée transférée à l'assureur à partir du *sinistre* qui a donné lieu à l'abandon. A partir de ce moment l'assureur est subrogé à tous les droits et obligations de l'assuré (Arnould, édit. de 1877, II, p. 931). Il en est de même aux États-Unis (Philips, *Insur,* n° 1708). Émérigon, allant plus loin encore, faisait remonter l'effet du délaissement au commencement du risque (ch. XVII, sect. VI et sect. IX). « L'effet de l'abandon, « dit-il, est de mettre l'assureur *au lieu et place de l'assuré,* « comme si assuré ne fût, c'est-à-dire comme si l'entreprise « nautique eût été étrangère à l'assuré. Le péril est renversé « sur l'assureur. *Assecuratio est aversio periculi.* La navigation « est considérée avoir été faite dans le principe pour le compte « de l'assureur, vis-à-vis duquel l'abandon a un effet rétroactif » (Émérigon, II, p. 255).

Le Code a suivi en partie cette idée d'Émérigon quand il a compris dans le délaissement du navire le fret des marchandises sauvées (art. 386). Mais comme le Code, ainsi que nous le verrons, n'a pas attribué à l'assureur tous les frets gagnés depuis le commencement du risque, on ne peut pas dire en réalité que l'assureur soit depuis ce moment mis au lieu et place de l'assuré (V. n°ˢ 1898, 1899).

Je ne crois pas même qu'il soit vrai de dire chez nous, comme

on le fait généralement, que l'assureur est réputé propriétaire
à partir du sinistre. Il me paraît plus exact de décider, conformément au texte de l'article 385, que l'assureur ne devient propriétaire *qu'à partir du délaissement*.

1891. — Si le délaissement est translatif de propriété, il
ne l'est d'ailleurs qu'entre l'assuré et l'assureur. Entre eux la
translation s'opère de droit, par cela seul que le délaissement a
été accepté ou jugé valable (Civ., 8 déc. 1852, Dall., 53. 1.
15). Mais vis-à-vis des tiers, l'assureur ne peut revendiquer la
chose comme propriétaire que si le délaissement a été accompagné ou suivi d'une transmission régulière, une cession du
connaissement s'il s'agit de marchandises, une inscription sur
l'acte de francisation quand il s'agit d'un navire et non de simples débris (V. n° 136).

La Cour d'Aix a jugé, le 18 juillet 1881 (J. M., 82. 1. 231),
qu'à partir du délaissement du navire les créanciers peuvent
agir *directement* contre les assureurs comme tiers détenteurs. Je
crois qu'il n'en pourrait être ainsi que s'il y avait eu mutation en
douane. En Angleterre, jusqu'à l'enregistrement, les propriétaires sont considérés simplement comme gardiens du navire
(*trustees*) pour les assureurs (Arnould, II, p. 912, note 2 et
p. 918).

Afin de compléter et légitimer vis-à-vis des tiers la cession
qui résulte du délaissement, le Code allemand (art. 875) oblige
l'assuré à remettre à l'assureur qui a accepté le délaissement
un acte authentique constatant la transmission opérée au profit
de l'assureur (*Abandonrevers*) avec tous les documents relatifs
aux objets délaissés.

1892. — Le délaissement qui transfère à l'assureur la propriété de la chose ne lui donne pas qualité pour exercer des
droits qui reposent principalement sur des rapports contractuels entre l'assuré et des tiers. Ainsi l'assureur auquel on a fait
le délaissement d'un navire n'aurait pas par cela seul qualité
pour commander au capitaine, lui donner des ordres, réclamer
l'exécution de la charte-partie (V. n° 677). L'assuré qui a fait
le délaissement vis-à-vis des tiers prêtera son assistance à l'assureur. C'est ce qu'on entend en Allemagne sous le nom de

Hülfleistung (Lewis, *Das deutsche Seerecht,* II, p. 354). L'assuré devrait au même titre faciliter le recours de l'assureur en cas d'abordage. Mais il a été jugé, par notre Cour de cassation, qu'en pareil cas l'assureur du navire abordé peut faire valoir une action personnelle fondée sur l'article 1382 (Cass., 12 août 1872, Dall., 72. 1. 293).

1893. — Comme tout tiers détenteur l'assureur à partir du délaissement est toujours tenu des frais de sauvetage, au moins jusqu'à concurrence du profit qu'il en a retiré (art. 381).

Quand le délaissement a pour objet des marchandises, l'assureur est, en principe, responsable du fret qui peut être dû pour ces marchandises. En Angleterre et aux États-Unis on admet qu'il peut se libérer du fret en abandonnant les marchandises (Arnould, II, p. 934). Chez nous, il est de règle qu'on ne peut se décharger du fret par l'abandon des marchandises (art. 310). Mais il ne faut pas oublier que l'assureur vis-à-vis de l'assuré n'est jamais obligé au delà de la somme assurée. Il aurait donc le droit de se faire indemniser par l'assuré si par suite du fret ou autres charges il avait payé au delà de la somme assurée.

1894. Si l'assuré est encore détenteur des débris dont il a fait le délaissement, l'assureur ne paiera l'indemnité que déduction faite de la valeur des débris (V. n°ˢ 1746, 1768).

L'assuré, après délaissement, rachète lui-même quelquefois de l'assureur les objets délaissés. Dans ce cas, le prix fixé est à déduire sur la somme assurée et l'assureur ne doit que la différence.

1895. — Quand il y a plusieurs assureurs, et que la chose assurée l'a été pour toute sa valeur par la police première en date, cette police seule reçoit effet chez nous, comme nous l'avons expliqué à propos de l'article 359, et il ne peut, par suite, être question d'un délaissement à faire aux autres assureurs.

Mais, dans les pays où, comme en Angleterre, on admet le concours des divers assureurs, l'assuré, en cas de délaissement, recouvre contre chacun des assureurs le montant de sa souscription, et les assureurs, de leur côté, se partagent le produit du sauvetage, en proportion de leur intérêt (V. n° 1677).

L'article 331 a réglé le concours de l'assureur avec le prêteur à la grosse sur le sauvetage (V. n° 1149). — En Angleterre, le prêteur à la grosse ne prend aucune part au sauvetage.
La loi de ce pays, dit Arnould (II, p. 939), est que le prêt à la
grosse ne donne pas de droit au bénéfice du sauvetage.

1896. — Nous avons vu (n° 1514) qu'il est question de permettre l'assurance du profit espéré. Quand il y a eu délaissement
à l'assureur de la chose, l'assureur du profit pourra-t-il réclamer le profit qui aura pu être réalisé sur la chose? La loi belge
de 1879 qui a admis l'assurance du profit espéré porte (art.
217) : « L'assureur du profit espéré ne peut, en cas de délais-
« sement, rien demander sur la chose à celui qui l'a fait as-
« surer? »

Cette disposition nous paraît parfaitement justifiée.

Il ne pourra y avoir de difficulté dans le cas où le profit aura
été assuré par l'assureur de la chose. Mais alors même que le
profit a été assuré par un autre assureur, il est tout simple que
celui-ci ne puisse rien réclamer sur le sauvetage à l'assureur
de la chose, à qui elle a été délaissée. Les droits de l'assureur
de la chose ne peuvent être lésés par un contrat qu'il peut ignorer et qui lui est complètement étranger (art. 1165 C. Civ.). Peu
importe que la marchandise délaissée soit vendue à un prix plus
ou moins élevé que la somme pour laquelle elle a été assurée, la
bonne comme la mauvaise chance est pour l'assureur de la chose
et pour lui seul.

Il pourra arriver que la chose vendue en cours de voyage
produise plus que la somme assurée : il se peut, si la chose a
été sacrifiée pour le salut commun, que la contribution due, qui
est toujours établie d'après les prix du lieu de déchargement
(art. 415), donne également une somme supérieure à la somme
assurée. En pareil cas, l'assuré ne fera pas en général le délaissement de la chose et préférera encaisser le prix de vente ou le
montant de la contribution, et l'assureur du profit sera alors
déchargé dans la mesure du profit réalisé par l'assuré. Mais si
l'assuré faisait le délaissement, il serait indemnisé de la perte
du profit par l'assureur du profit qui n'aurait aucun recours

contre l'assureur de la chose, sauf le cas de connivence frauduleuse entre l'assureur et l'assuré (V. n° 1514).

Nous verrons dans l'article suivant que le délaissement du navire entraîne celui du fret. Nous aurons à nous demander comment cette disposition peut se concilier avec l'assurance du fret.

<hr>

ART. 386.

Le fret des marchandises sauvées, quand même il aurait été payé d'avance, fait partie du délaissement du navire, et appartient également à l'assureur, sans préjudice des droits des prêteurs à la grosse, de ceux des matelots pour leur loyer, et des frais et dépenses pendant le voyage (1).

SOMMAIRE.

1897° — Pourquoi le fret doit être délaissé avec le navire.
1898° — Controverses à cet égard. Déclaration de 1779.
1899° — Que faut-il entendre par *fret des marchandises sauvées?*
1900° — Le fret acquis doit-il être délaissé à l'assureur du navire?
1901° — Suite.
1902° — Fret stipulé pour l'aller et le retour.
1903° — L'assureur peut-il réclamer un fret pour les marchandises chargées par le propriétaire du navire?
1904° — Cas où aucun fret n'est dû.
1905° — Navire substitué.
1906° — L'assureur a-t-il droit au fret des connaissements ou à celui de la charte-partie?
1907° — Article 15 de la police de Paris sur corps.
1908° — L'assureur est tenu de supporter les privilèges qui existent sur le fret — sauf recours.
1909° — Règlement entre l'assureur et l'assuré.
1910° — Est-il permis de stipuler que le fret ne sera pas délaissé avec le navire?
1911° — Au fret il faut assimiler les prix de passage.

(1) *Décl. du* 17 août 1779. Art. 6. — Le fret acquis pourra être assuré et ne pourra faire partie du délaissement du navire, s'il n'est expressément compris dans la police d'assurance; mais le fret à faire appartiendra aux assureurs comme faisant partie du délaissement, s'il n'y a clause contraire dans la police d'assurance : sans préjudice toutefois des loyers des matelots et des contrats à grosse aventure, à l'égard desquels les dispositions de l'ordonnance d'août 1681 seront exécutées suivant leur forme et teneur.

Le projet de 1867 avait supprimé l'article 386 (V. n° 1914).

1897. — Nous avons vu (art. 372), que le délaissement ne peut être partiel. Dans l'assurance sur corps, au délaissement du navire doit-on joindre celui du fret?

En général, lorsqu'il y a perte il n'est pas dû de fret (art. 302). Mais un fret peut être gagné par l'armateur, quoiqu'il y ait lieu au délaissement du navire. Ainsi le navire est atteint d'un sinistre majeur, mais les marchandises ont été sauvées, le fret est payé en proportion du voyage avancé. Il sera même payé en entier, si le capitaine fait parvenir les marchandises à destination (art. 296). — 2° Des marchandises peuvent avoir été déchargées avant le sinistre, soit qu'on suppose un voyage d'aller et retour, ou un navire faisant escale dans des ports d'échelle. Dans ce cas l'armateur aura encore droit au fret convenu. — 3° Enfin le fret a pu être stipulé payable à tout événement, même en cas de perte des marchandises, soit qu'il ait été payé d'avance ou simplement promis (art. 302). L'armateur est-il tenu, dans tous ces cas, de délaisser le fret? Dans quels cas l'est-il?

Le fret a été considéré comme l'accessoire du navire au profit des créanciers du navire (art. 216), au profit des marins (art. 258-259), des prêteurs à la grosse (art. 320). Il est tout simple qu'il en soit de même vis-à-vis des assureurs. Le fret représente : 1° l'usure et le dépérissement du navire; 2° les dépenses du voyage, vivres et salaires de l'équipage; 3° pour le surplus un bénéfice. Dans le système du Code, il n'est pas permis de faire assurer le bénéfice (art. 347). Mais on peut faire assurer le navire d'après sa valeur au départ avec les frais d'armement (art. 334). Or, dans le cas d'une pareille assurance, si l'assuré pouvait en cas de perte réclamer la valeur du navire au départ avec les frais d'armement et en même temps garder le fret, il se trouverait dans une situation meilleure que celle où l'eût placé une heureuse arrivée, ce qui ne doit pas être, l'assurance n'étant qu'un contrat d'indemnité, et l'assuré ne devant pas avoir intérêt à désirer la perte. Par toutes ces raisons on est conduit à dire que l'assuré qui, en cas de délaissement, reçoit une indemnité totale représentant la valeur du navire au départ, doit abandonner le fret à l'assureur, sauf à retenir sur le fret les dépenses qui en sont une charge, quand ces dépenses n'ont pas été comprises dans l'assurance.

1898. — Cette idée cependant ne s'est fait jour qu'avec le temps, et aujourd'hui encore on discute sur le point de savoir dans quelle mesure le fret doit être délaissé.

L'Ordonnance était muette en ce qui touche le délaissement du fret à l'assureur. La jurisprudence se prononça d'abord contre ce délaissement. Nous voyons dans Émérigon (ch. XVII, sect. IX) que, d'après un arrêt du Parlement d'Aix du 23 juin 1734, le fret était affecté à ceux qui avaient prêté à la grosse sur le navire, mais non aux assureurs. Un arrêt du Parlement de Rouen du 1er juillet 1751 refusa également de comprendre le fret, même celui des marchandises sauvées, dans le délaissement à faire aux assureurs.

Valin et Émérigon, au contraire, dans une mesure diverse, se prononçaient pour le délaissement du fret à l'assureur du navire. Valin voulait qu'on délaissât avec le navire le fret des marchandises *sauvées du sinistre,* alors même que le fret était *acquis,* c'est-à-dire payable à tout événement : il disait que l'assuré était « tenu d'abandonner tout de même, ou de rap-« porter ce fret *jusqu'à concurrence des marchandises sau-« vées.* » Mais il excluait du délaissement le fret des marchandises *perdues,* quand même il était payable nonobstant la perte, cette stipulation ne pouvant, suivant lui, profiter aux assureurs qui y étaient étrangers. — En ce qui concerne les marchandises débarquées avant le sinistre, Valin disait que dans une assurance à prime-liée, c'est-à-dire garantissant le navire pendant l'aller et le retour, si le sinistre avait lieu pendant le retour, l'assuré ne devait pas être tenu de délaisser le fret des marchandises débarquées dans le voyage d'aller (Valin, *Comm. sur l'Ord.,* art. 15 et 47 du titre *Des ass.*).

Émérigon allait plus loin. Dans des conférences tenues à

Marseille en 1778, il soutint que l'abandon ayant un effet rétroactif *au moment du risque commencé,* l'assureur devait avoir droit à tous les frets acquis pendant la durée du risque (V. n° 1890). En conséquence, Émérigon, à la différence de Valin, attribuait à l'assureur non-seulement le fret des marchandises sauvées, mais encore celui des marchandises perdues, si ce fret était payable nonobstant la perte. Émérigon se séparait encore de Valin en ce qu'il attribuait également à l'assureur le fret des marchandises débarquées avant le sinistre (Émérigon, ch. XVII, sect. ix).

La Déclaration du 17 août 1779 (art. 6) fit une distinction entre le *fret acquis* et le *fret à faire.* « Le fret acquis pourra « être assuré, et ne pourra faire partie du délaissement du « navire, s'il n'est expressément compris dans la police d'assu- « rance. Mais le fret à faire appartiendra aux assureurs, comme « faisant partie du délaissement, s'il n'y a clause contraire dans « la police d'assurance. »

Que signifiait, au juste, cette distinction entre le *fret acquis* et le *fret à faire?*

Nous nous sommes déjà occupé de ces expressions qu'on trouve dans les articles 318 et 320. L'Ordonnance, au titre *Des assurances* (art. 15), portait que les propriétaires de navires ne pourraient faire assurer le *fret à faire* de leurs bâtiments. Valin, à ce propos, opposait au fret à faire, qui ne peut être gagné qu'à l'arrivée du navire, le *fret acquis,* et il comprenait sous ce nom tout fret payé d'avance ou promis à tout événement, nonobstant la perte. Il ajoutait que ce fret, payé ou promis à tout événement, pouvait être assuré *par le marchand,* comme les autres dépenses faites pour le chargement. Mais quant au propriétaire du navire, Valin faisait remarquer qu'il ne pouvait pour lui être question d'assurer un fret qui, étant *acquis,* n'était pas soumis aux risques de mer. Il admettait, toutefois (t. II, p. 59), que le propriétaire auquel le fret avait été payé d'avance pouvait faire assurer la valeur entière de son navire, sans déduire le fret acquis. Émérigon, au contraire (ch. XVII, sect. ix), soutenait que si le fret stipulé à tout événement avait été *payé* avant le départ, ce fret devait être déduit de la valeur

du navire assuré. C'est cette déduction que la Déclaration de
1779 paraît avoir voulu écarter en disant que le *fret acquis
pourra être assuré* (V. n° 1500). Mais, par contre, la Déclaration décide que le *fret acquis* pourra faire partie du délaissement, s'il a été *expressément compris dans l'assurance*. La
Déclaration de 1779 obligea, en outre, à comprendre toujours
dans le délaissement du navire, sauf convention contraire, le
fret à faire, c'est-à-dire celui qui était subordonné à l'heureuse
arrivée ou au sauvetage.

Le projet du Code de commerce de 1807, de même que
l'Ordonnance, ne parlait pas du délaissement du fret. Mais la
Chambre de commerce de Lorient fit remarquer qu'il serait
exorbitant que le propriétaire d'un navire assuré pût, en réclamant la valeur au départ, garder le fret, et, contrairement à
Valin, s'inspirant des idées d'Émérigon, elle demandait qu'on
obligeât l'assuré à délaisser non-seulement le fret des marchandises sauvées, mais encore celui « de l'aller, perçu d'avance
ou non perçu par l'armateur » (Locré, *Esprit du Code de commerce,* art. 386).

C'est à la suite de ces observations que fut inséré dans le
Code l'article 384 qui oblige à délaisser *le fret des marchandises
sauvées.*

Cette disposition semblait devoir mettre fin à toute controverse. Il n'en a pas été ainsi. Les diverses questions que nous
allons avoir à examiner se rapportent aux trois points suivants.
1° Dans quels cas le fret appartient-il aux assureurs. 2° Comment le fret est-il réglé entre l'assuré et l'assureur. 3° Quels
sont les autres produits qu'on peut assimiler au fret. 4° Dans
quelle mesure la convention peut-elle déroger à l'article 386?

1899. — Une première difficulté a été soulevée. L'article
386 ne parlant que du fret des *marchandises sauvées,* on a
soutenu qu'il n'y avait lieu au délaissement du fret que dans
le cas de naufrage ou de tout autre sinistre impliquant l'idée
de *sauvetage,* mais qu'il n'y a pas lieu au délaissement du fret
lorsqu'on se trouve simplement en présence d'une série d'avaries autorisant le délaissement pour cause d'innavigabilité, ou
détérioration des trois quarts.

Cette idée a été à bon droit repoussée (Nantes, 7 mai 1864, J. N., 64. 1. 146). Rien n'autorise la distinction qu'on voudrait ici établir entre les divers cas de délaissement. On ne peut pas même argumenter du texte de l'article 386, car lorsqu'à la suite d'événements de mer, un navire est devenu innavigable, les marchandises débarquées et mises à bon port sont en réalité des *marchandises sauvées* (V. n° 1952).

Mais que faut-il entendre par *fret des marchandises sauvées?* Quel est au juste le fret qui doit être délaissé.

Si l'on prend à la lettre l'article 386 qui n'accorde à l'assurance que le *fret des marchandises sauvées*, l'assureur ne pourra réclamer que le fret des marchandises existant à bord au moment du sinistre et qui en ont été sauvées. Ainsi un navire assuré a été affrété avec faculté de faire escale. Dans ces escales il a déposé et renouvelé son chargement, et il fait naufrage ayant à bord un nouveau chargement qui est sauvé, l'assureur ne pourrait réclamer que le fret de ce dernier chargement.

Dans un système contraire, on attribue à l'assureur tout le fret gagné *depuis le commencement du risque*. Des auteurs reprenant l'idée d'Émérigon, soutiennent que le délaissement du navire doit placer l'assuré dans la même situation qu'au commencement du risque, que le fret est la compensation de la détérioration du navire depuis le commencement du risque; et qu'il n'y a pas lieu, par suite, de faire de distinction entre les frets des divers chargements (de Courcy, *Quest. de droit marit.*, I, p. 133 et suiv.; Droz, *Ass.*, II, n° 598).

Les polices ont à cet égard adopté un système intermédiaire que j'expliquerai plus loin (n° 1907).

Mais il faut auparavant bien nous fixer sur le sens de l'article 386.

Des deux systèmes que j'ai indiqués, je n'hésite pas à préférer le premier, parce que seul il peut se concilier avec le texte. La Commission de Lorient demandait, on l'a vu, que l'on comprît dans le délaissement non-seulement *le fret des marchandises sauvées,* mais encore celui de l'aller. Le législateur s'est borné à dire : *fret des marchandises sauvées.* Cela, évidemment, ne peut pas s'appliquer à *tous les frets sauvés*, mais seulement au fret des marchandises existant à bord au moment du sinistre, et qui en ont été sauvées. Tel est le sens des mots *marchandises sauvées, effets sauvés,* dans les articles 259, 303, 327, 331, 417, 423 et 425. Il n'y a pas de raison pour lui donner un autre sens dans l'article 386.

Cette interprétation est au reste celle qui est admise par presque tous les auteurs (Dalloz, *Rép.,* v° *Droit marit.,* n°ˢ 214 et suiv.; Bédarride, n° 1577; Emile Cauvet, *Ass.,* II, n° 405; Boistel, *Droit com.,* 3° édit., n° 1421). Ce dernier auteur justifie la disposition du Code en disant que le fret acquis depuis le commencement du risque peut dépasser de beaucoup le dépérissement normal du navire pendant cette période, et que dès lors on a dû considérer le seul fret des marchandises existant à bord comme une représentation suffisante du dépérissement. M. Laurin (IV, p. 185), conclut même de l'article 386, que si le navire était incendié dans le port de destination après avoir commencé son délaissement, l'assureur n'aurait pas droit au fret des marchandises déjà débarquées.

La jurisprudence elle-même, en général, prenant à la lettre l'article 386, n'accorde à l'assureur que le fret des marchandises qui existaient à bord au moment du sinistre, et qui en ont été sauvées. La Cour de cassation s'est prononcée en ce sens dès 1825 (arrêt du 14 déc. 1825, Sirey, 26. 1. 277). — Toutefois un arrêt de la Chambre civile du 26 novembre 1879 (Dall., 80. 1. 131) sur lequel nous reviendrons plus loin (n° 1900), a posé, en principe, que celui qui délaisse une chose doit en abandonner *tous les produits utiles.* Faut-il voir ici un retour à la doctrine d'Émérigon?

Il a été jugé, d'ailleurs, que bien que le délaissement soit fondé sur un état d'innavigabilité à la suite de divers événements de mer, et que des marchandises aient été déchargées dans l'intervalle, l'assureur peut réclamer le fret de ces marchandises. Un navire faisait son déchargement dans la rade foraine de la Réunion, lorsque surpris par un coup de vent, il fut obligé de prendre la mer. Revenu quelques jours après avec des avaries, il fut assailli par un second ouragan, et éprouva de nouvelles avaries qui, jointes aux premières, le mirent en état d'innavigabilité. L'assuré soutint qu'il n'avait pas à délaisser le fret des marchandises débarquées avant le dernier ouragan. Sa prétention a été repoussée par le motif que les deux coups de vents ayant contribué à l'innavigabilité, il n'y avait, en réalité, qu'un sinistre dont la cause remontait jusqu'au premier coup de vent (Nantes, 7 mai 1864, J. N., 64. 1. 146. Voy. dans le même sens, Rouen, 27 janv. 1852, Dall., 53. 2. 61).

1900. L'article 386 porte que l'assuré doit délaisser le fret des marchandises sauvées *quand même il aurait été payé d'avance.*

. L'affréteur qui a payé d'avance une partie du fret, impute l'avance sur ce qu'il reste devoir. Il est donc juste que l'armateur assuré fasse compte à son assureur de cette somme.

Mais lorsque l'avance a été stipulée non remboursable nonobstant la perte des marchandises, l'assuré, en cas de perte, doit-il compte du fret acquis? Valin, on l'a vu, n'accordait pas à l'assureur le fret des marchandises perdues, quand même il avait été stipulé à tout événement. — Émérigon, partant de l'idée que le délaissement du navire devait mettre l'assuré au même état que si l'opération nautique n'avait pas eu lieu, aurait voulu accorder à l'assureur le fret acquis. Il reconnaissait, toutefois, que cette décision ne pouvait se concilier avec la Déclaration de 1779 qui excluait, en principe, du délaissement le *fret acquis.* Elle ne me paraît pas pouvoir davantage être aujourd'hui admise en présence du texte de l'article 386 qui n'accorde à l'assureur que le fret des marchandises *sauvées.*

Des auteurs, cependant, reprenant encore ici le système d'Émérigon, ont soutenu que le *fret acquis* même des marchandises *perdues* devait appartenir à l'assureur (de Courcy, *Quest.,* I, p. 135 ; Droz, *Ass.,* II, n° 598). Ces auteurs écartent l'article 386, en disant que le législateur n'a pas prévu le cas d'un fret acquis stipulé à tout événement. — Ils ajoutent que dans le système contraire, le capitaine aurait tout intérêt à ne pas sauver les marchandises, puisque, s'il les sauve, il devra rapporter le fret reçu d'avance, tandis que, s'il ne les sauve pas, il gardera le fret. — Nous répondrons que Valin avait déjà prévu l'objection et qu'elle ne l'avait pas arrêté (*Comment. de l'Ord.*, tit. *Des ass.*, art. 15).

Ici encore, toutefois, la jurisprudence n'est pas bien fixée. De nombreuses décisions ont jugé que l'assureur n'avait pas droit au fret des marchandises perdues, quand même il aurait été stipulé acquis, cette stipulation devant rester étrangère à l'assureur. C'est ce qu'a jugé notamment un arrêt de la Cour de Caen du 4 juillet 1865 (Sirey, 66. 2. 8). La Chambre des Requêtes s'est prononcée dans le même sens le 5 mars 1867 (J. N., 68. 2. 68) en rejetant le pourvoi formé contre cet arrêt. Mais la Chambre civile s'est prononcée en sens contraire par un arrêt du 26 novembre 1879 (Dall., 80. 1. 131). « Attendu que l'assurance est un contrat d'indemnité, et ne « peut être pour l'assuré une cause de bénéfice; — que ce prin- « cipe est consacré par l'article 386, aux termes duquel le fret « des marchandises sauvées, quand même il aurait été payé « d'avance, fait partie du délaissement du navire et appartient « à l'assureur; — qu'il en doit être ainsi par la même raison « du fret payé d'avance pour des marchandises perdues, quand, « par application de l'article 302 du même Code, il a été con- « venu, qu'il ne serait pas restituable en cas de perte des mar- « chandises, ce fret non restituable se trouvant acquis au même « titre que celui des marchandises sauvées, et l'assuré qui dé- « laisse la chose ne pouvant pas plus, dans un cas que dans « l'autre, *en retenir les produits utiles.* » — Les termes de cet arrêt et le principe posé sembleraient devoir conduire la Cour de cassation à attribuer à l'assureur non-seulement le *fret acquis* mais encore celui des marchandises débarquées avant le sinistre, en un mot, tous les frets gagnés depuis le commencement des risques. La Cour de cassation entend-elle aller jusque-là et reprendre en son entier la doctrine d'Émérigon?

1901. — La stipulation par laquelle le fret est promis à tout événement soulève, par rapport *aux marchandises sauvées,* une autre difficulté. Le fret promis *à tout événement* est, en général, inférieur à celui qui aurait été fixé sans cette stipulation. L'assureur pourra-t-il réclamer sur les marchandises sauvées le fret courant? Valin se prononçait pour l'affirmative :

il se fondait sur ce que la stipulation de fret acquis ne pouvant
profiter à l'assureur en cas de perte, ne devait pas lui nuire en
cas de sauvetage des marchandises (*Comment. de l'Ord.*, tit.
Des ass., art. 15). — Je ne puis partager cette opinion de Valin qui me paraît laisser place à des appréciations arbitraires.
Lorsque la loi a accordé à l'assureur le *fret des marchandises
sauvées*, elle a évidemment entendu parler du fret fixé par la
charte-partie et reçu par l'armateur (V. n° 1906).

1902. — Lorsque le fret a été stipulé en bloc pour l'aller
et le retour, payable seulement *sur le chargement de retour*,
et qu'au retour il y a perte du navire avec sauvetage du chargement, quel est le fret qui est dû aux assureurs? Des auteurs,
partant de l'idée que l'assureur ne peut réclamer le fret des
marchandises déchargées avant le sinistre (V. *suprà*, n° 1899),
font ici une ventilation pour limiter le délaissement au fret du
retour (Émile Cauvet, *Ass.*, II, n° 405. V. aussi en ce sens *Sentence arbitrale* du 22 juin 1877, J. N., 1877. 1. 331). Je
repousse cette idée. Sauf convention contraire dans la police
(V. n° 1907), je ne crois pas qu'au point de vue du délaissement on puisse diviser la charte-partie quand il n'y a qu'un seul
fret.

1903. — Le fret des *marchandises sauvées* est celui qu'elles
doivent payer.

Lorsque les marchandises ont été chargées pour le compte du
propriétaire du navire, l'assureur auquel celui-ci fait le délaissement du navire peut-il réclamer un fret?

En apparence, il n'y a pas de fret. Mais en réalité il y a
un fret que le propriétaire se paie à lui-même, et qu'il retrouve
dans le prix des marchandises. Le fret sera donc réglé par le
prix courant vis-à-vis des assureurs comme vis-à-vis des créanciers du navire (V. t. I, n° 264).

1904. — Mais le propriétaire assuré ne doit pas de fret
aux assureurs quand en réalité il n'en a pas reçu. Il en sera
ainsi, par exemple, si le fret étant payable seulement sur le
chargement de retour, le navire périt dans le voyage d'aller.
La Cour de Paris a jugé, le 14 août 1857 (*J. Hâvre*, 1857. 2.
204), qu'en pareil cas si le chargement était sauvé, l'assureur

pourrait réclamer le fret de l'aller déterminé au moyen d'une ventilation. M. Émile Cauvet (II, n° 405) émet la même idée. — Quant à moi, je ne puis comprendre qu'on oblige l'assuré à délaisser un fret qu'il ne reçoit pas (Comp. n° 1902).

Par la même raison, j'adhère complètement à un jugement de Nantes du 23 juin 1877 (J. N., 1877. 1. 323) qui a jugé que l'assureur ne peut réclamer le fret proportionnel accordé par la loi française pour les marchandises vendues en cours de route (art. 296), si en réalité le capitaine n'a pas reçu ce fret, la charte-partie ayant été passée sous l'empire de la loi anglaise qui ne l'accorde pas (V. n° 832).

1905. — Au cas où le capitaine d'un navire devenu innavigable fait parvenir les marchandises à destination, il a toujours droit à son fret entier (art. 296), lors même que le fret du second navire serait inférieur à celui du premier (V. t. II, n° 830). L'assureur aura donc, dans ce cas, le droit de réclamer le fret entier.

1906. — Quand un navire a été frété à un affréteur principal qui l'a ensuite sous-frété pour prendre des marchandises à cueillette, il y a alors deux sortes de fret, le *fret de la charte-partie* dû au propriétaire du navire par l'affréteur principal pour la location du navire, et le *fret des connaissements* dû par les chargeurs à l'affréteur principal pour le transport de leurs marchandises (V. n°ˢ 222, 666). De ces deux frets, lequel sera dû par le propriétaire du navire à son assureur? Ces mots : *fret des marchandises sauvées,* semblent, a-t-on dit, plutôt s'appliquer au fret des connaissements (*Sic,* Émile Cauvet, II, n° 402). — Je crois que le législateur n'a pas, en réalité, prévu l'hypothèse dont nous nous occupons. Dans tous les cas, il me paraît impossible d'obliger le propriétaire du navire assuré à délaisser un fret autre que celui qu'il reçoit (V. n° 733).

1907. — La police de Paris sur corps (art. 15) porte : « En « cas de délaissement, l'armateur reste personnellement débi- « teur des gages d'équipage antérieurs au voyage pendant « lequel le sinistre a eu lieu et doit les compenser avec l'assu- « reur dans le règlement de l'indemnité, s'ils ont été prélevés « sur le produit du sauvetage. — Le fret délaissé avec le navire

« est seulement celui du *dernier voyage*, mais il comprend le
« fret de toutes marchandises débarquées *même avant le sinis-*
« *tre,* ou aux *divers lieux d'escale,* ainsi que tout *fret payé*
« *d'avance* et non restituable à l'affréteur. »

Ainsi dans le système des polices, les assureurs n'ont pas
droit seulement au *fret des marchandises sauvées,* — ils ont droit
au fret des marchandises débarquées avant le sinistre dans des
lieux d'escale, — ils peuvent réclamer le fret même des marchandises perdues, s'il a été payé d'avance ou promis à tout événement (Nantes, 14 janvier 1882, J. N., 1882. 1. 270).

La police a donc notablement élargi les droits accordés à
l'assureur par l'article 386.

Notre police française, toutefois, n'accorde à l'assureur que
le fret *du dernier voyaye.* L'article 17 explique qu'il n'y a
qu'un seul voyage depuis le commencement du chargement jusqu'à la fin du déchargement. Mais il y a voyage distinct toutes
les fois qu'il y a un entier déchargement dans un port de
reste (1).

Le voyage d'aller est distinct du voyage de retour, et il en
est ainsi même dans le cas où un seul fret a été stipulé pour
l'aller et le retour, payable seulement sur le chargement de
retour. C'est ce qu'a décidé une sentence arbitrale du 22 juin
1875 (J. N., 1877. 1. 331). Dans l'espèce, le navire ayant péri
au retour avec tout son chargement, les assureurs réclamaient
les avances sur fret payées avant le voyage d'aller, prétendant
que l'aller et le retour ne formaient qu'un seul voyage. Leur
prétention a été repoussée : on a décidé qu'au point de vue du
délaissement du fret, l'aller et le retour devaient être réglés à
part, et que comme les avances faites avant le voyage d'aller

---

(1) Art. 17. — « Il y a voyage distinct en ce qui touche l'application des
« articles 15 et 16 de la présente police, dans la traversée que fait un navire
« sur lest pour aller prendre chargement. — S'il prend charge pour un ou
« plusieurs points, il y a un seul voyage depuis le commencement du char-
« gement jusqu'à la fin du débarquement. — Il en est ainsi alors même que
« le navire a embarqué des marchandises pour un voyage ultérieur. Ce nou-
« veau voyage n'est réputé commencé qu'au moment où a été achevé le dé-
« chargement des autres marchandises » (Comp. nᵒˢ 1402-1447).

n'excédaient pas le fret afférent à ce voyage, les assureurs ne pouvaient réclamer aucune partie des avances (V. n° 1401).

1908. — En attribuant le fret à l'assureur, l'article 386 ajoute : « sans préjudice des droits du prêteur à la grosse, de « ceux des matelots pour leurs loyers, et des frais et dépenses « pendant le voyage. »

L'assureur auquel on délaisse le fret est soumis comme détenteur du fret à tous les privilèges qui grèvent le fret. Or, le fret est affecté spécialement aux marins (art. 259-260), — aux prêteurs à la grosse (art. 320-331), — et généralement à tous les créanciers du navire (art. 216).

Mais il reste à voir dans quelle mesure l'assureur aura un recours contre l'assuré, et comment le fret se réglera entre eux.

Il est incontestable que l'assureur aurait un recours contre l'assuré si, comme détenteur du fret, il avait été obligé de payer des dépenses qui avaient été faites pour gagner des frets antérieurs, ne se rapportant pas au fret délaissé, et qui étaient la dette personnelle de l'assuré. Ainsi les marins ont le droit de réclamer sur le navire et en certains cas sur le fret tous les loyers *de leur dernier voyage* (art. 191, n° 6, art. 259-260). Pendant le dernier voyage des marins, l'armateur a pu gagner une série de frets. Le dernier seul, cependant, revient aux assureurs. Si les frets antérieurs ne sont pas rapportés, si l'armateur les garde, il est juste qu'il reste personnellement débiteur des salaires qui ont servi à les gagner, et qu'au cas où l'assureur aurait été obligé de les payer, il puisse se faire indemniser en compensant au besoin ces salaires avec l'indemnité due par lui à l'assuré. C'est aussi ce que porte l'article 15 de la police de Paris (V. n° 1907).

1909. — Mais l'assureur ne doit-il pas prendre à sa charge toutes les dépenses faites pour gagner le fret délaissé. En d'autres termes, peut-il réclamer le fret *brut,* ou seulement le fret *net ?*

Des auteurs posent en principe que l'armateur ne doit à l'assureur que le fret net, déduction faite des dépenses (Droz, *Ass.,* II, n° 608). Cette règle ne me paraît pas exacte, ou demande du moins une explication.

L'article 386 se borne à dire qu'on doit délaisser le *fret*. Or le mot fret ne peut par lui-même s'entendre que du fret *brut*. J'en conclus que vis-à-vis des assureurs comme vis-à-vis des créanciers, en cas d'abandon, c'est le fret brut qui doit en principe être délaissé (V. tom. I, n° 265).

Mais il ne faut pas perdre de vue que dans l'usage l'armateur fait assurer avec le navire les frais d'armement et mise dehors. Ces frais, d'après la police (art. 5), sont, même de droit, réputés compris dans l'assurance du navire (V. n°ˢ 1373, 1378). Or l'assurance de ces dépenses sort évidemment à effet lorsque par le délaissement du fret l'assuré se trouve privé du fret qui était destiné à couvrir les dépenses. Il est donc tout simple, qu'en pareil cas, l'armateur se fasse indemniser de ces dépenses faites en pure perte, en les retenant sur le fret.

Dans l'usage, en cas de délaissement du fret à l'assureur, l'assuré déduit sur le fret non-seulement tous les frais et dépenses faites pour le compte du navire depuis le jour où a commencé le dernier voyage, mais encore la commission de 2 0/0 accordée en général à l'armateur sur l'affrétement du navire (Nantes, 8 avril 1878, J. N., 1878. 1. 193). — Il en est de même de la commission qui a pu être stipulée sur le fret au profit du capitaine (V. *ibid.*, et n°ˢ 30, 683).

1910. — Peut-on par une convention formelle déroger à la disposition de l'article 386 qui prescrit de délaisser avec le navire le fret des marchandises sauvées?

La Déclaration de 1779, en prescrivant le délaissement du fret, réservait la convention contraire : *s'il n'y a clause contraire dans la police.* Le Code n'a rien dit. De là controverse.

Dans un premier système on considère comme licite la clause qui réserverait le fret à l'assuré. La clause, dit-on, est licite par cela même qu'elle n'est pas prohibée. La stipulation d'une prime plus forte compensera d'ailleurs ce que la chance de l'assureur a de moins favorable (Pardessus, 6° édit., II, n° 852).

D'autres auteurs, au contraire, soutiennent que du moment que l'article 386 n'a pas, ainsi que le faisait la Déclaration de 1779, réservé la convention contraire, cette convention doit être considérée comme prohibée. On fait remarquer que d'après l'article 386, le fret *fait partie du délaissement,* et que l'article 372 prohibe le délaissement partiel. On ajoute enfin que l'armateur qui peut faire assurer avec le navire les frais d'armement, et par suite recouvrer ces frais en cas de perte du navire, réaliserait aux dépens des assureurs un véritable bénéfice s'il pouvait en même temps conserver le fret, ce qui répugne à la nature du contrat d'assurance simple contrat d'indemnité (Bédarride, nᵒˢ 1579, 1580; Laurin, IV, p. 194; Boistel, 3ᵉ édit., nᵒ 1420).

D'autres auteurs font des distinctions. Il y en a qui permettent à l'armateur de se réserver le fret pourvu qu'il ne se fasse pas rembourser les frais d'armement et mise dehors : en un mot ils ne permettent à l'assuré que de se réserver le fret *net* (Haghe et Cruismans, nᵒ 217). — Mais le fret net ajouté à la valeur du navire au départ laisse encore l'assuré en bénéfice (V. nᵒ 1897). D'autres auteurs en conséquence ne permettent à l'assuré de se réserver le fret que si l'assurance ne couvre pas la valeur entière du navire. Ainsi, dit-on, un navire valant 40,000 fr. et ayant produit 10,000 fr. de fret n'a été assuré que pour 30,000 fr. : la stipulation relative au non délaissement du fret sera licite parce qu'elle ne fera que couvrir le découvert de l'assuré (Droz, *Ass.,* II, nᵒ 604; Émile Cauvet, II, nᵒ 411).

Quant à moi, je me borne à me référer à ce que j'ai dit à propos de l'assurance du fret. Il ne me paraît pas possible que l'assuré retienne le fret dans les cas où l'assurance du fret devrait être interdite comme cumulative (V. nᵒ 1511).

Il est certain au surplus, qu'en présence d'une police qui stipule le délaissement du fret dans des cas autres que celui fixé par l'article 386, les parties sont toujours libres de déroger aux dispositions de la police pour revenir à la règle de l'article 386 (Hâvre, 7 juin 1856, J. M., 56. 1. 128).

1911. — Au fret des marchandises sauvées il faut assimiler le prix de transport qui pourrait être dû par des passagers. C'est là encore un fret qui, sauf convention contraire, devrait être délaissé par l'assuré (Rouen, 27 janvier 1852, Dall., 53. 2. 61).

1912. — Le tribunal de Marseille a jugé, le 24 août 1863 (J. M., 41. 1. 121), qu'on devrait pareillement comprendre dans le délaissement comme accessoire du navire la prime de sauvetage gagnée par le navire délaissé. Mais à cet égard j'éprouve quelque doute, car le *tiers* du sauvetage accordé par l'Ordonnance de 1681 aux sauveteurs (V. t. I, nº 86) appartient plutôt à l'équipage qu'au navire.

1913. — Depuis la loi du 29 janvier 1881, qui a accordé aux navires de long-cours une prime de navigation, on peut se demander si cette prime doit également être comprise dans le délaissement du navire. En l'absence de convention particulière, je ne crois pas que la prime de navigation puisse être réclamée par les assureurs du navire. Elle ne pourrait l'être que si elle avait été comprise dans l'assurance, en admettant que la prime de navigation puisse être l'objet d'une assurance. Je me suis déjà expliqué sur ce point (V. nº 1781).

1914. — Dans le projet de révision de 1867, la disposition de l'article 386 qui prescrit le délaissement du fret à l'assureur du corps avait disparu. Le projet, admettant l'assurance du fret prohibée par l'article 347, on avait pensé que le fret ne pouvait plus être considéré comme l'accessoire du navire, et que, constituant un objet d'assurance distinct, il devait appartenir soit à l'assureur du fret, soit à l'armateur, si le fret n'avait pas été assuré, l'armateur étant, dans le dernier cas, considéré, par rapport au fret, comme son propre assureur.

La même idée a passé dans la proposition votée par le Sénat, le 5 février 1877, pour modifier diverses dispositions du livre II.

La Chambre des députés, à laquelle a été renvoyée la proposition du Sénat, tout en reconnaissant l'assurance du fret, s'est prononcée pour le maintien de l'article 386 (séance du 10 juillet 1882). Le rapporteur de la Commission à la Chambre des députés a soutenu que l'assurance du fret ne devait modifier en aucune façon la position des assureurs sur corps, auxquels le fret des marchandises sauvées devait toujours appartenir comme une dépendance du navire délaissé, et qu'en aucun cas l'assureur du fret ne pouvait avoir droit au délaissement du fret.

Mais le Sénat, saisi pour la seconde fois du projet, a maintenu l'abrogation de l'article 386 (séance du 5 février 1883), et il y a lieu de penser que la Chambre des députés se ralliera à la même idée, car elle a déjà été adoptée par la Commission. Du rapport de M. Peulevey, déposé le 10 novembre 1883 (*J. off.*, 1884, p. 206), il résulte que la Commission a reconnu elle-même que, du moment que le fret peut être assuré par police distincte, l'armateur ne doit pas être tenu d'en faire le délaissement à l'assureur du corps. Autrement, dit-on, le délaissement du fret, en produisant une perte du fret, retomberait toujours sur l'assureur du fret, sans que celui-ci pût en profiter. Si celui-ci paie le fret, c'est à lui qu'on doit le délaisser (V. n° 1755). On ne ferait ainsi que revenir au principe posé dans l'article 372, à savoir que le délaissement ne s'étend qu'aux choses qui sont l'objet de l'assurance et du risque.

Il faut reconnaître, cependant, que l'assureur sur corps privé du fret pourra avoir quelque droit de se plaindre, s'il doit néanmoins rembourser la valeur du navire *au départ* (V. n° 1897). De là l'idée de permettre à l'assureur sur corps de déduire sur le montant de l'assurance ce qui peut représenter le dépérissement naturel du voyage. Nous verrons plus loin que cette idée a été consacrée par le Code hollandais (n° 1915). Mais ce système a l'inconvénient d'obliger les parties à recourir à des règlements plus ou moins compliqués, que le législateur a précisément voulu éviter par la procédure du délaissement.

N'oublions pas, d'ailleurs, que si la proposition votée par le Sénat permet d'assurer le fret, elle prohibe les assurances cumulatives qui, par leur concours, auraient pour résultat de placer l'assuré dans une situation meilleure que celle de l'heureuse arrivée. « Ainsi, est-il dit, l'armateur ne peut faire as-« surer concurremment l'entier montant du fret et les frais « d'avitaillement, les loyers et autres dépenses faites pour le « voyage. »

D'après la police de Paris, l'assurance du navire comprend de droit celle des frais d'armement (art. 5). Mais l'assuré s'interdit expressément toute assurance sur fret excédant 60 0/0 du fret à justifier (art. 22). « Quand le navire arrive à son port de destination et livre la marchandise, dit M. de Courcy, l'armateur touche bien le fret brut, mais il doit payer aussitôt les commissions, les salaires de l'équipage, les menues avaries et dépenses d'entretien, les frais de réarmement et le remplacement des vivres consommés. C'est une évaluation fort modérée, que d'évaluer à quarante pour cent ces charges du fret et de supposer que, sur un fret de 50,000 fr., il pourra rentrer 30,000 fr. net dans la caisse de l'armateur. Qu'il fasse assurer les 30,000 fr. au maximum qui sont pour lui en risque, je le comprends : s'il fait assurer 50,000 fr., il se crée manifestement un intérêt de 20,000 fr. au moins à ce que le navire n'arrive pas au port, puisque par l'événement de la perte, il touchera le fret brut et sera dispensé d'en payer les charges » (De Courcy, *Comm. de la police*, p. 183).

1915. — En Hollande où l'assurance du fret a été admise par le Code de 1838, l'assurance du fret brut est considérée comme tout à fait distincte de celle du navire, et en cas de délaissement le fret sauvé appartient à l'assureur du fret (art. 678). L'article 619, toutefois, dans l'intérêt de l'assureur sur corps, permet au magistrat de diminuer la valeur assurée du navire, quand le navire assuré pour plusieurs voyages a péri après en avoir fait un ou plusieurs et perçu le fret. Mais dans toutes les polices sur corps souscrites en Hollande, l'assureur renonce au bénéfice de cette disposition.

En Belgique, la loi du 21 août 1879, qui a admis l'assurance du fret, a attribué aussi tout le fret *à l'assureur du fret,* non-seulement le fret des marchandises sauvées, et le prix de passage dû au moment du sinistre, mais encore le fret des marchandises débarquées dans les ports d'échelle, quand même il aurait été payé d'avance, ou l'aurait été en cours de voyage. Toutefois cette cession n'est faite qu'avec les charges qui grèvent le fret, loyers et frais de rapatriement. Mais quand des dépenses pour loyers ont été épargnées parce que le voyage ne s'est pas achevé, l'assureur du fret ne paie le montant de l'assurance que déduction faite des dépenses épargnées, et la prime est réduite en proportion [1].

____

(1) Art. 218. — « En cas de délaissement du fret, le fret de la partie du

Le nouveau Code italien de 1882 qui a admis l'assurance du fret, a évité de se prononcer sur la question de délaissement du fret, il se borne à dire (art. 639) que le délaissement comprend seulement les choses qui font l'objet de l'assurance et du risque.

En Angleterre, quoiqu'on y admette aussi l'assurance du fret (V. n° 1510), l'assureur du navire a droit en cas de délaissement à tout le fret qui était pendant au moment de l'accident qui a donné lieu au délaissement, ainsi qu'au fret gagné postérieurement, et à moins de convention particulière on ne fait pas de distinction entre les deux parties du fret, lequel est considéré comme indivisible. « Le délaissement (*abandonnement*), dit Ar-« nould, ne transfère pas seulement à l'assureur le corps du « navire (*the hull*), il lui en transfère aussi l'usage avec tous « les avantages résultant de l'accomplissement du voyage : en « un mot, le délaissement équivaut *à une vente du navire,* et « par suite opère la translation tant du navire que des droits « et avantages qui y sont attachés. »

L'assuré ainsi privé du fret par le délaissement fait à l'assureur du navire n'a pas de recours contre l'assureur du fret, lequel n'est pas considéré comme responsable, quand en réalité le fret a été gagné et qu'il a été seulement abandonné par le fait de l'assuré. C'est encore ici une application de la maxime *causa proxima, non remota, spectatur* (V. n° 1568).

En Angleterre, au reste, l'assureur du navire ne peut réclamer le fret : 1° s'il s'agit d'un fret gagné après transbordement par un second navire substitué au premier navire devenu innavigable. Il n'en pourrait être autrement que si le second navire

« chargement sauvée ou débarquée aux ports d'échelle, et le prix du passage « dû au moment du sinistre, quand même il aurait été payé d'avance ou en « cours de voyage, appartient à l'assureur du fret, sans préjudice des droits « du prêteur à la grosse, de ceux des matelots pour leurs loyers et leur ra-« patriement et des frais et dépenses pendant le voyage. »

Art. 219. — « Dans le même cas, l'assureur du fret peut déduire de la « somme assurée tout ce que l'assuré est dispensé de payer pour gages de « l'équipage ou pour toutes autres dépenses comprises dans l'assurance, et « dont, par l'événement, il est déchargé. La prime sur le montant déduit « sera intégralement restituée. »

avait été affrété pour le compte de l'assureur. 2° Si le navire était chargé pour le compte du propriétaire, l'abandonnataire du navire ne pourrait réclamer de fret que pour le trajet fait depuis l'abandon. — Dans ces deux cas, et dans tous ceux où une partie du fret ne peut être réclamée par l'abandonnataire du navire, le fret revient comme sauvetage à l'assureur du fret, auquel il a été fait abandon, à la charge par lui de payer les dépenses faites pour le gagner (Arnould, édit. de 1877, II, p. 1042 et s.).

Aux Etats-Unis on a fait à l'assureur du fret une meilleure part. Des auteurs sont allés jusqu'à soutenir que l'assureur du navire n'avait aucun droit sur le fret. Phillips cite l'avis d'un savant magistrat, M. Radcliff, qui s'exprime ainsi : « Je crois « que l'assureur sur corps ne peut, en aucun cas, s'enri- « chir par le fret : l'effet de l'abandon est de substituer l'as- « sureur à la place de l'assuré : il ne présente aucune analogie « avec la vente : je ne découvre rien pour soutenir le droit de « l'assureur à recouvrer ce qu'il n'a pas assuré. En acceptant « l'abandon, les assureurs deviennent propriétaires du navire ; « ils le prennent *cum onere* dans la condition où il se trouve, « grevé des engagements du voyage qu'ils ont assuré et des « droits de toutes les parties intéressées. Le navire peut appar- « tenir à une personne, le fret à une autre, la cargaison à une « troisième : dans ce cas, en supposant que l'assuré sur corps « fasse l'abandon, l'assureur peut-il avoir droit à un fret qui « originairement était la propriété d'un autre et continue de « l'être? »

Toutefois aux États-Unis un système intermédiaire a prévalu : le fret gagné avant le sinistre qui a motivé le délaissement reste à l'assuré ou à son représentant, l'assureur du fret : mais l'assu- reur du navire a droit au fret réalisé après l'abandon du navire. Ainsi un navire est capturé après avoir accompli 8/9ᵉˢ du voyage : il est abandonné aux assureurs sur corps, puis restitué et achève le voyage. Huit neuvièmes du fret à payer par la cargaison appartiendront à l'assureur du fret, un neuvième à l'assureur du corps (Phillips, *Insur.,* II, nᵒˢ 1738-1742). C'est le système qui a été expressément consacré dans un projet de

1884 rédigé pour l'État de New-York, dont nous avons déjà parlé (V. n° 1754). C'est aussi ce que décide le Code du Bas-Canada (art. 2548) : « Dans le cas d'acceptation du délaissement « du bâtiment, le fret gagné après le sinistre appartient à « l'assureur, et celui gagné auparavant appartient au proprié- « taire du bâtiment ou à l'assureur du fret à qui il a été aban- « donné. »

Le Code allemand a adopté le même système. D'après l'article 872, l'assureur du navire ne peut réclamer le fret net du voyage dans lequel l'accident est arrivé que dans la mesure où il a été gagné *après la déclaration de délaissement*. — L'article 872 ajoute que le dommage qui en résulte pour l'assuré est supporté par l'assureur du fret, quand le fret a été assuré séparément. « La conférence de Hambourg, dit à ce propos « Lewis, n'a pas, à l'exemple d'autres législations qui ont « consacré le système du délaissement, admis le principe qu'à « l'assureur du corps doit revenir tout le fret du voyage auquel « se rapporte le sinistre qui a donné lieu à l'abandon. Elle n'a « accordé à l'assureur du navire que la portion du fret corres- « pondant au temps qui a suivi la déclaration de délaissement. « En faveur de cette disposition qui fut écartée à la première « lecture et adoptée seulement à la seconde, on a fait valoir que « la partie du fret dont il vient d'être parlé devait être acquise « par l'assureur comme un accessoire du navire dont il avait la « propriété, avec les risques et les charges. D'autre part, on a « considéré *l'assureur du fret* comme obligé d'indemniser l'as- « suré de la quote-part du fret abandonné à l'assureur sur « corps, parce que si *la cause dernière* de cette perte est un « fait volontaire de l'assuré, toutefois *la cause primordiale* « qui a occasionné le délaissement et par suite la perte du « navire avec une quote-part du fret est une fortune de mer « dont l'assureur du fret doit répondre, en ce qui concerne le « fret » (Lewis, *Das deutsche Seerecht*, II, p. 352). Ce passage fait très bien ressortir la différence qui existe entre la doctrine allemande et la doctrine anglaise (Comp. n° 1568).

Art. 387.

En cas d'arrêt de la part d'une puissance, l'assuré est tenu de faire la signification à l'assureur, dans les trois jours de la réception de la nouvelle. — Le délaissement des objets arrêtés ne peut être fait qu'après un délai de six mois de la signification, si l'arrêt a eu lieu dans les mers d'Europe, dans la Méditerranée ou dans la Baltique; — Qu'après le délai d'un an, si l'arrêt a eu lieu en pays plus éloignés. — Ces délais ne courent que du jour de la signification de l'arrêt. — Dans le cas où les marchandises arrêtées seraient périssables, les délais ci-dessus mentionnés sont réduits à un mois et demi pour le premier cas, et à trois mois pour le second cas (1).

SOMMAIRE.

1916° — L'arrêt ne donne lieu au délaissement que s'il se prolonge pendant un certain temps.
1917° — Le délai court à partir de la notification.
1918° — Il varie suivant la distance.
1919° — Exception pour les marchandises périssables.
1920° — Si avant l'expiration du délai l'arrêt avait cessé, il n'y aurait plus lieu au délaissement.
1921° — A l'expiration des délais de l'article 387, l'action en délaissement est ouverte jusqu'à l'expiration des délais fixés par l'article 373.
1922° — Projet de 1867. — Droit comparé.

(1) *Ord. de* 1681 (liv. III, tit. vi). Art. 49. — En cas d'arrêt de prince, le délaissement ne pourra être fait qu'après six mois, si les effets sont arrêtés en Europe ou Barbarie; et après un an, si c'est en pays plus éloigné; le tout à compter du jour de la signification de l'arrêt aux assureurs; et ne courra, en ce cas, la fin de non-recevoir portée par l'article précédent contre les assurés, que du jour qu'ils auront pu agir. — Si toutefois les marchandises arrêtées sont périssables, le délaissement pourra être fait après six semaines, si elles sont arrêtées en Europe ou en Barbarie, et après trois mois, si c'est en pays plus éloigné, à compter aussi du jour de la signification de l'arrêt aux assureurs.

Projet de 1867. Art. 389. — En cas d'arrêt de la part d'une puissance, l'assuré est tenu d'en faire connaître la nouvelle à l'assureur dans les trois jours de sa réception. Le délaissement des objets arrêtés ne peut être fait qu'après un délai de six mois de la notification, si l'arrêt a eu lieu dans les mers d'Europe, dans la Méditerranée ou dans la Baltique; qu'après le délai d'un an, si l'arrêt a eu lieu en pays plus éloigné. Ces délais ne courent que du jour de la notification de l'arrêt. Dans le cas où les marchandises arrêtées seraient périssables, les délais ci-dessus mentionnés sont réduits à un mois et demi pour le premier cas, et à trois mois pour le second cas.

1916. — Nous avons vu (art. 369) que l'*arrêt* qui se produit après le commencement des risques est, à moins de convention contraire dans la police, une cause de délaissement [1]. L'arrêt toutefois est une mesure essentiellement temporaire. On comprend dès lors que tout arrêt ne soit pas une cause de délaissement, et qu'on exige qu'il se prolonge au moins pendant un certain temps. D'après le *Guidon*, le marchand devait attendre six mois pour faire un *délais*, à moins qu'il ne s'agît de marchandises *périssables et grossières, comme vins, froment, grains, vivres qui n'ont que certaines saisons* (*Guidon*, ch. VII, art. 6, ch. IX, art. 7).

L'Ordonnance et le Code se sont inspirés de la même idée.

Remarquons d'abord que la disposition du Code comme celle de l'Ordonnance s'applique en principe à tous *objets arrêtés*, qu'il s'agisse de navire, ou de marchandises.

1917. — L'article 387 commence par imposer à l'assuré en cas d'arrêt, l'obligation de notifier dans les trois jours la nouvelle reçue. Ce n'est que l'application d'une règle édictée par l'article 374 pour tous les cas accidents à la charge des assureurs. Je ne puis que me référer à cet égard aux explications données sur cet article.

Si l'assuré qui a reçu la nouvelle de l'arrêt ne le signifiait pas dans les trois jours, quelles conséquences en résulteraient pour lui ?

Le délaissement ne pouvant être fait qu'après un délai qui court *du jour de la signification de l'arrêt*, il en résulte que plus l'assuré retarde cette signification, plus il retarde le délaissement et par suite le paiement de la somme assurée (Émérigon, ch. XIX, sect. VI). — Mais en outre, comme je l'ai fait remarquer à propos de l'article 374, l'assuré qui n'aurait pas averti à temps l'assureur aurait à répondre envers lui de tout le préjudice qu'il aurait pu ainsi lui causer, et l'assureur, par suite, pourrait aller jusqu'à repousser le délaissement, s'il prouvait par exemple, qu'averti plus tôt par l'assuré il eût été

---

(1) D'après les polices, au contraire, l'arrêt comme les risques de guerre n'est à la charge des assureurs que s'il y a à cet égard une convention expresse (V. n°s 1564, 1566).

en mesure de faire lever l'arrêt avant les délais fixés par l'article 387 (V. n° 1795).

1918. — Quels sont ces délais? Combien de temps doit durer l'arrêt pour qu'il y ait lieu à délaissement?

Les délais qui ne courent, comme nous l'avons déjà dit, que du jour de la signification de l'arrêt, varient suivant le lieu où s'est produit l'arrêt. Le délaissement peut être fait au bout de six mois, si l'arrêt a eu lieu, dans les mers d'Europe, dans la Méditerranée ou la Baltique, au bout d'un an s'il a eu lieu dans un pays plus éloigné. On comprend en effet que plus le lieu est éloigné, plus les démarches que pourraient faire soit les assurés soit les assureurs pour obtenir la levée de l'arrêt demandent du temps, et qu'il convient dès lors de suspendre en conséquence le délaissement. — Le Code italien de 1882 (art. 636) ne prescrit que le délai de six mois pour la mer Noire, le canal de Suez et la mer Rouge.

1919. — La loi fait une exception pour le cas où il s'agit de marchandises *périssables* et autorise dans ce cas le délaissement au bout d'un délai plus court.

Que faut-il entendre par marchandises périssables? On peut s'inspirer à cet égard de l'énumération faite dans l'article 355. D'une manière générale, nous dirons qu'on devra considérer comme périssables les marchandises qui ne pourraient supporter un arrêt prolongé au risque de se perdre entièrement.

Il y a des marchandises qui, n'ayant que *certaines saisons*, comme le dit le *Guidon*, sont fort dépréciées quand on ne peut les vendre en temps opportun. Pourrait-on en ce cas précipiter le délaissement? L'auteur du *Guidon* paraissait l'admettre. Mais le Code n'ayant parlé que de marchandises *périssables*, il semble qu'on ne doit ici avoir égard qu'aux chances de détérioration *matérielle* et non à la dépréciation qui peut résulter de la saison propice.

1920. — Pendant les délais fixés par l'article 387, l'assuré est tenu de faire tous ses efforts pour obtenir la main-levée de l'arrêt (art. 381-388).

Si avant l'expiration de ces délais l'arrêt avait cessé, il est clair qu'il ne pourrait plus être question de délaissement.

1921. — L'assuré, au contraire, est autorisé à faire le délaissement dès que le terme fixé par l'article 387 est expiré.

Mais si à ce moment l'assuré *peut* faire le délaissement, il n'est pas absolument tenu de le faire. Pour délibérer, pour opter entre l'action d'avaries et le délaissement, l'assuré jouit des délais fixés par l'article 373. En d'autres termes, si la faculté de délaissement est *ouverte* à l'expiration des délais fixés par l'article 387, elle n'est *prescrite* contre l'assuré que par ceux de l'article 373.

Il faut reconnaître, à la vérité, que l'article 373 ne parle que des cas de *perte* ou *prise* et qu'il n'y est pas parlé en termes formels du cas d'*arrêt*. Mais l'article 373 est complété par l'article 431, qui dispose en termes généraux que l'action en délaissement se prescrit par les délais fixés dans l'article 373. Sous l'Ordonnance, il avait déjà été admis pour le cas d'arrêt, que la fin de non-recevoir édictée par l'article 48 de l'Ordonnance (art. 373) ne courait contre les assurés *que du jour qu'ils auront pu agir,* c'est-à-dire, comme le dit Émérigon, après que les délais fixés par les articles 49 et 50 (art. 387) se seraient écoulés (Émérigon, ch. XXI, sect. VI).

Les délais fixés par l'article 373 pour la prescription de l'action en délaissement varient eux-mêmes suivant le lieu de la perte, ou le lieu où la prise est conduite (V. n° 1787). En cas d'arrêt, on aura ainsi à fixer le délai de prescription d'après le lieu où l'arrêt s'est produit.

1922. — Le projet de révision de 1867 avait peu modifié l'article 387. Au lieu d'obliger l'assuré à *signifier* les nouvelles reçues, il demandait seulement qu'on les *fît connaître,* et remplaçait le mot de signification par celui de *notification* (V. explication de l'art. 374, n° 1800).

On aurait peut-être pu faire davantage, et étendre à la *prise* ce que dit l'article 387 pour le cas d'*arrêt*. Dans le système du Code, la prise ouvre par elle-même l'action en délaissement (n° 1721). Cette action n'est pas suspendue par cela seul qu'il y a espérance de restitution : on discute seulement sur le point de savoir s'il y a encore lieu à délaissement après la restitution (n° 1721). Peut-être eût-il mieux valu suspendre le délaissement en cas de *prise* comme en cas d'*arrêt*.

Telle est en effet l'idée qui a été consacrée par les législations les plus récentes (loi belge de 1879, art. 220 [1], et Code italien de 1882, art. 636) [2].

Le Code allemand (art. 865) n'autorise à réclamer le paiement de la somme assurée que si la chose assurée *court un danger* résultant de ce que le navire ou les marchandises ont été frappés d'embargo, pris par une puissance belligérante, ou arrêtés d'une autre manière par ordre de puissance, ou capturés par des pirates et n'ont pas été relâchés dans un délai de six, neuf ou douze mois, selon que la prise, l'arrêt ou la capture a eu lieu : 1° Dans un port d'Europe ou dans une mer d'Europe, ou même hors d'Europe, dans les mers Méditerranée, Noire ou d'Azow; 2° dans d'autres eaux, en deça du cap de Bonne-Espérance et du cap Horn; 3° ou dans d'autres eaux au delà d'un de ces caps. Les délais sont comptés du jour où l'événement a été annoncé à l'assureur par l'assuré.

Lewis, commentant cette disposition, fait remarquer que l'ex-

---

(1) Loi belge de 1879. Art. 220. — « En cas de prise par corsaires ou ennemis, ou d'arrêt de la part d'une puissance, l'assuré est tenu de faire la signification à l'assureur dans les trois jours de la réception de la nouvelle. — Le délaissement des choses assurées ne peut être fait : — Qu'après un délai de six mois de la signification si la prise ou l'arrêt a eu lieu dans les mers d'Europe ou dans celles qui séparent l'Europe de l'Asie et de l'Afrique; — Qu'après le délai d'un an, si la capture ou l'arrêt a eu lieu en pays plus éloigné. — Dans le cas où les marchandises capturées ou arrêtées seraient périssables, les délais ci-dessus mentionnés sont réduits à un mois et demi pour le premier cas, et à trois mois pour le second cas. — Si la chose assurée a été jugée de bonne prise ou si elle a été confisquée avant l'expiration de ces délais, le délaissement peut être fait par la signification de cette nouvelle aux assureurs. »

(2) Code italien. Art. 636. — « En cas d'arrêt par ordre de puissance ou en cas de prise, l'abandon des choses prises ou arrêtées ne peut être fait que trois mois après la notification du sinistre, s'il a eu lieu dans la Méditerranée, la mer Noire ou autre mer d'Europe, dans le canal de Suez ou la mer Rouge; et six mois après la notification, si le sinistre s'est produit dans un autre lieu. — Pour les choses sujettes à dépérissement, les délais ci-dessus sont réduits à moitié. »

piration des délais ci-dessus ne suffit pas elle-même pour fonder le délaissement, qu'il faut encore que la chose assurée *coure un danger* par suite de la prise ou de l'arrêt, comme celui d'être confisquée, de se perdre ou de se détériorer (*Das deutsche Seerecht*, II, p. 342).

En Angleterre, la prise et l'arrêt ne sont considérés que comme des pertes totales relatives (*constructive*), et en conséquence ils n'autorisent l'abandon que si la cause du délaissement existe encore au moment *où s'introduit l'action en délaissement* (V. n° 1754). L'arrêt, l'embargo ne donnent d'ailleurs lieu au délaissement que si l'assuré est privé de la possession de sa chose, et si cette privation paraît devoir être longue ou n'a pas du moins de terme fixé (Arnould, II, p. 997-998).

Art. 388.

Pendant les délais portés par l'article précédent, les assurés sont tenus de faire toutes diligences qui peuvent dépendre d'eux, à l'effet d'obtenir la main-levée des effets arrêtés. Pourront, de leur côté, les assureurs, ou de concert avec les assurés, ou séparément, faire toutes démarches à même fin (1).

SOMMAIRE.

1923° — Obligations de l'assuré en cas d'arrêt.
1924° — Sanction.
1925° — Faculté réservée à l'assureur.
1926° — Qui supporte les frais faits. — Distinction.
1927° — Droit comparé.

1923. — L'assuré doit quand il le peut, veiller à la conservation de la chose assurée, et même à son recouvrement. En cas de naufrage, il est tenu de travailler au recouvrement des effets naufragés (art. 381). Par la même raison en cas d'arrêt,

(1) *Ord. de* 1681 (liv. III, tit. vi). Art. 51. — Les assurés seront tenus, pendant les délais portés par les deux articles précédents, de faire toutes diligences pour obtenir main-levée des effets arrêtés et pourront les assureurs les faire de leur chef, si bon leur semble.

L'article 388 avait été maintenu sans changement par le projet de 1867.

il doit faire toutes diligences pour obtenir la libération de la chose assurée. Sous l'Ordonnance, Valin relevait, à cet égard, une divergence entre le texte de l'article 45 disposant simplement qu'en cas de naufrage les assurés *pourront* travailler au recouvrement et l'article 51 disposant qu'en cas d'arrêt les assurés *seront tenus* de faire toutes diligences pour obtenir la main-levée. La raison de cette différence, dit Valin (sur l'art. 51), est que l'arrêt n'emporte pas la perte de la chose, et qu'il y a espérance de la retirer. — En réalité, la divergence n'était qu'apparente. Valin, en effet, expliquant l'article 45 reconnaissait lui-même qu'en cas de naufrage ce n'était pas seulement pour l'assuré une faculté de travailler au recouvrement des effets naufragés, qu'il le devait *en rigueur*. C'est aussi ce qui résulte du texte de notre article 381 qui, sous ce rapport, estp arfaitement en harmonie avec l'article 388.

L'assuré au reste n'est tenu de faire que ce qu'il peut. C'est ce qu'indique le texte en disant qu'il doit faire *toutes diligences*. La loi ne demande à l'assuré que d'être diligent. Mais il doit l'être.

1924. — Toute action imposée par la loi doit avoir sa sanction. Si donc il était prouvé que l'assuré pouvant obtenir la levée de l'arrêt n'avait pas fait dans ce but tous ses efforts il serait passible de dommages-intérêts envers l'assureur, et les tribunaux pourraient même à ce titre repousser le délaissement. M. Bédarride (n° 1591) a donc tort de dire que l'obligation imposée à l'assuré est *plutôt morale qu'effective* (V. n° 1840).

1925. — En ce qui concerne les assureurs, l'article 388 se borne à dire qu'ils *pourront,* de concert avec les assurés ou séparément faire toutes démarches pour obtenir la main-levée.

Après le délaissement l'assureur comme propriétaire a qualité pour agir. Mais on pouvait se demander s'il en était de même avant le délaissement, on pouvait se demander surtout si en intervenant directement pour obtenir la libération des effets arrêtés, il ne devait pas être considéré comme agissant en maître, et si par suite il ne se rendait pas non-recevable à contester plus tard le délaissement. Pour lever toute équivoque, le Code comme l'Ordonnance a voulu réserver aux assureurs le droit d'agir soit de concert avec l'assuré, soit même séparément (V. n° 1850).

1926. — Les démarches faites soit par l'assuré soit par les assureurs pour obtenir la libération des effets arrêtés entraînent presque toujours des frais plus ou moins considérables. Par qui seront supportées ces dépenses?

Il faut ici distinguer deux cas : 1° le cas où les démarches ont été couronnées de succès; 2° celui où au contraire elles n'ont pas réussi.

Quand les démarches ont réussi et que l'arrêt a été levé, les dépenses faites par l'assuré doivent en principe lui être remboursées par l'assureur qui en a profité. Il n'y aurait d'exception que dans le cas où l'arrêt n'étant pas, d'après la convention, à la charge de l'assureur, celui-ci n'avait pas à en supporter les conséquences (V. n° 1564).

Lorsque malgré les démarches faites, on n'a pu obtenir la levée de l'arrêt dans les délais fixés par l'article 387, l'assuré a le droit de faire le délaissement et de réclamer par suite toute la somme assurée.

Mais l'assuré pourra-t-il en outre, réclamer les frais faits inutilement par lui pour obtenir la levée de l'arrêt? Je ne le crois pas. L'assureur ne peut pas être tenu au delà de la somme assurée (art. 332, 393). D'autre part, il ne contribue aux frais de sauvetage qu'autant qu'il en a retiré un profit. Il n'en est tenu, en effet, que *jusqu'à concurrence des effets recouvrés* (art. 381).

1927. — D'après le Code allemand (art. 838-874), l'assureur est tenu de tous les frais nécessaires ou utiles faits pour éviter ou pour restreindre les pertes, lors même que les mesures prises sont demeurées sans succès (V. n° 1843). Il en est de même en Angleterre, en vertu de la clause *sue and labour* (V. n° 1845).

Art. 389.

Le délaissement, à titre d'innavigabilité, ne peut être fait, si le navire échoué peut être relevé, réparé et mis en état de continuer sa route pour le lieu de sa destination. — Dans ce cas, l'assuré conserve son recours sur les assureurs, pour les frais et avaries occasionnés par l'échouement (1).

SOMMAIRE.

(1) *Décl. du* 17 août 1779. Art. 4. — Dans le cas où le navire, par fortune de mer, aurait été mis hors d'état de continuer sa navigation et aurait été condamné en conséquence, les assurés pourront faire délaissement à leurs assureurs du corps et quille, agrès et apparaux dudit navire, en se conformant aux dispositions de l'Ordonnance du mois d'août 1681 sur les délaissements; ne seront toutefois les assurés admis à faire ledit délaissement qu'en représentant les procès-verbaux de visite du navire, ordonnés par les articles 1 et 3 de la présente Déclaration. = Art. 5. — Ne pourront aussi les assurés être admis à faire le délaissement du navire qui aura échoué, si ledit navire relevé, soit par les forces de son équipage, soit par des secours empruntés, a continué sa route jusqu'au lieu de sa destination, sauf à eux de se pourvoir ainsi qu'il appartiendra tant pour les frais dudit échouement que pour les avaries, soit du navire, soit des marchandises.

Le projet de 1867 n'avait pas modifié l'article 389.

1928. — Nous avons déjà vu (n°s 1731 et suiv.) comment l'innavigabilité a été admise au nombre des cas de délaissement. L'Ordonnance qui ne parlait pas de l'innavigabilité mentionnait comme une des causes de délaissement *l'échouement.* La jurisprudence admit toutefois qu'il n'y avait pas lieu à délaissement quand le navire échoué avait été relevé *par les soins de l'équipage* (arrêt du Parlement d'Aix du 6 juin 1754, cité par Valin, II, p. 102; *id.* Émérigon, II, p. 212). — La Déclaration de 1779 allant plus loin, repoussa le délaissement toutes les fois que le navire avait été relevé même par des secours étrangers. « Ne pourront être admis les assurés à faire le délaisse- « ment du navire qui aura échoué, si ledit navire relevé soit « par les forces de son équipage, soit par des secours empruntés « a continué sa route jusqu'au lieu de sa destination. »

1929. — Le Code est allé plus loin encore. A la différence de la Déclaration de 1779, il n'exclut pas seulement le délaissement dans le cas où le navire relevé *a continué sa route :* il suffit, d'après l'article 389, qu'il *ait pu être relevé* et mis en état de continuer sa route. Il faut donc examiner moins le fait que la possibilité.

1930. — L'article 389 comme la Déclaration de 1779 parle d'un navire *échoué.* C'est une question de savoir si cette disposition s'applique même au cas d'échouement avec bris, ou si l'échouement avec bris n'est pas toujours par lui-même une cause de délaissement (V. n°s 1728-1729). Suivant l'opinion qui a généralement prévalu, l'échouement avec bris comme le naufrage est toujours une cause de délaissement. L'article 389 a seulement en vue les cas où le navire en dehors des cas de naufrage, d'échouement avec bris, devient innavigable. D'après le Code, le *simple échouement* n'est plus par lui-même comme au temps de l'Ordonnance, une cause de délaissement. Mais il y aura lieu à délaissement si le navire ne peut pas être réparé, soit à la suite d'échouement, soit à la suite de toutes autres fortunes de mer n'entraînant pas par elles-mêmes le délaissement.

1931. — Comment au juste doit-on entendre ces mots : Si le navire *peut* être relevé et mis en état? Faut-il nécessairement qu'il y ait une impossibilité matérielle absolue? Non.

La jurisprudence a depuis longtemps admis plusieurs cas d'innavigabilité.

1° Est tout d'abord innavigable le navire qu'on ne peut matériellement renflouer, remettre à flot (art. 389). On a même vu là en général plutôt un cas de *naufrage* qu'un cas d'innavigabilité (V. n° 1732).

1932. — 2° L'impossibilité où l'on est de réparer le navire peut tenir moins à l'état du navire lui-même qu'à des circonstances extrinsèques, le défaut de matériaux, d'ouvriers, au lieu où se trouve le navire.

Valin admettait que le navire pouvait être délaissé, par cela seul que dans le lieu où il avait abordé il n'y avait ni ouvriers ni matériaux pour le radouber. Émérigon cite dans le même sens un arrêt du 16 mars 1712 (ch. XII, sect. XXXVIII).

La jurisprudence moderne voit également ici un cas d'innavigabilité (Marseille, 24 janvier 1876, J. M., 76. 1. 91). Il est admis toutefois que le navire ne pourrait pas être délaissé s'il pouvait sans danger être conduit dans un port de réparation (Aix, 7 avril 1876). C'est ce que porte expressément la nouvelle police de Paris sur corps (V. n° 1940).

1933. — 3° Nous voyons dans Valin (sur l'art. 46, liv. III, tit. VI) que l'ancienne jurisprudence assimilait au manque de matériaux l'impossibilité où était le capitaine de se procurer les fonds nécessaires pour les réparations. Mais Valin fait remarquer que cette hypothèse est plus délicate, et qu'il doit être bien démontré que le capitaine a été dans l'impossibilité de se procurer des fonds ; qu'il n'en serait pas ainsi si le capitaine avait à bord des marchandises qu'il pouvait vendre pour les besoins du navire. Cela est encore vrai aujourd'hui (art. 234).

Le capitaine, qui ne peut réparer ses avaries faute de fonds, peut faire le délaissement, alors même que l'assurance a été faite franc d'avaries particulières (Req., 14 août 1876, Dall., 77. 1. 315). Et il en serait de même en présence d'une police *franc d'avaries particulières, sauf celles d'abordage, d'échouement ou d'incendie,* cette stipulation ne pouvant avoir plus d'effet que la clause franc d'avaries conçues en termes généraux (Bordeaux, 23 août 1875).

La nouvelle police de Paris sur corps (art. 11) porte que le navire ne peut être délaissé faute de fonds que s'il se trouve *dans un port de relâche*. M. de Courcy voudrait que le délaissement fût repoussé dans tous les ports où le capitaine peut se mettre facilement en relation avec ses armateurs au moyen du télégraphe ou autrement (*Comm. des Polices*, p. 128).

1934. — 4° Alors même que le navire est en lui-même susceptible de réparation, et que les réparations sont possibles, l'ancienne jurisprudence considérait encore le navire comme innavigable, si la dépense à faire était exorbitante, s'il fallait pour réparer le navire presque autant de *temps* et d'*argent* que pour en construire un nouveau (Émérigon, *Ass.*, ch. XII, sect. xxxviii, §§ 5 et 6).

La même règle est admise aujourd'hui.

Il appartient aux tribunaux de décider s'il y a lieu de réparer le navire eu égard *au temps* que demanderaient les réparations (Paris, 27 nov. 1841, J. M., 21. 2. 5). Les juges saisis de l'action en délaissement peuvent imposer aux assureurs un délai passé lequel le renflouement, s'il n'est effectué, sera réputé impossible et le délaissement admis (Nantes, 24 février 1879, J. N., 1879. 1. 81).

1935. — Des auteurs laissent également au juge du fait le soin d'apprécier si, eu égard *au chiffre des réparations,* le navire doit ou non être considéré comme innavigable. Ils font remarquer que la loi distingue l'innavigabilité de la perte ou détérioration des trois quarts, que les polices admettent le délaissement en cas d'innavigabilité, tout en le repoussant pour détérioration des trois quarts (Émile Cauvet, II, n° 191).

Il me paraît très vrai de dire qu'un navire peut être déclaré innavigable sans qu'il y ait pour l'assuré perte des trois quarts. Ainsi, la Cour d'Aix a jugé, le 22 avril 1874 (J. M., 1875. 2. 156), qu'un navire à vapeur dont la coque avait été détruite pouvait être considéré comme innavigable, bien que la machine sauvée réduisît la perte au-dessous des trois quarts.

Mais quoiqu'il y ait lieu, comme nous l'avons déjà dit (n° 1732), de distinguer l'innavigabilité de la perte des trois quarts, le navire n'est en général considéré comme innavigable, *à raison de l'importance des réparations*, que si elles atteignent les trois quarts de la valeur agréée. Telle est la jurisprudence.

La police de Paris sur corps dit expressément qu'un navire ne peut être *réputé innavigable* que si le montant total des dépenses à faire *dépasse les trois quarts de la valeur agréée*. — Le Code italien de 1882 dit à peu près dans le même sens (art. 632) que le navire est innavigable quand les dépenses à faire *s'élèvent (ascindono)* aux trois quarts au moins de la *valeur assurée*. — Le Code allemand (art. 444) ne déclare le navire *indigne de réparation (reparaturunwürdig)* et n'en autorise la vente que quand les réparations à faire représenteraient les trois quarts de *sa valeur primitive (früheren Werthes)*. L'article 877 dit expressément qu'on n'a pas ici à avoir égard à la valeur d'assurance (*Versicherungswerth*). Cette décision est fondée sur ce que la valeur d'assurance fixe uniquement l'indemnité qui peut être due par l'assureur à l'assuré, tandis que, lorsqu'il s'agit de savoir si le navire vaut ou non la peine d'être réparé, il faut se placer à un autre point de vue, examiner, en dehors de toute assurance, si aux yeux d'un négociant prudent le navire en lui-même vaut ou non la peine d'être réparé. Mais il ne faut pas oublier que le Code allemand ne fait pas de l'innavigabilité une cause de délaissement et ne s'en occupe qu'au point de vue de la vente du navire (V. *suprà,* p. 205) [1]. — La police de Brême, d'ailleurs, dérogeant sur ce point au Code allemand, dispense elle-même l'assuré de réparer le navire quand les réparations doivent s'élever aux trois quarts (75 0/0) de la valeur agréée (*die Taxe*), aucune déduction n'étant faite pour différence

---

(1) C. all., art. 877 : « Si l'innavigabilité du navire a été établie de la manière prescrite par l'article 499, l'assuré a le droit, à l'égard de l'assureur, de faire vendre publiquement le navire ou ses débris, et, en ce cas, le dommage est égal à la différence entre le produit net de la vente et la valeur d'assurance. Les risques ne finissent pour l'assureur qu'avec la vente du navire ou des débris, l'assureur répond même du paiement du prix d'achat. Pour fixer la valeur qu'avait le navire à l'état de navigabilité, fixation nécessaire afin de savoir si le navire mérite ou non d'être réparé, on ne doit pas tenir compte de la valeur d'assurance de l'objet assuré, qu'elle soit ou non évaluée. »

du neuf au vieux, ou contribution à des avaries (Lewis, II, p. 367).

Ailleurs, on prend comme terme de comparaison la valeur du navire *réparé*. En Angleterre, l'assuré n'est dispensé de réparer le navire que si les dépenses des réparations doivent égaler la valeur du navire *une fois réparé* (Arnould, édit. de 1877, p. 1003). Aux États-Unis, il suffit que les dépenses atteignent la *moitié* de la valeur du navire réparé (Philipps, *On insurance*, Boston, 1867, II, n° 1539).

1936. — Comment doivent s'évaluer ici les réparations?

Un premier point est certain, c'est que les réparations doivent être évaluées d'après les prix du lieu où elles devraient être faites, et non d'après les prix du lieu de l'assurance.

Mais les réparations peuvent entraîner des dépenses de diverse nature. Indépendamment des dépenses nécessaires pour réparer matériellement les avaries, frais de matériaux et main-d'œuvre, il y a souvent des frais accessoires, tels que les frais de dock, de visite, d'expertise, la nourriture et l'entretien de l'équipage pendant les réparations : les frais accessoires doivent-ils entrer dans le calcul des réparations?

Pour exclure le délaissement fondé sur la *perte ou détérioration des trois quarts,* on comprend très bien qu'on ne fasse entrer en ligne de compte que les réparations des avaries *matérielles* (V. n° 1738). Mais, au point de vue de *l'innavigabilité,* il semble qu'on devrait se placer à un autre point de vue. Ici, comme le dit Arnould (p. 1003), il s'agit de savoir si un propriétaire qui n'aurait pas fait assurer le navire jugerait sage de faire pour le navire les sacrifices nécessaires que doivent entraîner les réparations. A ce point de vue, il semble donc que toutes les dépenses à faire, même les dépenses accessoires, devraient entrer en ligne de compte.

Ce système, cependant, n'a pas prévalu. Dans l'évaluation des dépenses à faire, on ne tient pas compte, en général, des dépenses accessoires, qu'il s'agisse d'un délaissement pour *innavigabilité* ou d'un délaissement pour *perte et détérioration des trois quarts.*

Si les dépenses pour la nourriture et l'entretien de l'équipage peuvent donner lieu à une action d'avarie entre l'assureur et l'assuré, quelquefois même à une contribution pour avaries communes entre le navire et le chargement (art. 400, 403), au point de vue du délaissement, on ne fait pas entrer ces dépenses dans le calcul des réparations, que le délaissement soit fondé sur l'*innavigabilité*, qu'il le soit sur la *perte ou détérioration des trois quarts.*

Par application du même principe on écarte donc du compte : - 1° les frais de séjour du navire dans le dock de réparation, 2° les frais de pilotage, 3° les frais de nourriture de l'équipage pendant les réparations, 4° les frais de magasinage de la marchandise, ceux de chancellerie, 5° ceux de commission du consignataire (Cass., 8 mai 1872, Sirey, 72. 1. 182; Bordeaux, 23 avril 1875, J. M., 1876. 2. 113). — Il semble que pour apprécier les dépenses au point de vue de l'innavigabilité on devrait au moins faire entrer en ligne de compte les frais d'expertise, les frais de dock permettant au navire de stationner là où il doit être réparé, ces frais se liant étroitement aux réparations. Mais ces frais ont été encore écartés comme frais accessoires (Cass., 8 mai 1872, Sirey, 72. 1. 182).

1937. — Quand l'assuré exerce l'action d'avaries, il ne peut réclamer le prix des réparations que sous la déduction d'un tiers pour différence du neuf au vieux (V. n°⁵ 1607-1760). La même déduction est-elle applicable sur l'estimation des réparations? Non, car la déduction du tiers pour différence du neuf au vieux ne se justifie que lorsqu'il s'agit de réparations *faites* dont justifie l'assuré, et il n'en peut être question lorsqu'il s'agit d'évaluer des réparations *à faire*. Le Code allemand (art. 444) porte expressément qu'au point de vue de la question d'innavigabilité, les réparations sont évaluées sans déduction pour différence du neuf au vieux. C'est ce que répète la police de Brême article 36 (V. n° 1935). C'est en ce sens que la question a été résolue aux États-Unis, et la même idée a prévalu en Angleterre (V. Arnould, édit. de 1877, p. 1005).

1938. — Il arrive souvent, quand on répare un navire à la suite de fortunes de mer, que les réparations sont aggravées par la vétusté, la pourriture de certaines parties. Devra-t-on, dans le compte des réparations à faire, déduire la part qui peut être imputée à la vétusté et au vice propre? Le tribunal de Nantes, dans un jugement du 9 juin 1877 (J. N., 1878. 1. 5), décide qu'on ne doit pas faire entrer en compte le prix des objets usés, pourris par leur vice propre. Cela serait admissible s'il s'agissait d'un règlement d'avaries (V. n° 1606). Mais nous avons vu que cette ventilation n'a pas été admise au point de vue du délaissement *pour perte ou détérioration des trois quarts* (V. n° 1747). A plus forte raison doit-il en être ainsi au point de vue du délaissement fondé sur l'*innavigabilité*. N'oublions pas qu'à ce point de vue il s'agit de savoir en définitive si le navire vaut ou non la peine d'être réparé. Une seule chose peut être demandée à l'assuré, c'est que son navire au commencement du voyage fût en état de prendre la mer. S'il l'était, l'assureur doit également le remettre en état, quoique les réparations puissent être aggravées par l'âge du navire. Telle est la doctrine admise en Angleterre et aux États-Unis (Arnould, p. 1008).

Mais sur le coût des réparations il est juste de déduire la valeur des vieux doublages et autres débris (Req., 7 déc. 1869, Dall., 70. 1. 295). C'est aussi ce que porte expressément la police de Paris sur corps (art. 10).

1939. — Il est de règle en Angleterre et aux États-Unis qu'il ne peut être question de délaissement quand le navire a été effectivement réparé. Il suffit même que les réparations aient commencé (Note, 2. 527). — Le Code allemand admet que le navire peut être vendu comme innavigable alors même que les réparations avaient été commencées, si l'on découvre au cours des réparations des avaries considérables qui étaient inconnues de l'assuré (art. 878). Mais le Code allemand, comme nous l'avons déjà dit (n° 1935), ne s'occupe de l'innavigabilité qu'au point de vue de la vente du navire.

Chez nous, la jurisprudence a décidé qu'alors même que le navire avait été réparé, il pouvait être délaissé comme *innavigable,* si le navire n'ayant été réparé qu'au moyen d'un emprunt à la grosse, le navire était saisi et vendu en vertu de cet emprunt. On a considéré qu'il devenait alors innavigable pour l'assuré (Req., 9 août 1860, Dall., 60. 1. 439).

La Cour de cassation toutefois a refusé d'appliquer la même décision au cas où l'emprunt avait été contracté pour réparer des avaries qui n'étaient pas à la charge des assureurs, l'assurance ayant été stipulée *franc d'avaries* (Req., 8 mai 1872, Sirey, 72. 1. 182).

La police de Paris sur corps de 1873, pour écarter toute difficulté, a dit d'une part (art. 12), que les assureurs sont étrangers à la saisie et vente des navires dans un port d'expédition ou de destination sur la poursuite des prêteurs ou tous autres créanciers, et d'autre part (art. 10), que si le navire *effectivement réparé* est parvenu *à sa destination*, le délaissement n'est point recevable quoique le coût des réparations ait dépassé les trois quarts.

La Cour de Rouen a jugé au reste, avec raison, qu'un navire ne peut être considéré comme *effectivement réparé*, alors qu'il n'y a eu qu'une réparation *anormale* et provisoire, telle que la confection d'une muraille en ciment pour aveugler une voie d'eau (Rouen, 19 juin 1876, Dall., 78. 2. 205).

1940. — La doctrine et la jurisprudence moderne ont distingué deux sortes d'innavigabilité, l'innavigabilité *absolue* et l'innavigabilité *relative*. D'après l'ancienne police de Marseille, le délaissement n'était admis qu'en cas d'innavigabilité *absolue*. De là question de savoir ce qu'il fallait entendre par innavigabilité *absolue* ou *relative*.

Il y a innavigabilité simplement *relative* lorsque le capitaine ne peut se procurer les matériaux ou les fonds nécessaires pour réparer le navire (Req., 14 août 1876, Dall., 77. 1. 315).

On a vu encore une innavigabilité *relative* dans le cas, où le navire ayant été réparé, le capitaine ne peut le dégager des dettes qui le grèvent et le soustraire à une vente forcée (Req., 9 août 1860, Dall., 60. 1. 439).

Que faut-il entendre par innavigabilité *absolue?* Nul doute qu'il n'y ait innavigabilité *absolue* quand il est matériellement impossible de rendre le navire à la mer, que le navire par exemple ne peut être renfloué (V. art. 389).

Mais que décider dans le cas où l'innavigabilité tient à l'importance des dépenses à faire?

D'après un arrêt de la Chambre des Requêtes du 14 juin 1832 (D. 32. 1. 221), c'est là un cas d'innavigabilité, *sinon absolue, du moins relative*. Au contraire, d'après la Cour de Douai, l'innavigabilité résultant de la durée et de l'importance des réparations est *absolue* (Dall., *Rép.*, v° *Droit marit.*, n° 2013, n. 7). De même, un arrêt d'Aix, du 9 novembre 1865 (Dall., 66. 2. 17), a vu une innavigabilité *absolue* dans un cas où le navire n'avait pu être renfloué qu'après cinq mois et à grands frais.

Il est à remarquer que cet arrêt, ayant été déféré à la Cour de cassation, la Chambre des Requêtes a rejeté le pourvoi par ce motif « qu'en l'absence d'un texte qui ait fixé les caractères de l'innavigabilité *absolue* de nature à autoriser le délaissement, la solution de cette question dépend des circonstances de fait, qu'il appartient au juge du fond d'apprécier souverainement » (Req., 6 mai 1867, Dall., 68. 1. 24). Un arrêt de la Cour de Rouen, du 19 juin 1876 (Dall., 78. 2. 205), a prétendu toutefois donner une définition de l'*innavigabilité relative* : « Qu'il est de « jurisprudence que l'innavigabilité relative existe, lorsque la « réparation est impossible faute de fonds, d'ouvriers ou de « matériaux sur le lieu du sinistre ou dans un port voisin, — « qu'il en est de même si la restauration exige presque autant « de temps que d'argent que pour une construction nouvelle, « ou que le montant des dépenses égale la valeur du bâtiment » (Comp. n° 1935).

La rédaction de la nouvelle police de Paris sur corps a eu soin d'éviter les termes d'innavigabilité *absolue* ou *relative,* et a ainsi écarté ces questions de mots [1].

1941. — C'est à l'assuré demandeur en délaissement à prouver l'innavigabilité du navire.

______

(1) *Police sur corps*. Art. 10. — « Si le montant total des dépenses à faire à un navire pour réparation d'avaries (primes de grosses et autres, frais accessoires non compris, et déduction faite de la valeur des vieux doublages et autres débris) dépasse les trois quarts de la valeur agréée, et si par suite, la condamnation du navire est prononcée, il est réputé innavigable à l'égard des assureurs et peut leur être délaissé. Si le navire effectivement réparé, est parvenu à sa destination, le délaissement n'est pas recevable, quoique le coût des réparations ait dépassé les trois quarts. Dans ce cas, l'action d'avaries est seule ouverte à l'assuré, sous les retenues et franchises

D'après l'article 4 de la Déclaration de 1779, l'assuré devait obtenir de l'amirauté un jugement par lequel le navire était *condamné* comme innavigable, et ce n'était qu'ensuite qu'il pouvait poursuivre le délaissement (V. n° 1731).

Une condamnation préalable du navire est-elle encore nécessaire pour agir en délaissement?

Pour le soutenir, on a invoqué les articles 237 et 390. Mais ce dernier article dit que le délaissement des facultés peut être fait si le navire a été *déclaré* innavigable, sans s'expliquer au juste sur la nature de cette déclaration. Quant à l'article 237, il décide simplement que le capitaine en cours de voyage ne peut vendre le navire devenu innavigable qu'autant que l'innavigabilité a été *légalement constatée* (V. art. 237). Il n'en résulte pas que, lorsque le navire au lieu d'être vendu est délaissé aux assureurs, les mêmes formalités doivent être remplies. Il est admis aujourd'hui que, dans ce cas, l'innavigabilité n'a pas besoin d'être préalablement déclarée, qu'elle peut être prononcée par le juge saisi de l'instance en délaissement (Marseille, 14 juillet 1865, J. M., 1865. 1. 222).

Le plus souvent, au reste, le navire innavigable aura été vendu et préalablement *condamné*. C'est sans doute pour cela que la nouvelle police de Paris sur corps suppose toujours, dans le cas d'innavigabilité, que le navire a été *condamné* (art. 10 et 11).

1942. — Quand le navire aura été ainsi *condamné* comme innavigable, cette condamnation fera-t-elle règle pour le juge saisi de l'action en délaissement?

prévues par les articles 19 et 20, et la même action est ouverte à l'assuré franc d'avaries.

Art. 11. — « Est pareillement réputé innavigable, et peut être délaissé aux assureurs, le navire condamné faute de moyens matériels de réparation, s'il est établi qu'il ne pouvait pas relever avec sécurité, même après allègement ou avec l'aide d'un remorqueur, pour un autre port où il eût trouvé les ressources nécessaires. Enfin, est pareillement réputé innavigable, et peut être délaissé aux assureurs, le navire condamné faute de fonds ou de crédit, mais seulement dans un port de relâche. La condamnation prononcée pour ce motif, dans un port d'expédition ou de destination, ne donne pas lieu au délaissement... »

La Cour de Paris a jugé, le 5 août 1863 (J. M., 1864. 2. 48), que la constatation de l'innavigabilité du navire assuré, faite par le consul de France au lieu du sinistre, doit être considérée dans l'instance en délaissement comme un fait acquis, non susceptible de discussion.

Mais cette doctrine n'a pas prévalu. Que l'innavigabilité ait été prononcée par le tribunal ou par le consul, elle n'a d'autre effet que d'autoriser la vente (V. t. I, n° 452), elle ne peut faire règle, au point de vue de la question de délaissement, vis-à-vis des assureurs qui n'ont pas été partie dans l'instance (Aix, 28 mars 1865, J. M., 65. 1. 60). Toutefois, les expertises, les déclarations d'innavigabilité rendues, même en pays étranger, doivent faire foi, au moins jusqu'à preuve contraire, en l'absence de tous autres documents (Rouen, 19 juin 1876, Dall., 78. 2. 205).

ART. 390.

Si le navire a été déclaré innavigable, l'assuré sur le chargement est tenu d'en faire la notification dans le délai de trois jours de la réception de la nouvelle (1).

SOMMAIRE.

1943° — Effets de l'innavigabilité par rapport aux marchandises.
1944° — L'assuré doit aviser l'assureur dans les trois jours.
1945° — Sanction.

1943. — Dans les articles 390 et suivants, le Code règle les conséquences de l'innavigabilité du navire par rapport au chargement. Il y a des accidents du navire qui autorisent par eux seuls le délaissement des marchandises. Tel est le naufrage et l'échouement avec bris (V. n° 1730). Il en est autrement de l'innavigabilité. On n'est pas autorisé à délaisser le chargement aux assureurs par cela seul que le navire est devenu innavigable. Le

____

(1) *Décl. du 17 août 1779. Art. 7.* — Lorsque le navire aura été condamné comme hors d'état de continuer sa navigation, les assurés sur les marchandises seront tenus de le faire nécessairement signifier aux assureurs.

L'article 390 n'avait pas été modifié par le *projet de* 1867.

chargement ne peut être délaissé que si dans un certain délai on n'a pu trouver un autre navire pour transporter les marchandises à destination (V. art. 394).

1944. — L'assureur n'en doit pas moins être averti sans retard, afin qu'il fasse au besoin ses diligences. L'article 390 appliquant encore ici la règle générale de l'article 374, oblige l'assuré à transmettre la nouvelle dans les trois jours de la réception.

Si l'on devait s'en tenir rigoureusement au texte, on pourrait soutenir que l'assuré n'est tenu d'avertir l'assureur qu'autant qu'il y a eu une déclaration régulière d'innavigabilité, *si le navire a été déclaré innavigable*. Mais il ne faut pas attacher d'importance à ces premiers mots de l'article 390 dus à une malencontreuse réminiscence de l'article 7 de la Déclaration de 1779. D'après la Déclaration, le délaissement du navire n'était recevable qu'autant que le navire avait été préalablement sur les lieux déclaré innavigable et condamné comme tel. Mais nous avons reconnu avec la jurisprudence qu'une pareille déclaration n'est plus aujourd'hui un préliminaire indispensable du délaissement du navire (V. n°ˢ 1731, 1941). A plus forte raison doit-il en être ainsi pour le délaissement des marchandises. L'assuré doit donc, conformément à l'article 374, prévenir l'assureur dès qu'il a reçu la nouvelle de l'innavigabilité, et sans attendre une déclaration régulière d'innavigabilité qui ne pourra pas toujours avoir lieu.

1945. — S'il ne le fait pas, quelle sera la sanction? 1° D'après les art. 387 et 394 combinés, c'est la notification faite à l'assureur qui fait courir le délai qui doit précéder le délaissement. Donc, plus la notification sera tardive, plus le délaissement se trouvera lui-même retardé (V. n° 1956). — 2° L'assuré sera d'ailleurs responsable envers l'assureur de tous les dommages qu'il aura pu lui causer par son retard à lui transmettre la nouvelle. Si les dépenses dont parle l'article 393 ont, par suite de ce retard, été aggravées, l'assuré devra tenir compte à l'assureur de la différence. — Je crois même que l'assureur pourrait repousser le délaissement s'il prouvait, qu'averti plus tôt, il eût été en état de procurer un autre navire (V. n° 1795).

Les assureurs ne pourraient, au reste, opposer l'absence de notification si l'événement qui a entraîné l'innavigabilité avait été connu d'eux directement et personnellement (Bordeaux, 23 août 1883, *J. de dr. marit.*, 1884, p. 29).

<center>~~~~~~</center>

ART. 391.

Le capitaine est tenu, dans ce cas, de faire toutes diligences pour se procurer un autre navire à l'effet de transporter les marchandises au lieu de leur destination (1).

SOMMAIRE.

1946° — Devoirs du capitaine envers les propriétaires des marchandises.
1947° — Droit d'intervention des assureurs et assurés.
1948° — Vente des marchandises.

1946. — L'article 391 fait une obligation au capitaine de chercher un autre navire. D'après Valin, qui invoquait à cet égard l'ancien droit maritime, le capitaine n'était tenu de louer un autre navire qu'autant qu'il voulait gagner son fret entier (*Comm. de l'Ordonnance*, liv. III, tit. III, art. 11). Émérigon, au contraire (ch. XII, sect. XVI), soutenait que d'après le texte de l'Ordonnance, le capitaine chargé de veiller aux intérêts des absents devait, sous peine de dommages-intérêts, faire tous ses efforts pour louer un autre navire.

L'idée de Valin paraît avoir jusqu'ici prévalu en Angleterre. D'après Arnould (édit. de 1877, p. 360-362), le capitaine, en cas d'innavigabilité du navire, peut, quand il n'a pas reçu de mandat spécial, ne plus s'occuper du chargement et il est quitte pour perdre son fret (V. *suprà*, n° 832). D'autres légis-

---

(1) *Décl. du 17 août* 1779. Art. 7. — Lesquels (les assureurs) ainsi que les assurés feront leurs diligences pour trouver un autre navire, sur lequel les-dites marchandises seront chargées à l'effet de les transporter à leur destination.

Le projet de 1867 ajoutait à l'article 391 la disposition suivante : « Pour-
« ront, de leur côté, les assureurs, de concert avec les assurés ou séparé-
« ment, faire toutes démarches à mêmes fins. »

lations au contraire, adoptant la doctrine d'Émérigon, considè-
rent le capitaine comme le représentant légal des ayants-droit
à la cargaison, chargé par la loi de veiller à leurs intérêts.

C'est cette doctrine qui a prévalu aux États-Unis, et qui a
été expressément consacrée par le Code allemand, lequel déclare le capitaine représentant légal des chargeurs, tenu de
veiller à leurs intérêts (art. 504). Le Code allemand en conclut
qu'en cas d'innavigabilité il est tenu de chercher un autre navire (art. 634). Mais d'après le même Code, en cas de perte ou
innavigabilité du navire, le contrat d'affrétement est rompu (art.
632). Il s'ensuit que si d'une part le capitaine n'a pas à supporter l'excédant du fret, il ne peut, d'autre part, jamais réclamer son fret entier, et n'a droit qu'à son fret proportionnel,
le second affrétement étant réputé fait pour le compte de l'affréteur (V. n° 1953).

1947. — La mission donnée au capitaine ne fait pas d'ailleurs obstacle au droit qu'ont les assureurs de pourvoir eux-
mêmes à la sauvegarde de leurs intérêts comme le portait la
Déclaration de 1779.

Le projet de 1867 cependant avait cru devoir reconnaître
expressément le droit des assureurs en ajoutant : « Pourront
« de leur côté les assureurs, de concert avec les assurés ou sépa-
« rément, faire toutes démarches à mêmes fins. »

La police de Paris sur facultés, art. 19, contient à cet égard
une disposition encore plus explicite : « L'assureur peut, no-
« tamment en cas de perte ou d'innavigabilité du navire, pour-
« voir lui-même à la réexpédition des marchandises à leur des-
« tination. L'assuré doit lui fournir, s'il en est requis, tous
« documents utiles en son pouvoir pour aider à l'exécution des
« mesures conservatoires » (comp. n° 1892).

1948. — Il va de soi que le capitaine n'aurait pas à chercher un autre navire ni à attendre l'expiration des délais fixés
par l'article 394, si les marchandises n'étaient pas en état de
supporter un plus long voyage. Le capitaine, dans ce cas, devrait se faire autoriser à vendre les marchandises (Ord. du 29
oct. 1833), et sa responsabilité serait complètement à couvert
(V. n° 1958).

Art. 392.

L'assureur court les risques dés marchandises chargées sur un autre navire, dans le cas prévu par l'article précédent, jusqu'à leur arrivée et leur déchargement (1).

SOMMAIRE.

1949° — Transbordement. — Risques des assureurs.
1950° — Droit comparé.

1949. — La loi suppose que le navire sur lequel sont les marchandises est devenu innavigable. On a trouvé un autre navire pour transporter les marchandises au lieu de destination. Aux risques de qui les marchandises vont-elles voyager sur le nouveau navire? Aux risques des assureurs : car si la loi n'autorise pas alors le délaissement des marchandises, c'est précisément parce qu'elle considère que la situation de l'assuré reste la même. Celle de l'assureur pourra sans doute se trouver aggravée par suite du changement de navire. Mais l'assureur ne peut pas s'en plaindre du moment que le changement de navire résulte, non comme dans le cas prévu par l'article 351, du fait de l'assuré, mais d'une innavigabilité dont l'assureur est responsable; il doit en supporter les conséquences (V. n° 1550).

1950. — Toutes les législations sont d'accord pour maintenir en ce cas la responsabilité de l'assureur (V. Arnould, édit. de 1877, p. 396). — Le Code allemand (art. 832) prend soin de dire que les risques continuent pour l'assureur même lorsque le transport a lieu en tout ou en partie par terre (*zu Lande*).

(1) *Décl. du 17 août 1779.* Art. 9. — « Dans le cas où lesdites marchandises auraient été chargées sur un nouveau navire, les assureurs courront les risques sur lesdites marchandises jusqu'à leur débarquement dans le lieu de leur destination.

L'article 392 avait été maintenu sans changement par le *projet de* 1867.

Art. 393.

L'assureur est tenu, en outre, des avaries, frais de déchargement, magasinage, rembarquement, de l'excédant du fret, et de tous autres frais qui auront été faits pour sauver les marchandises, jusqu'à concurrence de la somme assurée (1).

SOMMAIRE.

1951° — Avaries.
1952° — Frais de déchargement. Distinction.
1953° — Excédant de fret. Droit comparé.
1954° — L'assureur n'est tenu que jusqu'à concurrence de la somme assurée.
1955° — Dispositions des polices. Droit comparé.

1951. — L'article 393 comme ceux qui le précèdent suppose un navire devenu innavigable.

Il dit d'abord que les *avaries* seront à la charge des assureurs. Il ne s'agit pas ici seulement des *avaries-frais* consistant en dépenses faites pour la marchandise, mais encore des avaries ou dommages matériels qui ont pu résulter du déchargement ou transbordement.

L'assureur aura à tenir compte de ces avaries, alors même que l'assurance aurait été faite *franc d'avaries*, cette clause n'étant pas opposable dans les cas qui donnent ouverture au délaissement (art. 409).

Mais l'assureur ne répond pas du vice propre (art. 352). L'assureur ne sera donc pas responsable si la détérioration est *exclusivement* imputable au vice propre. Il sera au contraire responsable, si la marchandise étant naturellement sujette à se détériorer, sa détérioration a été aggravée par la fortune de mer (V. n°ˢ 1546-1596).

---

(1) *Déclaration du 17 août 1779.* Art. 9. « ... et seront en outre tenus de « supporter, à la décharge des assurés, les avaries des marchandises, les « frais de sauvetage, de chargement, magasinage et rembarquement, en- « semble les droits qui pourraient être payés et le surcroît de fret, s'il y « en a. »

Le projet de 1867 n'avait pas modifié l'article 393.

1952. — Remarquons pour les frais de *déchargement* que la loi ne les met à la charge de l'*assureur des marchandises* que parce que le navire ne peut pas être réparé.

Lorsqu'en cours de voyage les marchandises sont déchargées simplement pour réparer des avaries particulières du navire, quelle est la situation faite aux assureurs des marchandises? L'affréteur est tenu d'attendre les réparations (art. 296). Dans les rapports du chargeur avec son assureur la police réserve quelquefois au chargeur le droit de faire le délaissement des marchandises par cela seul qu'elles sont déchargées en cours de voyage (V. n° 1758). Mais en l'absence d'une pareille convention, à qui doivent incomber les dépenses du déchargement des marchandises opéré en cours de voyage pour réparer le navire? Valin et d'autres auteurs ont décidé que ces frais doivent rester à la charge des marchandises ou de leur assureur. C'est là une doctrine qui, comme je l'ai déjà dit (n° 824), ne paraît pas exacte. Le déchargement qui a lieu pour réparer le navire au cours du voyage est à la charge du navire et *des assureurs du navire* comme une conséquence nécessaire de l'avarie qui l'a atteint (Rennes, 27 avril 1860; Dall., 61. 2. 38). — On s'est demandé si en cas de relâche forcée, ces frais, comme tous ceux de relâche, ne pourraient pas être classés comme *avaries communes* et répartis à ce titre entre le navire et le chargement. C'est une question que j'examinerai plus loin. — Mais on ne saurait soutenir que le déchargement opéré pour réparer le navire constitue une *avarie particulière aux marchandises*. Du moment que le navire n'est pas innavigable, l'armateur est tenu de le remettre en état pour continuer le voyage, et il doit en conséquence supporter toutes les suites des réparations. L'assureur des marchandises n'est tenu de supporter que les dommages de la marchandise elle-même ou les dépenses spéciales qui s'y rattachent (V. comp. n°s 824, 1562, 1771).

Il en est autrement en cas d'innavigabilité. Quoique, chez nous, le contrat d'affrétement ne soit pas alors absolument rompu, en ce sens qu'on admet généralement que le capitaine qui fait parvenir les marchandises à destination a droit à son fret entier (V. n° 830), le navire ne pouvant être réparé, il ne peut plus être question de considérer le déchargement des marchandises comme un accessoire des réparations. Le déchargement est alors une opération de sauvetage qui, comme telle, doit rester à la charge des marchandises ou de leurs assureurs (art. 381). C'est bien en effet à ce titre que les frais de déchargement et autres sont mis par l'article 393 à la charge des assureurs des marchandises : *pour sauver les marchandises,* dit notre article.

1953. — L'article 393 oblige aussi l'assureur à payer *l'excédant du fret*. Le fret du second navire peut être plus élevé que celui du premier. Dans le système du Code, ce surcroît de fret est à la charge de la marchandise (V. art. 296 et tom. II, n° 830). Mais si le chargeur est assuré, il se fera indemniser par son assureur, le transbordement de la marchandise étant réputé fait dans l'intérêt de l'assureur, auquel sans cela on eût pu faire le délaissement (art. 394).

Si le fret du second navire était inférieur, le chargeur n'en devrait pas moins, comme je l'ai expliqué sur l'article 296, payer le fret primitivement stipulé, et le capitaine du premier navire profiterait de la différence. Le bénéfice ne pourrait donc être réclamé par l'assureur des marchandises. M. Émile Cauvet, cependant (II, n° 219), admet l'assureur à prélever sur ce bénéfice les frais de déchargement, de magasinage et de rembarquement.

Le Code allemand (art. 832), à l'exemple de notre article 393, oblige l'assureur des marchandises à supporter les frais de déchargement, de dépôt provisoire et du transport à destination, *même s'il est effectué par terre* (V. n° 1950). Mais le Code allemand (art. 632) décide que l'affrétement est rompu par la perte ou l'innavigabilité du navire : le capitaine du navire perdu n'a droit qu'à un fret proportionnel, le second affrétement est toujours censé fait pour le compte du chargeur : il s'ensuit que l'excédant de fret est supporté par le chargeur ou son assureur, mais aussi qu'ils profitent du nouveau fret s'il est plus avantageux. — D'après le nouveau Code italien de 1882, le second affrétement est également fait pour le compte des chargeurs *per conto del caricatore* (art. 570).

En Angleterre, en cas de perte ou innavigabilité du navire, les frais faits pour la conservation des marchandises sont aussi à la charge de l'assureur des marchandises (Arnould, *Insur.*, I, p. 362). En ce qui concerne le fret, on suit, en cas de transbordement des marchandises, les règles suivantes : Si le fret du second navire est moins élevé que celui du premier, le capitaine est réputé avoir affrété le second navire comme mandataire de son armateur, pour gagner son fret entier. Si le second fret est plus cher, le capitaine au contraire est réputé avoir affrété le second navire pour le compte des chargeurs qui supportent par suite l'excédant de fret. Mais cet excédant donne lieu à un recours contre l'assureur de la marchandise, à moins que le transbordement ait été fait, non dans l'intérêt de la marchandise, mais uniquement pour gagner le fret entier, auquel cas l'excédant de fret est à la charge de l'*assureur du fret* (Arnould, édit. de 1877, p. 362-788). — Aux États-Unis, l'assureur des marchandises ne répond pas de l'excédant de fret à moins que le transbordement n'ait eu lieu pour prévenir la perte totale (Arnould, p. 363).

1954. — L'article 393 dispose en terminant que l'assureur n'est tenu des frais de sauvetage et autres que *jusqu'à concurrence de la somme assurée*.

En ce qui concerne spécialement les frais de sauvetage, nous avons déjà vu (art. 381), que l'assureur n'en est tenu que jusqu'à concurrence des effets recouvrés. En cas d'innavigabilité, après le transbordement des marchandises, l'assureur continue à en courir les risques (art. 392). L'article 393 qui ajoute que l'assureur est tenu *en outre* de payer les frais de transbordement, signifie-t-il que l'assureur aura d'une part à payer les frais de transbordement, et d'autre part, en cas de perte ultérieure des marchandises à en payer la valeur? Ou au contraire, en cas de sinistre ultérieur, l'assureur pourra-t-il imputer sur l'indemnité les paiements faits pour les premières avaries de manière à n'avoir jamais à payer en tout plus que la somme assurée?

Lors de la rédaction du Code, la Cour de cassation posa la question et demanda qu'elle fût résolue par une disposition législative. Suivant Locré (sur l'art. 393), la question aurait été résolue contre l'assureur qui serait tenu cumulativement et de la perte entière et des avaries qui l'ont précédée. Ce système accepté par Bédarride (n° 1562) se fonde sur les raisons suivantes : « L'innavigabilité étant une cause de délaissement entraînait pour l'assureur l'obligation de payer toute la somme assurée : la loi a sursis à cette obligation pour les facultés, mais elle y a mis cette condition qu'il continuera à courir tous les risques de la chose assurée. C'est ce qui résulterait du rapprochement des articles 392 et 393. Après avoir dit dans l'article 392 que l'assureur continue à courir les risques, le législateur ajoute dans l'article 393 qu'il est tenu, *en outre,* des frais de transbordement. Donc, dit-on, il est tenu cumulativement des avaries et de la perte. Dans ce système enfin on argumente des articles 395 et 396 qui, en cas de perte du navire après rachat, obligent l'assureur à payer la somme entière sans défalquer la composition.

Je repousse ce système. En principe, au moins chez nous, l'assureur ne peut être tenu au delà de la somme assurée, sur laquelle seul il perçoit la prime (V. n° 1357). Il en est ainsi en cas d'avaries suivies de délaissement. L'argument tiré du texte de l'article 393 est sans portée, car si cet article dit que l'assureur est tenu *en outre* des avaries, il ajoute précisément : *jusqu'à concurrence de la somme assurée.* — Quant aux articles 395 et 396, ils s'expliquent par des raisons spéciales que j'indiquerai plus loin (V. n° 1972). La Chambre des Requêtes, par un arrêt du 22 juin 1869 (Sirey, 69. 1. 373), a expressément décidé qu'à moins d'une clause formelle, l'assureur en cas de sinistre majeur suivi de délaissement ne peut être tenu de payer en même temps et la valeur de l'objet assuré et le coût des avaries survenues en cours de voyage.

1955. — Toute difficulté à cet égard paraît devoir être écartée par les termes de la police sur facultés, article 13 : « La somme souscrite par chaque assureur est la limite de ses engagements : il ne peut *jamais* être tenu de payer au delà. »

Le Code italien de 1882, après avoir dit (art. 624) qu'en cas de sinistres successifs, l'assuré doit imputer sur l'indemnité les sommes dues ou payées pour sinistres antérieurs, contient en ce qui concerne l'innavigabilité, la disposition suivante : « art. 635. Dans le cas prévu par l'article précédent et par l'article 514, si les marchandises sont chargées sur un autre navire, l'assureur est tenu de payer les dommages par elles souffertes, les dépenses de chargement et déchargement, dépôt et garde en magasin, l'excédant du fret et tous les autres frais faits pour les sauver, jusqu'à concurrence de la somme assurée, *et si cette somme n'est pas épuisée, l'assureur continue pour le surplus à courir les risques.* »

Nous avons vu toutefois, que suivant d'autres législations, notamment en Angleterre, aux États-Unis, en Allemagne, l'obligation de l'assureur n'est pas toujours réduite à la somme assurée (Comp. nᵒˢ 1358, 1843, 1845).

<div style="text-align:center">~~~~~~~~~~~~~~~~~~~~~~~~~~~</div>

ART. 394.

Si dans les délais prescrits par l'article 387, le capitaine n'a pu trouver de navire pour recharger les marchandises et les conduire au lieu de leur destination, l'assuré peut en faire le délaissement (1).

SOMMAIRE.

(1) *Décl. du 17 août* 1779. Art. 8. — Dans le cas où il ne se serait pas trouvé de navire pour charger lesdites marchandises et les conduire au lieu de leur destination, dans les délais portés par les articles 49 et 50 du titre *des Assurances* de l'Ordonnance du mois d'août 1681, les assurés pourront en faire le délaissement en se conformant aux dispositions de ladite ordonnance sur les délaissements.

Projet de 1867. Art. 396. — « Si dans les délais prescrits par l'article 389 « *on* n'a pu trouver de navire pour recharger les marchandises et les con-« duire au lieu de leur destination, l'assuré peut en faire le délaissement. »

1962° — Mais l'article 394 est applicable toutes les fois qu'on est privé du navire.
1963° — Droit comparé.

1956. — La loi ne permet le délaissement des marchandises pour innavigabilité qu'autant qu'on n'a pu trouver un
autre navire dans un certain délai qui est le même qu'en cas
d'arrêt (art. 387). Le chargeur, pour faire le délaissement, est
tenu d'attendre que le délai soit expiré.

Le délai court à partir du moment où l'innavigabilité a été
notifiée à l'assureur (art. 390). Il n'est pas nécessaire que la nouvelle soit parvenue à l'assureur. Il suffit qu'elle lui ait été notifiée. A plus forte raison le délai court-il, en l'absence de toute
notification, quand l'assureur a eu pleine connaissance de l'innavigabilité (Bordeaux, 22 août 1883, *J. de droit marit.*, 1884,
p. 29).

Le délai d'attente imposé à l'assuré varie suivant que le navire se trouve en Europe ou dans un port plus éloigné, il varie
aussi suivant la nature des marchandises (V. art. 387).

Le nouveau Code italien (art. 634) a supprimé ces distinctions et il permet le délaissement toutes les fois que *dans les
trois mois,* à partir de la déclaration d'innavigabilité on n'a
pu trouver un autre navire. Qu'importe, dit Borsari, que le
navire soit à Calcutta ou dans un port d'Europe, il sera souvent plus facile de trouver un navire à Calcutta que dans tel
port d'Europe. — Cette critique adressée au Code ne nous
paraît pas fondée. Il y a tel port étranger où le capitaine
pourra facilement trouver un autre navire, mais il n'en sera
pas toujours ainsi. Dans tous les cas, le capitaine n'est pas
seul chargé de chercher un autre navire : les assurés et les
assureurs peuvent et doivent pourvoir à leurs intérêts : et plus
les marchandises seront éloignées, plus pour eux la chose sera
difficile. Aussi voyons-nous que les polices tout en modifiant
les délais ont tenu compte de la distance [1].

(1) La *police de Paris sur facultés* (art. 8), après avoir dit que le délaissement peut être fait dans le cas prévu par l'article 394 du Code de commerce,
modifie un peu plus loin les délais. « ... Dans tous les cas d'innavigabilité

1957. — En cas d'innavigabilité comme en cas d'arrêt, le délaissement peut être plus prompt s'il s'agit de *marchandises périssables*. Que faut-il au juste entendre par là? Je me suis déjà expliqué sur ce point à propos de l'article 387 (n° 1919). Cette distinction, en l'absence d'une définition précise, pourra présenter des difficultés. C'est pour cela sans doute qu'elle n'a pas été reproduite dans notre police de Paris sur facultés. Il n'en est pas non plus question dans le nouveau Code italien. Mais nous la retrouvons dans la loi belge de 1879 (art. 220-227).

1958. — Quelle que soit au surplus la nature des marchandises, il est bien certain que toutes les fois qu'avant l'expiration des délais prescrits par l'article 387, il devient urgent de vendre les marchandises, le devoir du capitaine serait de le faire après autorisation de l'autorité compétente. Le capitaine, dit à ce propos Arnould, en tant qu'il agit pour prévenir ou diminuer une perte qui serait à la charge de l'assureur, doit être considéré comme l'agent de l'assureur (Arnould, p. 363).

Mais c'est une question de savoir si la vente forcée en cours de voyage est une cause de délaissement (V. n° 1735). La police de Paris sur facultés n'admet comme telle que la vente ordonnée pour cause d'avarie matérielle à la marchandise provenant de *naufrage, d'échouement et d'incendie*. — Je ne vois pas cependant de raison pour exclure le délaissement en cas de vente forcée à la suite d'innavigabilité du navire. La Cour d'Aix

« du navire, par naufrage ou autrement, si après les délais ci-dessous la mar-
« chandise n'a pas pu être remise à la disposition des destinataires ou des
« assurés, ou au moins si le rechargement à bord d'un autre navire prêt à la
« recevoir n'en a pas été commencé dans les mêmes délais. — Les délais sont
« de *quatre mois* si l'événement a eu lieu sur les côtes ou îles d'Europe, ou
« sur le littoral d'Asie ou d'Afrique bordant la Méditerranée et la Mer-Noire,
« sur les côtes ou îles de l'Océan Atlantique hors d'Europe; de *six mois* si
« l'événement a eu lieu sur les autres côtes ou îles. — Les délais courent du
« jour de la notification de l'innavigabilité faite par les assurés aux assu-
« reurs. — Si l'événement a eu lieu sur un point avec lequel la navigation
« peut être interrompue par la glace ou par une cause de force majeure, le
« délai est prolongé du temps pendant lequel l'accès du lieu de l'événement
« aura été notoirement empêché. »

a jugé, le 7 juillet 1874 (J. M., 1874. 1. 143), qu'il y avait lieu dans ce cas au délaissement des marchandises, et qu'il en est ainsi alors même que la vente a été ordonnée par suite d'une erreur des experts et du consul, cette erreur étant elle-même une fortune de mer à la charge des assureurs.

Qu'on n'objecte pas que l'article 394 ne permet le délaissement que si on n'a pu trouver un autre navire dans les délais prescrits. Dans le cas de vente, le délaissement est fondé non sur l'*innavigabilité*, mais sur la *perte* qui résulte de la vente.

J'admets toutefois que les assureurs pourraient repousser le délaissement si le capitaine avait vendu les marchandises d'une manière irrégulière, et sans faire constater la nécessité de la vente. Encore seraient-ils dans ce cas responsables, s'ils avaient garanti la baraterie de patron (art. 353 et Req., 18 fév. 1863, Dall., 63. 1. 372).

1959. — En cas d'innavigabilité, il n'y a pas lieu au délaissement des marchandises si dans les délais prescrits on trouve à les charger sur un navire. Que décider dans le cas où l'on est obligé de diviser le chargement entre plusieurs navires? La question, comme on le verra plus loin, s'est agitée en Angleterre (n° 1963). Il est certain, en effet, que cette division pourra quelquefois causer un préjudice à l'assuré, notamment pour la vente des marchandises. Mais ce serait abuser de l'article 394 que d'admettre le délaissement par cela seul que le chargement aurait été divisé. C'est aussi ce qu'a jugé la Cour d'Aix, le 10 juin 1868 (Dall., 70. 2. 79).

1960. — Quand les délais fixés par l'article 394 sont expirés sans qu'on ait pu trouver un autre navire, l'action en délaissement est ouverte. Mais l'assuré peut encore attendre : l'action ne sera prescrite qu'après les délais fixés par l'article 373. — Si dans l'intervalle le capitaine trouvait un autre navire, l'assuré aurait le droit de le refuser et d'exercer un droit de délaissement qui lui était acquis. Mais si l'assuré consentait à recharger les marchandises, pourrait-il encore en faire le délaissement? Je ne le crois pas. En Angleterre, il faut que la cause du délaissement existe au moment où l'action est introduite. En Allemagne, il suffit qu'elle existe au moment où l'on fait la déclaration de délaissement. Chez nous, il a été quelquefois posé en principe que le droit au délaissement subsiste du moment qu'il a été acquis (V. n° 1717). Mais cette règle est trop absolue. Si en cas de naufrage on peut délaisser les marchandises, quoiqu'elles aient été ultérieurement sauvées (art. 381), il n'est pas absolument vrai de dire en cas de prise, de défaut de nouvelles, que le droit au délaissement subsiste par cela seul qu'à un moment donné il a été acquis (V. n°ˢ 1721, 1809, 1887). A plus forte raison ne devrait-on pas admettre le délaissement des marchandises pour innavigabilité si après les délais de l'article 394 l'assuré avait lui-même consenti à les charger sur un autre navire. Par là même il est réputé avoir renoncé à faire valoir cette cause de délaissement (V. n° 1792).

1961. — L'article 394 suppose un navire devenu innavigable, qui ne peut être réparé. Si le navire peut être réparé, l'affréteur est tenu d'attendre (art. 296), et par suite il ne peut être question de délaissement quelle que soit la durée des réparations, alors même qu'elle dépasserait les délais de l'article 387.

Comme l'a très bien fait remarquer M. Lemonnier (*Comm. des polices,* II, n° 280), c'est à raison de la *privation* des moyens de transport, et non de la simple *prolongation* du voyage que l'article 394 accorde le délaissement. L'affréteur n'aurait de recours contre son assureur que si l'on avait dû pendant les réparations vendre les marchandises (V. n°ˢ 1735, 1958).

1962. — Mais l'article 394 paraît devoir s'appliquer à tous les cas où le chargeur privé de navire ne peut transporter sa marchandise à destination, que ce soit par innavigabilité, prise ou arrêt (V. n°ˢ 1722, 1726). L'assureur toutefois n'aurait à répondre envers le chargeur de la privation de navire, que si cette privation résultait d'un événement aux risques de l'assureur. Nous avons vu que les polices en général excluent les risques de prise et d'arrêt (V. n°ˢ 1564 et s.). Mais Lemonnier dans son *Commentaire des polices* (II, p. 65 et suiv.), pense qu'alors même que la police d'une assurance sur facultés aurait exclu des risques la prise ou l'arrêt, l'assureur des marchandises aurait à répondre de la prise ou de l'arrêt *du navire,* la clause de la police devant s'interpréter comme n'excluant des risques que la prise ou l'arrêt qui porteraient sur la chose assurée elle-même (V. n°⁵ 1722-1726).

1963. — En Angleterre, il y a lieu au délaissement des marchandises au cas d'innavigabilité du navire quand on ne peut trouver un autre navire dans un *temps raisonnable*. Il a été quelquefois admis que l'innavigabilité du navire autorisait à vendre les marchandises par cela seul que le chargement ne pouvait être transporté en son entier ou ne pouvait l'être pour la saison de vente. Mais aujourd'hui on admet plus difficilement le délaissement. On distingue s'il s'agit ou non de marchandises périssables sujettes à détérioration. Quand il ne s'agit pas de marchandises périssables, l'innavigabilité du navire qui expose à manquer la saison de vente ne suffit pas pour en autoriser le délaissement. Quant aux marchandises périssables, la vente en cours de voyage et le délaissement en sont admis, si par fortune de mer les marchandises ont été mises hors d'état d'être rechargées (Arnould, II, p. 1020 et s.; comp. n° 1735).

D'après le Code allemand, l'innavigabilité du navire n'est jamais pour les marchandises une cause de délaissement et ne peut donner lieu qu'à une action d'avaries. L'article 881 porte : « Lorsque des marchandises ont été vendues en cours de « voyage par suite d'un accident, le dommage consiste dans la « différence entre le produit net, déduction faite du fret, des « droits de douane et des frais de vente et la valeur d'assu- « rance. Les risques ne cessent pour l'assureur qu'avec la « vente : il répond également du paiement du prix de vente. »

<hr>

ART. 395.

En cas de prise, si l'assuré n'a pu en donner avis à l'assureur, il peut racheter les effets sans attendre son ordre. — L'assuré est tenu de signifier à l'assureur la composition qu'il aura faite, aussitôt qu'il en aura les moyens (1).

(1) *Ord. de* 1681 (liv. III, tit. vi). Art. 66. — « En cas de prise, les assurés pourront racheter leurs effets, sans attendre l'ordre des assureurs, s'ils n'ont pu leur en donner avis, à condition toutefois de les avertir ensuite, par écrit, de la composition qui aura été faite. »

ART. 396.

L'assureur a le choix de prendre la composition à son compte, ou d'y renoncer : il est tenu de notifier son choix à l'assuré, dans les 24 heures qui suivent la signification de la composition. — S'il déclare prendre la composition à son profit, il est tenu de contribuer, sans délai, au paiement du rachat dans les termes de la convention, et à proportion de son intérêt, et il continue de courir les risques du voyage, conformément au contrat d'assurance. — S'il déclare renoncer au profit de la composition, il est tenu au paiement de la somme assurée, sans pouvoir rien prétendre aux effets rachetés. Lorsque l'assureur n'a pas notifié son choix dans le délai susdit, il est censé avoir renoncé au profit de la composition (1).

SOMMAIRE.

1964° — Du rachat.
1965° — Liberté laissée à l'assuré.
1966° — Si le délaissement avait été accepté, le rachat ne pourrait se faire qu'a-
        vec le consentement de l'assureur.
1967° — Option laissée à l'assureur.
1968° — Controverse entre Valin et Émérigon.
1969° — Délai laissé à l'assureur pour opter.
1970° — 1° Du cas où l'assureur accepte la composition.
1971° — Il reste assureur et ne devient pas propriétaire.
1972° — Mais il reste assureur sans déduction.
1973° — 2° Du cas où l'assureur refuse la composition. — Pourquoi il ne peut
        rien prétendre aux effets rachetés.
1974° — Rachat fait directement par l'assureur.
1975° — Droit comparé.

1964. — Après avoir tranché diverses questions que peut soulever *l'arrêt* (art. 387-388) — *l'innavigabilité* (art. 389-394), le Code, comme l'Ordonnance, a voulu régler une autre question qui se rattache à la *prise*.

Les articles 395 et 396 supposent une *prise* suivie de *rachat*.

(1) *Ord. de* 1681 (liv. III, tit. vi). Art. 67. — « Les assureurs pourront prendre la composition à leur profit, à proportion de leur intérêt; et en ce cas ils seront tenus d'en faire leur déclaration sur-le-champ, de contribuer actuellement au paiement du rachat, et de courir les risques du retour, sinon de payer les sommes par eux assurées, sans qu'ils puissent rien prétendre aux effets rachetés. »

Les articles 395 et 396 n'avaient pas été modifiés par le projet de révision de 1867.

Le rachat qui a eu lieu dans l'intérêt commun du navire et du chargement constitue une avarie commune qui donne lieu à contribution (art. 400, n° 1). Mais nous n'avons ici à nous occuper du rachat qu'au point de vue des rapports entre l'assureur et l'assuré.

« Le rachat, dit Émérigon (ch. XII, sect. xxi), est un *contrat*
« du droit des gens, par lequel moyennant un certain prix ou
« un certain bénéfice, le capteur se désiste de la prise et trans-
« fère le domaine de la chose aux anciens propriétaires, qui,
« par ce moyen, l'achètent en quelque manière de nouveau. —
« ... La rachat se fait en deux manières : La première et la
« plus ordinaire est de déterminer une somme pour laquelle le
« capitaine pris, fournit au capteur une lettre de change et
« donne des ôtages. — La seconde manière est de délivrer l'ar-
« gent ou partie des effets qui sont dans le bord..... Cette ma-
« nière de procéder convient à des pirates qui seraient embar-
« rassés du navire, et qui ne pourraient faire usage du billet de
« rançon. »

De nos jours, dans l'état de guerre régulier, les prises doivent être jugées. La rançon n'est qu'une exception. Une ordonnance de 1782, citée par Émérigon (I, p. 612, *note*), avait déjà interdit aux bâtiments armés en course de rançonner navires ou marchandises ennemis.

Les instructions adressées à notre flotte par le Ministre de la Marine, au commencement de la guerre de 1870, contenaient ce qui suit : art. 17. « Toute prise doit être jugée, et il ne vous est
« pas permis de consentir à un traité de rançon, sauf le cas de
« force majeure, et dans ce cas même, l'acte de rançon, rédigé
« conformément au modèle joint aux instructions, devra être
« soumis à la juridiction qui est chargée en France du jugement
« des prises. »

1965. — Mais s'il est interdit en principe au capteur d'imposer une rançon, il n'existe pas chez nous, comme en Angleterre, de texte défendant au capitaine de payer une rançon à un belligérant, alors que c'est peut-être le seul moyen d'échapper à la prise (V. n° 1975).

Toutefois, les conventions de rachat pouvant prêter à des

abus, il a toujours été de principe en droit maritime que le
capitaine ne doit pas consentir au rachat sans se mettre en rapport avec les propriétaires intéressés, quand il le peut faire. —
« En rachapts avec compositions, dit l'auteur du *Guidon,* sera
« observé ce règlement; si le navire est en lieu que le maistre
« puisse donner avertissement de son infortune à son mar-
« chand, et que sans danger à cause du séjour, il peut attendre
« la réponse, il ne doit payer la composition et se hasarder de
« rechef à la mer, jusques à ce qu'il ait avis de son marchand
« chargeur, lequel communiquera le tout à ses asseureurs, afin
« d'avoir le consentement et nouveau pouvoir de pourchasser
« et conclurre, ou ratifier le rapchat, selon que la nécessité le
« requerra : mais s'il est en lieu dont il ne puisse donner avis
« si promptement, qu'il y ait danger à la demeure, le maistre
« du navire prendra le conseil de sept les plus suffisants de
« son équipage : s'ils trouvent que pour le bien et profit de la
« marchandise et nef, il faille faire ledit rachat pour éviter la
« perte totale, ils pourront en telle nécessité, composer jusques
« à la concurrence de vingt-cinq pour cent, que les assureurs
« seront tenus courir, encore qu'ils n'aient donné leur consen-
« tement.... sauf par après à compter exactement, s'il y a plus
« ou moins pour la répartition de ce qu'il faut pour la contribu-
« tion du navire et marchandises, afin que rien ne retarde le
« payement » (*Guidon,* ch. VI, art. III, édit. Pardessus).

L'Ordonnance et le Code n'ont pas voulu limiter le taux du
rachat. Toute liberté est ici laissée à l'assuré ou au capitaine
agissant en son nom. Mais la loi protège d'une autre manière
les intérêts de l'assureur.

1966. — Remarquons d'abord que si au moment du rachat le délaissement avait déjà été accepté ou jugé valable, il
est évident qu'il ne pourrait se faire que pour le compte de l'assureur et avec son agrément (art. 385). La loi n'a pas eu à
s'occuper de cette hypothèse.

Elle suppose un rachat signifié à l'assureur avant qu'il ait été
statué sur le délaissement.

1967. — Ici une première question s'élevait. L'assuré qui
est rentré en possession de la chose par le rachat est-il en-

core recevable à poursuivre le délaissement? Oui, car, comme le disait Émérigon, le rachat n'efface pas la prise, c'est comme un nouveau titre d'acquisition (V. n°ˢ 1721-1964).

Est-ce à dire, toutefois, qu'on n'en devait tenir aucun compte dans les rapports de l'assureur et de l'assuré? Non, car il est possible que l'assuré ait pu, grâce à un léger sacrifice, recouvrer une chose d'une grande valeur, et si l'assuré pouvait, en pareil cas, garder la chose en se faisant payer toute la somme assurée, il réaliserait un véritable bénéfice aux dépens de l'assureur. Voilà pourquoi la loi a voulu que l'assureur qui n'a pas encore accepté le délaissement restât libre d'opter entre le délaissement ou le remboursement du rachat. En principe, c'est à l'assuré qu'il appartient d'opter entre l'action d'avaries et le délaissement (V. art. 371). Ici, par exception, l'option appartient à l'assureur.

1968. — Ce point cependant avait été mis en doute sous l'Ordonnance, Valin et Émérigon ne l'interprétaient pas de la même manière.

L'Ordonnance, en permettant à l'assuré de racheter les effets sans l'ordre des assureurs, ajoutait : *à condition toutefois de les avertir ensuite par écrit de la composition qui aura été faite.* Valin décidait que si l'assuré avait traité seul du rachat, il était formellement obligé d'avertir les assureurs : « et cela est tout « naturel, dit Valin, dès que les assureurs ont la faculté d'ac- « quiescer à la composition, ou de la rejeter. » — Émérigon, au contraire, qui cependant cite Valin, dit que l'esprit de l'Ordonnance n'est pas que l'assuré soit obligé de donner aux assureurs avis du rachat. « L'Ordonnance, ajoute-t-il un peu plus « loin, n'a entendu imposer aucune nécessité aux assurés. Il leur « est libre de racheter pour leur propre compte le navire, sans « avoir recours aux assureurs, qui continueront alors de courir, « comme auparavant, les risques maritimes. Ce n'est que dans « le cas où l'on a dessein de s'indemniser du rachat sur les as- « sureurs, qu'on doit leur en donner avis le plus tôt possible » (Émérigon, *Ass.*, ch. XII, sect. xxi, § 6).

Cette opinion d'Émérigon qui ne paraissait pas justifiée sous l'Ordonnance ne pourrait certainement être soutenue aujourd'hui en présence de l'article 395, qui obligé expressément l'assuré *à signifier la composition aussitôt qu'il en aura les moyens.* La loi a voulu que l'option fût toujours laissée à l'assureur. Une signification en forme n'est pas toutefois nécessaire : un avertissement suffit, comme l'avait fait remarquer Valin.

1969. — La loi ne laisse à l'assureur pour signifier son option qu'un délai très court, afin que l'assureur ne puisse pas spéculer sur la hausse ou la baisse qui pourraient se produire. L'Ordonnance (art. 67) se bornait à dire que les assureurs seraient tenus de faire leur déclaration *sur-le-champ.* Le Code est plus précis et n'accorde à l'assureur que vingt-quatre heures pour faire connaître sa réponse à l'assuré, ce qui paraîtra parfaitement suffisant, si l'on n'oublie pas que l'assuré fait en général une élection de domicile au lieu où se trouve l'assureur.

Passé ce délai, l'assureur est présumé renoncer au rachat.

1970. — Si l'assureur déclare prendre la composition à son profit, il est tenu, dit l'article 396, de contribuer, *sans délai,* au paiement du rachat.

Quoique la loi dise que l'assureur contribue *sans délai,* comme elle ajoute, qu'il contribue *dans les termes de la convention,* il s'ensuit que si la convention accorde un terme, l'assureur en profitera.

L'assureur ne contribue que *dans la proportion de son intérêt.* Si par exemple l'assureur n'a assuré la chose que pour moitié, il ne contribuera que pour moitié au rachat : il paiera au contraire toute la contribution, s'il a assuré la chose entière.

1971. — Mais Valin et Pothier n'imposent pas pour le moment à l'assureur d'autres obligations, sauf la responsabilité qu'il peut encourir par la suite. Le rachat était par eux considéré comme un simple règlement d'avaries entre l'assuré et l'assureur, l'assuré étant réintégré dans ses droits de propriété et l'assureur continuant à courir ultérieurement les risques dans les conditions du contrat.

Bien différente était la doctrine d'Émérigon. A ses yeux les assureurs qui acceptaient le rachat étaient réputés le faire pour leur compte : le contrat d'assurance ayant pris fin par la prise, ils devaient payer la somme assurée sans qu'on eût à se préoccuper des événements ultérieurs; ils devenaient acheteurs et propriétaires de la chose dans la proportion de l'assurance, et s'ils continuaient à courir les risques, ce n'était pas en tant qu'assureurs mais comme *propriétaires* (Émérigon, ch. XII, sect. XXI, § 6).

L'Ordonnance pouvait prêter à équivoque parce qu'elle se bornait à dire que les assureurs seraient *tenus de courir les risques du retour*. Mais l'article 396 a clairement tranché la question dans le sens de Valin et Pothier en disant que l'assureur continue à courir les risques du voyage *conformément au contrat d'assurance*. Ils ne seront donc tenus de payer la somme assurée que s'il se produit ultérieurement un sinistre majeur rentrant dans les termes du contrat.

1972. — Mais en ce cas Pothier considérait les assureurs comme obligés de payer la somme assurée sans aucune déduction ni imputation de la somme payée pour le rachat (Pothier, n° 135). Le Code paraît avoir voulu également consacrer cette opinion de Pothier en disant que l'assureur continue à courir les risques *conformément au contrat d'assurance*.

Nous avons vu (art. 393) que l'assureur ne pouvant en général être tenu au delà de la somme assurée, ne paie cette somme que sous déduction de ce qu'il a déjà payé pour avaries (V. n° 1954). Pourquoi donc en cas de perte, après rachat, l'assureur paie-t-il la somme entière sans déduction de ce qu'il a déjà payé pour rachat? Voici à mon avis l'explication. L'assureur n'est pas tenu de payer le rachat comme il est tenu de payer les avaries. Il aurait pu en ne payant pas le rachat mettre fin au contrat et se libérer par le paiement de la somme assurée. S'il a payé le rachat, c'est parce qu'il a voulu maintenir le contrat, afin de se dispenser de payer le montant de l'assurance et, s'il y a lieu, de continuer à gagner la prime. Il est dès lors tout simple que le contrat ayant été volontairement maintenu par l'assureur, il subsiste en son entier.

1973. — Plaçons-nous maintenant dans l'hypothèse où l'assureur refuse de prendre la composition à sa charge, il en résulte que la prise étant réputée consommée vis-à-vis de l'assuré, celui-ci a le droit de faire le délaissement et de se faire payer la somme entière. C'est en effet ce que décide l'article 396, mais il ajoute que l'assureur ne peut *rien prétendre aux effets rachetés*. Ceci est en contradiction avec les principes du délaissement. A partir du délaissement, en effet, l'assureur, comme propriétaire, a droit à la chose délaissée (art. 385). Pourquoi en est-il autrement en cas de rachat non accepté par l'assureur?

Valin répond que la valeur de la chose est réputée avoir été payée par le prix de rachat. On considère que l'assuré reprenant la chose en vertu d'un titre nouveau, la détient comme un tiers acquéreur, et n'a pas dès lors à en rendre compte à l'assureur qui n'a qu'à s'en prendre à lui-même de n'avoir pas accepté la composition. Émérigon adopte la même doctrine. Il faut reconnaître toutefois que dans ce système le rachat se faisant en général pour un prix très inférieur à la valeur de la chose, l'assuré retirera de l'assurance un véritable bénéfice, ce qui est contraire aux principes du contrat d'assurance. Prenons un exemple. Une cargaison a été assurée 100,000 francs. Elle est prise et rachetée pour 20,000. Si l'assureur n'accepte pas le rachat et préfère ne pas continuer à courir les risques pour la somme assurée, l'assuré qui recevra ainsi de son assureur 100,000 francs et d'autre part retrouve la valeur entière de sa cargaison, moins le prix de rachat, 20,000 francs, retirera de l'assurance un bénéfice de 80,000 francs. — A cela, il est vrai, on peut répondre que c'est la faute de l'assureur s'il n'a pas accepté le rachat, ce qu'il ne manquera pas de faire, quand le prix de rachat sera très inférieur à la valeur de la chose.

1974. — Il peut arriver que l'assureur fasse le rachat en dehors de l'assuré. Peut-il en profiter pour offrir à l'assuré la restitution de sa chose et se dispenser de lui payer la somme assurée? Valin se prononce pour la négative. « La raison, dit-il, « est qu'au moment de la prise le droit de l'assuré a été ouvert « et formé contre l'assureur, qui dans ce cas n'a pu stipuler le « rachat que pour son intérêt particulier, sans engager l'assuré « en aucune façon. » Émérigon se prononce dans le même sens (Comp. n° 1967).

1975. — Le projet de 1867 n'avait pas modifié les articles

395 et 396. Le Code italien de 1882 s'est borné à les réunir en une seule disposition (art. 641).

En Angleterre, un statut de Georges II a défendu aux capitaines anglais de signer des billets de rançon au profit des belligérants. Mais les capitaines sont toujours libres de traiter avec les pirates. La liberté du rachat existe également entre les neutres et les belligérants (Arnould, édit. de 1877, p. 849).

Nous avons vu (n° 1717) que d'après la jurisprudence anglaise, la cause du délaissement doit exister au moment où l'action est intentée. Dans le cas de prise suivie de rachat, on admet que si après que la prise a été jugée valable, le propriétaire rentre en possession de la chose, il ne peut poursuivre le paiement de l'assurance. Il en est ainsi, dit Arnould, alors même qu'il aurait déjà fait sa déclaration d'abandon. A plus forte raison en est-il de même si l'assuré rentre en possession alors que la prise n'a pas encore été jugée (Arnould, édit. de 1877, II, p. 1000).

Aux États-Unis, on distingue si le rachat a ou non précédé la déclaration d'abandon. Au premier cas, le rachat est réputé fait pour le compte de l'assuré; dans le second cas, pour le compte de l'assureur (Phillips, *Ins.*, n°ˢ 1580-1591).

En Allemagne, c'est également le moment de *la déclaration d'abandon* que l'on considère pour fixer les droits des parties (art. 871 C. All.). Il semble résulter de là que le rachat qui a lieu après la déclaration d'abandon est toujours pour le compte des assureurs (V. n° 1717).

FIN DU TOME QUATRIÈME.

TABLE DES MATIÈRES

DU TOME IV.

—⊰⊱—

Livre II. Du commerce maritime (*suite*).

Titre X. Des assurances (Suite).

SECTION III. — *Du délaissement.*

FIN DE LA TABLE DU TOME IV.